高等院校经济学管理学系列教材

产业经济学
Industrial Economics

于立宏 孔令丞 主编

北京大学出版社
PEKING UNIVERSITY PRESS

图书在版编目(CIP)数据

产业经济学/于立宏,孔令丞主编. —北京:北京大学出版社,2017.8
(高等院校经济学管理学系列教材)
ISBN 978-7-301-28548-0

Ⅰ.①产… Ⅱ.①于…②孔… Ⅲ.①产业经济学—高等学校—教材 Ⅳ.①F260

中国版本图书馆 CIP 数据核字(2017)第 172438 号

书　　　名	产业经济学
	CHANYE JINGJIXUE
著作责任者	于立宏　孔令丞　主编
责 任 编 辑	朱梅全　杨丽明
标 准 书 号	ISBN 978-7-301-28548-0
出 版 发 行	北京大学出版社
地　　　址	北京市海淀区成府路 205 号　100871
网　　　址	http://www.pup.cn
电 子 信 箱	sdyy_2005@126.com
新 浪 微 博	@北京大学出版社
电　　　话	邮购部 62752015　发行部 62750672　编辑部 021-62071998
印 刷 者	三河市博文印刷有限公司
经 销 者	新华书店
	787 毫米×1092 毫米　16 开本　21 印张　448 千字
	2017 年 8 月第 1 版　2021 年 12 月第 3 次印刷
定　　　价	52.00 元

未经许可,不得以任何方式复制或抄袭本书之部分或全部内容。
版权所有,侵权必究
举报电话:010-62752024　电子信箱:fd@pup.pku.edu.cn
图书如有印装质量问题,请与出版部联系,电话:010-62756370

前 言

在中国经济增长方式转变的大背景下,产业发展模式的转型和升级是重要突破口,因此,以中观层面的产业发展、产业组织和产业政策等为主要内容的产业经济学也必将获得更大的研究与应用空间。有趣的是,2016年8月始,以"林张"产业政策之争为导火索,激发了学界对产业政策的新一轮关注和研究,这也从一个侧面说明,产业经济研究还远未成熟,客观、准确地呈现和评价现有研究成果的任务还很重。恰逢此时,我们这本教材也终于将付梓出版了,希望它可以为中国经济转型发展、产业转型升级、高校人才培养做出应有的贡献。

目前,学界编写的各类产业经济学教材可谓汗牛充栋,既有较早的杨公朴、夏大慰的《产业经济学教程》和苏东水的《产业经济学》等珠玉在前,又有刘志彪的《现代产业经济学》、唐晓华的《现代产业经济学导论》等创新之作在后,以至于北京大学出版社杨丽明编辑来约稿时,我是没有底气的。然而,作为正宗的产业经济学博士,加之华东理工大学经济系及其产业经济教研室人才济济,思虑再三,却之有愧,最终还是接下了编写的重任,算是我们面对这样一种挑战的态度。

本教材编写的宗旨是,尽可能体现产业经济学现有研究成果中的最基本、最成熟的体系与内容,以适应本科生"产业经济学"课程的教学。作为经济管理类专业的本科生,在学习"微观经济学""宏观经济学""博弈论"等基础课程后,可通过"产业经济学"课程了解"产业"这一中观层次,尤其是产业发展、产业组织和产业政策三大方面的成熟理论体系与最新实践,为未来从事各行业工作或学术研究打下坚实、完整的经济学基础。因此,本书以主流产业经济学的内容框架为范本,将全部内容划分为三篇:

第1篇为"产业发展",包括产业结构、产业关联和产业布局等内容,共分六章,这是产业经济学中相对"宏观"的内容。同时,我们增加了"现代产业体系"一章,作为产业结构调整与产业发展最新成果的反映。

第2篇为"产业组织",包括理论范式、同质产品的价格与产量竞争、差异化产品的市场竞争、市场进入与遏制、网络外部性与平台竞争以及纵向约束等内容,共分七章,基本涵盖了产业组织理论体系中最主要的内容。其中,平台竞争是近十几年来经济理论与实践中最前沿、最热门的成果之一。

第3篇为"产业政策"。广义的产业政策不仅包括狭义的产业政策,还包括政府规制、反垄断等产业管理手段与工具。本教材还特别针对中国的反垄断法律框架与实践进展进行了介绍。

本教材是由华东理工大学商学院产业经济教研室的老师合作编写的，其中，于立宏教授提出了写作大纲与体例，经教研室讨论确定，并与孔令丞教授共同确定了写作团队成员，所有参与编写的老师均为名牌院校的经济学博士，并在一线从事产业经济学、微观经济学、经济学说史等方面的科研与教学工作，承担着国家级、省部级课题以及政府咨询课题，理论功底深厚，应用研究扎实，教学经验丰富。在教材编写过程中，具体分工如下：于立宏编写第 1、9、10、11、15、16、17 章；孔令丞编写第 2、3、4、5、6、7 章；殷广卫编写第 8 章；蒋士成编写第 12 章；杨剑侠编写第 13 章；张艳辉编写第 14 章，最后由于立宏统稿。

在教材编写过程中，我们参考了大量的现有教材、著作、期刊论文以及媒体公开报道，都尽可能以脚注方式给出来源，或以参考文献列在章节后面，在此一并表示感谢！然终难万无一失，如有遗漏和错失，敬请读者批评指正！

本教材的编写及出版得到了北京大学出版社的支持，杨丽明和姚文海编辑的出色工作使得教材的撰写、出版顺利进行，在此表示衷心感谢！

于立宏

于华东理工大学

2017 年 6 月 15 日

目录

第1章 导论 ... 1
1.1 产业及其分类 ... 1
1.2 产业序列 ... 3
1.3 产业经济学及其在经济学中的地位 ... 7
1.4 产业经济学的研究内容 ... 7
1.5 产业经济学的研究方法 ... 9
本章小结 ... 10
思考练习题 ... 11
参考文献与进一步阅读 ... 11

第1篇 产业发展

第2章 产业结构理论 ... 15
2.1 产业结构与经济发展 ... 15
2.2 产业结构理论 ... 17
案例2.1 二战后日本三次产业结构的演变 ... 27
本章小结 ... 29
思考练习题 ... 29
参考文献与进一步阅读 ... 30

第3章 产业结构演变与优化升级 ··· 31
3.1 产业结构演变的动因 ··· 31
3.2 产业结构的演变规律 ··· 35
案例 3.1 中国产业结构的变动趋势 ··································· 39
3.3 产业结构优化与升级 ··· 40
案例 3.2 中国第二次产业内部结构的变动趋势 ····················· 44
本章小结 ·· 45
思考练习题 ··· 46
参考文献与进一步阅读 ··· 46

第4章 现代产业体系 ··· 48
4.1 现代产业体系的内涵 ··· 48
4.2 现代产业体系中的"三色"农业 ··································· 50
4.3 现代产业体系中的制造业 ·· 52
案例 4.1 从中国制造到中国智造 ······································ 54
4.4 现代产业体系中的服务业 ·· 55
案例 4.2 美国信息技术的发展促进了产业结构的优化升级 ······ 61
本章小结 ·· 63
思考练习题 ··· 63
参考文献与进一步阅读 ··· 63

第5章 投入产出分析 ··· 65
5.1 投入产出原理 ··· 65
5.2 投入产出表 ··· 68
5.3 消耗系数与投入产出数学模型 ···································· 72
5.4 投入产出分析的应用 ·· 79
案例 5.1 中国经济结构变化的投入产出分析 ······················· 81
案例 5.2 安徽省农业的投入产出分析 ································ 82
本章小结 ·· 83
思考练习题 ··· 84
参考文献与进一步阅读 ··· 84

第6章 产业关联 ··· 86
6.1 产业关联关系 ··· 86
6.2 产业关联效应 ··· 91

案例 6.1　中国产业感应度系数与影响力系数测算 ……………………… 93
　6.3　产业波及效果 …………………………………………………………… 96
　　　案例 6.2　浙江省旅游产业关联分析 …………………………………… 102
　本章小结 ……………………………………………………………………… 102
　思考练习题 …………………………………………………………………… 104
　参考文献与进一步阅读 ……………………………………………………… 104

第 7 章　产业布局 ……………………………………………………………… 105
　7.1　产业布局理论 …………………………………………………………… 105
　7.2　产业布局的影响因素 …………………………………………………… 113
　7.3　产业布局的指导原则和一般规律 ……………………………………… 117
　7.4　产业布局实践 …………………………………………………………… 121
　　　案例 7.1　长江三角洲地区工业的区域分工协作 ……………………… 125
　本章小结 ……………………………………………………………………… 128
　思考练习题 …………………………………………………………………… 128
　参考文献与进一步阅读 ……………………………………………………… 128

第 2 篇　产业组织

第 8 章　产业组织理论演化与研究范式 ……………………………………… 133
　8.1　产业组织理论的起源与形成 …………………………………………… 133
　8.2　哈佛学派及其研究范式 ………………………………………………… 134
　8.3　芝加哥学派及其研究范式 ……………………………………………… 140
　8.4　新产业组织理论及其研究范式 ………………………………………… 145
　本章小结 ……………………………………………………………………… 149
　思考练习题 …………………………………………………………………… 149
　参考文献与进一步阅读 ……………………………………………………… 150

第 9 章　同质产品的产量竞争 ………………………………………………… 153
　9.1　静态古诺模型 …………………………………………………………… 153
　　　案例 9.1　中国大陆液晶面板的产能跃进 ……………………………… 157
　9.2　动态古诺博弈模型 ……………………………………………………… 158
　　　案例 9.2　有线电视市场中的先行者优势 ……………………………… 159
　本章小结 ……………………………………………………………………… 162
　思考练习题 …………………………………………………………………… 162

参考文献与进一步阅读 ·· 163

第 10 章 同质产品的价格竞争 ·· 167
10.1 伯川德模型与伯川德悖论 ·· 167
案例 10.1 图书电商平台的价格战 ·· 169
10.2 动态价格博弈 ·· 172
案例 10.2 在线旅游市场从竞争到竞合 ·· 175
本章小结 ·· 176
思考练习题 ·· 176
参考文献与进一步阅读 ·· 177

第 11 章 差异化产品的市场竞争 ·· 180
11.1 非地址方法 ·· 180
案例 11.1 三星对抗苹果：销售日期＋大屏战略 ·· 184
11.2 地址方法 ·· 185
案例 11.2 零售品变餐饮 哈根达斯、DQ 在华成"奢侈"品 ·· 188
本章小结 ·· 189
思考练习题 ·· 190
参考文献与进一步阅读 ·· 191

第 12 章 市场进入与遏制 ·· 193
12.1 进入壁垒 ·· 193
12.2 过度投资作为一种进入遏制 ·· 196
12.3 进入遏制的可信承诺 ·· 198
案例 12.1 对美国铝业公司的反垄断诉讼 ·· 202
12.4 长期合约作为一种进入障碍 ·· 202
案例 12.2 "饿了么"排他性协议困住商家引争议 ·· 207
12.5 可竞争市场理论 ·· 208
案例 12.3 巴菲特的软肋：航空运输业 ·· 210
本章小结 ·· 211
思考练习题 ·· 212
参考文献与进一步阅读 ·· 213

第 13 章 网络外部性与双边市场 ·· 214
13.1 网络外部性 ·· 215

  13.3 网络外部性的分析方法 ········· 219
  13.4 厂商兼容性策略的选择 ········· 222
    案例 13.1 WPS Office 办公软件的兼容性策略 ········· 235
  13.5 双边市场 ········· 237
  13.6 垄断平台的定价策略 ········· 244
    案例 13.2 滴滴出行的收费策略 ········· 251
  本章小结 ········· 252
  思考练习题 ········· 253
  参考文献与进一步阅读 ········· 255

第 14 章 纵向关系 ········· 257

  14.1 双重加成定价及其福利效应 ········· 257
    案例 14.1 海尔与苏宁的纵向合作关系 ········· 258
    案例 14.2 格力对渠道终端的掌控 ········· 262
  14.2 生产商之间和零售商之间的竞争 ········· 263
    案例 14.3 沃尔玛的渠道垄断 ········· 264
    案例 14.4 超市的通道费 ········· 267
  14.3 纵向约束 ········· 268
    案例 14.5 苏宁和国美的独家销售 ········· 273
  本章小结 ········· 273
  思考练习题 ········· 274
  参考文献与进一步阅读 ········· 274

第 3 篇 产 业 政 策

第 15 章 产业政策及其效果评估 ········· 279

  15.1 产业政策及其分类 ········· 279
    案例 15.1 日本的产业政策 ········· 286
    案例 15.2 中国钢铁产业调整政策 ········· 288
  15.2 产业政策效果评估 ········· 289
    案例 15.3 造林计划的成本—收益分析 ········· 292
  本章小结 ········· 293
  思考练习题 ········· 294

参考文献与进一步阅读 294

第 16 章　政府规制 295

16.1　政府规制内涵与过程 295
  案例 16.1　美国的独立规制机构 297
16.2　自然垄断产业及其规制 298
16.3　投资规制 301
16.4　价格规制 302
  案例 16.2　中国居民阶梯电价 305
  案例 16.3　中国风电项目的特许权招标与标杆上网电价 309
16.5　进入/退出规制 310
本章小结 311
思考练习题 312
参考文献与进一步阅读 312

第 17 章　反垄断 315

17.1　中国反垄断法的基本框架 315
  案例 17.1　美国反垄断法的基本框架 316
17.2　垄断协议 317
  案例 17.2　上海黄金饰品行业的横向价格垄断协议 317
17.3　滥用市场支配地位 318
  案例 17.3　高通公司滥用市场支配地位案 319
17.4　经营者集中 320
  案例 17.4　马士基等三巨头联盟涉嫌垄断在华被否决 321
17.5　滥用行政权力排除限制竞争 322
  案例 17.5　斯维尔状告广东省教育厅滥用行政职权案 323
本章小结 324
思考练习题 324
参考文献与进一步阅读 324

第 1 章

导 论

1.1 产业及其分类

产业是社会分工的产物,并随着社会分工的深化而不断细化。从农业、畜牧业,到手工业、商业,再到机械化工业,以及服务业和新兴产业,社会生产力的逐步提高,促进了产业的产生与发展。产业(或行业,industry)是具有某种同类属性的、相互作用的经济活动组成的集合或系统,其含义与范围大小因研究角度的不同而不同。第一,如果研究国民经济各部门之间的关系,那么产业通常指"三次产业",即农、林、牧、渔为第一产业;工业和建筑业为第二产业;除此之外的其他产业为第三产业。这种产业概念着眼于产业之间关系的研究,多见于本教材的第1、3篇。第二,如果研究某产业部门内部的企业之间的关系问题,那么产业是指一个"产品市场",从需求角度看,是指具有同类或相互密切竞争关系和替代关系的产品或服务;从供给角度看,是指具有相似生产技术、生产过程、生产工艺等特征的生产或服务活动。这种产业概念着眼于产业内部的企业行为和绩效的研究,多见于本教材的第2篇。

20世纪20年代,国际劳工局最早对产业作了比较系统的划分,即把一个国家的所有产业划分为初级生产部门、次级生产部门和服务部门。1935年,新西兰经济学家费希尔(A. G. B. Fisher)在其所著的《安全与进步的冲突》一书中创立了"三次产业"分类法,并由英国经济学家克拉克(C. Clark)于1940年所著的《经济进步的条件》一书中进行了拓展,由此开创了产业结构的研究。第二次世界大战以后,西方国家大多采用了三次产业分类法进行统计与分析。此后,三次产业分类法在全世界得到普及,被很多国家的政府、国际组织、产业研究部门应用于统计、分析和研究之中。

1948年,联合国《所有经济活动的国际标准产业分类》(ISIC)获得通过,此后,世界绝大多数国家都采用了该分类方式统计和核算自身经济活动。2009年,ISIC第四次修订的版本公布,与以前的版本相比,结构上更为详细,适合众多新兴行业的需要,尤其是服务业,分类的关联性也更强了,因此,能够更好地反映当前各国的经济发展状况。

ISIC将全部经济活动划分为21个门类,以英文字母从A到U命名(参见表1.1),其中,门类A为第一产业;门类B—F为第二产业;其他门类为第三产业。

表 1.1 所有经济活动的国际标准产业分类

门类	产业名称	门类	产业名称
A	农业、林业及渔业	L	房地产活动
B	采矿和采石	M	专业、科学和技术活动
C	制造业	N	行政和辅助活动
D	电、煤气、蒸汽和空调的供应	O	公共管理与国防；强制性社会保障
E	供水、污水处理、废物管理和补救活动	P	教育
F	建筑业	Q	人体健康和社会工作活动
G	批发和零售业；汽车和摩托车的修理	R	艺术、娱乐和文娱活动
H	运输和储存	S	其他服务活动
I	食宿服务活动	T	家庭作为雇主的活动；家庭自用、未加区分的物品生产和服务活动
J	信息和通信	U	国际组织和机构的活动
K	金融和保险活动		

然而，各国政府在应用三次产业分类时，具体划分标准并不一致，由此产生了国家标准分类法，即将三次产业进一步细分，以方便统计与分析。例如，1972年，美国编制和颁布了设有七位数字编码的国家标准分类法。第1位数字代表产业部门，第2、3位数字代表产品类别，共分99种主要类别，然后再细分到7位数字，共有7500种产品类别。

中国《国民经济行业分类》（GB/T 4754-2011）国家标准于1984年首次发布，分别于1994年和2002年进行修订，2011年第三次修订。该标准由国家统计局起草，国家质量监督检验检疫总局、国家标准化管理委员会批准发布。2011年的修订除参照2008年联合国新修订的《国际标准行业分类》（修订四版，简称ISIC4）外，主要依据中国近年来经济发展状况和趋势，对门类、大类、中类、小类作了调整和修改。GB/T 4754-2011将中国全部国民经济划分为20个门类、96个大类、300多个中类和小类，其中，20个门类包括：

A 农、林、牧、渔业，包括01—05大类；

B 采矿业，包括06—12大类；

C 制造业，包括13—43大类；

D 电力、热力、燃气及水生产和供应业，包括44—46大类；

E 建筑业，包括47—50大类；

F 批发和零售业，包括51—52大类；

G 交通运输、仓储和邮政业，包括53—60大类；

H 住宿和餐饮业，包括61—62大类；

I 信息传输、软件和信息技术服务业，包括63—65大类；

J 金融业，包括66—69大类；

K 房地产业，包括70大类；

L 租赁和商务服务业，包括71—72大类；

M 科学研究和技术服务业，包括 73—75 大类；

N 水利、环境和公共设施管理业，包括 76—78 大类；

O 居民服务、修理和其他服务业，包括 79—81 大类；

P 教育，包括 82 大类；

Q 卫生和社会工作，包括 83—84 大类；

R 文化、体育和娱乐业，包括 85—89 大类；

S 公共管理、社会保障和社会组织，包括 90—95 大类；

T 国际组织，包括 96 大类。

1.2 产业序列

产业序列是指一国产业结构中，由基础产业—主导产业—高新技术产业所构成的序列。在这个序列中，基础产业为主导产业和高新技术产业的成长提供强大的物质基础，而高新技术产业的发展、主导产业的成熟及向更高形态的转换，又为基础产业注入新的技术和装备，使基础产业的产业化高度不断得到提升，成为现代产业序列的基础。因此，这个产业序列具有清晰的结构层次，对于判断产业结构升级具有更直接、更现实和长远的意义。

1.2.1 基础产业

1. 基本特征

基础产业是指在国民经济产业链中处于上游地位，为其他产业部门的生产、运营提供必需的投入或服务的，生产基本生产资料的产业部门。基础产业在国民经济发展中起着基础和决定性的作用，其产出量的增加构成了整个国民经济增长的先决条件。按照提供有形产品和无形产品的差异，基础产业又可分为狭义的基础产业和广义的基础产业。狭义的基础产业是生产实物的部门，即农业、能源、交通运输业、原材料工业、邮电通信、城市公共设施建设等。广义的基础产业，除了生产实物的部门以外，还包括生产无形产品的部门，如金融、科教卫生等部门。

本教材采用狭义的基础产业定义。与基础产业相对应的是基础设施，即为发展生产和保证生活供应而提供公共服务的部门、设施、机构等。

基础产业有如下三个基本特征：

第一，从社会再生产过程来看，基础产业是处于"上游"的生产部门。首先，基础产业和基础设施是整个国民经济的物质来源和物质基础，其发展规模和水平制约着国民经济发展的速度和质量，基础建设如果跟不上国民经济发展的需要，就会成为"瓶颈"环节。其次，基础产业和基础设施所提供的产品和服务是其他部门赖以生存和发展的基础性条件，如交通、通信、公共设施等，任何生产都必须具备相应的基础性条件才能顺利进行。再次，基础产业和基础设施所提供的产品或服务是其他部门再生产时所必需的投入品，如能源、原材料等，因此，下游产业的扩张就意味着对基础产业和基础设施需求的增加，要求它们也要进行相应的扩张。最后，基础产业和基础设施所提供的产品或服务，其价格形成了其他产业部门的生产运营成本，因此，其价格的变动通过产业关联，会对其他产业部门的运营状况产生一系列的连锁反应。

第二，基础产业部门的生产能力形成周期较长。例如，铁路、电站、水利等基础设施从设计、建设到投入使用，往往需要几年甚至十几年、几十年的时间。同时，基础产业和基础设施的设计、建设、投入运营、维护等环节均需要大量的投资，小规模的资金量无法形成规模经济所需要的生产能力，一些资本密集型的基础产业如电力部门，以及一些初始投资巨大的基础设施如交通运输、城市基础设施建设等，本身具有公共品的特性，往往需要由政府出面组织投资、开展建设。

第三，基础设施的存量资产具有相当强的专用性，使其产业转移难以实现，因此，基础产业和基础设施一旦由于技术或装备落后而不适应其他产业的需求时，往往无法实现其物质资本的转移和流动。此外，由于基础产业和基础设施的建设周期长、资产流动性差，也决定了基础产业的资本产出效率较低。然而，基础产业和基础设施具有明显的正外部性效益，这些外部效益又不能计入其产品和服务的价格。因此，基础产业和基础设施通常由政府来提供。

从世界其他国家的发展进程来看，在经济发展的低收入阶段，社会投资的重心往往要向能源、原材料、交通运输等基础产业倾斜；随着人均收入的增加，投资的重心将不断地向高附加值的加工业转移。一些基础设施部门虽然不直接参与到生产过程中去，但都是生产所依赖的外部支持条件和技术保障，如电信业的发达、道路的通畅都是生产正常进行所必需的先决条件。因此，基础设施在国民经济中应处于优先和超前发展的地位。

2. 瓶颈制约分析

瓶颈产业是指在产业结构中由于供给能力不足，对其他产业的发展形成严重制约的产业群。历史经验证明，瓶颈产业常常与基础产业重合。例如，农业发展滞后会导致农产品供给不足，则以农产品为主要原材料的加工业就会受到制约，更重要的是，会导致居民基本消费资料供给短缺，造成物价上涨；而制造业生产所需的基本原材料，如钢铁及金属材料、基本化工材料、建筑材料、木材等的供给不足，会限制整个加工业的发展；能源产业是为其他一切产业发展、社会运作、居民生活提供基本条件的产业，其短缺会制约其他所有产业的发展；铁路、港口、道路、供水排水、供电、供气、邮电通信及其他公共设施，是经济运行必不可少的条件，它们的短缺会使社会经济生活不能正常进行。这些产业都是基础产业，都具有投资生产周期长、资金技术密集度高、内部收益率相对较低、难以依赖进口解决等特征，这使它们很容易变成瓶颈环节。因此，要求瓶颈产业的增长先于国民经济的增长，否则，在经济全面繁荣时，它们会因生产不能迅速扩张而成为瓶颈。

改革开放之初，中国政府就意识到了发展基础产业的紧迫性和重要性，加大了对基础产业的投入，使得基础产业有了较大较快的发展，但由于加工业的强劲扩张对基础产业产生超强需求，使基础产业的发展速度仍不能满足加工业的需要。因此，整个基础产业仍然滞后于国民经济的发展，不但没有成为国民经济的先行部门，反而成为制约国民经济的"瓶颈"，在一些落后地区的表现尤其明显。这种瓶颈制约不仅直接诱发了经济波动和结构失衡，而且严重阻碍了中国的工业化进程。因此，重视基础设施建设将是中国未来的长期战略任务。

1.2.2 主导产业

1. 基本特征

主导产业是指在经济发展的某一阶段对产业结构和经济发展起着较强的带动作用和广泛的直接、间接影响的产业部门。在一国的经济发展过程中，构成国民经济体系的各个产业部门，其扩张速度是不同的，地位和影响力也是有差异的，从而形成了主导产业部门和一般产业部门的区别。主导产业一般是由几个产业部门组成的产业群，能迅速有效地吸收先进技术和科技创新成果，满足大幅度增长的市场需求，从而能持续获得较高的生产率增长，因此，其存在和发展与国民经济的整体发展关系密切，是国民经济发展的支柱和核心。

主导产业一般具有如下四个特征：

(1) 主导产业是在社会劳动分工基础上形成的地区专门化生产部门。主导产业担负着参与地区分工的经济职能，其产品大部分参与地区之间的交换，具有较强的市场扩张能力和出口能力。

(2) 主导产业综合利用了当地自然资源、地理环境、社会经济力量、技术水平等有利条件，具有较高的生产率增长、较大的生产规模和较好的经济效益。

(3) 一般来讲，主导产业是代表先进技术水平的产业，能为经济发展创造良好的技术条件。合理的主导产业在短期能直接带动整个国家产业结构的技术装备更新，在长期能有助于先进科学技术转化为生产力。

(4) 主导产业是处于生产联系链条中的关键环节，与其他部门有较强的直接、间接的经济联系，其扩张能带动一大批产业的形成和发展。

2. 经济增长效应

主导产业对经济增长的影响主要通过以下三个方面的效应实现：

(1) 后向关联效应，即主导产业在其高速增长阶段会对生产要素投入产生新的要求，从而带动为其提供投入品的产业部门的发展。这些投入可以是物质投入，如原材料、机器设备等，也可以是人力资源的投入，如高级管理人员、高级技术人员等，还可以是无形资产的投入，如先进的管理制度、管理技术、产业运行机制等。

(2) 前向关联效应，即主导部门的发展诱发出新的经济活力或产生出新的经济部门，为扩大经济活动范围提供条件，甚至为下一个主导产业的建立搭建一个重要的平台。首先，主导产业部门通过削减其他产业部门的投入成本，为该产业进一步发展提供资金保障；其次，主导产业的迅速发展客观上造成结构失衡，使某些"瓶颈"产业成为高利润产业，从而吸引资金进入并导致产能扩张，缓解"瓶颈"产业对经济发展的制约。

(3) 旁侧关联效应，即主导产业部门的兴起会影响其周围直接相关和间接相关的产业部门的运营，从而影响地区的经济发展，包括地区经济结构的改善、基础设施的完善、城镇建设的加强、银行和商业制度的改革以及人员素质的提高等方面。

3. 主导产业的转换

在经济发展过程中，主导产业及其群体不断更替、转换的演进过程就是产业结构高度化的过程，是产业结构由低级到高级、由简单到复杂的渐进过程。经济发达国家的工业化进程表明，主导产业的更替顺序依次为：纺织工业→食品工业→重化工业→汽车工业→家用电器工业→计算机→生物工程→航天工业等高技术产业。这种演化更替的内在逻辑是：非耐用消费品产业→原材料产业→耐用消费品产业。这种演化更替对应于经济发展过程中需求结构的变化：维持基本生存型需求→中间型需求→满足享受和发展型需求。这种演化更替对应于技术革命引致的生产要素投入结构的变化：资源依赖型→劳动密集型→资本密集型。表1.2显示了主导产业的转换和发展经历的五个不同阶段。

表1.2 主导产业发展的五个阶段

阶段	主导产业部门	主导产业群体或综合体
第一阶段	棉纺工业	纺织工业、冶炼工业、采煤工业、早期制造业和交通运输业
第二阶段	钢铁业、铁路运输业	钢铁工业、采煤工业、造船工业、纺织工业、机器制造、铁路运输业、轮船运输业及其他工业
第三阶段	电力、汽车、化工和钢铁业	电力工业、电器工业、机械制造、化学工业、汽车工业以及第二个主导产业群各产业
第四阶段	汽车、石油、钢铁和耐用消费品工业	耐用消费品工业、宇航工业、计算机工业、原子能工业、合成材料工业以及第三个主导产业群各产业
第五阶段	信息产业	新材料工业、新能源工业、生物工程、宇航工业等新兴产业以及第四个主导产业群各产业

资料来源：苏东水. 产业经济学（第三版）[M]. 北京：高等教育出版社，2010：213.

主导产业发展的五个阶段说明，在经济发展史上，产业结构的高度化是主导产业不断更替的结果。这一过程说明发展中国家在选择、确定和建设主导产业及其群体时，应在循序渐进的基础上综合主导产业及其群体的优势，充分利用发达国家的先进技术和产业建设成果，争取在某些领域实现"跳跃式"的跨越，争取在尽可能短的时期内，实现经济的现代化。

1.2.3 高新技术产业

高新技术是一个介于"新技术"和"尖端技术"之间的概念。"新技术"的概念具有时间性，主要是针对传统技术和原有技术而言的；"尖端技术"则是一个空间概念，是指在现有技术中，处于技术领先地位并对现有技术有所突破的技术。因此，高新技术是一个历史的、动态的、发展的概念，是指那些处于突破性地位、影响和波及范围广、能单独形成新产品的技术，具有知识与技术的高密集性、高跨越度、强带动性的前沿技术，是对经济、技术、社会发展有着重要影响的先进技术。高新技术并非指在一定范围、一定时期内最新尖端的科学技术，而是指那些有利于节约资源、增进环境效益、提高生产效率和生活质量的新型并且能高度产业化的科学技术。高新技术产业具有资金、知识、技术密集性；风险性大；产品更新快、竞争性强、信息的作用大；高度的创新精神等产业特点。① 可见，高新技术会因一国或地区的条件、时间及发展阶段的不同而有所不同，判断一项技术是否是高新技术要与当时的技术条件和经济状况相联系。

1.3 产业经济学及其在经济学中的地位

一般情况下，经济学被划分为两大内容体系：微观经济学和宏观经济学。微观经济学以价格理论为核心，研究家庭和企业的行为规律，考察企业如何配置稀缺资源，以最大化其利润；考察家庭如何在收入约束下最大化其效用。因此，微观经济学分析消费者的需求与厂商的供给怎样决定了商品的价格与产量，以及作为生产要素提供者的家庭和作为生产要素需求者的厂商怎样决定了生产要素的使用与价格。而宏观经济学以国民收入理论为核心，研究一国经济总量的产生、分配和支出的规律，考察国民生产总值、国民收入、总投资、总消费、货币发行量、物价水平、外汇收支等总量的变动及相互之间的关系。因此，宏观经济学从国民收入循环入手，分析其形成与分配，国民收入支出与国民收入来源之间的均衡，以及由于不均衡所带来的诸如通货膨胀、失业等问题。

产业经济学是介于微观经济学与宏观经济学之间的中观经济领域，其研究对象产业是一个居于微观经济学的企业和家庭与宏观经济学的国民经济之间的一个具有某种相同特征的经济活动主体的集合。微观经济学并不研究单个经济主体形成的群体的行为活动及其总体规律，即在理论逻辑上并不存在"产业"这一层次。而宏观经济学着眼于总量均衡，或总量失衡所导致的经济周期的应对政策，中间产品的生产和交换关系，即产业之间的关系被抽象掉了。

然而，微观经济学与宏观经济学对"产业"这一层次的忽略并不意味着现实经济中产业分析不必要或不重要。实际上，随着社会分工的不断细化，产业也在迅速分化，产业间的关系以及产业内企业间的关系日益复杂，微观与宏观经济学对此没有针对性与解释力，而产业经济研究对产业发展、经济政策、经济发展都具有重要意义。因此，产业经济学的出现填补了这一空白，使得经济学的研究领域拓宽到一个新的层次。

1.4 产业经济学的研究内容

现代西方产业经济学被称为"产业组织理论"，是微观经济学之"价格理论"的延伸，主要研究寡头垄断市场中企业之间的竞争行为及其相关的政府政策。从这一意义上，产业组织理论只涉及单一产业内的企业行为。而中国的产业经济学所涵盖的研究内容则要广一些，还包含产业结构、产业关联、产业布局等更接近"宏观"的领域。总体来说，产业经济学包含以下五方面内容：

---

① 参见苏东水. 产业经济学（第三版）[M]. 北京：高等教育出版社，2010：392—393.

1. 产业结构

产业结构通常是指产业间的相互关系及其方式。产业结构研究是从经济发展的角度研究产业间的资源占有关系、演化规律等，为产业规划、经济和产业发展的政策制定提供理论依据。因此，产业结构研究的范畴既涉及产业间关系，例如，三次产业之间的比例及其演化，又涉及某一细分产业内部产业的关系，例如，制造业内各产业之间的比例、结构调整和发展方向。产业结构研究一般不涉及产业间的中间产品生产、交换、消费、资源配置等问题，因而被看作是产业经济学中的"宏观"部分。

2. 产业关联

与产业结构研究相比，产业关联研究产业之间的质的关系和量的关系，其主要理论方法来自美国经济学家列昂惕夫（W. Leontief）的投入产出分析，① 即通过投入产出表和投入产出模型，把一国在一定时期内所进行的社会再生产过程中，各个产业部门间通过一定的经济技术关系所发生的投入产出关系加以量化，以此分析其中的各种比例关系及其特性，尤其是能够更好地反映各产业的中间投入和中间需求。同时，产业关联研究还能够分析产业间的关联关系，例如，前向关联和后向关联，以及产业的波及效果，例如，产业感应度和影响力等。从这一意义上，产业关联既涉及宏观层次的分析，也涉及具体产业层次的分析。

3. 产业布局

产业布局指一国或地区的产业在空间上的分布和结构，通常是一国或地区经济发展规划的基础，也是发展战略的重要组成部分。产业布局研究主要涉及布局的理论、原则、影响因素和一般规律、产业布局与经济发展的关系，以及产业布局政策、产业布局规划与优化等，既关注三次产业间布局，也关注细分产业内的布局和演化。

4. 产业组织

产业组织主要研究产业内企业之间的关系，涉及竞争、交易、合作、资源配置及其对社会福利的影响，以对特定产业的绩效和竞争秩序作出判断，从而为政府维护市场秩序和经济效率提供依据。因此，在产业经济学中，产业组织属于"微观"层面的研究。产业组织理论体系主要由贝恩（Bain，1958）在吸收和继承马歇尔的完全竞争理论、张伯伦和罗宾逊夫人的垄断竞争理论，以及克拉克的有效竞争理论的基础上提出的"结构—行为—绩效"范式奠基，此后，在对"结构—行为—绩效"范式进行继承或批判的基础上，产业组织理论得到不断发展，现在已经成为经济学中最活跃的领域之一。

5. 产业政策

产业政策是政府部门为应对特定产业出现的各种问题所制定的支持政策体系。产

---

① 列昂惕夫于1936年发表了投入产出分析的第一篇论文《美国经济制度中投入产出的数量关系》；并于1941年出版了《美国经济结构，1919—1929》一书，详细地介绍了"投入产出分析"的基本内容；到1953年又出版了《美国经济结构研究》一书，进一步阐述了"投入产出分析"的基本原理和发展。

业政策是产业经济理论的落脚点,是产业结构和产业组织的抓手,一般包括产业结构政策、产业布局政策、产业组织政策、产业技术政策、政府规制及其反垄断政策等。

1.5 产业经济学的研究方法

产业经济学的研究方法取决于研究对象和研究内容,因而往往不存在一种统一的"放之四海而皆准"的方法,具体来说,可采用以下几类方法:

1. 实证研究与规范研究

作为经济学研究的核心方法,实证研究法在产业经济学研究方法中也处于主流地位,其重点是研究现象本身"是什么"的问题,或研究经济问题"实际上是如何解决的"。实证研究法试图超越或排斥价值判断,只揭示客观现象的内在构成因素及其因素的普遍联系,归纳概括现象的本质及其运行规律。实证研究包括两部分内容:理论研究及其检验。理论研究通常指下述两种形式:一是建立一套概念体系;二是概括地提出一种理论以解释某社会现象,但又不去加以验证。在这两种纯理论形式中,概念是分析性的,仅仅指抽象层次上的范畴,其分析性差异是由抽象定义说明的,无需经验的证明。相反,在经验研究中,概念是需要操作化的,即通过操作定义说明概念所指称的、可被观测的经验内容,由此而建立的理论是一种操作化并受经验事实检验的理论。

规范研究是关于经济目标、经济结果、经济决策、经济制度的合意性的研究,解决经济分析过程中"应该是怎样"的问题,旨在对各种经济问题的"好""坏"作出判断,由此可对产业目标、政策及其效果进行精确评价,不断提高一国产业管理的水平。

2. 静态分析与动态分析

静态分析是根据既定的外生变量值求得内生变量,对已发生的经济活动成果进行综合性的对比分析的一种方法。简单地说,静态分析就是抽掉了时间因素和具体变动的过程,静止地、孤立地考察某些经济现象,一般用于分析经济现象的均衡状态以及有关经济变量达到均衡状态所需要的条件。在计量分析中,研究某一对象在同一时间点其内部结构中数量关系指标的方法被称为横截面分析,这已经成为静态分析的常用方法。

然而,产业是处于不断发展之中的,因此,产业经济研究方法更需着眼于动态的、演化的视角。动态分析是对经济变动的实际过程所进行的分析,其中包括分析有关变量在一定时间过程中的变动、相互影响和彼此制约的关系,以及在每个时点上变动的速率等。动态分析的重要特点是考虑时间因素的影响,并将经济现象的变化当作一个连续的过程来看待。因此,产业经济学中的动态分析主要研究产业随着时间的推移所显示出的各种发展、演化规律,以及产业间的结构与关系所显示出的此消彼长的规律。在计量经济学中,根据对研究对象进行观测得到的时间序列数据,用曲线拟合方法对其进行客观的描述的方法被称为时间序列分析。

3. 投入产出分析法

投入产出分析法是研究产业关联问题的主要方法,即将国民经济看作一个有机整体,把其一系列部门在一定时期内投入与产出去向排列成纵横交叉的投入产出表,根据此表建立数学模型,综合研究各个具体产业部门间的数量关系,并据以进行经济分析和预测。

1947年,美国编制了世界上第一个投入产出表。20世纪50年代,其他国家也掀起了编制和应用投入产出表的热潮。中国在1974—1976年编制了61个部门的实物型投入产出表,并从1978年开始编制全国投入产出表,每五年编制基本表,中间年份编制延长表。现在,投入产出表已经被广泛应用于经济分析与政策制定之中。投入产出分析法的具体内容将在第5章详细介绍。

4. 博弈论

博弈论是研究相互依赖、相互影响的经济主体的决策行为及其决策过程中达到的均衡状态的理论。1928年,冯·诺依曼(J. von Neumann)证明了博弈论的基本原理,从而宣告了博弈论的正式诞生。1944年,冯·诺依曼和摩根斯坦(O. Morgenstern)的著作《博弈论与经济行为》将2人博弈推广到 n 人博弈结构,并将博弈论系统地应用于经济领域,从而奠定了这一学科的基础和理论体系。此后,经过纳什(S. Nash)、泽尔腾(R. Selten)、海萨尼(J. C. Harsanyi)等人的完善而趋于成熟。20世纪80年代以后,拉丰(J-J. Laffont)、梯若尔(J. Tirole)等应用博弈论对产业组织理论体系进行了再造,被称为新产业组织理论。现在,博弈论已经成为产业组织理论研究中的主流方法,广泛应用于寡占理论、不完全竞争市场、反垄断、政府规制等领域。

5. 新经济地理研究方法

新经济地理研究方法是目前产业经济学中研究产业布局、产业集聚等问题的主要方法。以克鲁格曼(P. R. Krugman)、波特(M. Porter)为代表的经济学家为了解决新古典经济学中关于完全竞争、规模报酬不变和均衡市场等假设与现实经济世界不能完全吻合的矛盾,将地理空间的概念与思想引入,创立了核心—边缘模型、国家专业化模型、全球和产业扩散模型、区域专业化模型等,并用这些模型来解释经济活动的跨区域分布问题。

本章小结

产业是具有某种同类属性的、相互作用的经济活动组成的集合或系统。

"三次产业"分类是指,农、林、牧、渔为第一产业;工业和建筑业为第二产业;除此之外的其他产业为第三产业。

联合国《所有经济活动的国际标准产业分类》(ISIC)将全部经济活动划分为21个门类,以英文字母从A到U命名,其中,门类A为第一产业;门类B—F为第二产业;其他门类为第三产业。

中国《国民经济行业分类与代码（GB/4754-2011）》将国民经济行业划分为20大类。

产业序列是指一国产业结构中，由基础产业——主导产业——高新技术产业所构成的序列。

基础产业是指在国民经济产业链中处于上游地位，为其他产业部门的生产、运营提供必需的投入或服务的，生产基本生产资料的产业部门。

主导产业是指在经济发展的某一阶段对产业结构和经济发展起着较强的带动作用和广泛的直接、间接影响的产业部门。

高新技术是指那些处于突破性地位、影响和波及范围广、能单独形成新产品的技术，具有知识与技术的高密集性、高跨越度、强带动性的前沿技术，是对经济、技术、社会发展有着重要影响的先进技术。

产业经济学是介于微观经济学与宏观经济学之间的中观经济领域，其研究对象产业是一个居于微观经济学的企业和家庭与宏观经济学的国民经济之间的一个具有某种相同特征的经济活动主体的集合。

产业经济学的研究内容包括五个领域：产业结构、产业关联、产业布局、产业组织、产业政策。

产业经济学的研究方法包括实证研究与规范研究、静态分析与动态分析、投入产出分析法、博弈论、新经济地理研究方法等。

思考练习题

1. 产业的定义是什么？产业分类的方法有哪些？
2. 什么是产业序列？其在经济发展中的作用是什么？
3. 产业经济学在经济学中处于何种地位？
4. 产业经济学包含哪些研究内容？

参考文献与进一步阅读

[1] 杨公朴，夏大慰，龚仰军．产业经济学教程（第3版）[M]．上海：上海财经大学出版社，2008．

[2] 苏东水．产业经济学（第三版）[M]．北京：高等教育出版社，2010．

[3] 唐晓华．现代产业经济学导论[M]．北京：经济管理出版社，2011．

[4] 列昂惕夫．1919—1939年美国经济结构[M]．北京：商务印书馆，1993．

[5] 施蒂格勒．产业组织[M]．上海：上海三联书店，2006．

[6] 贝恩．新竞争者的壁垒[M]．北京：人民出版社，2012．

第 1 篇

产 业 发 展

　　本书中的产业发展是指在现代产业体系下的产业萌芽、成长、成熟、转型、升级的全过程，既涉及单个产业，又涵盖产业总体，即整个国民经济的发展过程。产业发展过程既包括产业结构的变动、调整、升级，又包括产业关联分析、产业布局及其调整等理论与政策。在现代经济增长中，产业结构与经济发展密切相关，产业结构和经济结构的状况共同反映了一国的经济发展方向和发展水平，制约着经济发展的速度与质量。一国产业结构是否合理，在很大程度上决定着国家的综合国力、经济实力和国际竞争力。因此，在产业发展过程中，结构变化和调整始终是核心，结构优化是发展方向。因此，产业发展有量的扩张和质的提高两个方面，量与质都是不可缺少的，但不同时期的侧重点应该有所不同。当前中国的产业发展和整个经济发展，都必须从以量的扩张为主真正地转到以质的提高为主的方面上来。

　　本篇分六章讨论现代产业体系、产业结构理论、产业结构演变与优化升级、投入产出分析、产业关联、产业布局等内容。

第 2 章
产业结构理论

本章着重讨论产业结构理论上的成果,第 3 章则重点讨论产业结构研究在各国实践中的成果。

2.1 产业结构与经济发展

2.1.1 产业结构的含义

与产业相比,产业结构的概念产生得较晚。一般认为,产业结构概念的应用始于 20 世纪 40 年代。开始时,这一概念的意义和定位较混乱:产业结构既可以用来解释产业间和产业内部的数量比例关系,也可以用来解释产业内企业间的市场份额比例关系以及地区间的产业分布。随着产业经济学的逐步成型,产业结构的概念和研究领域也逐步被界定下来。按照概念内涵和外延的不同,对产业结构的研究有"广义"和"狭义"之分。产业发展形态理论认为,产业结构是研究市场上各产业中经济资源之间的相互联系、相互依存、相互影响资源配置效率的运动关系。产业联系理论认为,产业结构是研究产业间技术经济的数量比例关系,即产业间的"投入"和"产出"关系。广义的产业结构理论是这两种观点的综合。

产业发展形态理论从"质"的角度动态地揭示了产业间技术经济的相互联系形态和发展趋势,反映一个国家或地区的劳动力、资金、原材料投入在市场上的配置状况及其相互制约的方式,以及不同产业的发展水平、发达程度、内在活力与增长潜力。一般由两个指标来衡量产业结构:一个是价值指标,如某一产业部门的产值占国内生产总值的比例,或某一产业的资本额占全社会资本额的比例;另一个是就业指标,如某一产业部门就业人数占总就业人数的比例。

产业联系理论从"量"的角度静态地研究产业间的技术经济数量比例关系,即产业间的投入产出关系。这种关系说明国民经济各产业间的联系是:一个产业的产出就是另一个产业的投入,而一个产业的投入就是另一个产业的产出,投入产出关系就是产业间在投入与产出上的相互依存关系。

因此,产业结构通过产业间质的组合和量的规定,构成了产业间经济资源的分布结构,这种结构既是产业间的数量比例关系,又是产业间质的联系的有机耦合;既是静态比例的关系,又是动态关联的发展。

2.1.2 产业结构与经济发展的关系

经济发展是社会经济运动的长期发展变化趋势,是经济规模的扩大和经济结构的演进。一般说来,经济发展表现为以下几方面的变化:① 国民收入持续、稳定地增长;② 技术创新和技术进步在经济发展中起着越来越重要的作用;③ 产业结构的持续演进和升级;④ 国际贸易日益扩大,国际贸易结构日益优化;⑤ 与经济发展相适应的经济制度日益完善;⑥ 社会价值观日益向重视生活质量的方向变化。因此,经济发展是经济增长和产业结构演进共同作用的结果。

1. 产业结构与经济增长

经济增长是一个国家或地区在一定时期内(通常为一年),由于就业增加、资本积累和技术进步等原因,国民收入或国民生产总值数量上的增长,即一国或地区的经济规模在数量上的扩大。因此,经济增长并不反映经济规模的"质量"及其变化,而是一定时期的经济活动后,经济规模数量上的变化。经济增长与产业结构有着非常密切的关系,产业结构的演进会促进经济总量的增长,而经济总量的增长也会加速产业结构的演进。在现代经济增长中,产业结构的演进和经济增长的相互促进作用日益明显:产业结构的合理化调整及优化可以实现经济持续、稳定增长,而经济增长也为促进产业结构演进提供了物质基础和技术准备。

不同的产业结构具有不同的整体效益,必然导致经济以不同的速度增长;不同的经济增长速度又对产业结构产生不同的要求,促使产业结构进行合理化或优化调整。产业结构对经济增长的影响是通过结构效益实现的,结构效益高的产业结构能促使经济以较快的速度增长,即在不增加投入的情况下实现经济增长,因而属于内涵扩大再生产的范畴。在社会再生产过程中,技术条件不断变化,产业结构、产品结构不断更新并形成新的组合,引起社会生产力发生质的飞跃,从而促使经济增长。

2. 产业结构聚合效益与经济增长

随着经济的发展,社会分工日益专业化,社会生产部门日益增多,部门之间和部门内部的联系无论从深度上、广度上,还是从频繁程度上,都比以往任何时候要多,因此,产业部门之间的相互依赖程度、相互制约效应日益增大。在这种情况下,产业结构效益的重要性也日益加大,使之成为现代经济增长的一个重要支撑点。现代经济增长主要取决于产业结构的聚合效益,即产业间和产业内各部门间通过合理关联和组合,使组合后的整体功能大于单个产业或单个部门的功能简单相加。这种来自结构聚合的经济效益,其意义已经大大地超过个别产业劳动生产率的提高对经济增长的影响。

3. 产业资源配置效益与经济增长

经济增长不仅取决于资本、技术、劳动力等资源的投入,还取决于这些资源配置的优化程度,产业结构状态及其变化方式在很大程度上决定了资源配置的效益。产业结构实质上可以被看作是资源转换器,即通过产业间的有效运转,把社会各种资源的总和不断转化为各种产品和服务,以满足社会需求。因此,这一资源转换器的运转效率和质量如何,直接关系到经济增长的质和量。运转的效率高、质量好,则经济增长的速度就快,经济增长的质量就高。产业结构合理化是使这一资源转换器运转的效率和质量不断得到提高的基础。产业结构合理与否,决定了在资源供给类别、方式和数量比例既定的情况下,能否实现有效产出的最大化,从而能否使经济持续、稳定地增长。如果存在结构性障碍,则无效的投入就会加大,降低资源配置效益,经济的持续、稳定增长就会受到阻滞。

4. 产业结构转换能力与经济增长

产业结构转换能力是指产业结构适应技术进步、社会资源供给状况和市场需求状况的变化的能力。技术进步对提高产业结构转换能力的作用是通过产业联系、产业波及、产业扩张等一系列产业关联效应实现的,优化了的产业结构可以强化由技术创新所产生的产业波及和放大效应,提高产业结构的整体转换能力,从而带动经济快速持续地增长;而产业结构转换能力的增强可以加速经济资源的转化效率,从而提高经济增长速度。所以,提高产业结构的转换能力,可提高产业素质,以结构求速度、求效益,达到实现经济快速增长的目的;反过来,经济增长也可以为产业结构转换提供物质积累,实现经济增长的技术推进效应。

2.2 产业结构理论

2.2.1 产业结构理论的产生

在完全竞争市场的理论假设下,古典经济学的自由主义价格理论探索资源的有效配置的方式首先是从微观市场分析开始的。亚当·斯密认为,市场价格是一只"看不见的手",它随供求关系的变化而涨落,使社会资源向着供应相对短缺的商品生产移动,从而指示着资源的配置方向,自动地调节社会资源的优化组合和分布,而无须任何外来的干预。由于"看不见的手"能够自发地调节市场的均衡和资源的最优配置,因此,政府的一切介入和干预都是多余和有害的。

然而,由于市场经济主要依靠以市场供求为基础的资源趋利性流动重组来实现资源的优化配置,而且公共品、外部效应、市场信息的不完全与不准确性、商品的非同质性等一系列市场经济不能解决的经济现象的存在,使其不可避免地具有自发性、盲目性和滞后性等局限,从而使市场机制在调节经济生活过程中经常出现失灵现象。此外,自由竞争本身可能引发市场机制的异化——垄断现象,垄断是商品经济发展到一定阶段的产物。因此,以市场价格为自发的、唯一的调节社会资源流向的经济理论也遇到了前所未有的挑战。1929年爆发的大萧条使古典经济学理论陷入窘境。市场失灵使人们意识到,市场经济并没有穷尽优化资源配置的全部,有相当多的产业领域存在"市场失灵"和"市场功能不全"的现象,这些产业领域或外部性强、盈利小,或资本回收期长,或风险大,市场机制不能自动地将资源导入,但这些产业又是社会生产和国民生活所必需的,因此必须由政府来调节。在这种情形下,出现了以凯恩斯为代表的国民收入决定理论,开始对国民经济的宏观领域进行分析,研究国民经济总量变化及其规律,并认为在市场经济条件下,由于存在边际消费倾向、资本边际效率和流动性偏好等心理因素的影响,会出现"有效需求不足"和"非自愿失业",使市场机制本身没有力量使总需求与总供给相等,不可避免地出现经济萧条和失业。因此,政府有必要运用计划、财税、金融等手段,主动干预经济,有效调节经济总量间的均衡,以弥补市场机制的局限性。这使人们对市场经济的运动规律有了进一步的认识。

当然,凯恩斯理论虽然在一定程度上弥补了市场机制的不足,刺激了危机中的经济复苏和景气,但由于总量调控政策系统的行为是由人们的主观判断决定的,存在主观愿望脱离客观实际的可能性,而且人们对市场存在认知的有限性,以及对市场信息的时间滞后效应,也使总量调控机制不能有效地照顾到社会再生产过程的结构协调和均衡,使生产结构不能与变化了的消费结构、技术结构有效衔接,这就形成了触发财政赤字和"滞胀"的客观基础,导致总量失衡。

这些经济现象使人们把目光转向社会再生产的中观层面——国民经济的产业层面,在"市场调节"与"总量调节"中间寻找出路,建立资源配置的结构调控机制,这就形成了研究产业间的数量比例关系、产业间的技术经济关联、产业结构演变的产业结构理论。因此,研究产业结构,是研究社会再生产过程中均衡状态的实现,比例关系的协调以及经济发展中产业结构的转化、进化、升级的规律。由此可见,产业结构理论是经济分析深入产业层次,并在总结经济政策实践经验的基础上形成和发展起来的。

2.2.2 马克思的结构理论

马克思认为,产业是从事物质资料生产的工业部门,即物质生产部门的总和。按照产品用途不同,马克思将物质生产部门划分为两大部类:第一部类是生产生产资料部门的总和,第二部类是生产消费资料部门的总和。两大部类的生产过程构成了全社会的生产过程。

在简单再生产条件下,实现两大部类均衡发展的前提条件是:第一部类所生产的生产资料总量应等于两大部类生产中所消耗的生产资料总和;第二部类所生产的消费资料总量应等于两大部类所需要的消费资料总和。

在扩大再生产条件下,实现两大部类均衡发展的条件是:第一部类所生产的生产资料总量,在补偿两大部类生产中所消耗的生产资料后的余额,应等于两大部类追加的生产资料;第二部类所生产的消费资料总量,在补偿两大部类现有生活消费后的余额,应等于两大部类因扩大再生产而增加的消费资料的需要。

马克思的结构理论揭示了社会再生产运动的规律,论证了要使社会再生产正常进行,就必须对生产资料的生产和消费资料的生产进行补偿;要使社会扩大再生产正常进行,就必须对生产资料的生产和消费资料的生产进行追加,而且这两个补偿和追加之间还要保持适当的比例关系。

在中国，习惯上把制造生产资料的部门称为重工业，把制造消费资料的部门称为轻工业，并优先发展重工业。因此，改革开放前，中国产业结构曾经多次出现过严重的比例失调，重工业发展过快，轻工业发展远远不能满足人民生活日益增长的需求，这主要是由于我们对生产资料优先增长存在着绝对化的理解，认为生产资料生产可以不受两大部类平衡发展规律的制约而无限地增长。但这不能成为我们怀疑甚至否定生产资料优先增长规律的理由。

在马克思的结构理论之前，西方古典经济学家对社会资本的生产和再生产方面的问题也进行过探讨，虽然有一定的贡献，但都没能建立起科学的理论。马克思批判性地继承了他们的观点后，创立了科学的社会资本再生产理论，为我们研究产业结构合理化提供了方法论的指导。

然而，马克思的结构理论也有其局限性。例如，马克思认为产业是从事物质生产的工业部门或行业，这就将产业定位在较狭窄的范围内。事实上，产业的概念也是随着社会经济的发展而不断扩展的，目前的产业部门已经从物质生产部门扩展到非物质生产部门、知识生产部门。现实经济中的产业部门也远非两大部类间的关系那样简单。又如，马克思的结构理论虽然可以在一定程度上解释社会再生产运动的规律，但由于产业范畴在不断地拓展，产业结构内容中包括了比以往任何时候都丰富复杂的关系，因此，难以描述产业间错综复杂的投入产出关系及其他产业关联关系。

2.2.3 产业结构演变规律理论

1. 配第—克拉克定理

最早探索产业结构演变规律的是英国经济学家威廉·配第，他首次发现，世界各国的国民收入水平差异及其形成的不同经济发展阶段，关键在于产业结构的不同。配第在《政治算术》一书中，比较了英国农民的收入和船员的收入，发现后者是前者的四倍，因而他认为，工业的收入要比农业高，而商业的收入又比工业高，说明工业比农业、服务业比工业具有更高的附加价值，这一发现被称为配第定理。该定理揭示了产业结构演变和经济发展的基本方向。然而，由于时代的局限性，配第未能看到产业结构的变动和人均国民收入水平的内在联系。

1940年，英国经济学家克拉克在《经济进步的条件》一书中，按照三次产业分类法，以若干国家在时间的推移中发生的变化为依据，分析了劳动力在一、二、三次产业间移动的规律性。他指出，随着经济的发展和国民收入水平的提高，劳动力首先从第一产业向第二产业移动；当人均收入水平进一步提高时，劳动力便向第三产业移动。劳动力在产业之间的分布状况是：第一产业比重不断减小，第二产业和第三产业将顺次不断增加。劳动力在不同产业间流动的原因在于不同产业之间收入的相对差异。由于克拉克的研究只是印证了配第的发现，因此，这一研究成果被称为"配第—克拉克定理"。

配第一克拉克定理有三个理论前提：① 以若干国家的产业结构在时间推移中发生的变化为依据，而且这种变化是与不断提高的人均国民收入水平相对应的；② 以在经济发展过程中劳动力在各次产业中的分布状况为衡量结构变动的指标；③ 以三次产业分类法为基本框架。

克拉克认为，劳动力从第一产业向第二、三产业移动，是由于经济发展使各产业之间出现收入相对差异。人们总是由较低收入的产业向较高收入的产业移动。这不仅可以从一个国家经济发展的时间序列分析中得到印证，而且还可以从处于不同发展水平上的国家在同一时点的横截面比较中得到类似的结论。人均国民收入水平越低的国家，农业劳动力所占比重相对越大，第二、三产业劳动力所占比重相对越小；反之，农业劳动力所占比重相对越小，第二、三产业劳动力所占比重就相对越大。这说明随着经济的发展，劳动力会从第一产业向第二、三产业转移。

2. 库兹涅茨的人均收入影响论

克拉克的研究指出，在经济发展过程中劳动力在三次产业间的分布变化是产业的相对收入差距引致的，但这种收入相对差距是如何产生的，并没有被深入研究。库兹涅茨在克拉克成果的基础上，收集了几十个国家的统计资料，从国民收入和劳动力在产业间的分布两个方面，对产业结构的演进作了进一步的探讨，把产业结构演变规律的研究深入到三次产业所实现的国民收入的比例关系及变化上来，考察了总产值变动和就业人口变动的规律。他指出，在按人口平均的产值较低组距内（70—300 美元），农业部门的份额显著下降，而工业和服务业部门的份额则相应地大幅度上升，但其内部的结构比例则变化不大；在按人口平均的产值较高组距内（300—1000 美元），农业部门的份额与非农业部门的份额之间变动不大，但非农业部门内部的结构变化则较大。库兹涅茨的这种产业结构变动受到人均收入变动影响的理论被称为"人均收入影响理论"。

库兹涅茨通过对产业结构变动的实证分析，得出发达国家在进入现代经济增长阶段以后，产业结构出现的主要变化就是：随着经济发展，第一产业实现的国民收入或国民生产总值，在整个国民收入中的比重处于不断下降的过程中，而劳动力占全部劳动力的比重也是如此，说明农业在经济增长中的作用下降。第二产业实现的国民收入，随经济发展略有上升，而劳动力占全部劳动力的比重却是大体不变或略有上升，说明工业对经济增长的贡献越来越大。第三产业实现的国民收入或国民生产总值略有上升，但却不是始终如一地上升，而劳动力占全部劳动力的比重却是呈现上升趋势。

20 世纪五六十年代，在一些主要发达国家，服务业取代工业成为经济增长的主要驱动因素，进一步印证了克拉克所揭示的产业结构重心由农业向工业，再向服务业移动的一般过程，即在现代经济增长中产业结构的工业化和更高阶段上的服务化趋势。上述分析是基于时间序列分析所得出的结论。此外，还可以用横截面分析的方法，即在同一时点上，对人均国民收入水平不同的国家，由低到高排列起来进行比较分析。将时间序列分析和横截面分析的结论进行综合、归纳后，可得到表 2.1 所示的结论。

表 2.1　三次产业结构演变状况

	劳动力的相对比重 (1)		国民收入的相对比重 (2)		相对国民收入（比较劳动生产率）(3)＝(2)/(1)×100%	
	时间序列分析	横截面分析	时间序列分析	横截面分析	时间序列分析	横截面分析
第一产业	下降	下降	下降	下降	（1以下）下降	（1以下）几乎不变
第二产业	不确定	上升	上升	上升	（1以上）上升	（1以上）下降
第三产业	上升	上升	不确定	微升（稳定）	（1以上）下降	（1以上）下降

注："不确定"是指从整体上来看变化不大或略有上升。

由表 2.1 可知，正如克拉克所认为的那样，产业结构演变是由产业间相对收入的差异造成的。这种产业间的相对国民收入，即国民收入相对比重和劳动力相对比重之比，也叫做"比较劳动生产率"，其计算公式如下：

某一产业的相对国民收入（比较劳动生产率）
＝ 国民收入的相对比重 / 劳动力的相对比重×100%

通过对各产业相对国民收入变化趋势进行分析，可得出以下三个结论：

第一，大多数国家第一产业的比较劳动生产率均低于 1，而第二、三产业则大于 1。这说明，在三次产业中，第一产业所创造的国民收入要低于第二、三产业，因此，第一产业的劳动生产率是较低的。此外，从时间序列分析来看，第一产业的相对国民收入持续下降的趋势说明，在劳动力相对比重和国民收入相对比重均下降的情况下，国民收入相对比重下降的程度超过了劳动力相对比重下降的程度。因此，在大多数国家，第一产业的劳动力转移的趋势仍然没有停止。农业实现的国民收入相对比重下降、农业劳动力相对比重下降的现象，是任何国家在经济发展到一定阶段都会必然出现的现象。

第二，第二产业的国民收入相对比重上升是普遍现象。劳动力相对比重的变化会因一国的工业化水平不同而有所差异，正如表 2.1 所示的那样是不确定的。第二产业的相对国民收入上升，说明在经济发展到一定程度后，第二产业不可能大量吸纳劳动力，而相对国民收入仍然上升，即该产业所实现的国民收入比重上升，说明在一国的经济发展过程中，第二产业对国民收入总量，特别是对人均国民收入的增长有较大的贡献。这也就可以说明，各国在谋求本国经济发展时，都要大力发展第二产业。

第三，从时间序列分析上看，第三产业的相对国民收入表现为下降趋势，而劳动力的相对比重则是上升的，这说明第三产业具有很强的吸纳劳动力的特性。由于第三产业所实现的国民收入比重是不确定的，因此，其劳动生产率提高得并不快。从目前世界各国的产业结构演变趋势来看，发达国家的第三产业在三次产业中无论是从劳动力的相对比重来看，还是从国民收入的相对比重来看，都占到了一半以上，是规模最大的产业。

3. 霍夫曼定理

近代各国经济发展的过程与工业发展有着紧密的联系,经济发展的过程也就是"工业化"的过程。配第—克拉克定理和库兹涅茨理论揭示了一个国家走上工业化的过程和动因,而德国经济学家霍夫曼对工业化过程的工业结构演进规律进行了开创性的研究,并且提出了被称为"霍夫曼工业化经验法则"的工业化阶段理论。

1931年,德国经济学家霍夫曼在《工业化的阶段和类型》一书中,收集了近20个国家经济发展的时间序列数据,对工业化进程中的产业结构演进问题进行了开创性研究,提出了著名的霍夫曼定理,即在工业化进程中,消费资料工业的净产值和资本资料工业的净产值之比是不断下降的,这被称为霍夫曼比例。根据霍夫曼比例,可以把工业化划分成四个发展阶段(参见表2.2)。

表 2.2 霍夫曼工业化阶段指数

阶段	霍夫曼比例	说明
第一阶段	4—6	消费品工业占主导地位
第二阶段	1.5—3.5	资本品工业快于消费品工业的增长,消费品工业降至工业总产值的一半左右或以下
第三阶段	0.5—1.5	资本品工业继续快速增长,并已达到和消费品工业相平衡的状态
第四阶段	1 以下	资本品工业占主导地位,实现工业化

霍夫曼认为,在工业化的第一阶段,消费品工业的生产在制造业中占主导地位,而资本品工业的生产在制造业中是不发达的;在工业化的第二阶段,资本品工业的增长快于消费品工业的增长,但消费品工业的生产规模仍然要比资本品工业的生产规模大得多;在工业化的第三阶段,资本品工业的生产继续增长,规模迅速扩大,与消费品工业的生产处于平衡状态;在工业化的第四阶段,资本品工业的生产占主导地位,其规模大于消费品生产规模,基本上实现了工业化。

霍夫曼比例是符合产业发展规律的,特别是符合工业化前期的发展趋势,但其理论存在以下几个缺陷:① 不能全面反映产业结构的变动趋势;② 轻工业和重工业与消费品工业和资本品工业并非存在完全的对应关系;③ 可能使人产生"优先发展重工业是工业化的必然要求"的错误思想;④ 未能说明产业结构的服务化趋势。针对这些缺陷,日本经济学家盐野谷右一对霍夫曼比例进行了修订:① 纠正了"资本品工业"的概念,认为重工业应包括钢铁、机械、化学三大部门;② 认为重工业的发展有一个饱和点,达到一定程度后其发展速度就要减缓,产业结构高级化将会出现新特征,即服务业、信息技术、知识密集型产业的发展。

4. 钱纳里的"标准产业结构"理论

1960年,美国经济学家钱纳里将开放型的产业结构理论规范化,提出了"标准产业结构"理论。钱纳里根据第二次世界大战后发展中国家,特别是其中的9个准工业化国家(地区)1960—1980年间的历史资料,利用回归方程建立了多国GDP市场占有率模型,提出了标准产业结构。即根据人均国内生产总值,将不发达经济到成熟工业经济整个变化过程划分为三个阶段、六个时期,通过得到随着人均收入水平变化,制造业各部门相对比重变化的一组标准值,对照分析本国在某种经济条件下制造业内部结构,即工业结构是否偏离正常值。他发现,从任何一个发展阶段向更高一个阶段的跃进都是通过产业结构转化来推动的。

此后,许多经济学家进一步发展了钱纳里的理论,对世界各国的产业结构变动作了科学分析。他们对世界 100 多个国家的经济增长因素进行了分析,发现随着人均收入的增长,产业结构会出现规律性的变化。其基本特征是:在国内生产总值中工业所占份额逐渐上升,农业份额下降,而按不变价格计算的服务业份额则缓慢上升;在劳动就业结构中,农业所占份额下降,工业所占份额变动缓慢,而第三产业将吸收从农业中转移出来的大量劳动力(参见表 2.3)。

表 2.3 人均 GDP 和产业结构的变化

人均 GDP （1980 年,美元） 产业结构标准(%)	100—200	300—400	600—1000	2000—3000
第一产业占 GDP 比重	46.4—36.0	30.4—26.7	21.8—18.6	16.3—9.8
第二产业占 GDP 比重	13.5—19.6	23.1—25.5	29.0—31.4	33.2—38.9
第三产业占 GDP 比重	40.1—44.4	46.5—47.8	49.2—50.0	50.5—51.3
第一产业就业人数比重	68.1—58.7	49.9—43.6	34.8—28.6	23.7—8.3
第二产业就业人数比重	9.6—16.6	20.5—23.4	27.6—30.7	33.2—40.1
第三产业就业人数比重	22.3—24.7	29.6—23.0	37.6—40.7	43.1—51.6

应当注意的是,标准产业结构与实际产业结构之间的偏差只能作为判断产业结构状况的参考,而不能作为唯一的衡量标准。由于每个国家都有自己的具体国情,如国内自然资源禀赋条件不同,当时所处的国内外政治经济形势不同,政府所制定的中长期发展战略也各有所异,工业化进程不同,等等。这些因素都可能导致本国的实际产业结构及其变动趋势与标准产业结构产生偏差,这些偏差虽然会说明一些问题,但还不能判断产业结构不合理。例如,日本和韩国等国家的实际产业结构与标准产业结构也同样存在较大的偏差,但不能就此认为这些国家的产业结构是不合理的。因此,标准产业结构只是判断一国产业结构合理性的众多标准中的一个,而不是全部。

2.2.4 产业结构调整理论

1. 刘易斯的二元结构转变理论

1954 年,美国经济学家刘易斯在《劳动无限供给条件下的经济发展》一文中,提出了用以解释发展中国家经济问题的二元结构转变理论。他认为,整个经济由弱小的现代工业部门和强大的传统农业部门组成,发展中国家可以充分利用劳动力资源丰富这一优势,加速经济的发展。

二元结构转变理论的基本假设条件是:① 农业的边际劳动生产率为零或接近零;

② 从农业部门转移出来的劳动力，其工资水平取决于农业的人均产出水平；③ 城市工业利润的储蓄倾向高于农业收入的储蓄倾向。

由以上假设条件可知，农业剩余劳动力对城市工业的供给价格是很低的，而且由于工业生产的边际劳动生产率远高于农业剩余劳动力的工资水平，所以工业生产可以从农业中得到劳动力的无限供给；而农业的人均产出水平很低，因此，从农业中转移出来的劳动力工资水平也远低于工业的边际劳动生产率，工业就可以从劳动力供给价格与边际劳动生产率的差额中获得巨额利润。同时，由于工业利润中的储蓄倾向较高，使城市工业生产对农村剩余劳动力的吸纳能力进一步提高，这就由此产生一种积累效应，即随着农村劳动力向城市工业转移，农村劳动力的边际生产率不断提高，工业劳动力的边际生产率不断降低，这种效应直到工、农业劳动力的边际生产率相等才停止。这时，城市和农村的二元经济结构转变为一元经济结构，实现工、农业经济平衡发展。

二元结构转变理论的实现有一个前提条件，即从农村转移出来的劳动力能全部被工业吸纳。然而，在许多发展中国家，农村劳动力向城市的转移往往存在障碍，要么由于城市工业的容纳量有限，要么由于城市工业结构要求所吸纳的劳动力应具有相应的劳动技能和素质。再加上城市中也可能存在劳动力供给充足，甚至超量供给的问题，这些都会阻止农村劳动力有效地向城市工业转移。

2. 罗斯托的主导产业理论

1960年，美国经济学家罗斯托在其著作《经济成长的阶段》中，提出了"经济成长阶段理论"。罗斯托认为，现代化是从农业社会向工业社会转变的过程，涉及一系列阶段和深刻的变化。根据技术和生产力发展水平，罗斯托把经济成长划分为六个阶段，每个阶段都存在起主导作用的产业部门，经济阶段的演进就是以主导产业交替为特征的。这六个阶段分别为：① 传统社会阶段：科学技术水平和生产力水平低下，主导产业部门为农业部门；② 起飞前阶段：近代科学技术开始在工农业中发挥作用，占人口75%以上的劳动力逐渐从农业转移到工业、交通运输业、商业、服务业，投资率的提高明显超过人口的增长水平；③ 起飞阶段：相当于产业革命时期，积累率在国民收入中所占的比例由5%增加到10%以上，有一个或几个经济主导部门带动国民经济的增长；④ 成熟挺进阶段：现代科学技术已经有效地应用于生产，投资率在10%—20%之间，由于技术创新和新兴产业的不断涌现和发展，产业结构发生了巨大的变化；⑤ 高额民众消费阶段：工业高度发达，主导部门转移至耐用消费品和服务部门；⑥ 追求生活质量阶段：主导部门从耐用消费品部门转移至提高生活质量的部门，如文教、医疗、保健、福利、娱乐、旅游等。

1998年，罗斯托又对主导产业的研究做出了开创性的贡献，他在《主导部门和起飞》一书中提出了产业扩散效应理论和主导产业的选择基准，被称为"罗斯托基准"。他认为，无论在任何时期，甚至在一个已经成熟并继续成长的经济体系中，经济增长之所以能够保持，是因为为数不多的主导部门迅速扩大的结果，而且这种扩大又产生了对产业部门的重要作用，即产生了主导产业的扩散效应，包括回顾效应、旁侧效应和前向效应。因此，应该选择具有较强扩散效应的产业作为主导产业，将其优势辐射传递到产业关联链上的各产业中，以带动整个产业结构的升级，促进区域经济的全面发展。

罗斯托指出，主导产业部门在经济起飞中有以下三个作用：

第一，后向联系效应。即新部门处于高速增长时期，会对原材料和机器产生新的投入需求，从而带动一批工业部门的迅速发展；

第二，旁侧效应。主导部门会引起周围的一系列变化，这些变化趋向于推进工业化向纵深发展；

第三，前向联系效应。即主导部门通过增加有效供给促进经济发展。例如，降低其他工业部门的中间投入成本，为其他部门提供新产品、新服务等。

由此可见，罗斯托基准是依据产业部门间供给和需求的关系来确定主导产业部门的。主导产业的建立，要有足够的资本积累和投资，这就要求一国的净投资率（即投资在国民生产净值中的比重）从5%左右提高到10%。要做到这一点，必须鼓励和增加储蓄，减少消费，防止消费早熟，必要时应引进外资，要有充足的市场需求，来吸收主导部门的产出；要有技术创新和制度创新，拥有大批具有创新意识的企业家，为主导部门的发展提供组织、管理和人力等条件。

罗斯托提出的主导产业部门通过投入产出关系带动经济增长，以及主导部门的序列是不能任意改变的观点是非常值得借鉴的。任何国家在经济发展的过程中，都要立足于本国现状，不能超越经济成长阶段，而只能从较低级阶段向较高级阶段按顺序发展。世界各国的实践无不证明了这一理论的正确性，因而，尽管"起飞论"引起了异常激烈的争论，但罗斯托作为一名经济史学家，在主流经济学流派中仍稳稳地占据一席之地。

2.2.5 产业结构升级模式理论

1. 赤松要的"雁行形态理论"

1960年，日本经济学家赤松要提出了解释产业发展模式的"雁行形态理论"（如图2.1所示）。赤松要通过对日本棉纺工业从进口发展到国内生产，再发展到出口的历史性考察，认为后进国家的产业发展应遵循"进口—国内生产—出口"的模式，使其产业相继更替发展。这一理论揭示了后进国家参与国际分工实现产业结构高度化的途径。具体来说：

(1) 第一只雁是进口浪潮。由于后进国家的产业结构脆弱，国民经济体系不完整，而市场又对外开放了，这就使国外产品大量涌入本国市场。此时，市场基本上被进口产品充斥。

(2) 第二只雁是进口所引发的国内生产浪潮。国外产品的进入，使后进国家的市场规模得以扩大，此时后进国家可以通过充分模仿、引进和利用进口产品的生产工艺和技术，并使之与本国的廉价劳动力和优势自然资源相结合，从而不断增加某些进口产品的国内替代生产。

(3) 第三只雁是国内生产所引致的出口浪潮。后进国家生产达到一定规模后，由

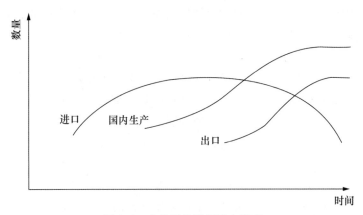

图 2.1 赤松要的雁行形态模式

于本国的劳动力和自然资源优势，加上生产到了一定阶段，高新技术转化率和转化速度得以提高，经营管理得以改善，使原进口产品的替代生产具有比以往进口国更大的成本优势，使其产品的销售在国际市场上具有较大的竞争优势和市场地位，以致形成了原有进口产品开始占领国际市场的浪潮。

雁行形态理论在应用时需要考虑一国或地区的特殊经济条件，而且其产业发展形态也要与产业发展的一般趋势相吻合：产业发展顺序应从以消费资料的生产为主，向以生产资料的生产为主转化；消费资料的生产从以粗加工产品为主，向以精加工产品为主转化；生产资料的生产从以生产生活用品为主，向以生产生产用品为主转化；从以农业生产为主，向以轻工业进而以重工业生产为主转化。

2. 产品循环发展模式

1966 年，美国哈佛大学教授雷蒙德·弗农（Raymond Vernon）在其《产品周期中的国际投资与国际贸易》一文中首次提出了产品生命周期理论。他认为，产品一般经历开发引进、成长、成熟、衰退四个阶段构成的一个周期。而这个周期在不同的技术水平的国家里，发生的时间和过程是不一样的，期间存在一个较大的差距和时差，正是这一时差，表现为不同国家在技术上的差距，它反映了同一产品在不同国家市场上的竞争地位的差异，从而决定了国际贸易和国际投资的变化。为了便于区分，弗农把这些国家依次分成创新国（一般为最发达国家）、一般发达国家、发展中国家。就同一种商品的生产而言，创新国与其他国家相比，产品的生产处于生命周期中的成长阶段。这时，创新国向一般发达国家出口该产品；随着成熟期的临近，创新国将该产品的生产技术向世界范围普及，逐渐失去了生产和销售这种产品的优势地位。随着一般发达国家对这种产品的仿制和研究，使创新国的成本优势也逐渐消失，这时其在该产品的市场竞争中处于不利地位。为了维持其在国际市场中的竞争地位，只有将国内投资转向具有较低劳动力成本和地区资源优势的国家，就地组织生产和销售。由于在经济欠发达的国家或地区生产具有成本优势，因此，创新国反而从经济欠发达的国家或地区进口该产品，这被称为"反回头效应"。经济欠发达的国家或地区可以回避风险大、花费多的技术开发过程，充分利用创新国的资金和技术，并与本国廉价劳动力资源和其他优势资源相结合,以成本优势返销到工业先行国的市场,这可以大大缩短经济欠发达国家的工业化进程。

因此,对于经济欠发达国家来说,产业结构演变模式要与国际市场的发展变化紧密结合,利用产品循环发展模式,通过参与国际分工来实现本国产业结构升级,从而实现产业结构的国际一体化。这种产品循环顺序是"新产品开发→国内市场形成→出口→资本和技术出口→进口→更新的产品开发……"产品经过这一顺序的不断循环,带动了工业结构由劳动、资源密集型向资金进而向技术密集型演进,实现产业结构的升级。这一过程可以通过以下四个阶段来加快本国的工业化进程(如图2.2所示):

第一阶段:研究开发新产品,逐渐占领国内市场;

第二阶段:国内市场饱和后,要开拓国际市场,增加该产品的出口;

第三阶段:产品占领国外市场后,输出资本和生产技术,促成资本和技术与当地的廉价劳动力和其他资源相结合,就地组织生产和销售。

第四阶段:国外生产能力形成后,又会使这种产品以更低的价格返销国内市场,迫使开发了新产品的创新国削减或放弃该产品的生产,从而促进下一个新产品的开发。

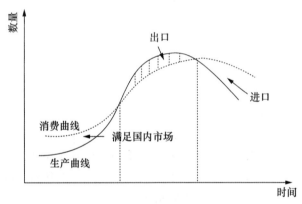

图 2.2 产品循环发展模式

案例 2.1　二战后日本三次产业结构的演变

日本是世界上最早致力于制定产业政策和设计产业结构的国家,并在经济发展中取得了明显的成效。第二次世界大战后,日本一系列的产业政策开始实施,企图调整产业结构以迅速恢复日本经济。在日本经济逐渐恢复和发展的过程中,日本的三次产业结构实现了由低级向高级的演变。

1. 日本经济的高速增长阶段

1955—1975年是日本经济的高速增长阶段。在这一时期,日本的产业结构中农业部门的比重不断下降,从1955年的18.1%下降到1975年的4.7%;工业部门比重则不断上升,从1955年的23.5%增加到1970年的40%;服务部门比重一直保持在55%左右,见表2.4:

表 2.4　二战后的日本产业结构（%）

年份	1955	1960	1965	1970	1975
农业部门	18.1	14.3	9.9	5.3	4.7
工业部门	23.5	29.0	34.9	40.0	39.9
服务部门	58.4	56.7	55.2	54.7	55.8

另外，这一时期的就业结构也呈现出与产业结构几乎相同的变化趋势，第一产业从业人员所占比重从 1950 年的 48.5% 下降到 1970 年的 19.3%；第二产业从业人员所占比重则从 1950 年的 21.8% 上升到 1970 年的 34%；第三产业从业人员所占比重从 1950 年的 29.6% 上升到 1970 年的 46.6%，见表 2.5：

表 2.5　二战后日本就业结构变化（%）

年份	第一产业从业人员所占比重	第二产业从业人员所占比重	第三产业从业人员所占比重
1950	48.5	21.8	29.6
1960	32.7	29.1	38.2
1970	19.3	34.0	46.6
1980	10.9	33.6	55.4
1990	7.1	33.3	59.0
1995	6.0	31.6	61.8

2. 日本经济低速增长阶段

20 世纪 80 年代初，日本的产业结构已经达到较为合理的水平。其后，随着经济的进一步发展，产业结构不断向更加合理、更加高级的水平发展。1980—2000 年，在三次产业占 GDP 的比重中，第一产业由 1980 年的 3.5% 下降到 2000 年的 1.2%；第二产业由 37.8% 下降到 27.9%，下降了 9.9 个百分点；第三产业则由 58.7% 上升到 70.7%，上升了 12 个百分点。总体来看，除第三产业外，产业结构的变化比较平稳，尤其是第二产业在 1980—1995 年间始终维持在占 GDP 比重的 36% 左右。第三产业在 2000 年跃升到 GDP 的 70.7%，意味着日本各产业的服务化程度更深，见表 2.6：

表 2.6　日本三次产业占 GDP 的比重变化（%）

年份	1980	1985	1990	1992	1994	1996	1998	2000
第一产业	3.5	3.0	2.4	2.1	2.1	1.9	1.5	1.3
第二产业	37.8	36.3	37.2	36.8	35.5	35.0	28.6	27.9
第三产业	58.7	60.7	60.4	61.1	62.4	63.1	69.8	70.7

同时，表 2.5 中的数据表明，这一时期的就业结构也发生了变化。第一产业就业人数持续下降，跌破 10%，到 1995 年仅余 6%；第二产业就业人员所占比重也出现了下降趋势，从 1980 年的 33.6% 下降到 1995 年的 31.6%；第三产业就业人员所占比

重则持续上升，从 1980 年的 55.4% 上升到 1995 年的 61.8%。

（案例来源：苏东水．产业经济学（第四版）．北京：高等教育出版社，2015）

本章小结

产业结构是研究市场上各产业中经济资源之间的相互联系、相互依存、相互影响资源配置效率的运动关系。

马克思将物质生产部门划分为两大部类：第一部类是生产生产资料部门的总和，第二部类是生产消费资料部门的总和。两大部类的生产过程构成了全社会的生产过程。

配第—克拉克定理：随着经济的发展和国民收入水平的提高，劳动力首先从第一产业向第二产业移动；当人均收入水平进一步提高时，劳动力便向第三产业移动。劳动力在不同产业间流动的原因在于产业之间收入的相对差异。

人均收入影响理论：产业结构变动受到人均收入变动的影响。

霍夫曼定理：在工业化进程中，消费资料工业的净产值和资本资料工业的净产值之比是不断下降的，这被称为霍夫曼比例。根据霍夫曼比例，可以把工业化划分成四个发展阶段。

标准产业结构理论：根据人均国内生产总值，将不发达经济到成熟工业经济的整个变化过程划分为三个阶段、六个时期，通过得到随着人均收入水平变化，制造业各部门相对比重变化的一组标准值，对照分析本国在某种经济条件下制造业内部结构，即工业结构是否偏离正常值。

二元结构转变理论：经济由弱小的现代工业部门和强大的传统农业部门组成，发展中国家可以充分利用劳动力资源丰富这一优势，加速经济的发展。

主导产业理论：根据技术和生产力发展水平，可以把经济成长划分为六个阶段，每个阶段都存在起主导作用的产业部门，经济阶段的演进就是以主导产业交替为特征的。

雁行形态理论：后进国家的产业发展应遵循"进口—国内生产—出口"的模式，使其产业相继更替发展。

产品循环发展模式：通过"新产品开发→国内市场形成→出口→资本和技术出口→进口→更新的产品开发……"的循环，带动工业结构由劳动、资源密集型向资本进而向技术密集型演进，实现产业结构的升级。

思考练习题

1. 什么是产业结构？广义与狭义产业结构各包含哪些内容？
2. 根据罗斯托的起飞论，简述主导产业选择、转换和发展的规律？
3. 简述配第—克拉克定理的主要内容及其在经济发展中的作用。

4. 简述人均收入影响理论的主要内容及其在经济发展中的作用。
5. 简述霍夫曼定理的主要内容及其在经济发展中的作用。
6. 简述标准产业结构理论的主要内容及其在经济发展中的作用。
7. 简述二元结构转变理论的主要内容及其在中国经济发展中的作用。
8. 如何根据标准产业结构理论确定工业结构的合理性？该理论的局限性是什么？
9. 雁行形态理论能否解释中国经济发展过程？
10. 产品循环发展模式理论能否解释中国国际贸易与国际投资的发展趋势？

参考文献与进一步阅读

[1] 李悦，李平，孔令丞．产业经济学［M］．大连：东北财经大学出版社，2008.

[2] 苏东水．产业经济学（第三版）［M］．北京：高等教育出版社，2010.

[3] 苏东水．产业经济学（第四版）［M］．北京：高等教育出版社，2015.

[4] 杨公仆，夏大慰．产业经济学教程［M］．上海：上海财经大学出版社，1998.

[5] 杨公仆，干春晖．产业经济学［M］．上海：复旦大学出版社，2005.

[6] 李孟刚，蒋志敏．产业经济学［M］．北京：高等教育出版社，2012.

[7] 史忠良．产业经济学［M］．北京：经济管理出版社，1998.

[8] 唐晓华，王伟光．现代产业经济学导论［M］．北京：经济管理出版社，2011.

[9] 周叔莲，王伟光．科技创新与产业结构优化升级［J］．管理世界，2001，5：12—26.

[10] 郭晓萌．改革开放以来我国产业结构变化研究［J］．北方经济，2010，20：38—40.

[11] Freeman, C., Soete, L. 1997. The Economics of Industrial Innovation [M]. The MIT Press, Cambridge, Massachusetts.

第 3 章
产业结构演变与优化升级

3.1 产业结构演变的动因

产业结构的演变是众多经济的和非经济的因素综合作用的结果,可以说,一切影响经济发展的因素,都直接或间接地作用于产业结构,从而推进或制约产业结构的发展变化。影响产业结构的内在因素和外在因素的发展变化都与产业结构的变动密切相关,内在因素对产业结构的变动起主要的推动作用,外在因素则从外部对产业结构的演变起拉动作用,包括国民经济发展水平、技术、国内与国际供给和需求、产业政策,等等。

3.1.1 国民经济发展水平

国民经济发展状况和发展水平与产业结构是相互影响、相互制约的。不同的产业结构状况和演进程度都会使国民经济出现不同程度的增长。一定时期的国民经济发展目标和发展水平不仅要求产业结构的合理变动,而且通过各种手段影响产业结构的变化,直接制约着产业结构变化的程度和范围。在封闭经济条件下,一定的国民经济发展水平所提供的可供支配的资源总量是给定的,因此,可供各个产业部门使用的资源就是有限的,而不同的产业结构对稀缺资源需求的质和量是不同的,所以产业结构的调整或变化就不可能超越相应的国民经济发展水平所能提供的物质条件,必然要受国民经济发展水平的内在制约。国民经济的持续发展依赖于产业结构向高级化演进,而产业结构的演进又推动了国民经济的发展。

从世界各国产业结构调整的效果看,国民经济发展水平对产业结构演变的影响是通过供给与需求两个方面传导的。在一国经济发展过程中,国民生产总值增长迅速,国民收入上升较快,需求结构也因此迅速升级,同时,要素禀赋和要素结构的变化也会加快,因而,需求与供给的双重影响必然导致产业结构的快速调整和升级。

3.1.2 技术变动

技术变动主要指技术结构变化和技术进步,这是影响产业结构变化的重要动因之一,原因在于以下四个方面:

第一,技术结构变化会对产业部门中的生产技术结构、生产工艺过程、生产率、生产方式、生产规模、市场竞争状况、市场需求状况等产生影响,从而提供新的、有效触发产业规模扩张的机制,对产业结构的变动产生深刻的影响。

第二,新技术的出现,也会促进新兴产业的诞生,从而改造或淘汰落后产业,导致产业结构发生变化。

第三，任何一个产业都有与之相适应的技术水平，其技术突破和高新技术的广泛应用会造成该产业与相关产业的结构变动，并通过前向、后向和旁侧关联效应带动一系列其他相关产业的发展，还可以通过技术的扩散、渗透与诱导等方面的作用，推动相关产业的技术变革。例如，采用蒸汽机作为动力的火车，其燃料由煤炭部门供应；采用内燃机的火车，其燃料由石油部门供应；采用电力机车的火车，就要由电力部门供应动力。也即，随着铁路部门的技术进步，煤炭、石油、电力几个部门的发展及其占GDP的比重也发生相应的变动，当这种变化十分巨大时，将使不经济的产品和产业逐渐被淘汰，直至消亡，新的产业由此产生和发展，从而引起产业结构不断升级。

第四，技术水平的不同决定了部门之间比较劳动生产率的差异。在众多产业门类中，拥有先进技术的"主导产业"大量吸收创新成果，促进生产率提升，使生产要素从比较劳动生产率低的部门转移到比较劳动生产率高的部门，从比较劳动生产率提高速度慢的部门转移到比较劳动生产率提升速度快的部门；而且当"主导产业"进入成熟期以后，因生产率提高速率和成本降低速率趋于减缓，又会促使新的技术创新产生和新一轮主导产业的出现。技术创新推动下的"主导产业"的依次更替，便成为产业结构演进的显著特征与标志。

3.1.3 供给因素

这里的供给因素是指生产要素的供给，包括自然资源、劳动力、资本和原材料等。

1. 自然条件和资源禀赋

自然资源禀赋条件包括资源的分布、资源的数量和质量。由于各国、各地区领土大小不等，地理位置不同，其拥有的自然资源条件也就千差万别。一般而言，自然资源丰富的国家和地区，其产业结构具有资源开发型的特征。例如，在中东地区的石油生产国，原油的开采、出口成为其国民经济的主要支柱产业。如果一国和地区不仅自然资源丰富，而且地域辽阔，则可能发展成资源开发、加工和利用全面发展的产业结构。例如，中国国土辽阔，资源丰富，有条件建立起独立的、比较完整的产业体系，并有能力使各产业协调发展。而受资源约束的国家和地区可以利用科学技术和对外贸易来弥补资源匮乏的不足。例如，日本的自然资源贫乏，主要的生产原材料和能源，如石油的99.7%，铁矿石的99.1%，铅、铌、铀的100%，原料煤的77%，均需要进口，这就使日本的产业体系不可避免地以加工工业为主。

尽管自然资源禀赋是不能人为改变的，并且自然资源是一国经济发展的基本要素，但其对一国产业结构变动的影响会随着技术进步而逐渐削弱。例如，新能源、新材料的发现和发明，使人们对传统能源和原材料的依赖程度越来越低。随着知识型产业的兴起和技术进步，人们对资源的开发和有效利用能力也在不断地增强，从而改善了能源和原材料的供给结构，增加了供给可能性，大大减弱了经济发展对自然资源的依赖。

2. 人力资源供给

人力资源的数量、质量及流向，直接影响着产业结构的变动方式和方向。劳动力流向哪个产业，该产业的劳动要素供给就得到了加强，获得了发展条件；反之，不易获得劳动力或劳动力供给不足的产业，其发展就会受到一定的限制。此外，在技术进步不断加快，进而促使产业结构演进加速的时代，劳动力素质结构对产业结构的演进具有重要影响。低素质劳动力不适应高技术化的传统产业和新兴高新技术产业，就只能滞留在低技术产业，从而使这些产业的劳动就业长期处于过度膨胀状态，并因此成为产业结构演进的障碍；相反，高素质的劳动力能够适应产业结构演进的需要，从而推动产业结构的演进。

进一步，人口的数量和结构、人均资源拥有量及资源的可供给能力都对产业结构的演进产生很大的影响。过度的人口增长会将有限的资源转化为衣、食、住、行等基本需求，其结果是减少了这些资源对其他产业的供给；同时，也可能减慢农业人口向第二、第三产业的转移，减缓工业化的进程，阻碍产业结构向高度化和合理化演进。当然，过慢的人口增长或老龄化也是同样有害的，会导致劳动力供给不足，可能影响劳动密集型产业的发展。因此，一国在发展经济的同时，要注意保持适当的人口增长率，提高人口素质，实现农业人口的及时转移，加快工业化进程。

3. 资本供应状况

资本供应状况主要是从总量方面对产业结构演变产生影响。一方面，资本的充裕程度会对产业结构产生影响。资本不充裕的国家只能重点发展劳动密集型产业，反之则可发展资本密集型产业。资本供应的充裕程度主要受一国的经济发展状况、社会发展状况、储蓄率、社会资金积累状况等因素的影响。另一方面，资本的投资偏好所形成的投资结构对产业结构演变产生影响，这主要受政府的投资倾斜政策、利率水平、行业的投资回收期和回报率、进出口贸易的增长等因素的影响。在正常情况下，资本投入规模与产业结构高度化的发展进程成正向变动。这里所说的正常情况，不仅包括各行各业的平均投入—产出效率大体相当，而且还包括投资形成的生产力不会遇到体制障碍、市场限制和劳动力供给的约束。如果不具备这些条件，投资规模越大，可能导致产业结构发展越不合理，而难以向产业结构高度化演进；反之，如果具备了这些条件，投资规模越大，则产业结构高度化发展的进程就越快。

资本投入结构决定着固定资产存量结构，现有固定资产存量结构则决定着产业结构演变的方向和速度。现有固定资产结构主要取决于前期的长期投资：一是原有资本投入的部门结构；二是原有资本投入的部门内部结构；三是原有资本投入的企业结构；四是原有资本的地区分布。

4. 商品供应情况

影响产业结构变动的商品供应因素有原材料、中间投入品、零部件、进口品等商品的质量和数量。从更广的范围上来看，商品供应还应包括电力及其他能源、水资源、公共设施及公共服务、技术供应状况等。这些商品的供应往往受基础产业、上游产业、后向关联系数大的产业的规模、总体技术水平、发展状况等方面的制约。因此,为改善商品供应状况,一国必须首先发展基础产业、上游产业和后向关联系数大的产业,在这些产业得到一定的发展之后,才能改善商品供应情况,使下游产业、后向和前向关联系数较大的产业得到发展。

3.1.4 需求因素

影响产业结构变动的需求包括消费需求和投资需求两大类。

1. 消费需求

产业结构与市场需求结构存在着某种对应关系,市场需求决定着一项经济活动的存在价值,决定着某一产业存在的必要性。在市场经济条件下,任何一个产业的产品,都要在市场中进行交换。如果某个产业的产品缺乏市场需求,这个产业也就失去了立足之地;反之,某个产业的产品占有了市场,就会拉动这个产业进一步发展。因此,市场需求结构直接影响着产业结构的演变方向。

早在19世纪70年代,德国社会统计学家恩格尔在《萨克森生产与消费的关系》等论著中就提出:随着家庭收入的增加,其总支出中用在食品上的开支比例将越来越小,这被称为恩格尔定律。而食品支出金额占家庭总支出金额的比例被称为恩格尔系数。

按照恩格尔定律,随着人们收入水平的提高,恩格尔系数就会下降,人们对食品尤其是农产品的消费将相对减少,导致第一产业在GDP中的比重不断下降;随着经济的进一步发展和居民收入水平的进一步提高,消费结构升级表现为,人们将转向以消费享受品为主的阶段。这意味着人们要求增加工业消费品,尤其是耐用消费品的消费,从而导致第二产业的不断发展。与此消费水平及结构相适应的工业生产,在结构上就表现为原材料工业和加工工业的极大发展,生产方式表现为大规模、大批量的生产方式。在居民消费水平进一步提高的基础上,人们的消费倾向呈现出多样性和可变性的特点,与此相适应的工业生产方式也由少品种大批量过渡到多品种小批量,同时,对服务的消费增加,使第三产业的产值占国民收入的比重不断上升。因此,随着经济的发展,需求结构会发生相应的阶段性变动,并呈现出高级化和演变的有序性,这成为产业结构演进的基本依据。

2. 投资需求

投资是产业生成和扩张的重要条件之一。资本向不同产业投入所形成的投资配置比例就形成了投资结构。投资结构决定了资源向不同产业部门的分配量与再分配量,因而对产业结构的形成和变化产生影响。不同方向的投资可以创造新的投资需求,形成新的产业以及改造现有的产业;对部分产业以不同比例投资,可以推动这些产业以更快的速度扩张,从而影响现有的产业结构;对全部产业以不同比例投资,可以对产业发展程度产生影响,导致现有产业结构的变化。

3.1.5 国际供给和需求

国际供给与需求是通过国际贸易与国际投资实现的。

1. 国际贸易

国际贸易与产业结构有着密切的关系。一方面,产业结构在总体上决定了贸易结构，一国具有国际比较优势的产品和资源往往成为出口的主导产品，而同时不具有比较优势的产品则需要进口。另一方面，贸易结构对产业结构的演进具有巨大的推动作用。随着经济发展，对外贸易及资本流动的扩张，不但隐含着各国进出口结构的不断变动，而且也促使各国产业结构发生变化。本国对自然资源、产品、劳务的出口，可以对国内相关产业的发展起到一定的推动作用，而对国内紧缺的资源、劳务和技术的进口，则可以为本国发展同类产业创造良好的供给条件。弗农的产品生命周期理论指出，非产品创新国家的产品将遵循"技术引进→在本国市场上与外国产品竞争的进口替代→出口竞争"的逻辑顺序发展。在弗农看来，创新产品初始垄断优势及其后技术转移与扩散形成的垄断优势的丧失，决定着国际贸易的格局变化，从而推动一国产业结构的演进。

2. 国际投资

国际投资包括本国资金的流出和国外资金的流入。对外投资会导致本国产业的转移，而国外资金的进入会使国外的产业向本国转移，这两个方面都会使本国的产业结构发生变动。在诸多影响产业结构变动的因素中，国外对本国的直接投资对产业结构变动的影响作用是较大的。首先，国外投资直接决定生产方式、生产技术、产品的数量和质量，这会直接改变原有的产业结构；其次，外资企业中间产品的供应结构和最终产品的销售结构也对原有的产业结构产生直接影响；最后，外资所带来的技术和管理的溢出效应对本国产业也会产生深远的影响。

3.1.6 产业政策

产业政策是政府通过经济杠杆和行政手段，对资源在各产业间配置进行干预，以支持或限制某些产业的发展，弥补和修正市场机制的不足和失灵，强化资源的合理配置和加速产业结构的演进。产业政策具有较强的波及效果，不仅可以直接扶植或限制某些产业的发展，而且能够左右绝大多数影响产业结构的因素，包括通过政府投资、产业管制、财政政策和货币政策，以及立法、产业协调等手段来调整供给结构、需求结构、贸易结构和投资结构，从而对产业结构产生影响。

为了实现政府制定的产业发展目标和规划，在调整产业结构时，通常需要首先制定有关的经济政策，以对产业结构的调整施以诱导或强制。例如，第二次世界大战后，日本经济的迅速崛起就是产业政策起到极大作用的证据。战后的日本经济面临崩溃的边缘，为了迅速恢复经济，日本政府通过规划产业结构高度化发展目标，设计产业结构高度化的途径，确定不同时期带动整个国民经济起飞的"主导产业"，并通过政府一系列的相应产业政策措施来保证实施，从而诱发了经济向既定目标的发展。在短短的 20 年时间里，走完了发达国家 100 多年的发展之路，令世人瞩目。可见，实施产业政策可以对一国产业结构的演进起着有利的推动作用。

3.2 产业结构的演变规律

不管是产业间，还是三次产业内部，产业结构的演进都有其内在规律可循，可为我们预测产业结构的未来发展方向提供有意义的指导。

3.2.1 产业结构演变的一般规律

产业结构是与经济发展水平相对应而不断变化的。随着经济的发展,产业结构在高度方面不断地由低级向较高级演进;在横向联系方面不断由简单化向复杂化演进,这两方面的演进不断地推进产业结构向合理化方向发展。

从世界各国产业结构演进实践来看,产业结构的演变具有以下三个方面的一般规律:

1. 从工业化发展历程来看

从发达国家产业结构演变的历程看,工业化大致可以分为前期、中期和后期三个阶段。在工业化前期,产业结构呈现轻型化,一般是农业和轻纺工业在经济发展中起主导作用,劳动密集型和自然资源密集型产业占绝对优势,第一产业在三次产业中占主要地位,第三产业的地位微乎其微;在工业化中期,第二产业有了较大的发展,其产值比重在三次产业中占据主要地位,此时,大机器工业体系日趋完善,产业结构呈现明显的重化型,电力、钢铁、机械制造业等资本密集型产业在经济发展中起主导作用,基础工业和基础设施得到较大完善,第一产业地位下降,第三产业地位逐渐上升;在工业化后期,以汽车、家用电器为代表的耐用消费品和以微电子技术、信息技术、航天技术、生物工程、新能源和新材料等为代表的高新技术产业迅速发展,整个产业结构的高度化趋势越来越明显,第一产业的产值比重降到最低,第三产业产值比重在三次产业中占有支配性地位,产业知识化、信息化成为主要特征。

2. 从主导产业的转换过程来看

从主导产业的转换过程来看,产业结构的变动具有阶段性。一般情况下,产业结构的演进遵循着这样的路线:农业→轻纺工业→基础工业→重化工业→低度加工工业→高度加工工业→第三产业→信息产业,每一阶段以主导产业命名:

(1)以农业为主导的阶段。农业的劳动力和产值比重在三次产业中占主导地位,第二、三产业的发展有限。

(2)以轻纺工业为主导的阶段。轻纺工业由于需求拉动作用明显,工业革命后又使纺织机有了动力来源,且纺织技术也有所突破,从第一产业分离出来的劳动力价格低廉,这些因素使其得到了较快的发展。同时,第一产业劳动力和产值占三次产业的比重有所降低,重化工业和第三产业的发展仍有限。

(3)以重化工业为主导的阶段。农业产值在三次产业中的比重进一步降低,轻纺工业的发展速度有所减缓,而以原材料、燃料、动力、基础设施等基础工业为中心的重化工业得到了较快的发展,并逐渐取代轻纺工业成为主导产业。

(4)以低度加工型工业为主导的阶段。制造业中传统型、技术含量较低的机械制品、钢铁、造船等低加工度的产业发展速度较快,其劳动力比重有所增加,产值在三次产业中的比重逐渐增大,成为主导产业。

(5)以高度加工型工业为主导的阶段。技术创新成果在工业中得到大量的应用,并对传统产业加以改造。因此,技术密集型的产业快速发展起来,技术要求高且附加值高的产业，如精密机械、精密化工、智能机器、计算机、飞机制造、汽车及数控机床等有了快速发展，成为经济增长的主要推动力量，其产值在三次产业中占有较大的份额，并且增速较快，成为国民经济的主导产业。

（6）以第三产业为主导的阶段。第三产业如服务业、运输业、旅游业、商业、房地产业、金融保险业、信息业等取得了明显的发展，且第三产业与第一、二产业关联效应日益增强，其产值在国民经济中的比重增大，且占据较大的份额。第二产业的发展速度有所减慢，产值比重有所降低，并不再占据主导地位，但其内部结构变化较大，高新技术产业诸如微电子产业、核电、新型合成材料业、生物工程业、宇航工业、光导纤维及信息产业等迅速崛起。

（7）以信息产业为主导的阶段。信息产业得到了高速发展，同时，以计算机为核心的"智能机器"迅速取代人脑进入生产过程，实现了生产过程的自动化和信息化，商品生产由以物质商品为主逐步向信息产品过渡。这一时期，信息产业成为国民经济的支柱产业和主导产业，该时期也叫做后工业化阶段。

3. 从三大产业内部的变动趋势来看

基于三大产业的内在联系，产业结构的演变遵循着这样的趋势：第一产业主导→第二产业主导→第三产业主导。

在第一产业内部，产业结构从技术水平低下的粗放型农业向技术要求较高的集约型农业，再向环境、生态、生物、生化等技术含量较高的绿色农业、生态农业等现代农业发展；从种植型、畜牧型农业向工厂型农业发展。

在第二产业内部，产业结构演进过程则按照轻纺工业→重化工业→加工型工业的方向进行。按照这一进程，产业结构内部也经历着由劳动密集型向资本密集型再向知识密集型产业的演变，以及由进口替代型向出口导向型再到市场全球化的变化。

在第三产业内部，产业结构演进过程则按照传统服务业→多元化服务业→现代服务业→信息产业→知识产业的方向演化。

3.2.2 三次产业内部结构的演变规律

1. 第一产业内部结构演变规律

第一产业中各生产部门或各生产种类所占的比重及其相互关系，也被称为农业产业结构，包括种植业、林业、畜牧业、渔业等各生产部门在农业中所占的比重及其相互关系，以及各生产部门内部按生产种类划分的各种生产所占的比重及其相互关系。总体来说，第一产业内部结构演变趋势是由传统农业向现代农业演变；农业内部各产业部门协调发展；农业生产方式由分散化经营向产业化方向发展。

（1）由传统农业向现代农业演变

传统农业以单个家庭为生产单位，以人力和畜力为主要生产动力，以农、牧结合为主要形式，以动物、植物和非生物因素的统一为主要特征。现代农业是建立在现代工业技术装备和现代农业基础上的，农业生产过程中的各个环节都实现了较高程度的分工。现代工业的飞速发展，为农业提供了新的动力来源和生产设施，并为农业基础设施的建设提供了物质技术基础,化肥、农药、饲料以及现代农业生物技术的发展,实现了现代工业与现代农业的高度结合。

现代农业的基本特征是:① 生产资料现代化。农业生产资料包括土地资源、水力资源和物质技术资源,其中,物质技术资源又包括动力资源、技术装备和技术手段、化学生物手段、生产性建筑设施、运输和通信系统等。这些物质技术资料在农业生产中广泛应用及其技术水平提高的过程,就是农业生产资料现代化的主要过程。② 农业现代化。农业现代化是指各个农业生产工序的过程、手段及方式的现代化。在种植业中,生产工艺过程包括栽培植物和取得农产品的一整套工艺流程,其方向是:工序不断分化与组合以提高农业运营效率,如农业各工序的流水作业等;有效使用技术装备进行合理种植区域划分;制定农业物流的最佳方案等。在畜牧业中,工艺流程方向是:生产的连续性、节奏性、比例性、平行性;保证牲畜和所获得产品的标准性。农业生产工艺的总趋势是不断采用先进的工业工艺和生物技术,以保证农业生产过程的高技术性特征。③ 发展工厂化农业。工厂化农业是改变传统农业的重要方向,按其不同生产模式的先进程度,农业工厂有矿物纤维营养液栽培法、普通营养液栽培法、利用阳光的植物工厂和人工光照全控制型植物工厂等。

(2) 农业内部各产业部门协调发展

农业内部各产业部门之间存在着客观的联系,这种联系对自然环境有很大的依存性。例如,农、林、牧三结合是有效利用自然资源,形成合理生态系统的客观要求,也是农业生产良性循环的必要条件。农、牧结合由它们之间物质互换的必要性所决定,而林业则为农业、牧业生产发展提供了良好的原材料和生态环境。农业的发展要求农业各部门全面发展,但这并不意味着农业各部门的地位完全相同;相反,在所有农业生产部门中,粮食生产部门具有比其他任何部门都特殊的重要地位,这对于发展中国家来说尤为如此。

目前,世界各国农业的发展趋势是:畜牧业生产占有越来越大的比重。这要求农业生产的专业化与一定程度的多部门经营相结合。在畜牧业中,提供低脂肪、高蛋白畜产品的畜种比重日益增加。在种植业中,水果、蔬菜和经济作物的比重不断提高。这要求农业专业化、多部门的经营发展规模和速度与粮食生产发展水平相适应。

(3) 农业生产方式由分散化经营向产业化方向发展

农业产业化是以市场为导向,以农户为基础,以龙头企业或农民自主决策的合作社等中介组织为纽带,通过将农业再生产过程的产前、产中、产后诸环节联结为一个完整的产业链,实现种植、养殖、加工、供产销、农工商一体化经营的经济运行方式。在此过程中,通过农业生产结构的调整、农业产业链的纵向和横向延伸、产品附加值的提高,促进农业生产率的提高。

2. 第二产业内部结构演变规律

第二产业是指广义的工业,除了制造业以外,还包括采矿业和建筑业,而这里所研究的工业结构演变主要是指制造业结构演变。工业结构的演变是指工业在各产业部门间生产及再生产过程中相互制约、相互联系的关系及其构成。

工业结构的演变与工业化进程密切相关。自诞生以后，工业就不断地将科学技术的最新成果应用于生产过程，使其生产效率不断提高，生产规模不断扩大，生产过程和技术装备也日益向大型化、连续化、高速化、精密化方向发展，从而引起工业结构的不断演进。工业结构的演变趋势有：重化工业化趋势，即以加工组装型重化工业为主导，技术复杂程度不高的机械、钢铁、造船等低度加工组装型工业的发展进入快车道；高加工度化趋势，即轻、重工业由以原材料工业为重心的结构，向以加工工业、组装工业为重心的结构发展的趋势；高技术化趋势和高附加价值化趋势，即工业发展从依赖劳动力为主的阶段，向以依赖资金为主的阶段，进而再发展到依赖技术为主的阶段的过程。在这一过程中，工业结构的变动存在着由劳动密集型到资本密集型，再到技术和知识密集型的发展过程。

3. 第三产业内部结构演变规律

第三产业是指繁衍于有形财富生产活动之上的生产无形财富的服务性产业，又可分为传统服务业和新兴服务业，前者包括商业、饮食业、交通运输业等；后者包括通信、咨询等技术服务，以及文教、科研、卫生、法律专业服务等。

第三产业内部结构演变规律是，首先，随着经济的增长，第三产业规模日趋扩大，其产值占国民经济总产值的比重也日益增加，且具有强劲的吸纳劳动力的能力，使其内部劳动力占全社会劳动力比重也不断增加；其次，随着社会分工向着高度专业化及一体化的方向发展，各种服务性劳动也从生产过程中分离出来，成为独立的部门，形成了种类繁多、层次复杂的社会服务部门，各种服务行业的独立化、自动化、标准化趋势迫使第三产业以现代化的面貌出现；最后，社会服务需求的不断积累，促使新技术不断发明和应用，又引起满足需求的手段、方式不断变化，这导致整个社会系统中物流、资金流和信息流的高速运行。为了快速、准确、畅通无阻地保持系统良好运行，在流量不断增大、流程与流速不断增加的情况下，新兴第三产业由此产生，从而建立起一定规模的现代化信息、咨询、科技等产业。

案例3.1 中国产业结构的变动趋势

与钱纳里的标准产业结构相比，中国产业结构的现状由表3.1给出。2007年，中国GDP为249530亿元[①]，总人口为132129万人[②]，估算的人均GDP约为18885元，按2007年的平均汇率7.6071计算，约合2483美元，因此，适用于钱纳里标准产业结构中的人均GDP为2000—3000美元的区间。

---

① 数据来源：2008年4月10日国家统计局公布的2007年GDP数据。
② 数据来源：2007年国民经济和社会发展统计公报。

表 3.1 人均 GDP 为 2000—3000 美元的产业结构比较①

比重标准（%）	钱纳里标准产业结构	中国产业结构
第一产业占 GDP 的比重	16.3—9.8	11.3
第二产业占 GDP 的比重	33.2—38.9	48.6
第三产业占 GDP 的比重	50.5—51.3	40.1
第一产业就业人数比重	23.7—8.3	40.8
第二产业就业人数比重	33.2—40.1	26.8
第三产业就业人数比重	43.1—51.6	32.4

资料来源：根据 2008 年 4 月 10 日国家统计局公布结果以及《2007 年劳动和社会保障事业发展统计公报》整理。

从表 3.1 可以看出，中国第一产业占 GDP 的比重为 11.3%，已经进入"标准区间"，这是经济发展过程中产业结构调整的必然成果；第二产业占 GDP 的比重偏高，第三产业占 GDP 的比重偏低，这为中国产业结构调整指出了方向和目标。同时，中国第一产业吸纳的就业人数比重明显高于"标准区间"，第二产业和第三产业的就业人数比重都偏低，这说明农业剩余劳动力转移任务仍非常艰巨，体现了工业和服务业进一步吸纳劳动力的现实需求。

3.3 产业结构优化与升级

3.3.1 产业结构优化升级的含义和内容

1. 产业结构优化升级的含义

产业结构优化升级是指产业结构向协调化和高度化方向演进。产业结构协调化是指，在产业发展过程中要合理配置生产要素，协调各产业部门之间的比例关系，促进各种生产要素有效利用，为实现高质量的经济增长打下基础。产业结构高度化是指，产业结构从较低水平状态向较高水平状态发展的动态过程，即向高技术化、高知识化、高资本密集化、高加工度化和高附加值化发展的动态过程。

产业结构优化升级以新兴产业产值所占比重的提高为前提，其重要标志就是各产业的技术层次不断提高和新兴产业不断成长为主导产业。因此，产业结构优化升级包括两方面的含义：一是结构效益优化，即产业结构演进过程中经济效益不断提高；二是转换能力优化，即产业结构对技术进步、社会资源供给状况和市场需求状况变化的适应能力的优化，包括传统产业向现代产业转换的能力、长线产业向短线产业转换的能力、衰退产业不断消亡和新兴产业不断产生的能力，等等。一般可以通过市场机制下产业的自发行为，以及政府有关政策的引导，影响产业结构演进方向和路径，从而实现资源优化配置与再配置，实现产业结构优化的目标。

---

① 这里所测算的数据应该折算成钱纳里所测算年份的美元价格。精确算法需要考虑测算年份至 2007 年中国和美国的年均价格指数以及 2007 年年均汇率水平。这里没有考虑价格指数，只是粗略的估算。

提高经济增长质量是以实现产业结构的协调化和高度化为前提的。随着社会生产力的不断发展，科学技术革命的不断发生，产业结构不断由低级向高级发展，呈现出产业结构高度化的趋势。目前，产业结构的这种高度化趋势具有了新的特点：一是产业结构非物质化趋势。新技术革命极大地提高了物质生产部门（第一、二产业部门）的劳动生产率，使更多的劳动力和生产要素有条件脱离直接物质生产部门，从事以服务业为主体的、为社会物质资料再生产服务的第三产业。二是产业结构智能化趋势。在新技术革命的推动下，一方面，社会生产系统中脑力劳动因素的作用日益增大，科技人员与管理人员的比例急剧增加。社会生产系统的这种变化，实际上是产业结构正在逐步升级。此外，高新技术产业不断发展壮大，并日益占据主导地位，商品生产由以物质商品为主逐步向信息产品过渡。这种趋势推动着产业结构不断向高度化调整，实现产业结构升级。同时，随着科技的进步，更多的新兴产业部门不断创立，形成新兴工业群，同时也加快了传统产业的改造，促进了产业结构的优化，带来了经济效益的提高，成为经济高质量增长的强大推动力。

值得指出的是，产业结构优化升级是一个动态的过程，贯穿于整个经济发展的过程之中，并表现为一个不断调整、螺旋式上升的过程。

2. 产业结构优化升级的内容

产业结构优化升级的对象是影响产业结构的各种因素，具体有以下六个方面：

(1) 现行产业结构的优化

现有的产业结构状况是产业结构优化升级的基础，其协调化和高度化程度如何，直接影响到产业结构未来升级的方向。因此，实现三次产业间在以下几方面的协调化和高度化，是产业结构优化升级的主要内容：现有三次产业间产值结构、资产结构、技术结构、中间要素结构等方面的协调化和高度化；产业间地位的协调化和高度化；产业结构交替演进的协调化和高度化；产业间及产业各部门间的发展速度比例的协调化和高度化；产业整体素质的协调化和高度化；部门专业化协作程度，产业间及产业部门间关联效应，产业间物质技术基础的协调化和高度化等。

(2) 供给结构的优化

供给结构是在一定的社会生产技术、组织和市场条件下，作为生产要素的资本、劳动力、自然资源、土地等在国民经济各产业部门间可以供应的比例，以及由此所决定的产业关联关系的结构。因此，资本结构、投资结构、利用外资结构、劳动力供给结构、自然资源禀赋及其供给结构等方面的优化是供给结构优化的主要内容。

(3) 需求结构的优化

需求结构是在一定的收入水平条件下，社会各个消费群体对各产业部门的产品和服务的需求比例关系，以及由此所决定的产业间关联关系的结构。因此，不同消费群体的需求比例结构、中间产品和最终产品的比例结构、投资比例结构、消费比例结构、投资和消费比例结构等是需求结构优化的主要内容。

(4) 国际贸易结构的优化

国际贸易结构是国民经济各产业部门进出口的产品、技术和服务的比例关系，以及由这种比例关系为联结纽带所决定的产业间关联关系的结构。国际贸易结构既包括不同产业间的进出口结构,也包括同一产业内的进出口结构。国际贸易结构的优化,就是对以下进出口的产品和服务结构的优化:高附加值的深加工、精加工制成品和低附加值的初级加工制成品的比例结构;消费资料和生产资料的比例结构;原材料、能源等基本品和机器设备等投资品的比例结构;高技术含量和低技术含量产品与服务的比例结构,等等。

(5) 技术结构的优化

技术结构是指国民经济各产业部门间的生产技术结构、劳动生产率结构、技术对生产的贡献结构、技术创新和技术引进结构、产品和服务的技术含量结构等,以及由此引起的产业间技术关联的结构。因此,优化技术结构,就是要对产业间和产业部门内的技术装备结构、技术创新能力结构、劳动生产率结构、资源使用效率结构等一系列结构进行优化。

(6) 国际投资结构的优化

国际投资主要包括本国对外投资和外国直接投资。本国对外投资会导致国内产业的对外转移,而外国直接投资则会促使国外产业的对内转移。上述两方面不同的投资结构都会引起国内产业结构的变化。因此,优化国际投资结构,就是要优化对外投资和外国投资的比例结构,以及两种投资结构在不同产业间的比例及其各种派生的结构指标。

3.3.2 产业结构协调化和高度化的表现形式

1. 产业结构协调化的表现形式

产业结构协调化主要表现为以下五个方面的协调性:

第一,产业间相对地位的协调性。从一国的产业序列来看,纵向产业序列可以有三个层次:基础产业、支柱产业、先导产业,每一层次的产业也有重点与非重点、支配与从属、主导与辅助之分。产业间的各层次相互支持、相互协调,有明确的主次、轻重关系。衡量产业间的地位关系可以就产值、关联关系、主导作用等方面进行两两比较,并应用AHP法对产业的重要性权重进行计算。

第二,产业关联的协调性。由于产业间的投入产出关系是经常变化的,某个产业的工艺、技术发生变革或使用的原料、材料发生变化等,都会使产业间的关联状况发生变化。例如,将能源结构从以煤为主,改变为以油气为主,将使煤炭工业陷入困境,而油气产业则兴盛起来;塑料、化纤、铝材等的大量使用,大大提升了化工、金属等产业的发展速度,深刻地改变了产业间的关联性。产业结构的内部关联性的失调,表现为产业间生产能力的不匹配,存在"瓶颈"产业或开工率不足的产业,可能严重制约国民经济的发展,影响国民经济的正常运行。

产业间关联的协调性表现在以下两个方面:一是产业互助性,即在投入产出关系的基础上相互帮助、相互支持;二是产业互促性,即一个产业的发展对其他产业的发展应有所促进,不能以削弱或限制其他产业发展为代价。加强产业关联的协调性,就是要最大限度地减少产业结构不协调的损失,通过调整资源增量和存量,解决产业间生产能力不匹配的状态。

第三，产业增长速度分布的协调性。产业结构的协调性还表现在各产业部门增长速度的差异使社会再生产过程没有结构性的滞差。产业部门增长速度分布的协调性表现在两个方面：一是高增长部门、减速增长部门和潜在增长部门之间的增长速度差距较为合理；二是这三类部门数量比例较为合理。

第四，产业结构变动阶段交替的协调性。产业结构的变动应该遵循 3.2.1 节的一般规律，即按照"农业→轻纺工业→基础工业→重化工业→现代服务业"顺序发展。一般情况下是不容许有所超越的，但却可以加快各阶段的发展速度。在某些特殊情况下也可以实现对某一阶段的超越，但要求在保持协调的条件下实现阶段超越性的交替，即要求在实现超越的过程中不能出现结构逆转，如此，产业结构的变动就是合理的。

第五，产业素质的协调性。即相关产业之间不存在技术断层和劳动生产率的强烈反差，反之，产业间就会产生较大的摩擦。衡量产业素质协调的技术经济指标有比较劳动生产率和技术进步指数。一般来看，如果各产业的比较劳动生产率数值分布较为集中，且有一定的层次性，则说明产业素质是协调的，而如果各产业的技术进步指数较为一致，则说明各产业之间不存在技术断层，产业间的技术衔接合理，产业素质是协调的。反之，如果各产业的比较劳动生产率分布离散且无序，技术进步指数相差较大，则说明产业间的结构是不协调的。

2. 产业结构高度化的表现形式

产业结构高度化要求实现"三高"：高加工度、高附加值、高技术含量，即通过技术创新、技术引进和传统产业技术改造等方式促进产业升级。其具体表现形式为：① 由第一产业占优势比重向第二、三产业占优势比重的方向演进。② 由劳动密集型产业占优势比重向资本密集型、技术密集型、知识密集型产业占优势比重的方向演进。③ 由低附加价值产业占优势比重向高附加价值产业占优势比重的方向演进。④ 由低加工度产业占优势比重向高加工度产业占优势比重的方向演进。⑤ 由制造初级产品的产业占优势比重向制造中间产品、最终产品的产业占优势比重的方向演进。

3. 正确处理产业结构协调化与高度化的关系

有效实现产业结构优化和升级，就必须达到产业结构协调化和高度化的统一，两者密不可分。产业结构协调化是一个不断调整产业间比例关系和提高产业间关联度的过程，是产业结构高度化的基础。实际上，这本身就是一个产业结构高度化的过程。任何脱离了协调化的高度化都是一种虚高度化。产业结构协调化是任何国家在任何阶段都追求的产业结构调整目标，而产业结构高度化则是在经济发展到一定阶段，产业结构协调化达到一定程度时才成为结构调整的目标。

第一，正确处理产业结构协调化和高度化的关系，提高产业整体素质。只有在产业结构协调化基础上进行产业升级才能达到优化的目标，如果产业间和产业内总体技术水平低、技术断层严重，就会严重影响产业结构高度化，从而影响产业结构优化。即不断提高科技成果转化率，有重点地扶植和加速高新技术产业的形成与发展，使技术进步的贡献相对于资本和劳动力而言占主导地位。

第二，正确处理产业结构协调化和高度化的关系，形成合理的产业序列。要注意处理好基础产业、主导产业、新兴产业和高新技术产业的发展关系：大力充实基础产业，积极振兴支柱产业，重点发展新兴产业，促进产业序列形成良性循环，推进产业结构逐步向高级化发展。基础产业为主导产业和新兴产业的成长提供强大的物质基础，而主导产业的发展和新兴产业的成熟，又可以为基础产业注入新的技术和装备，使基础产业不断得到提高；同时，新兴产业以科技含量高、市场占有率高和国内外市场竞争力强的产品，促进产业序列内部产生良性循环。

第三，正确处理产业结构协调化和高度化的关系，提高产业间的关联效应。加强产业关联，是产业结构协调化和高度化的客观要求。首先，各产业间及产业部门间的协调发展，本质上要求它们之间相互提供的产品和劳务在数量比例上相对均衡；其次，产业结构高度化，客观上要求产业间相互提供的产品和劳务在技术含量上相对均衡；最后，社会劳动生产率和经济效益的提高，要求产业间相互提供产品和劳务的质量不断提高和成本不断降低。因此，要按照社会化分工的要求，加强产业间的专业化协作关系，通过产业间和产业内各部门间的产品和劳务关联、技术关联、价格关联、就业关联、投资关联等方式，发展关联产业及产业部门。

案例3.2　中国第二次产业内部结构的变动趋势

在中国统计口径中，重工业与轻工业的计算方法与国际上通用的计算方法有较大差异，主要表现在两个方面：第一，按国际口径，轻重工业的比例是在制造业范围内计算的，而按中国的口径，重工业中还包括采掘业。第二，按国际口径，轻工业指以农产品为原料的加工工业，主要包括食品工业和纺织工业，重化工业主要包括金属、机械、化学三个行业；而按中国的口径，轻工业还包括日用机械、日用金属制品、日用化学品等以非农产品为原材料的消费品工业。因此，直接用中国口径计算重工业与轻工业的比例，再与"霍夫曼比例"参考值相比是不合适的，需要对中国的计算口径进行相应调整后才能与国际口径进行比较，具体调整方法如下：

制造业产值（国际口径）＝工业产值（国内口径）－采掘业产值

重化工业产值（国际口径）＝重工业产值（国内口径）－采掘业产值＋轻工业产值（国内口径）中以非农产品为原料的部分

轻工业产值（国际口径）＝轻工业产值（国内口径）－轻工业产值（国内口径）中以非农产品为原料的部分

表3.2是按中国口径计算的重工业与轻工业的比例，而调整后的重化工业和轻工业在制造业总产值中的比重如表3.3所示。

表3.2 按国内口径计算的轻、重工业比重

年份	产值比重（%）		
	工业总产值	重工业比重	轻工业比重
1978	100	56.9	43.1
1980	100	52.8	47.2
1985	100	52.9	47.1
1991	100	51.1	48.9
1995	100	53.7	47.3

资料来源：刘世锦．中国产业结构变动的历史、现状与趋势．腾讯经济信息，2001，(3)．

表3.3 按国际口径计算的中国轻、重工业比重

年份	产值比重（%）		
	制造业总产值	重化工业比重	轻工业比重
1978	100	68.3	31.7
1980	100	63.6	34.4
1985	100	64.5	35.5
1991	100	64.5	35.5
1995	100	68.1	31.9

资料来源：同上表．

对比表3.2和3.3可以看出，1978年以来，按国际口径计算的中国制造业中重工业的比重，一直稳定地高于按中国口径计算的重工业的比重，约12%—14%。这说明，与国际口径相比，中国统计口径所显示的重工业在工业产出中所占的比重，明显低估了重工业对工业增长的实际贡献。调整后的数据表明，中国重化工业的发展及其在制造业产出中的份额与目前经济发展水平基本相适应，轻重工业比重"偏差"的问题不明显。

进一步，根据2012年的统计数据，将39个大类行业中的化纤、橡胶、塑料、非金属矿物、金属冶炼及压延加工业、金属制品、通用设备制造、专用设备、运输设备、电气机械及器材、通信设备及电子设备制造、石油加工、炼焦及核燃料加工、化工、能源等行业划分为重工业（产值共586912.72亿元），将除了采掘业和重工业以外的行业划分为轻工业（产值为197565.99亿元），以此计算的霍夫曼比例为0.34。这个数据说明，中国已经到了工业化中后期的发展阶段。

本章小结

产业结构的演变是众多经济的和非经济的因素综合作用的结果，包括国民经济发展水平、技术变动、供给因素、需求因素、国际供给和需求、产业政策等。

从工业化进程看产业结构的演变，工业化大致可以分为前期、中期和后期三个阶段。在工业化前期，产业结构呈现轻型化；在工业化中期，产业结构呈现明显的重化工化型；在工业化后期，产业结构的高度化趋势越来越明显。

从主导产业的转换过程来看，产业结构的变动具有阶段性，一般遵循着这样的路线：农业→轻纺工业→基础工业→重化工业→低度加工工业→高度加工工业→第三产业→信息产业。

从三大产业的内在联系看产业结构的演变，遵循着这样的趋势：第一产业主导→第二产业主导→第三产业主导。

第一产业内部结构演变趋势是由传统农业向现代农业演变；农业内部各产业部门协调发展；农业生产方式由分散化经营向产业化方向发展。

工业结构的演变趋势有：重化工业化趋势；高加工度化趋势；高技术化趋势和高附加价值趋势。在这一过程中，工业结构的变动存在着由劳动密集型到资本密集型，再到技术和知识密集型的发展过程。

第三产业内部结构演变规律是，规模日趋扩大，内部劳动力占全社会劳动力比重也不断增加；各种服务行业趋于独立化、自动化、标准化；新兴第三产业产生，形成现代化信息、咨询、科技产业。

产业结构优化升级是指产业结构向协调化和高度化方向演进。

产业结构协调化是指，在产业发展过程中要合理配置生产要素，协调各产业部门之间的比例关系，促进各种生产要素有效利用，为实现高质量的经济增长打下基础。

产业结构高度化是指，产业结构从较低水平状态向较高水平状态发展的动态过程，即向高技术化、高知识化、高资本密集化、高加工度化和高附加值化发展的动态过程。

产业结构优化升级的内容包括现行产业结构的优化、供给结构的优化、需求结构的优化、国际贸易结构的优化、技术结构和国际投资结构的优化。

有效实现产业结构转型和升级，就必须达到产业结构协调化和高度化的统一。产业结构协调化是任何国家在任何阶段都追求的产业结构调整目标，而产业结构高度化则在经济发展到一定阶段，产业结构协调化达到一定程度时才成为结构调整的目标。

思考练习题

1. 什么是产业结构的优化升级？
2. 简述产业结构演变的动因。
3. 简述产业结构演变的一般规律。
4. 简述三次产业内部结构演变的一般规律。
5. 如何正确地处理好产业结构高度化和协调化的关系？

参考文献与进一步阅读

［1］苏东水．产业经济学［M］．北京：高等教育出版社，2015．
［2］李悦，李平，孔令丞．产业经济学［M］．大连：东北财经大学出版

社，2008．

[3] 刘志彪．产业经济学［M］．北京：机械工业出版社，2015．

[4] 杨公仆，夏大慰．产业经济学教程［M］．上海：上海财经大学出版社，1998．

[5] 杨公仆，干春晖．产业经济学［M］．上海：复旦大学出版社，2005．

[6] 李孟刚，蒋志敏．产业经济学［M］．北京：高等教育出版社，2012．

[7] 史忠良．产业经济学［M］．北京：经济管理出版社，1998．

[8] 唐晓华，王伟光．现代产业经济学导论［M］．北京：经济管理出版社，2011．

[9] 刘国新，李勃，陈遥．知识经济与产业结构演变［J］．经济学动态，1998，12：27—31．

[10] 刘志彪，安同良．中国产业结构演变与经济增长［J］．南京社会科学，2002，1：1—4．

[11] 姜彦福，林盛，张卫．我国产业结构及其变动因素分析[J]．清华大学学报（哲学社会科学版），1998，3：47—51．

[12] 李睿．我国产业结构演变内在动因影响实证分析［J］．商业时代，2013，9：132—133．

[13] 吕炜．美国产业结构演变的动因与机制——基于面板数据的实证分析［J］．经济学动态，2010，8：131—135．

[14] 朱永彬，刘昌新，王铮，等．我国产业结构演变趋势及其减排潜力分析[J]．中国软科学，2013，2：35—42．

[15] Romer，P. M. 1989. Endogenous Technological Change［J］．*Journal of Political Economy*，98（5）：S71—S102．

[16] Lucas，R. E. 1988. On the Mechanics of Economic Development［J］．*Journal of Monetary Economics*，22（1）：3—42．

[17] Hiroshi，Y．，Shuko，M. Changes of Industrial Structure and Post-war Economic Growth in Japan［J］．Discussion Papers，2009．

第 4 章

现代产业体系

实现现代化是中国重要的长期发展目标,而现代化在产业方面的重要体现就是产业结构的现代化和产业的现代化,其核心是服务业占 GDP 的比重和服务业就业人口所占比重的上升,以及三次产业内部现代产业体系的建立与发展。党的十八大报告针对中国经济结构中存在的突出问题,作出了发展现代产业体系的战略部署。因此,产业经济学应该特别加强对现代产业体系的内涵、影响因素、实现路径等方面的研究。

第 3 章"产业结构演变与优化升级"给出了一般规律与方向,本章将重点讨论三次产业内部现代产业体系的建立、发展与升级。

4.1 现代产业体系的内涵

所谓现代产业体系,并非是一种脱离原有产业形态的新型产业体系,而是在传统产业内融合了包括信息技术在内的信息化和现代化的相关内容,使产业体系具有了新的表现形式和运转模式。具体来讲,现代产业体系是指现代元素比较显著的产业结构,主要指三次产业结构。现代产业结构因国家经济发展水平而异。在经济发达国家,现代产业体系主要指现代服务业发展比较充分的产业结构,一般情况下现代服务业要占其 GDP 的 70% 左右。而在发展中国家,现代产业体系主要指工业化进程比较合理的产业结构,即工业增加值占 GDP 的 50% 左右,第三产业所占比重稳定上升。

现代产业体系是于 20 世纪 80 年代在发达国家首先兴起的。伴随现代服务业的快速发展,特别是虚拟经济的成功,发达国家传统产业的发展出现了新的、更加具有战略意义的盈利点,而且盈利能力非常强,提高 GDP 中服务业的比重成为衡量经济发达与否的标志。很多发达国家先后出台重大战略举措,鼓励发展现代服务业,以促进产业体系的现代化。到了 21 世纪初期,发达国家基本上全部实现了国民经济的服务业化,现代服务业成为拉动 GDP 的中坚力量。

根据党的十八大报告,发展现代产业体系,就是要"强化需求导向,推动战略性新兴产业、先进制造业健康发展,加快传统产业转型升级,推动服务业特别是现代服务业发展壮大,合理布局建设基础设施和基础产业。建设下一代信息基础设施,发展现代信息技术产业体系,健全信息安全保障体系,推进信息网络技术广泛运用"。可见,信息产业发展对于发展现代产业体系至关重要。现代产业体系不仅体现为信息业和传统产业体系的融合,而且也体现为包括信息技术在内的先进技术对传统产业的改造和拓展。

目前，信息技术和先进技术在提高劳动生产率、降低资源与能源消耗、增加生态环境效益等诸多方面，都有着巨大的带动和推动作用。在现代技术组成中，信息革命是继工业革命之后最能改变人类生产方式的一种技术变革力量。尽管信息产业是建立在工业革命已有成果之上，构成了现代产业体系的主要内容，但信息产业对现代产业体系的作用是其他产业代替不了的。信息产业与其他产业之间的关系既非并列关系，也非替代关系。信息化无法替代产业革命所实现的动力技术革命，主要用于提高信息效率。因此，它必须在工业化的基础上才能实现自动化和数字化。也就是说，传统产业体系中只有融入信息技术的内容，才能提高自动化水平，也才能提高技术效率。从这种意义上来看，对产业进行信息化改造才能全面实现产业体系的改观。两者不是替代与被替代的关系，也不是并列关系，而是改造与被改造、融合与被融合的关系。在产业体系中融入信息化的内容，才能对产业体系实行生产方式的改造，而改造的结果就会形成与传统产业体系全然不同的一种新型的、柔性的、创新的现代产业体系。

在产业演变进程中，新诞生的产业不仅能带动旧的产业发展，而且新兴产业一定会取代旧产业在创造财富能力上的主导地位。最具说服力的是美国的农业。目前，美国农业产值在整个经济体系中所占比例不足2%，但由于信息技术融入了农业产业链的各个环节，因此，尽管美国农业并非支柱产业，但依然是具有很强实力的战略性基础产业。美国的钢铁、化工、汽车等传统产业，尽管在国民经济中所占份额已经较少，但无论是从技术实力来看，还是从竞争能力而言，依然在全球同类产业中具有霸主地位。其主要原因就是，这些产业已经与先进的信息技术交融在一起，成为具有新型产业特征的先进制造业。

此外，信息技术对传统产业的改造和信息产业本身的发展，都对产业结构的演进产生重大的影响。对第一次产业而言，信息产业的融合不仅可以促进农业的机械化，更可以用信息技术指导农业的耕种、管理和收获，如采用飞机播种、卫星监控生产过程等。然而，传统农业毕竟要受到土地资源的较强约束，会对财富的增长产生制约作用，只有发展工厂化农业、生物农业才能摆脱土地的约束，这些更需要信息技术的支撑。对第二次产业而言，信息技术可以不断实现与促进产业生产经营过程的"高科技、高效益、高效率、高规模、高循环，以及低成本、低消耗、低（零）排放、低（零）污染、低（无）毒性"的"五高五低"新型工业化特征，当然，同样会受到边际报酬递减原理的制约。对于第三产业而言，在信息革命大潮下，新型产业不断涌现，传统服务业通过"互联网＋"或"＋互联网"等商业模式被不断加以改造，呈现出勃勃生机。基于互联网的新型产业，如雅虎、新浪、百度等，以及软件形态的知识型产品，既不受边际报酬递减原理的制约，也可以不受土地、空间和自然资源的约束。因此，互联网产业的边际成本随着产量的增加而具有无限递减的可能性。基于信息技术所产生的新型产业形态所创造的财富要远远高于工业文明所带来的财富。

当然，如果确定了采用信息技术对一个国家和地区的产业体系进行改造的战略，那么信息技术应用的广泛程度和深入程度，对产业体系的改造深度和程度便会产生重要影响。据中国互联网协会《2015中国互联网产业综述与2016发展趋势报告》显示，截至 2015 年 11 月，中国手机上网用户超过 9.05 亿，互联网宽带接入用户超 2.1 亿。中国互联网络信息中心（CNNIC）发布的"十二五"中国互联网发展状况也显示，2014 年，互联网经济在 GDP 中的占比已经达到 7%，超过了美国。网络零售交易额规模达到 27898 亿元，同比增长 2.6 倍，已成为全球最大的网络零售市场。同时，中国网络文化产业规模达到 1500 亿元，同比增长 200%。这些数据从数量和增速上表明，中国已经在一定程度具备了大力推广信息技术的坚实基础。

4.2 现代产业体系中的"三色"农业

现代产业体系中的农业现代化建设，总体思路就是用先进技术对传统农业进行改造，其重中之重是要对农业结构进行信息化调整与先进技术改造，即在农业生产体系中建立决策支持系统，对农业结构政策进行整体性的评估。这种评估的标准就是三个 70%：到 2020 年要实现小康阶段的技术结构和农村产业结构调整，使农村种植业经济作物产值比重达到 70% 以上；农、林、牧、副、渔业产值比重达到 70% 以上；食品和加工与农业产值的比重应该达到 70% 以上。

实现这三个"70%"的现代农业产业结构，需要从以下几方面入手对农业产业结构进行升级：用先进物质条件来装备农业；用现代科学技术和信息技术来改造农业；用现代产业体系来提升农业；用现代经营模式和组织形式来推进农业；用现代发展的理念来引领农业；用提升农民知识水平来发展农业，用信息业提高农业的生产能力和现代化的运用水平，等等，并在此基础上建立现代大农业体系。

现代大农业体系结构是由"绿""蓝""白"三色农业体系与腐屑生态体系构成。各个组成部分相互依存、相互渗透、互为资源、互为条件。

4.2.1 绿色农业

绿色农业是以土、水、光、气为基础的传统绿色植物种植业以及赖以生存的畜牧养殖业的统称。随着科学技术的发展，以及人们经济、环境意识的不断提高，传统绿色农业需不断克服自身缺陷，在可持续发展原则指导下，向多种模式发展。现代绿色农业是指充分运用先进科学技术、先进工业装备和先进管理理念，以促进农产品安全、生态安全、资源安全和提高农业综合经济效益的协调统一为目标，以倡导农产品标准化为手段，推动人类社会和经济全面、协调、可持续发展的农业发展模式。

在大量使用化肥、农药的"石油农业"和大量采用饲料圈养的"饲料畜牧业"发展到了一定阶段，并对生态环境产生严重破坏的情况下，以有机农业和生态农业为标志的绿色农业开始成为农业发展的新方向。绿色农业以生态理论为基础，因地制宜地在某一区域内建立具有地区特色的农业体系。这种体系吸取了传统农业与现代农业的精华，但又有别于传统农庄式的农业，同时也与石油农业相异。绿色农业作为传统农业绿色化特征的体现，是任何其他类型的种植和养殖业所无法取代的。也正因为如此，绿色农业在所有的农业形式中占有最为重要的地位。

4.2.2 蓝色农业

在当今世界各国备受土地短缺、环境恶化、人口膨胀等问题困扰时，以海洋为基础的水生农业,即像耕种陆地一样耕种海洋,成为一场具有革命性的农业新形态。蓝色农业是指利用海洋和内陆水域,以及低洼盐碱地等蓝色国土资源发展渔业和渔区经济,并以此带动水生动植物开发利用的相关产业。

然而,蓝色农业并非必然就是生态型农业,过度的开发和不良利用对海洋生态同样具有破坏作用。例如,中国沿海地区的海水养殖区大多分布在沿海港湾和河口附近水域,这些水域同样也是陆地和水上排污的主要收纳场所。据统计,中国每年直接入海的废水高达80亿吨,并且富含营养物质和有机农药的农业污水也随着地表流入沿海水体,导致临海水域水质恶化,直接威胁着蓝色农业的食品安全。此外,目前的海水养殖品种少,尤其缺乏品质优良、抗逆能力强的品种。除了少数种类外,海水养殖对象大多缺乏人工选育,其生长速度、抗逆能力、品质质量等,都急需人工选育加以改进。因此,海水养殖的技术含量提升和加工能力提升,都是蓝色农业所面临的亟待解决的现实问题。最后,单一养殖,且长期密集养殖将导致自然生态恶化和产业发展的不可持续性。因此,现代蓝色农业要求利用生态化技术、品种选育技术等对传统海水养殖业进行改造和升级。

4.2.3 白色农业

白色农业是指微生物资源产业化的工业型新农业,包括高科技生物工程的发酵工程和酶工程。白色农业生产环境高度洁净,生产过程不存在污染,其产品安全、无毒副作用,加之人们在工厂穿戴白色工作服、帽从事劳动生产,故形象化地称之为"白色农业"。

目前,白色农业的研究应用领域包括:微生物食品;微生物饲料;微生物肥料;微生物农药、兽药;微生物能源;微生物生态环境保护剂等。发展生物技术产业,除合理开发、利用现有农业生物资源外,还可以利用生物技术开辟新的生物资源,更好地为人类服务。

白色农业是在工厂中以微生物发酵工程为基础,采取大规模一年四季生产,不受季节和气候的限制,既节约了土地和其他资源,也不造成环境污染。白色农业涉及农产品的综合利用、饲料、生物能源和生态农业等方面的开发,逐步形成了一种新兴的高科技产业。例如,利用微生物发酵处理秸秆转化成饲料,利用生物技术培养新菌种,加快氨基酸发酵的利用等,都将成为21世纪的新产业。白色农业把向土地要粮的传统农业生产方式,转变为向秸秆要粮、向废弃物要粮,这对人类的意义极其深远。发展白色农业,为实现可持续发展与保护生态环境相协调的战略开辟了新方向。

在对以上"三色"农业体系进行建设、技术改造、信息化调整之后,要形成从以前孤立的"三色"农业转向以白色农业带动绿色和蓝色农业,形成农业产业链环节的"生态共生"结构。同时,要通过大力发展白色农业,来加强待开发与再利用的农业产业。三色农业的现代化改造过程和结果如图4.1所示:

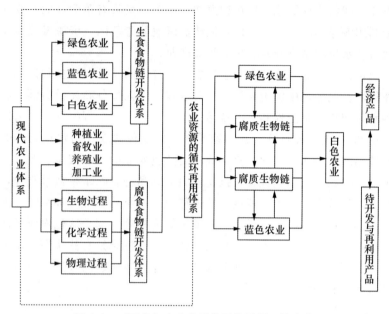

图 4.1 "三色"农业体系从开发到循环的变化

4.3 现代产业体系中的制造业

现代产业体系中的制造业既包括信息产业，也涉及利用信息技术改造后的传统制造业，这种改造主要基于产品全生命周期的生产模式和目标，即从绿色设计、清洁生产方式到产品回收再利用的系统化改进，以实现环境负影响最小和资源利用效率最高。由此，出现了两类重要的产业生产方式：绿色制造和智能制造。

4.3.1 绿色制造

在工业化进程中，制造业始终是一个国家的主导产业、重点产业和战略产业。现代工业产业体系中的制造业，既要满足科学发展观和建设和谐社会的要求，又要破解制造业的发展所面临的资源和环境的双重约束，还要适应工业化、信息化、城镇化、国际化、市场化的多重挑战。

在对制造业的产业结构进行现代体系转化的设计中，需要大力发展装备制造业、高新技术产业和现代能源产业，加快形成一批新的主导产业。目前，中国正处在以重化工业为中心的产业体系中，力图从以原材料工业为中心的初级阶段向以装备工业为中心的高级阶段转型。加快发展现代能源产业是实现制造绿色化的基本保证，而装备制造业、高新技术产业则是绿色制造的落脚点。

制造业的生产模式具有鲜明的时代性。在信息化时代，以快速满足顾客的多样化需求为主要目的，形成了柔性生产等一批新的生产模式，这种生产模式便是融合了信息化和知识化的绿色制造模式。所谓绿色制造就是使产品生产过程中对环境的负面影响达到最小程度的制造模式，其中，广泛采用了柔性制造系统、精益生产模式、清洁生产模式、虚拟制造模式等现代先进制造模式进行生产。绿色制造不仅要了解产品的生命周期全过程的各个阶段对环境的影响,而且要从产品的设计阶段就考虑环保问题,一直到产品使用后的回收阶段,力图在产品全生命周期内实现对环境负影响最小和资源利用效率最高。因此,绿色制造是制造领域、环境领域和资源领域的交集,参见图4.2:

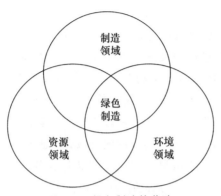

图4.2 绿色制造的范畴

绿色制造体系结构包括三项具体内容:绿色资源,包括绿色原材料、绿色能源;绿色生产过程,包括绿色设计、绿色生产设备、绿色生产工艺、绿色物料、绿色生产环境;绿色产品,包括节省能源、节省物料、保护环境、便于回收利用、符合人机工程等。总结起来就是实现两大目标:环境保护和资源优化利用,参见图4.3:

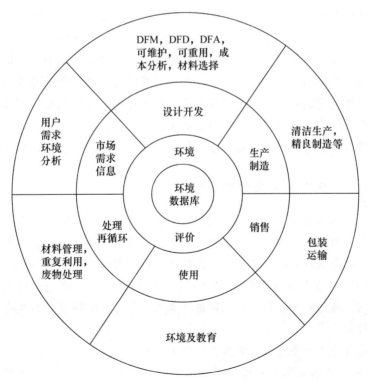

图4.3 绿色制造的综合内容

4.3.2 智能制造

人类社会的第一至第三次工业革命的发生，分别源于机械化、电力和信息技术的应用。然而，人类也因此面临空前的全球能源与资源危机、生态与环境危机、气候变化等危机的多重挑战，由此引发了第四次工业革命——具有绿色化和智能化特征的工业革命。

在第四次工业革命即将到来的背景之下，德国率先提出了"工业4.0"的战略计划，旨在通过充分利用信息通信技术和网络空间虚拟系统——信息物理系统（cyber-physical system）相结合的手段，推动制造业向智能化转型，建立具有适应性、资源效率及人因工程学（又称"工效学"）的智慧工厂，在商业流程及价值流程中整合客户及商业伙伴。"工业4.0"的物质和技术基础是网络实体系统及物联网。

"工业4.0"概念包含了由集中式控制向分散式增强型控制的基本模式转变，目标是建立一个高度灵活的、个性化和数字化的产品与服务的生产模式。在这种模式中，传统的行业界限将消失，各种新的活动领域和合作形式将会产生，创造新价值的过程正在发生改变，产业链分工将被重组。

"工业4.0"的实施主要包括三方面内容：一是"智能工厂"，重点研究智能化生产系统及过程，以及网络化分布式生产设施的实现。二是"智能生产"，主要涉及整个企业的生产物流管理、人机互动以及3D技术在工业生产过程中的应用等。三是"智能物流"，主要通过互联网、物联网、物流网等途径，整合物流资源，充分发挥现有物流资源供应方的效率，而需求方则能够快速获得服务匹配与支持。

因此，在"工业4.0"时代，未来制造业的商业模式也将发生转变。未来制造企业将不仅仅进行硬件的销售，也将通过提供售后服务和其他后续服务获取更多的附加价值，这就是软性制造。而带有"信息"功能的系统成为硬件产品新的核心，意味着个性化需求、批量定制制造模式将成为潮流。制造业的企业家们要在制造过程中尽可能多地增加产品的附加价值，拓展更多、更丰富的服务，提出更好、更完善的解决方案，满足消费者的个性化需求，走一条"软性制造＋个性化定制"的道路。

案例4.1　从中国制造到中国智造

2010年，中国已经成为世界第一制造业大国，但大而不强，还只是一个贴牌大国，不是品牌大国。中国出口商品中的90%以上是贴牌产品。同时，中国还有一批重大技术、重大装备亟待突破，还缺少一大批具有国际竞争力的骨干企业。

为此，2015年5月8日，国务院发布《中国制造2025》，布局中国制造业转型升级的整体谋划，其战略目标是：立足国情，立足现实，力争通过"三步走"实现制造强国的战略目标。

第一步：力争用十年时间，迈入制造强国行列。

到2020年，基本实现工业化，制造业大国地位进一步巩固，制造业信息化水平大幅提升。掌握一批重点领域关键核心技术，优势领域竞争力进一步增强，产品质量有较大提高。制造业数字化、网络化、智能化取得明显进展。重点行业单位工业增加值能耗、物耗及污染物排放明显下降。

到2025年，制造业整体素质大幅提升，创新能力显著增强，全员劳动生产率明显提高，两化（工业化和信息化）融合迈上新台阶。重点行业单位工业增加值能耗、物耗及污染物排放达到世界先进水平。形成一批具有较强国际竞争力的跨国公司和产业集群，在全球产业分工和价值链中的地位明显提升。

第二步：到2035年，我国制造业整体达到世界制造强国阵营中等水平。创新能力大幅提升，重点领域发展取得重大突破，整体竞争力明显增强，优势行业形成全球创新引领能力，全面实现工业化。

第三步：新中国成立一百年时，制造业大国地位更加巩固，综合实力进入世界制造强国前列。制造业主要领域具有创新引领能力和明显竞争优势，建成全球领先的技术体系和产业体系。

为了实现以上战略目标，智能制造被定位为中国制造的主攻方向。新一轮科技革命和产业变革正在孕育兴起，信息技术、生物技术、新材料技术、新能源技术广泛渗透，带动几乎所有领域发生群体性技术革命，核心就是智能制造。"互联网＋"将是推动中国制造业新一轮快速发展的最大催化剂和引擎。智能制造会给制造业带来"两提升、三降低"，即生产效率的大幅度提升，资源综合利用率的大幅度提升；研制周期大幅缩短，运营成本大幅下降，产品不良品率大幅下降。

在向智能制造转变的过程中，机器换人又成为了其中的一个关键。工信部已发布智能制造试点示范的实施方案，2015年已选取46个试点示范项目，连续3年实施试点示范，边示范边总结边推广，2017年准备全面推广。

（案例来源：根据网上公开资料整理）

4.4 现代产业体系中的服务业

服务业的发达程度是衡量产业体系现代化程度的一个显著标志。在传统观念中，人们常常将产业结构比例关系当作"此有彼无"或"此消彼长"的关系。也就是说，服务业比例的提高会导致工业比重的降低，因此会削弱工业的发展。然而，研究表明，一件高科技的现代工业和农业产品中，都包含大量的服务业的贡献。实际上，包含信息服务业在内的现代服务业的发展，本身就是为农业和工业的发展提供服务的。

中国服务业虽然与过去相比有了较大的发展，但与整个经济发展阶段和人均收入水平相比，还有相当大的差距，其中，既有总量不足、比重过低的问题，也有内部结构落后、传统服务业比重过高以及整体服务水平较低的问题。因此，大力发展和全面提高服务业，特别是现代服务业在国民经济中的比重和水平，是完善和提升中国现代产业体系的重要措施。

完善和提升中国现代服务产业体系的总体思路是，不仅要用先进技术，尤其要用信息技术改造传统服务业，更要加大力量开拓和发展服务业的新领域，尤其是现代服务业，即要大力发展金融、保险、房地产以及正在快速发展的、新兴的服务业，如信息技术服务业，物流、研发、创意服务业，专业化的工程、法律、咨询、会计服务业，这些都是现代服务业非常重要的组成部分。同时，还应发展除了传统生活消费服务业以外的医疗卫生、社区服务、文化休闲等消费性服务业。

4.4.1 服务业在现代产业体系中的作用

加快发展现代服务业，是优化产业结构，减少对自然资源的依赖，减轻对生态环境的损害，提高经济运行质量和生态环境效益，实施国民经济可持续发展战略的重要举措。现代服务业体系与传统服务业体系有着很大的不同：

首先，现代服务业的发展已经成为现代产业体系中的发展方向和主导力量。目前，服务业已经成为全世界经济发展过程中的绝对主导力量。1950年，美国在人均GDP为2412美元时，服务业就已经超过第一和第二产业，占据了55%的产值比重和54%的就业比重。在新兴工业化国家，服务业，特别是现代服务业已经超越农业、工业和建筑业成为主要的产业部门，成为社会财富的主要创造者。服务性产品已逐渐成为满足人民物质和文化生活需要的主要产品，特别已成为满足人民生活需要的发展资料和享受资料。有些服务业，如金融、保险、电信、航空、法律等，还是关系着国家经济命脉、国家主权和安全的极其重要的部门，甚至关系着国家的生存和发展。另外，有些服务业，如文化、教育、新闻、电视、广播、出版等，又是意识形态很强的部门。2006年，中国人均GDP为2046美元，相当于美国1950年的水平，但服务业的产值比重却比美国低10多个百分点，就业的结构也仅占不到32%。因此，中国服务业的滞后，已经对整个国民经济的发展形成了制约。因此，大力发展服务业，尤其是现代服务业，对中国完善现代产业体系而言，就更具有战略意义。

其次，生产性服务业对于增强产业竞争力的作用十分明显。生产性服务业又被称为"中间投入服务业"，是为生产、商务活动和政府管理而非直接向个体消费者提供的服务，如金融业、保险业、不动产业、商务服务业，以及各种如设计、创意、会计、营销、物流、法律等专业服务业。对制造业而言，生产者服务本身就是从制造业中垂直分离出来的。由于专业化分工的结果变成服务业之后，这些产业就会以更具专业性、更高规模性和更先进的技术，对制造业产生强大的支撑作用，并通过多种途径和方式增强制造业的竞争力，例如，以降低交易成本，深化新型资本（主要是人力资本和知识资本），深化、泛化专业化分工，以及与制造业协同定位等支撑制造业的集聚与发展，进而提升制造业的竞争力。不仅如此，生产性服务业还围绕着服务外包产生了很多新的行业，如物流、研发和设计，使得企业更聚焦于生产环节，从而效率更高。

最后，现代服务业对城市化进程具有重要的推动作用。在经济发展过程中，我们需要各种要素资源，包括商品、资金、信息、人才、技术等。这些要素的积聚与流通一般在城市空间展开，与之相关的服务业也在城市中得以快速发展，这是中心城市强大服务功能形成的一个重要基础，也是整个国际化产业布局和转移的一个重要特征。中心城市能够为高端服务业要素的流通提供平台，使其成为经济发展的主要核心和带动力。在现代城市中，清洁交通运输业、绿色商品流通业、环保旅游餐饮业、绿色科教服务业、绿色公共管理业、环境卫生服务业等的绿色化发展,是提升城市现代服务业素质的重要手段。

4.4.2 服务业不同组成的运作模式

在目前组成服务业的诸多产业中,除了金融、保险、信息服务、创意产业、会计、人才培养、营销等专业服务业等属于清洁化运营的产业以外,其他如交通运输业、商品流通业、旅游业、科教服务业、公共管理和环境服务业等,其产业运作过程中的资源节约效果和环境友好特征需要加以关注。以下就这几个服务业运作过程中的绿色化模式加以说明:

1. 交通运输业清洁化

随着中国交通运输业的发展,其存在的环境问题也日益突出,因此,在交通基础设施建设、运输装备的生产、运输服务等环节和领域,应坚持减量化、再利用、资源化的原则,走高效率、低消耗、低排放的发展路径。

首先,在交通设施建设方面,要尽量减少对生态环境的破坏,使工程施工符合环保要求。在交通运输辅助设施运行方面,注重交通监控系统、交通信息系统、交通安全及事故处理系统的建设,减少交通运输对环境的污染和能源的消耗。同时要制定相应的政策、法规、标准以及征收环境税,控制污染物的排放。

其次,通过技术创新,在交通运输工具上开展节能降耗新产品、新技术开发的研究,如开发耗油少、小排量的车型;或是开发新的可再生替代能源,利用电池和内燃机等多种动力来源的混合动力型车辆等,达到节能降耗的目的。同时通过优化城市结构,改善交通模式,发展轨道交通,实施公交优先,健全交通管理体制,加强交通基础设施和相关配套设施建设,为交通运输业节能提供良好的条件。

最后,交通运输结构的高效化。运用信息技术改造交通运营系统,优化运输组织结构,推动空间交通网络布局的合理化,实现各种运输方式的协调发展。通过综合运用水、路、空各种运输方式,充分发挥各种运输方式的比较优势,从而发挥各种运输方式的组合效率和整体优势。

2. 商品流通业绿色化

绿色商业的核心是绿色产品的推广。绿色产品的生产过程及其本身的节能、节水、低污染、低毒、可再生、可回收等特性是绿色科技应用的最终体现。然而,由于遵循"污染者付费""环境有偿使用"和"资源节约使用"等观念,绿色产品要对生产过程中对生态环境的影响进行补偿而计入成本,其定价也往往较高。因此,要在商品或包装上标明特定图形,用以表明该产品生产、使用及处理过程符合环境保护要求。这样做既可以引导消费者在选购产品时参与到环保活动中来,又说明环保已经成为继价格、质量、品种、时间后的又一市场竞争维度。在环保理念不断被消费者接受的情况下,公众以购买绿色产品为时尚,可直接促进企业以生产绿色产品作为获取经济利益的途径。据调查,80%的德国人和77%的美国人在购物时优先选择绿色产品。

与绿色产品相伴而生的,是产品包装的绿色化。绿色包装具体可从两个方面来考虑:一是包装设计的人性化,二是包装材料的环保化。本着短、小、轻、薄的原则进行设计,以节省材料消耗和减轻消费者负担。同时,要采用可回收处理再造的材料、可自然风化回归自然的材料或可无害化处理的材料进行包装。

3. 逆向流通产业化

在产品回收环节,许多发达国家的做法是"谁生产,谁负责回收"。当然,这种责任体系也可以采用延伸的制度加以落实。例如,商家可以通过外包或采用第三方物流的形式,为其回收该公司生产的产品。为此,延伸出了许多专门从事回收业务的服务部门。

对包装物的回收通常采取"有偿回收制度",即对可重复使用的包装物随卖随收。过去不少商品企业都有包装物的回收业务,有的甚至以押金的方法对包装物进行强制性回收。而随着包装资源不再短缺,同时为了减少麻烦,包装物回收的现象已十分少见了。在逆向流通服务业中,包装物的回流却是一个十分重要的方面。责任延伸制度的实施,会使生产企业将产品利润中的一部分作为包装回收成本让渡给负责回收的企业;政府有关部门也将用于环卫处理的一部分投资转投给商业部门,以这些投入作为激励商业企业对包装物进行就地回收的利益机制。这种方式不仅使大量的包装物可以不再作为垃圾被抛弃,从而减轻环境的压力,更重要的是还能衍生出大量的服务业部门。

4. 旅游产业清洁化

旅游业发展中常见的污染主要有景区污染和酒店污染两种。景区污染主要指超过景点容纳量的接待对自然环境的破坏;各种不协调的人为建筑对景区氛围的破坏等。来自酒店的污染主要有:客房的废弃物、娱乐场所的污水排放,以及厨房和自备锅炉排放的废气。在旅游业逐渐成为中国主要产业,并且成为许多落后地区经济发展的首选产业的情况下,旅游产业的清洁化就显得十分重要。

旅游景区是旅游目的地核心的旅游产品,是旅游业清洁生产的重点研究对象。旅游景区的清洁生产包括景区旅游资源利用、资源与能源管理、环境污染控制和治理、环保投入、废物资源化等几个方面,其模式具体如图4.4所示:

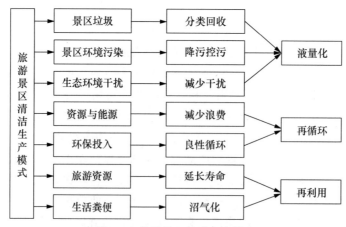

图 4.4 旅游景区清洁生产模式

旅游开发必须把经济发展与环境保护统一起来,把旅游经济建设置于可持续利用资源、保护生态环境的基础上，采用、研究和开发环境无害化的技术、服务与管理，以环境无害化方式使用新能源和再生能源，提供环境无害化的消费品。对酒店而言，其清洁生产主要通过使用"绿色能源"、提供"绿色服务"和创造"绿色产品"来实现。

5. 农业服务生态化

生态农业是推动农业可持续发展的保障。加强生态农业技术研究，有利于提高农产品产量、改善品质、增加农业的环境效益和经济效益。首先，要研制生态农业投入品，如开发生物农药、高效低毒化学农药，降低农药的副作用，根据作物的需肥规律和土壤的供肥能力合理配置成"生态肥料"。其次，要研发生态农业技术。目前，中国已经开发出了多项生态农业技术，比如，农作物秸秆资源化利用技术中的超高茬麦田套稻轻型栽培技术，解决了秸秆燃烧、土壤培肥、农民增收和粮食优质安全生产等难题，被国家科技部、农业部联合推荐为秸秆禁烧首选技术；人畜粪无害化处理及利用技术中的奶牛粪生产沼气、沼液做荷藕肥料和泥鳅饵料、沼渣做牧草和鲜食玉米及花木有机肥等实用技术，经实践证明在农业中应用取得了良好的效果。

6. 清洁生产服务化

即为清洁生产技术的研发开展服务，第一，要开发原料转化率高及废物产生量小的技术；第二，对于以化学反应为主的化学工业来说，工艺流程越长，涉及的化学反应越多，导致的原料损失就越大，产生的废物就越多，因此要加大开发短工艺流程或短生产周期的产品和技术；第三，生产装置和设备的规模大小与能耗、物耗、产出率、污染有着直接关系，需要研究和开发规模化和专业化的新技术；第四，提高设备的自动化水平，自动化程度高，不仅是为了节省人力，更重要的是能够在选择的优化工艺条件下自动操作，以最少的原料获取最多、最好的产品，产生最少的废物；第五，要采用化学反应速度快的工艺技术，加快生产速度；第六，要开发能量消耗少的技术，因为清洁生产技术不但要求较少的物耗，而且要求较少的能耗。

7. 新兴环境服务业

环境服务是指为防治环境污染、改善生态环境或保护自然资源而提供的设施和服务，环境服务业是现代环保产业的重要内容。随着经济全球化、环境全球化的迅猛发展，环境服务业在国际环境市场中的份额不断提高，已成为最具发展潜力的领域。目前，虽然各国对环境服务的理解和界定还未形成共识，却都在利用环境服务业来减轻环境污染、改善环境质量和有效利用环境资源。因此，环境服务业的发展既是环境产业结构优化调整的必然要求，也是维护环境和经济协调发展的基础保障。

为了加强环境服务业的管理，国家环保总局对环境服务业作了分类（参见表4.1），具体包括六大部分内容。

表 4.1　中国环境服务业分类

类别	具体描述
环境技术服务	包括环境技术与产品的开发、环境工程设计与施工、环境监测与分析服务等
环境咨询服务	包括环境影响评价、环境工程咨询、环境监理、环境管理体系与环境标志产品认证、有机食品认证、环境技术评估、产品生命周期评价、清洁生产审计与培训、环境信息服务等
污染设施运营管理	包括水污染治理设施、空气污染治理设施、固体废物处理设施、噪声控制设施等的管理、运营和维护服务
废旧资源回收处置	包括废旧金属及制品、废旧造纸原料、废塑料、废旧化工制品、废木材、废包装物等废旧资源的回收处置
环境贸易与金融服务	包括环境相关产品的专业营销、进出口贸易、环境金融服务等
环境功能及其他服务	包括生态旅游、人工生态环境设计等

资料来源：国家环境保护总局科技标准司，中国环境保护产业协会．中国环境产业市场供求指南．北京：中国环境科学出版社，2002．

（1）环境技术服务。环境技术服务是指为各类组织（如政府、企业）提供环境技术与产品的开发、环境工程设计与施工、环境监测与分析等服务，其中，环境工程设计和设备安装施工服务体系是最完善、实力最强、最具市场竞争力的领域。此外，在国家投资和社会资本拉动下，城市污水处理、水体污染治理、生活垃圾处理、危险废物和医院废物处理与处置、火电厂烟尘除尘脱硫等重点领域的市场不断扩大，加快了国外先进技术的引进、消化和国产化的发展，推动了环境技术的进步和具有自主知识产权技术的自主创新，环境技术与产品的开发服务业有了长足的进展。

（2）环境咨询服务。环境咨询是为各类组织（如政府、企业）提供环境决策服务的智力活动，包括环境影响评价、环境工程咨询、环境管理体系认证及咨询、环境标志认证及咨询、有机食品认证及咨询、环保产品认证及咨询、节能节水认证及咨询、清洁生产审核与培训、产品生命周期评价、环境技术评估、环境投资风险评估、环境信息服务、环境监理、环境教育培训等方面。

目前，中国环境咨询的服务对象可分为两大类：政府部门和企事业单位。政府部门咨询指为政府环境管理工作提供咨询服务，如拟定国家环境保护方针、政策和法规；拟定国家、重点区域、重点流域环境保护规划，污染防治规划和生态保护规划，制定国家环境质量标准、污染物排放标准等；为政府的项目提供评估和招标投标等。企事业单位咨询指为企事业单位生产及社会活动提供有关各项环境技术咨询、环境审核咨询、环境管理体系审核咨询等。

（3）环境污染治理设施运营管理。环境污染治理设施运营管理服务主要包括对水污染治理设施、空气污染治理设施、固体废物处理设施、噪声控制设施等的管理、运营和维护服务。中国目前主要指对从事城市污水、工业废水、生活垃圾、工业固体废物和废气及放射性废物治理设施的社会化运营和管理。中国环境污染治理设施的社会化、市场化运营才刚刚起步,发展缓慢,总体市场规模还很小,是未来环境服务业发展的重点。

环境污染治理设施运营管理服务业的发展需要政府建立和完善污染治理设施运营监督管理法规和制度,积极推行环境污染治理设施的企业化、市场化和社会化运营,鼓励采用建设—运营—移交(BOT)、移交—运营—移交(TOT)、托管运营、委托运营、技术指导与设备维护等多种形式的运营管理模式。

(4) 废旧资源回收处置。废旧物资的回收处置包括废旧金属及制品、废旧造纸原料、废塑料、废旧化工制品、废木材、废包装物等的回收处置。废旧物资的回收利用是再生资源产业发展的重要内容,废旧物资回收市场的培育是实现回收利用的关键环节。然而,中国目前废旧物资回收市场上从业队伍虽然庞大,但人员分散,构成复杂,整体实力较弱。因此,要规范个体回收者的经营活动,将其纳入广大的城市社区回收网络体系中,实行统一管理。对于私营回收企业要严格实行资格限制,提高市场准入门槛,并对具有资质的回收企业和网点进行详细备案,对于国有废旧物资回收企业要鼓励其利用传统优势,改变经营观念和方式,拓展回收渠道。

(5) 环境贸易与金融服务。推进环境服务业的改革,需要积极利用国际资金、技术和智力资源,满足国内市场的需求;需要扶持一批品牌企业,推动环境服务与对外承包工程等服务贸易出口,推动工业污染防治和城市环境基础设施建设服务向发展中国家的出口。因此,需要建立与国际接轨的环境服务标准体系;需要推进外向型发展战略,扩大出口,逐步缩小环境贸易逆差,促进环境工程设计与施工领域的出口贸易;在环境进口贸易中,坚持技术与贸易相结合的方针,促进技术和产品的创新;积极利用国外援助资金,加强对双边和区域环境合作资金的配套,加强环境技术转让和贸易流通。

案例 4.2　美国信息技术的发展促进了产业结构的优化升级

信息技术的发展,被认为是自农业和工业革命以来的第三次产业革命,极大地改变了人类生活。从20世纪80年代末开始,信息技术就一直是美国科技推动经济发展的动力。在信息技术高速发展的同时,信息产业作为高新技术产业的主流,本身就是美国经济快速发展的"牵引机"。与此同时,信息技术也快速向传统产业渗透,大大增强了美国经济增长的后劲,产业结构也得到了优化升级。

1. 美国信息技术产业的发展

信息技术大致包括信息产品制造、信息传输和信息服务三大方面。信息产业是一个庞大的产业群,涉及信息技术产品的生产、销售和服务等,是一种智慧型的新兴产业。美国的信息技术在世界独领风骚,既是世界最大的市场,也是世界最大的信息技术供应国。20世纪90年代,伴随着科学技术的迅速发展,美国的信息产业发生了革命性变化,计算机元器件、系统、软硬件、网络、局域网、互联网等许多新技术得到应用和发展;微软、英特尔、戴尔等日益成为世界最具影响力的巨型公司。2000年,在世界200强中，美国各类计算机软硬件和网络公司就有41家，占全球份额（年收入）的60％以上。

随着个人计算机在办公室和家庭中的普及以及互联网的商业化，信息产业已形成一定的规模，进而使美国的产业结构发生质变，具体表现在三个方面：① 信息产业的产品销售额增长迅猛；② 信息技术公司拥有的资本迅猛增加；③ 信息产业产值的比重逐年上升，1985年、1990年、1993年和1996年分别为4.9％、6.1％、6.4％和7.5％，信息产业已超过建筑业、化学工业和汽车制造业，成为美国经济的主导产业。微软、英特尔等信息产业公司取代通用、福特和克莱斯勒三大汽车公司成为美国经济的风向标。

2. 信息产业增加值占GDP比重迅速增长

从表4.2中可以看出，进入20世纪90年代后，信息技术对美国经济增长的贡献率逐年上升，信息产业在整个经济中的份额逐渐上升，成为美国最大的产业。1995—1998年，美国信息技术产业对实际经济增长的贡献平均在1/3左右。1996—1998年，信息产业对美国经济增长的贡献率大大高于建筑业和汽车产业的14％和7％。1990—1997年，信息技术产业的劳动生产率实现了高达10.4％的年均增长率，而其他行业的生产率年均增长只有0.5％。

表4.2 美国信息产业占经济总量的份额

年份	IT产业增加值 （10亿美元）	IT产业占经济总量份额 （％）	IT产业对经济增长贡献率 （％）
1992	392.7	6.3	26.0
1993	421.9	6.7	20.9
1994	472.8	7.2	18.4
1995	554.1	8.2	41.0
1996	657.9	9.4	34.7
1997	775.4	10.7	28.3

3. 信息产业推进了传统产业的信息化

发达国家一方面高速发展以信息产业为核心的高技术产业，另一方面，又加速利用信息技术对传统产业进行改造，使产业结构进一步高级化。信息技术以其高度的创新性、渗透性、倍增性和带动性，被广泛应用于各个经济部门，特别是对传统产业的改造，触发了产业结构的深刻变革。以美国汽车工业为例，美国汽车工业曾一度不敌日本、西欧同类产品的竞争，但通过20世纪90年代近10年的发展，美国汽车行业除实施设备更新外，还充分运用信息技术等高科技手段，进行技术创新，使美国汽车产业的竞争力又重新登上全球榜首。

（案例来源：苏东水.产业经济学（第四版）.北京：高等教育出版社，2015）

本章小结

现代产业体系是在传统产业内融合了包括信息技术在内的信息化和现代化的相关内容，使产业体系具有了新的表现形式和运转模式。具体来讲，现代产业体系是指现代元素比较显著的产业构成。

现代农业体系结构是由"绿""蓝""白"三色农业体系与腐屑生态体系构成，各组成部分相互依存、相互渗透，互为资源、互为条件。

绿色农业是指充分运用先进科学技术、先进工业装备和先进管理理念，以促进农产品安全、生态安全、资源安全和提高农业综合经济效益的协调统一为目标，以倡导农产品标准化为手段，推动人类社会和经济全面、协调、可持续发展的农业发展模式。

蓝色农业是指利用海洋和内陆水域，以及低洼盐碱地等蓝色国土资源发展渔业和渔区经济，并以此带动水生动植物开发利用的相关产业，同时运用现代生物技术向生态化升级。

白色农业是指微生物资源产业化的工业型新农业，包括高科技生物工程的发酵工程和酶工程。

现代产业体系中的制造业既包括信息产业，也涉及利用信息技术改进后的传统制造业，涉及绿色制造和智能制造两种模式。

绿色制造就是使产品生产过程中对环境的负面影响达到最低程度的制造模式，是制造领域、环境领域和资源领域的交集。

智能制造一般包括智能工厂、智能生产和智能物流三个主要手段。

完善和提升中国现代产业体系的服务业，不仅要用先进技术，尤其要用信息技术改造传统服务业，更要开拓和发展服务业的新领域，尤其是现代服务业。

思考练习题

1. 简述现代产业体系的内涵。
2. 现代产业体系包括哪些内容？
3. 简述绿色制造和智能制造对于产业结构升级的作用与意义。
4. 如何理解现代服务业对于产业结构优化升级的作用？

参考文献与进一步阅读

［1］李悦，李平，孔令丞. 产业经济学［M］. 大连：东北财经大学出版社，2008.

［2］苏东水. 产业经济学（第四版）［M］. 北京：高等教育出版社，2015.

［3］芮明杰等. 产业经济学［M］. 上海：上海财经大学出版社，2005.

［4］李莎. 现代产业体系的研究综述［J］. 中国集体经济，2012，12：43—44.

［5］赵寅，张永庆. 现代产业体系理论研究综述［J］. 经济师，2010，1：40—41.

［6］刘钊. 现代产业体系的内涵与特征［J］. 山东社会科学，2011，5：160—162.

［7］张明哲. 现代产业体系的特征与发展趋势研究［J］. 当代经济管理，2010，1：42—46.

［8］赵嘉，唐家龙. 美国产业结构演进与现代产业体系发展及其对中国的启示——基于美国1947—2009年经济数据的考察［J］. 科学学与科学技术管理，2012，1：141—147.

［9］赵明宇，芮明杰. 全球化背景下中国现代产业体系的构建模式研究［J］. 中国工业经济，2009，5：57—66.

［10］Yang，X.，Borland，J. A. 1991. Microeconomic Mechanism for Economic Growth［J］. *Journal of Political Economy*，99（3）：409—436.

［11］Krugman，P. R. 1979. Increasing Returns，Monopolistic Competition and International Trade［J］. *Journal of International Economics*，9（4）：469—479.

第 5 章

投入产出分析

投入产出分析是产业关联分析的基础。通过建立投入产出模型，投入产出分析定量研究经济各部门、各要素之间投入与产出的相互依存关系，为进行经济分析、制订发展计划和产业政策提供有力依据。

5.1 投入产出原理

5.1.1 投入产出分析的起源与发展

投入产出分析方法是美国经济学家沃西里·列昂惕夫提出的。1936 年，列昂惕夫发表了关于投入产出法的第一篇论文《美国经济体系中投入产出的数量关系》；1941 年，出版了《1919—1939 年美国经济结构》一书；1953 年，与他人合作出版《美国经济结构研究》一书。在这些著作中，他详细阐述了投入产出分析的基本原理及其应用，并利用美国公布的经济统计资料，编制了 1919、1929 和 1939 年美国经济的投入产出表，用以分析美国的经济结构，从宏观上研究美国经济的均衡问题。

投入产出分析法的产生有其社会历史背景。20 世纪 30 年代，资本主义世界出现了严重的经济危机，许多经济现象是原有的经济理论无法解释的。于是，一些经济学家希望通过运用数学方法和统计资料对原有的经济理论加以改造。列昂惕夫在前人工作的基础上，提出了投入产出分析方法，他把国民经济各部门的投入与产出用一个棋盘式表格（即投入产出表）联系起来，并且计算了各部门的直接消耗系数。此后，这种方法在世界各国得到普遍推广和应用，在经济分析和计划工作中起到了重要作用。

此后，投入产出分析法不断发展，在深度上，出现了外生变量内生化，静态模型向动态模型发展，投入产出与线性规划、非线性规划、动态规划相结合编制最优化模型等拓展；在广度上，扩展到环境污染治理模型、国际贸易模型、世界模型、人口和教育模型等。

5.1.2 投入产出分析的含义

投入产出分析是通过建立投入产出模型（投入产出表），研究经济系统各要素之间投入与产出的相互依存关系的经济数量分析方法。其基本思路是，为获得一定的产出，必须有一定的投入。这里的"投入"是指任何一个部门在产品生产过程中所消耗的各种投入要素，如原材料、辅助材料、燃料、动力、固定资产折旧和劳动力等；"产出"是指各个部门生产的产品总量及其分配使用的方向和数量，又叫流量，分为

"中间产品"和"最终产品"两大类,其中,"中间产品"是指一年中生产出来又回到本年生产过程中去的那些产品,这部分产品用来作为生产过程的原材料、辅助材料、动力等的消耗;"最终产品"是本时期内在生产领域已经最终加工完毕,可供社会消费和使用的产品,如生活消费、积累和净出口等。在市场经济系统中,各个部门既是消耗产品(即投入)的单位,又是生产产品(即产出)的单位,各生产部门的总投入应等于总产出,每个部门同时具有生产者和消费者的双重身份,既产出产品,按社会需要进行分配,供其他部门和领域消费,又是消费其他产品的部门。因此,国民经济中的生产和消费相互交织,就形成了所有部门相互消耗和相互提供产品的内在联系。

从分析过程看,投入产出分析首先把各个生产部门的投入来源和产出去向,纵横交叉地编制成投入产出表;然后,根据投入产出表的平衡关系,建立投入产出数学模型;最后,借助投入产出表和数学模型进行计划平衡、经济预测和经济分析。因此,它既是一种进行部门(产品)间综合平衡的计划方法,又是一种对经济结构、经济效益、经济政策和产品价格等问题进行综合分析的方法,可以用于分析研究国民经济结构、地区经济活动,甚至企业的生产经营活动,是目前在世界各国进行产业结构分析时运用得最为普遍的工具。

5.1.3 投入产出分析的理论基础

投入产出分析方法主要的理论基础涉及魁奈的《经济表》、马克思的社会再生产理论和瓦尔拉斯的一般均衡理论三个方面。

1. 魁奈的《经济表》

弗朗斯瓦·魁奈的《经济表》有原表和简表之分,原表发表于1758年,但由于其晦涩难懂,魁奈便于1766年将其简化,即为简表。《经济表》是关于社会资本的再生产的学说和对经济体系的全面总结,其中,魁奈描述了国民经济结构及各种关系运动的规律,除了文字说明外,还使用了简明的图表,由此开创了一种分析问题的方法。《经济表》是以"纯产品"学说为基础的。魁奈认为,土地是提供财富的唯一源泉,只有农业劳动才能增加财富,这种财富即为纯产品。按照这一思想,他将社会分为生产阶级、土地所有者阶级和不生产阶级三个阶级,并分析了一年的社会总产品是怎样通过货币流通在社会各阶级之间进行分配,如何使再生产继续的过程。在分析社会总资本再生产过程时,魁奈将一年的总产品作为出发点,分析了其各个组成部分在价值上和实物形式上的实现和补偿,说明了社会总资本再生产的实现条件和过程。

魁奈的《经济表》初步揭示了国民经济中的产业结构及其相互关系,为现代的产业关联分析提供了最初的理论基础。投入产出分析正是将其思想应用于社会再生产问题研究的一个具体的例子。

2. 马克思的社会再生产理论

马克思的再生产理论是在分析资本主义的社会资本的再生产过程中提出的,也被称为社会资本再生产理论。该理论描述了社会生产各部门的相互关系和社会再生产的进行过程,主要内容包括:社会生产分为生产资料和消费资料两大部类;社会再生产分为简单再生产和扩大再生产两种类型;产品的价值由不变资本、可变资本和剩余价值三部分组成；以及两大部类的交换关系、数量比例关系、价值实现、实物补偿、社会再生产顺利进行的实现条件等。

实际上，马克思的再生产理论揭示了社会生产必须按比例协调发展的规律，分析了社会总产品的实现过程，以及两大部类相互依赖、互为条件的关系，并且论证了两大部类的生产必须按照比例平衡发展，社会再生产才能顺利进行。因此，该理论成为产业结构和产业关联的基本原理之一。

3. 瓦尔拉斯一般均衡理论

列昂惕夫认为，投入产出法是用新古典经济学的一般均衡理论对各种错综复杂的经济活动之间在数量上的相互依赖关系进行的经验研究，因而是以一般均衡理论为基础的。瓦尔拉斯是用联立方程组来阐述一般均衡状态的，方程组的解就是均衡价格体系。然而，瓦尔拉斯一般均衡模型是一种纯理论的抽象，无法对实际的经济活动进行实证性分析。列昂惕夫在一般均衡理论的基础上，通过一些假设条件对其进行了简化。简化过程主要包括五个方面：一是用产业替代一般均衡模型中的消费者和企业；二是假定生产的规模报酬不变，即投入与产出呈线性关系；三是假定各产业的生产活动是互不影响的；四是假定消耗系数在一定时期内相对稳定；五是用一个年度的数据来计算消耗系数，即生产时间的差异问题被简化了。通过以上简化，列昂惕夫将瓦尔拉斯一般均衡模型中的方程组推导成比较简单的线性方程组，这样，对线性方程组求解就成了投入产出分析应用于实证分析的关键。

5.1.4 投入产出分析的特点和局限性

1. 特点

（1）投入产出表是投入产出分析的基本形式。投入产出表采用棋盘式，纵横互相交叉，从而使它能从生产消费和分配使用两个方面来反映产品在部门之间的运动过程，反映社会产品的再生产过程。

（2）投入产出分析能深入分析部门间和产品间的各种复杂的相互依存关系以及主要的比例关系，揭示国民经济各种活动间的连锁反应，分析国民经济复杂的因果关系和相互联系。

（3）投入产出分析在投入产出表的基础上，利用线性代数等数学方法，建立数学模型，并利用计算机运算求解。

（4）投入产出分析的应用具有很大的灵活性。利用投入产出分析，可以根据不同的经济问题，编制不同的投入产出表，以研究和解决具体的经济问题。

2. 局限性

国民经济各部门间在投入与产出上存在着极其密切的生产技术联系和经济联系，这种联系可以用投入产出表综合反映出来。投入产出模型的一个重要用途是通过分析产业之间的关联度，为选择某一时期的重点发展产业提供依据。然而，利用投入产出进行产业结构分析也有以下三个方面的局限性。

（1）同质性假定，即一个产业只生产一种同质的产品，而且只用一种生产技术进行生产，即每个产业只有单一的消耗结构。一种产品不允许由几个产业来生产，也不允许几个产业联合起来进行生产。一种产品的生产形成一个产业，有多少种产品就形成多少个产业。这一假设忽视了现代社会中企业生产的多样化与协作化趋势。实际上，每个产业都是多种产品的集合体，划分产业部门不可能按产品细分。此外，在应用产业关联度来选择重点产业时，不同的部门划分，会得到不同的排列顺序。

（2）比例性假定，即各产业部门的投入和产出之间的关系是线性的。每个产业部门各种投入的数量同该部门的总产出成正比例变动，即各项消耗系数是不变的。而实际上，各产业部门生产量与生产消耗之间存在两种不同的关系：一部分消耗会随产量的增加而以一定比例增加，如原材料、燃料、动力等消耗，在投入与产出之间存在固定的线性比例关系；另一部分消耗并不随产量的增加而增加，而是基本上保持不变，通常称为固定消耗。因此，在比例性假设下，不存在规模经济问题。

（3）模型是静态的，没有考虑各产业部门生产时间先后的影响。这显然与现实的产业发展相悖。假设产品 X_2 的生产速度较慢，但却是 X_1 的生产所需的投入品，则 X_1 的生产速度显然会受到 X_2 的影响；如果 X_1 又为生产 X_2 所需，则 X_2 的生产速度又会受到进一步的影响。此外，投入产出模型没有考虑价格变动、技术进步与劳动生产率提高的因素，而在实际经济中，生产技术是不断发展变化的。在价值型投入产出表中包含价格因素，但现实中的价格总是波动的，与该模型的假设不符。

因此，投入产出模型既是产业结构分析中的一个重要的理论工具，又有其局限性。一般来说，投入产出分析适用于短期而不适用于长期，适用于分析而不适用于预测。这是运用投入产出模型进行产业结构分析时应特别注意的。

5.2 投入产出表

投入产出表可分为实物型投入产出表和价值型投入产出表两种类型，其中，实物型投入产出表是根据国民经济中各大类生产产品，并以其标准单位或自然单位作为计量方法而编制的表格，用于显示国民经济各产业部门间的投入与产出关系，即这些主要产品的生产、使用情况及它们之间在生产消耗上的相互联系和比例关系；而价值型投入产出表则是以国民经济中同类产品的集合为产业进行构建，并以货币单位为计量方法、反映各产业间投入产出关系的表格。

5.2.1 实物型投入产出表

在利用投入产出分析法进行经济分析和计划工作之前，首先要根据某一年份的实际统计资料编制一个投入产出表。实物型投入产出表是以实物为计量单位的，如表 5.1 所示：

表 5.1 实物型投入产出表

投入\产出		计量单位	中间产品				最终产品				总产品
			1	2	⋯	n	小计	消费	积累	出口	小计	
物质投入	1		q_{11}	q_{12}	⋯	q_{1n}					Y_1	Q_1
	2		q_{21}	q_{22}	⋯	q_{2n}					Y_2	Q_2
	⋮		⋮	⋮	⋮	⋮					⋮	⋮
	n		q_{n1}	q_{n2}	⋯	q_{nn}					Y_n	Q_n
劳动投入			q_{01}	q_{02}	⋯	q_{0n}						V

1. 实物型投入产出表的结构

实物型投入产出表的主栏是物质投入,包括被列入实物型投入产出表的各类产品名称,它们都用实物单位计量。横向上,由中间产品、最终产品与总产品三部分组成。在中间产品象限,纵向是物质投入,横向是中间产品,各项下均设 n 种相同物质产品,排列顺序一致,构成 $n×n$ 维方阵;在最终产品象限,纵向是物质投入,横向是最终产品,该象限表示各种物质产品在本年度内作为最终产品使用的数量。

为便于说明,令实物型投入产出表的行下标为 i($i=1,2,⋯,n$),列下标为 j($j=1,2,⋯,n$),那么,中间产品象限即为部门 i 与部门 j 之间的产品消耗流量,q_{ij} 表示 j 产业部门消耗 i 产业部门产品数量;Y_i、Q_i 分别表示各部门的最终产品量和总产出量。表 5.1 中最后一行各数据符号 q_{0j} 表示 j 部门消耗的劳动力数量,劳动力可用"小时""日"等单位来表示,也可用货币表示,其总量用 V 表示。

2. 实物型投入产出表中的平衡关系与平衡方程

表 5.1 中的纵列表明,为生产 j 部门的产品总量需要消耗各部门产品的数量和劳动消耗量;从横向看,反映了各类产品的分配使用情况,其中,一部分作为中间产品供各部门生产使用,另一部分作为最终产品供积累和消费使用,这两部分之和表现为在一定时间内各类产品的生产总量,即产出总量。

由于用实物单位计量,实物型投入产出表同一种产品横行分配流量可以相加,纵列产品计量单位不同,不能相加。因此,实物型投入产出表只能列出实物产出分配方程组,用数学式表示为:

(1) 总产品=中间产品+最终产品,即

$$Q_i = \sum_{j=1}^{n} q_{ij} + Y_i, \quad i=1,2,⋯,n$$

(2) 劳动力总量=各产品生产所需劳动力数量之和,即

$$V = \sum_{j=1}^{n} q_{0j}, \quad j=1,2,⋯,n$$

两个平衡关系可以构成下列线性方程组:

$$\begin{cases} Q_i = \sum_{j=1}^{n} q_{ij} + Y_i (i=1,2,⋯,n) \\ V = \sum_{j=1}^{n} q_{0j} (j=1,2,⋯,n) \end{cases}$$

总之，实物型投入产出表实际上是一张把许多种物质（包括生产资料和消费资料）有机联系在一起的产品生产与分配平衡表。

3. 实物型投入产出表的用途

实物型投入产出表从实物形态角度系统地反映了社会再生产过程，可以用于分析每类产品的简单再生产（中间产品的补偿和固定资产更新改造、大修理）以及扩大再生产（积累）的关系和比例；分析每类产品用作积累基金和消费基金的比例。由于实物表中各类产品是以实物量作为计量单位的，因此，可以避免价格变动与价格背离价值等因素的影响，能较确切地反映国民经济中各类产品生产过程中的技术联系。编制实物型投入产出表的主要目的是依靠它建立投入产出数学模型，进而用于计划编制工作。

5.2.2 价值型投入产出表

价值型投入产出表是以货币为计量单位编制的，如表5.2所示：

表 5.2　价值型投入产出表

产出投入			中间产品				最终产品					总产出
			消耗部门			小计	固定资产更新改造	积累	消费	净出口	小计	
			1	2	...	n							
生产资料转移价值	生产部门	1	x_{11}	x_{12}	...	x_{1n}						Y_1	X_1
		2	x_{21}	x_{22}	...	x_{2n}						Y_2	X_2
		⋮	⋮	⋮	⋮	⋮						⋮	⋮
		n	x_{n1}	x_{n2}	...	x_{nn}						Y_n	X_n
	小计												
	固定资产折旧		D_1	D_2	...	D_n							
	物质消耗合计												
新创造价值	劳动报酬		V_1	V_2	...	V_n							
	社会纯收入		M_1	M_2	...	M_n							
	小计												
总收入			X_1	X_2	...	X_n							

1. 价值型投入产出表的结构

在表5.2中，横向说明各部门产品按经济用途的分配使用情况。各部门产品按经济用途可以分为中间产品和最终产品两大部分，中间产品产值与最终产品产值之和等于总产品产值；纵向说明各部门产品的价值构成。产品价值可以分为两大部分：一部分是生产资料的转移价值，由所消耗的生产资料的价值构成，包括劳动对象的消耗（如原材料、辅助材料和动力等的价值）和固定资产折旧（D）；另一部分是新创造价值，包括该部门的劳动报酬（V）和社会纯收入（M）。生产资料转移价值与新创造价值的合计等于总产品的价值。我们用互相垂直的双线把整个表格分成左上、右上、左下、右下四个部分，分别称为Ⅰ、Ⅱ、Ⅲ、Ⅳ象限。

第Ⅰ象限也称中间需求象限，是一个横向、纵向部门数目完全相同，排列也一致的表格（即构成 $n \times n$ 维的棋盘式方阵）。第Ⅰ象限是投入产出表的核心部分，反映一定时期内（通常指一年）一个国家或地区在生产过程中各产业部门之间相互提供劳动对象供生产过程消耗的情况。横行表示某一产业部门的产品分配给其他各部门（包括本部门）产品的状况。若以 i 代表横行第 i 部门，j 代表纵列第 j 部门，则 x_{ij} 表示第 j 部门生产产品时消耗第 i 部门的产品价值量，即第 i 部门向第 j 部门的流量，简称"部门间流量"。第Ⅰ象限主要反映国民经济各物质生产部门之间的生产与分配的联系，也即各物质生产部门之间的投入与产出的联系，这种联系主要是由各部门的技术经济关系所决定的。

第Ⅱ象限又称最终需求象限，是第一象限在水平方向上的延伸，反映各物质生产部门的年总产品中，可供社会最终消费或使用的产品，主要体现了积累和消费的比例及构成，体现国民收入的实物构成，它所反映的联系主要取决于社会经济因素。从横行看，各项数字小计就是各部门的最终产品，用 Y_i 表示；从纵列看，各项数字说明最终产品是由哪些生产部门提供的。所有部门最终产品之和即为社会总产值或国民生产总值。

第Ⅲ象限也称为增加值象限，是第一象限在垂直方向上的延伸，描述了最终产值即国民生产总值的价值形成过程，主要反映各物质生产部门净产出价值，即新创造价值，反映国民收入初次分配以及必要劳动和剩余劳动的比例。按其经济内容来说，第Ⅲ象限包括固定资产折旧和新创造价值两部分。

从总量上来说，第Ⅲ象限和第Ⅱ象限应当相等，即

$$\sum_{j=1}^{n} D_j + \sum_{j=1}^{n} V_j + \sum_{j=1}^{n} M_j = \sum_{i=1}^{n} Y_i \tag{5.1}$$

但对某个部门来说，最终产品的数量与该部门的新创造价值加固定资产折旧之和在数量上并不相等。

第Ⅳ象限反映国民收入的再分配过程，如非生产领域的职工工资、非生产性企事业单位的收入等。由于这个象限的经济内容比前三个象限更加复杂，到目前为止，人们对它的研究和利用还很少，在编制投入产出模型时，常常把第Ⅳ象限略去不论。

2. 价值型投入产出表中的平衡关系与平衡方程

价值型投入产出表有如下三个平衡关系：① 第Ⅰ象限中物资消耗之和等于中间产品之和，说明生产过程中消耗的生产资料要以同量的中间产品来补偿。② 第Ⅲ象限的合计等于第Ⅱ象限的合计，说明社会最终产品产值与国民收入加上本年度的固定资产折旧额在数量上是相等的。③ 每一列的总计等于每一行的总计，说明国民经济各部门生产的产品和分配使用在总量上是相等的。

从表 5.2 的横向看，"中间产品价值＋最终产品价值＝总产品产值"，反映了各物质生产部门的分配使用情况，称之为产品分配平衡方程组：

$$\sum_{j=1}^{n} x_{ij} + Y_i = X_i, \quad i = 1, 2, \cdots, n \tag{5.2}$$

从表 5.2 的纵向看，"劳动对象消耗＋固定资产折旧＋活劳动消耗（劳动报酬＋

社会纯收入）＝产品总价值"，反映了各部门产品的价值构成，称之为价值构成平衡方程组：

$$\sum_{j=1}^{n} x_{ij} + D_j + V_j + M_j = X_j, \quad j = 1, 2, \cdots, n \tag{5.3}$$

5.2.3 实物型投入产出表与价值型投入产出表的区别

若将实物型投入产出表与价值型投入产出表作比较，就会发现两者基本是相同的，但也存在差异：

（1）价值型投入产出表的计量单位是单一的，都是货币单位；实物型投入产出表中的计量单位一般各不相同。

（2）价值型投入产出表既可按行相加，又可按列相加；实物型投入产出表只能按行相加得到总产量，但却不能按列相加，因为不同的计量单位是无法相加的。

（3）价值型投入产出表中包括了全部物质生产部门的总产值；实物型投入产出表中只包括若干主要产品的总产量。这是因为国民经济中产品种类繁多，但投入产出表的规模不能过分庞大，只能把那些生产量大、原材料消耗量大或与其他许多种产品在生产过程中有密切联系的产品列入。

5.3 消耗系数与投入产出数学模型

5.3.1 直接消耗系数

直接消耗系数又称为投入系数或技术系数，反映了某部门在单位产品生产过程中对各部门产品的直接消耗量。用投入产出表中各种产品的年总产量去除它对某种相应产品的消耗量，便可得出单位产品的消耗量，即直接消耗系数，其计算公式如下：

$$a_{ij} = \frac{x_{ij}}{X_j}, \quad i, j = 1, 2, \cdots, n \tag{5.4}$$

式中，x_{ij} 是 j 产业生产消耗的第 i 产业产品的数量，X_{ij} 是 j 产业的总投入，则 a_{ij} 表示第 j 部门一个单位产品对第 i 部门产品的消耗量。

将 n 个部门的直接消耗系数用矩阵 A 表示：

$$A = \begin{bmatrix} a_{11} & a_{12} & \cdots & a_{1n} \\ a_{21} & a_{22} & \cdots & a_{2n} \\ \cdots & \cdots & \cdots & \cdots \\ a_{n1} & a_{n2} & \cdots & a_{nn} \end{bmatrix} \quad (i, j = 1, 2, \cdots, n)$$

各物质生产部门的直接消耗系数是以部门间的生产技术联系为基础的，所以，直接消耗系数也称为技术系数。a_{ij} 的数值越大，说明第 j 部门与第 i 部门的联系越密切；反之，说明两者的联系越松散，两者没有直接的生产与分配关系。

同理，可得如下直接物质投入系数：

$$a_{cj} = \sum_{i=1}^{n} \frac{x_{ij}}{X_j}, \quad j = 1, 2, \cdots, n$$

该系数表示第 j 部门单位产品中含中间投入价值的数量，即直接消耗系数矩阵 A 第 j

列元素之和，用向量表示为：$A_C = (a_{C1}, a_{C2}, \cdots, a_{Cn})$。

类似地，直接折旧系数为：
$$a_{D_j} = D_j / X_j, \quad j = 1, 2, \cdots, n$$

该系数表示第 j 产业部门生产单位产品所需的直接折旧费用数额，用向量表示为 $A_D = (a_{D1}, a_{D2}, \cdots, a_{Dn})$。

直接劳动报酬系数为：
$$a_{D_j} = V_j / X_j, \quad j = 1, 2, \cdots, n$$

该系数表示第 j 产业部门生产单位产品所需的劳动报酬价值数量，用向量表示为：
$$A_V = (a_{V1}, a_{V2}, \cdots, a_{Vn})$$

直接纯收入系数为：
$$a_{M_j} = M_j / X_j, \quad j = 1, 2, \cdots, n$$

该系数表示第 j 产业部门生产单位产品所创造的社会纯收入的价值量，用向量表示为：
$$A_M = (a_{M1}, a_{M2}, \cdots, a_{Mn})$$

5.3.2 完全消耗系数

直接消耗系数刻画了部门之间的直接联系，但在整个国民经济各部门之间，除了直接联系外，还有各种间接联系。完全消耗系数是指第 j 部门生产一个单位最终产品对第 i 部门产品的完全消耗量，用 b_{ij} 表示。例如，坑道采矿需要直接消耗电力、采掘设备、钢材和坑木等。在采掘过程中，采掘设备的运转需要直接消耗电力，即为直接消耗；采掘设备的制造、钢材的生产和坑木的采伐加工又需要消耗电力，这对采矿来说是间接消耗，是第一次间接消耗；而制造采掘设备、生产钢材和制造伐木工具，在其生产过程中还要消耗钢铁，炼钢铁也要消耗电力，对采矿而言是第二次间接消耗；依此类推，还有三次、四次以至更多次的间接消耗。将直接消耗系数与所有间接消耗系数求和就是完全消耗系数。可见，社会生产各部门之间存在着极其复杂的生产联系，计算直接消耗系数比较容易，但要想全面测定各个部门之间的直接与间接联系，即计算完全消耗系数就比较复杂了。

设直接消耗系数矩阵为 A，单位矩阵为 I，当各部门都生产一个单位的产品时，需直接消耗各部门的产品总量为 $X^{(0)} = AI$，这样，第一次间接消耗应为 $X^{(1)} = AX^{(0)} = A^2 I$；第二次间接消耗应为 $X^{(2)} = AX^{(1)} = A^3 I$；依此类推，第 $k-1$ 次间接消耗应为 $X^{(k-1)} = A^k I$，则完全消耗系数矩阵为：

$$B = A + A^2 + \cdots + A^k + \cdots \tag{5.5}$$

根据矩阵范数的性质，可知，当 $k \to \infty$ 时，$A^k \to 0$，那么，(5.5) 式变为：
$$B + I = I + A + A^2 + \cdots + A^k + \cdots = (I - A)^{-1}$$

因而，有
$$B = (I - A)^{-1} - I \tag{5.6}$$

完全消耗关系在国民经济各部门之间都存在，如果能够精确地将其计算出来，对于了解各部门、各种产品生产过程的内在联系，对于搞好国民经济综合平衡，都有极其重要的意义。

总之，直接消耗系数是从总产品的角度出发考察产品间的消耗关系，它说明生产一个单位产品对其他产品的消耗；而完全消耗系数则是从最终产品角度考察产品间的消耗关系，它说明为了生产一个单位最终产品对其他产品的消耗量。

其他完全消耗系数如下：

完全物质消耗系数为：$B_C = A_C (I-A)^{-1}$

完全折旧系数为：$B_D = A_D (I-A)^{-1}$

完全劳动报酬系数为：$B_V = A_V (I-A)^{-1}$

完全纯收入系数为：$B_M = A_M (I-A)^{-1}$

5.3.3 投入产出数学模型

1. 价值型投入产出行模型

由（5.4）式可得：

$$x_{ij} = a_{ij} X_j, \quad i,j = 1,2,\cdots,n \tag{5.7}$$

将（5.7）式代入（5.2）式，可得：

$$\sum_{j=1}^{n} a_{ij} X_j + Y_i = X_i, \quad i = 1,2,\cdots,n \tag{5.8}$$

以矩阵表示为：

$$AX + Y = X \tag{5.9}$$

式中，A 为直接消耗系数矩阵；X 为总产出量列向量；AX 为各产品的中间消耗总量，即生产性消耗总量；Y 为最终需求列向量。

由此可见，投入产出表实际上是一套借助于直接消耗系数把最终需求和总产出联系起来的方程组。对（5.9）式移项可得：

$$Y = (1-A)X \tag{5.10}$$

此式的含义是，从总产量中减去生产性消耗总量，就可得到最终产品量。

引入单位矩阵，可将（5.10）式变为：

$$Y = (I-A)X \tag{5.11}$$

式中，I 为单位矩阵；$(I-A)$ 为列昂惕夫矩阵，该矩阵的各列中，"正"号表示产出，"负"号表示投入（消耗）。其经济含义是，当已知产品总产出量时，可求出能提供给市场的最终产品量。这就是"以产定销模型"，当产品市场处于短缺状态时，可按此模型制订产品生产销售计划。

将式（5.11）两边都乘 $(I-A)^{-1}$，得到：

$$X = (I-A)^{-1} Y \tag{5.12}$$

式中，$(I-A)^{-1}$ 为列昂惕夫逆阵。（5.12）式反映最终需求和总产出量之间的函数关系，当已知最终产品量时，可求出其产品总产出量。这就是"以销定产模型"。当产品市场处于疲软状态时，可按此模型制订企业生产计划。

2. 价值型投入产出列模型

引入直接消耗系数，（5.3）式可变为：

$$\sum_{i=1}^{n} a_{ij}x_j + D_j + V_j + M_j = X_j, \quad j=1,2,\cdots,n \tag{5.13}$$

记 $N_j = D_j + V_j + M_j$，则（5.13）变为：

$$\sum_{i=1}^{n} a_{ij}x_j + N_j = X_j, \quad j=1,2,\cdots,n \tag{5.14}$$

直接消耗系数的对角线矩阵如下：

$$\hat{C} = \begin{bmatrix} a_{C1} & 0 & \cdots & 0 \\ 0 & a_{C2} & \cdots & 0 \\ \vdots & \vdots & \ddots & \vdots \\ 0 & 0 & \cdots & a_{Cn} \end{bmatrix}$$

则（5.14）式的矩阵形式变为：

$$\hat{C}X + N^T = X \tag{5.15}$$

那么，便可得到：

$$N^T = (I - \hat{C})X \tag{5.16}$$

式中，$(I-\hat{C})$ 为 i 产业的毛附加值占其总产值的比重，或称为毛附加价值率。可知，$X = (I-\hat{C})^{-1}N^T$，即根据毛附加值可以推导出总产值。

5.3.4 价值型投入产出模型举例

表 5.3 给出了一个价值型投入产出简表，下面，我们将分析表中各部分之间的关系，并计算直接消耗系数与完全消耗系数。

1. 价值型投入产出表的结构

表 5.3 的横向说明，各部门产品按经济用途的分配使用情况。工业产值为 2280 亿元，用于工业本身消耗 900 亿元，农业消耗 80 亿元，交通运输业消耗 35 亿元，商业消耗 190 亿元，合计 1205 亿元，这就是工业产品作为中间产品使用的部分。工业产品作为最终产品的使用为 1075 亿元，其中，固定资产更新改造 70 亿元、生产性积累 115 亿元、非生产性积累 80 亿元、消费 810 亿元。中间产品产值与最终产品产值之和等于总产品产值，其中工业部门为 2280（（900+80+35+190）+（70+115+80+810））亿元。

表 5.3 的纵向说明各部门产品的价值构成，由第一列可以看出：在工业生产过程中，消耗 900 亿元的工业产品，消耗 280 亿元的农业产品，消耗 70 亿元的交通运输业产品，消耗 100 亿元的商业产品，固定资产折旧 100 亿元，生产资料转移价值为 1450（900+280+70+100+100）亿元。工业生产过程中劳动报酬为 310 亿元，社会纯收入为 520 亿元，新创造价值为 830（310+520）亿元。生产资料转移价值与新创造价值的合计等于总产品的价值，其中工业部门为 2280（（900+280+70+100+100）+（310+520））亿元。

在表 5.3 中，表示竖列第 4 部门（即商业）生产产品时消耗横行第 2 个部门（即农业部门）的产品价值量为 5，或者说，横行第 2 个部门分配给竖列第 4 个部门用于生产消费的产品价值量为 5，这 5 就是第 2 部门向第 4 部门的流量。

表 5.3　部门价值型投入产出简表　　　　　　　　　　（单位：亿元）

投入		产出	中间产品					最终产品				总产品 (X)
			消耗部门					固定资产更新改造	生产性积累	非生产性积累	消费	小计 (Y)	
			工业	农业	交通运输业	商业	小计						
生产资料转移价值	生产部门	工业	900	80	35	190	1205	70	115	80	810	1075	2280
		农业	280	120	0	5	405	0	10	5	140	155	560
		交通运输业	70	5	0	20	95	0	20	0	50	70	165
		商业	100	5	0	10	115	120	130	90	160	500	615
		小计	1350	210	35	225	1820	190	275	175	1160	1800	3620
	固定资产折旧		100	40	20	25	185						
	物质消耗合计		1450	250	55	250	2005						
新创造价值	劳动报酬		310	210	55	165	740						
	社会纯收入		520	100	55	200	875						
	小计		830	310	110	365	1615						
	总收入		2280	560	165	615	3620						

第Ⅱ象限和第Ⅲ象限从总量上来说相等，即 1075＋155＋70＋500＝（830＋100）＋（310＋40）＋（110＋20）＋（365＋25）＝1800 亿元。但对某个部门来说，最终产品的数量与该部门的新创造价值加固定资产折旧之和在数量上并不相等。例如，表 5.3 中，工业部门所提供的最终产品 Y_1＝1075 亿元，而工业部门的新创造价值与固定资产折旧之和为 830＋100＝930 亿元。

2. 直接消耗系数

直接消耗系数反映某部门在单位产品生产过程中对各部门产品的直接消耗量。在表 5.3 中，工业部门每年总产品价值为 2280 亿元，而工业部门每年消耗农业部门 280 亿元的产品，那么，工业部门每生产 1 个价值单位的产品，直接消耗农业部门 0.1228（280/2280）个价值单位的产品，0.1228 这个比值就是工业部门对农业部门的直接消耗系数。

根据表 5.3，可计算如下直接消耗系数，表 5.4 就是根据表 5.3 计算得来的直接消耗系数表。

$$a_{11} = \frac{x_{11}}{X_1} = \frac{900}{2280} = 0.39475$$

$$a_{12} = \frac{x_{12}}{X_2} = \frac{80}{560} = 0.1429$$

$$a_{13} = \frac{x_{13}}{X_3} = \frac{35}{165} = 0.2121$$

$$a_{14} = \frac{x_{14}}{X_4} = \frac{190}{615} = 0.3089$$

表 5.4 直接消耗系数表

部门	工业	农业	交通运输业	商业
工业	0.3947	0.1429	0.2121	0.3089
农业	0.1228	0.2143	0	0.0081
交通运输业	0.0307	0.0089	0	0.0325
商业	0.0439	0.0089	0	0.0163

因此,根据表 5.3 可得如下平衡方程:$A = Q\hat{X}^{-1}$,式中,

$$A = \begin{bmatrix} a_{11} & a_{12} & \cdots & a_{1n} \\ a_{21} & a_{22} & \cdots & a_{2n} \\ \cdots & \cdots & \cdots & \cdots \\ a_{n1} & a_{n2} & \cdots & a_{nn} \end{bmatrix}, \quad Q = \begin{bmatrix} x_{11} & x_{12} & \cdots & x_{1n} \\ x_{21} & x_{22} & \cdots & x_{2n} \\ \cdots & \cdots & \cdots & \cdots \\ x_{n1} & x_{n2} & \cdots & x_{nn} \end{bmatrix},$$

$$\hat{X}^{-1} = \begin{bmatrix} \frac{1}{X_1} & 0 & \cdots & 0 \\ 0 & \frac{1}{X_2} & \cdots & 0 \\ \cdots & \cdots & \cdots & \cdots \\ 0 & 0 & \cdots & \frac{1}{X_n} \end{bmatrix}$$

同理,还可以计算各产业部门的直接折旧系数 a_{Dj}、直接劳动报酬系数 a_{Vj} 和直接社会纯收入系数 a_{Mj}:

工业部门的直接折旧系数:$a_{D1} = \frac{100}{2280} = 0.0439$

农业部门的直接折旧系数:$a_{D2} = \frac{40}{560} = 0.0714$

交通运输业部门的直接折旧系数:$a_{D3} = \frac{20}{165} = 0.1212$

商业部门的直接折旧系数:$a_{D4} = \frac{25}{615} = 0.0407$

工业部门的直接劳动报酬系数:$a_{V1} = \frac{310}{2280} = 0.1360$

农业部门的直接劳动报酬系数:$a_{V2} = \frac{210}{560} = 0.3750$

交通运输业部门的直接劳动报酬系数:$a_{V3} = \frac{55}{165} = 0.3333$

商业部门的直接劳动报酬系数：$a_{V4}=\dfrac{165}{615}=0.2683$

工业部门的直接社会纯收入系数：$a_{M1}=\dfrac{520}{2280}=0.2281$

农业部门的直接社会纯收入系数：$a_{M2}=\dfrac{100}{560}=0.1786$

交通运输业部门的直接社会纯收入系数：$a_{M3}=\dfrac{55}{165}=0.3333$

商业部门的直接社会纯收入系数：$a_{M4}=\dfrac{200}{615}=0.3252$

3. 完全消耗系数

下面，我们计算表5.3的完全消耗系数。首先，计算 $(I-A)^{-1}$，计算过程与结果如下：

$$(I-A)^{-1}=\begin{bmatrix} 1.7808 & 0.3347 & 0.3777 & 0.5744 \\ 0.2792 & 1.3253 & 0.0592 & 0.1005 \\ 0.0598 & 0.0229 & 1.0127 & 0.0524 \\ 0.0820 & 0.0269 & 0.0174 & 1.0431 \end{bmatrix}$$

因而，有

$$B=(I-A)^{-1}=\begin{bmatrix} 0.7808 & 0.3347 & 0.3777 & 0.5744 \\ 0.2792 & 0.3257 & 0.0592 & 0.1005 \\ 0.0598 & 0.0229 & 0.0127 & 0.0524 \\ 0.0820 & 0.0269 & 0.0174 & 0.0431 \end{bmatrix}$$

矩阵 B 中的第一列表明，工业部门每生产1亿元可供最终使用的最终产品价值，在生产过程中直接与间接消耗了 0.7808 亿元工业产品、0.2792 亿元农业产品、0.0598 亿元交通运输业产品、0.0820 亿元商业产品。由此得知，为了得到1亿元工业产品作为最终产品之用，工业部门应生产 1.7808 亿元产品，为了得到1亿元农业产品作为最终产品之用，农业部门应该生产 1.3253 亿元产品。

利用 $B_D=A_D(I-A)^{-1}$，计算各产业的完全折旧系数：

$B_D=A_D(I-A)^{-1}$

$=\begin{bmatrix} 0.0439 & 0.0714 & 0.1212 & 0.0407 \end{bmatrix}\begin{bmatrix} 1.7808 & 0.3347 & 0.3777 & 0.5744 \\ 0.2792 & 1.3257 & 0.0592 & 0.1005 \\ 0.0598 & 0.0229 & 1.0127 & 0.0524 \\ 0.0820 & 0.0269 & 0.0174 & 1.0431 \end{bmatrix}$

$=\begin{bmatrix} 0.1087 & 0.1132 & 0.1443 & 0.0812 \end{bmatrix}$

利用 $B_V=A_V(I-A)^{-1}$，计算各产业的完全劳动报酬系数：

$$B_V=A_V(I-A)^{-1}$$

$$= \begin{bmatrix} 0.1360 & 0.3750 & 0.3333 & 0.2683 \end{bmatrix} \begin{bmatrix} 1.7808 & 0.3347 & 0.3777 & 0.5744 \\ 0.2792 & 1.3257 & 0.0592 & 0.1005 \\ 0.0598 & 0.0229 & 1.0127 & 0.0524 \\ 0.0820 & 0.0269 & 0.0174 & 1.0431 \end{bmatrix}$$

$$= \begin{bmatrix} 0.3888 & 0.5574 & 0.4158 & 0.4131 \end{bmatrix}$$

利用 $B_M = A_M (I-A)^{-1}$,计算各产业的完全社会纯收入系数:

$B_M = A_M (I-A)^{-1}$

$$= \begin{bmatrix} 0.2281 & 0.1786 & 0.3333 & 0.3252 \end{bmatrix} \begin{bmatrix} 1.7808 & 0.3347 & 0.3777 & 0.5744 \\ 0.2792 & 1.3257 & 0.0592 & 0.1005 \\ 0.0598 & 0.0229 & 1.0127 & 0.0524 \\ 0.0820 & 0.0269 & 0.0174 & 1.0431 \end{bmatrix}$$

$$= \begin{bmatrix} 0.5027 & 0.3294 & 0.4399 & 0.5057 \end{bmatrix}$$

5.4 投入产出分析的应用

5.4.1 各产业部门的投入结构和分配结构

各产业部门之间相互联系、相互依存、相互作用地进行社会化大生产,一个产业部门进行生产需要其他部门的产出作为其"投入"消费,这就是该产业部门的"投入结构"问题;同样地,一个产业部门生产的产品不仅仅是为了自己消费,还以中间产品或最终产品的形式供其他部门消费,这就是该产业部门的"分配结构"问题。

1. 投入结构

在投入产出表中,投入结构就是纵列的消费结构,以中间产品的投入形式反映着各个产业部门之间的生产技术联系,用"投入系数"——"直接消耗系数"来度量。通过某产业部门的投入系数,可以找到当该产业部门实现某一增长程度时,其他产业部门的中间产品相应地应该增长到某一程度的"量化"数据。投入系数可以被用来判断现存的国民经济各产业部门的结构比例是否合理,从而作为产业结构调整的依据,为一国制订国民经济计划提供重要的经济参数。对某一产业的产品生产投入系数进行纵向对比分析,可以看出各产业间生产技术联系的变动情况,反映了产业结构的变动。

2. 分配结构

在投入产出表中,分配结构是各个产业部门产品的分配去向,通过各产业部门的分配系数来度量,各产业部门产品的分配系数是该产业部门的产品在其他产业部门之间的分配(销往)比例。用分配系数 S_{ij} 表示第 i 部门的产品 X_i 分配使用在第 j 产业部门生产用途上的比例,x_{ij} 表示第 j 产业部门的生产消耗第 i 部门的产品数量,则:$s_{ij} = x_{ij}/X_i$。分配系数 s_{ij} 反映了各产业部门的产品流向及比例,从而反映出某产业部门的发展受其他产业部门发展的影响程度和制约程度。

5.4.2 分析产业间的比例关系

社会生产中生产资料生产和消费资料生产两部类的比例关系,是整个国民经济中最基本的比例关系，因此，在安排社会生产时，两大部类的比例关系是首先需要考察和安排的一个基本比例关系。第一部类的产品包括：用于生产性积累的产品，用于物质生产部门固定资产更新改造和大修理的产品，用作劳动对象的中间产品；第二部类的产品有：用于消费的产品，用于非生产性积累的产品。根据投入产出表很容易确定这两大部类的比例关系。

此外，可以根据投入产出表分析社会总产品、中间产品、最终产品和国民收入的部门构成，分析国民经济各部门总产品的价值构成，分析各部门的中间产品率和最终产品率，其中，中间产品率是指中间产品占全部产品的比率，最终产品率是指最终产品占全部产品的比率。

5.4.3 各产业部门的中间需求率和中间投入率

分析各产业部门在社会再生产过程中的地位和作用，可以采用投入产出表中的"中间需求率"和"中间投入率"两种指标。

中间需求率是各产业部门的中间需求和该产业部门总需求之比，反映了某一产业部门的产品中有多少作为其他产业所需求的原材料（中间需求）。由于中间需求率与最终需求率之和等于1，所以，一个产业的中间需求率越高，最终需求率就越低，说明该部门就越具有原材料产业的性质；反之，一个产业的中间需求率越低，最终需求率越高，说明该部门就越具有提供最终产品产业的性质。

中间投入率是各产业部门的中间投入与总投入之比，反映了各产业在其生产活动中，为生产单位产值的产品，需从其他产业购进的原材料在其中所占的比重。由于中间投入率与附加价值率之和等于1，所以，中间投入率越高，该产业的附加价值就越低，因而为低附加价值部门；反之，中间投入率越低，该产业的附加价值就越高，因而是高附加价值部门。

如果把中间需求率作为横轴，把中间投入率作为纵轴，建立平面直角坐标系，并依据投入产出表中的数据分别计算各产业的中间需求率和中间投入率，然后把它们归类于坐标的四个象限中，就可形成一个产业立体结构，如表5.5所示。在表5.5中，所有产业被划分为四类：中间产品型基础产业、中间产品型产业、最终需求型产业和最终需求型基础产业。

表5.5 产业立体结构

	中间需求率小	中间需求率大
中间投入率大	Ⅲ. 最终需求型产业 日用杂货、造船、皮革及皮革制品、食品加工、粮食加工、运输设备、机械、木材、木材加工、非金属矿物制品、其他制造业	Ⅱ. 中间产品型产业 钢铁、纸及纸制品、石油产品、有色金属冶炼、化学、煤炭加工、橡胶制品、纺织、印刷及出版
中间投入率小	Ⅳ. 最终需求型基础产业 渔业、交通运输业、商业、服务业	Ⅰ. 中间产品型基础产业 农业、林业、煤炭、金属采矿、石油及天然气、非金属采矿、电力

案例 5.1 中国经济结构变化的投入产出分析

1978年以后，中国经济高速增长，从1978年到1997年，国内生产总值（GDP）的年平均增长率为9.81%。随着经济的快速发展，中国产业结构也发生了巨大变化，如表5.6所示：

表5.6　1978—1997年中国三大产业结构变化　　　　　　　　　　（单位：%）

年份	第一产业	第二产业	第三产业
1978	28.1	48.2	23.7
1981	31.8	46.4	21.8
1995	20.5	48.8	30.7
1997	18.7	49.2	32.1

资料来源：中国统计年鉴1998年[M]. 北京：中国统计出版社, 1998.

下面利用投入产出分析方法，对中国1981—1995年的三大产业结构变动进行分析，研究技术进步和最终需求结构变动对中国经济结构变动的影响。

国内生产总值的增加值向量为 N^T，由（5.16）式有 $N^T = (I - \hat{C})X$，又由（5.12）式知 $X = (I-A)^{-1}Y$，那么有

$$N^T = (I - \hat{C})(I-A)^{-1}Y$$

记 $R = (I - \hat{C})(I-A)^{-1}$，矩阵 R 为增加值的完全需求系数矩阵，则 $N^T = RY$，反映了最终需求 Y 与增加值 N^T 之间的完全联系（直接联系和间接联系），其元素 r_{ij} 表示 j 部门最终需求变动一个单位所引起的 i 部门增加值的变动量。

增加值的变动 $\Delta N^T = \Delta N^T_{t+1} - \Delta N^T_t$，即有 $\Delta N^T = \Delta N^T_{t+1} - \Delta N^T_t = R_{t+1}Y_{t+1} - R_t Y_t$；最终需求的变动 $\Delta Y = Y_{t+1} - Y_t$，增加值的完全需求变动 $\Delta R = R_{t+1} - R_t$，故有：

$$\Delta N^T = \Delta R Y_t + R_t \Delta Y + \Delta R \Delta Y \tag{5.17}$$

（5.17）式右边第一项表示生产技术变化对增加值的主要影响，第二项表示最终需求变化对增加值的主要影响，而最后一项表示最终需求变化和生产技术变化的交互影响。

（5.17）式是两个因素结构分解模型，主要影响指的是，当其他因素不变并被确定在基本的时期内时，某一因素变化的影响。将（5.17）式中的 $\Delta R \Delta Y$ 合并到 $\Delta R Y_t$ 中，得到：

$$\Delta N^T = (\Delta R Y_t + \Delta R \Delta Y) + R_t \Delta Y = \Delta R Y_{t+1} + R_t \Delta Y \tag{5.18}$$

式中，$\Delta R Y_{t+1}$ 为生产技术变动影响；$R_t \Delta Y$ 为最终需求变动对经济结构变动的影响。

利用上述模型，可计算得到表5.7的数据。从计算结果可知，在1981年到1995年期间，影响中国产业结构变动的主要因素是各产业部门的生产技术变动。技术进步不仅使经济总量迅速增加，也是产业结构变动的主要因素。

表 5.7　生产技术变动影响和最终需求变动影响　　　　　　　（单位：%）

	1981—1995 年结构变动（1990 年不变价格）	其中	
		生产技术变动影响	最终需求变动影响
第一产业	−17.25	−13.60	−3.65
第二产业	13.50	7.95	5.55
其中，工业	12.84	8.76	4.08
第三产业	3.75	5.65	−1.90

案例 5.2　安徽省农业的投入产出分析

从 2002 年投入产出表可以看出，安徽省农业的产出在全省经济中占有重要地位（参见表 5.8）。农业总产出在全部产业部门的总产出中排在第一位，总产出比重为 15.08%，农业部门产出的变化在一定程度上左右着安徽省社会总产出的规模大小。其中，农业向其他省份净调出为 499.18 亿元，净出口为 7.90 亿元，占农业总产出的比重分别为 37.74%、0.60%，可见安徽省农业对全国的经济发展有着巨大的贡献。

表 5.8　安徽省各部门中间投入与需求情况

部门	农业	工业	建筑业	交通运输邮电业	商业餐饮业	其他服务业
中间投入率	0.4151	0.6460	0.7053	0.5761	0.5349	0.5247
中间需求率	0.3552	0.8417	0.1217	0.9179	0.6620	0.3682
中间投入流量比重	0.1012	0.5355	0.1155	0.0508	0.0824	0.1146
中间需求流量比重	0.0866	0.6301	0.0199	0.0810	0.1020	0.0804
自耗中间流量系数	0.0177	0.1397	0	0.0220	0.0015	0.0048

1. 安徽省农业的总产出主要用于最终需求

社会总产品按其产出方向分为中间使用和最终使用。中间使用是指为国民经济各部门的本期生产活动所提供的，包括本地生产和外地流入在内的各种物质产品和服务。最终使用是不参加本期生产活动而为各种最终需求所提供的物质产品和服务。2002 年安徽省农业总产出中，中间使用占 35.5%，最终使用占 64.5%。这表明，大量的农产品是作为最终产品供直接消费以及形成固定资产增加库存或直接流出，而用于深加工、精加工的产品处于较低水平。

表 5.8 表明，安徽省农产品在分配流向上主要集中于两大方面。一方面用于当前生产消费，即中间使用，满足农业自身再生产及其他产业的生产需要，占总产品的 35.5%；另一方面用于满足广大城乡居民的生活消费需要，占总产品的 19.28%；两项之和达 54.80%。这就说明安徽省农业生产的状况与当年生产及居民消费密切相关，体现了农业作为国民经济基础地位的特征。

农产品的中间使用有 20.5% 用于农业生产本身，42.9% 用于食品制造及烟草加工业，13.2% 用于住宿和餐饮业，10.8% 用于纺织业，6% 用于木材及家具制造业，其他产业对农业的依赖程度较小。

安徽省农产品的供给与食品制造及烟草加工业、纺织服装工业、木材及家具制造业、住宿和餐饮业尤为密切。2002 年，食品制造及烟草加工业对农业产品的消耗量占该部门全部消耗量的 30.44%，纺织服装工业为 28.90%，木材及家具制造业为 20.87%，住宿和餐饮业为 25.78%。而这些产业的产值之和要占安徽省总产值的 13.86%。这些依存关系反映了农业生产对促进这些产业发展的重要性。

2. 安徽省农业属于最终需求型基础产业

由表 5.8 可知，2002 年安徽省农业的中间投入率和中间需求率都较低，根据表 5.5，农业部门应该属于中间产品型基础产业，但安徽省农业仍属于最终需求型基础产业，这说明安徽省农业为其他产业提供的中间产品还比较少，更多的是提供最终产品。

2002 年，安徽省农业的中间投入流量比重、中间需求流量比重和自耗中间流量系数均较高，这说明从中间投入和中间需求角度看，相对于全社会再生产而言，农业不仅与其他部门的联系较强，而且自身内部联系也较强。工业的自耗中间流量系数最高，表明工业内部的联系最强，其次是交通运输邮电业和农业。建筑业、工业、第三产业的中间投入率较高，农业最低，这说明安徽省第二产业和第三产业的发展越来越需要第一产业的支持，另一方面也说明安徽省的农业是附加价值率最高的产业部门。此外，农业的中间需求率和中间需求流量也较高，这说明农业受其他产业部门对其的需求压力较大。

（案例来源：胡本田，张兵. 从投入产出表看安徽省农业的基础地位[J]. 乡镇经济，2006，3：12—16）

本章小结

投入产出分析是通过建立投入产出模型（投入产出表），研究经济系统各要素之间投入与产出的相互依存关系的经济数量分析方法。

投入产出分析方法主要的理论基础涉及魁奈的《经济表》、马克思的社会再生产理论和瓦尔拉斯的一般均衡理论。

直接消耗系数又称为投入系数或技术系数，反映了某部门在单位产品生产过程中对各部门产品的直接消耗量。完全消耗系数是指第 j 部门生产一个单位最终产品对第 i 部门产品的完全消耗量。直接消耗系数是从总产品的角度出发考察产品间的消耗关系，它说明生产一个单位产品对其他产品的消耗；而完全消耗系数则是从最终产品角度考察产品间的消耗关系，它说明为了生产一个单位最终产品对其他产品的消耗量。

投入结构就是投入产出表中纵列的消费结构，以中间产品的投入形式反映着各个产业部门之间的生产技术联系，用"投入系数"—"直接消耗系数"来度量。

分配结构是各个产业部门产品的分配去向，通过各产业部门的分配系数来度量，各产业部门产品的分配系数是该产业部门的产品在其他产业部门之间的分配（销往）比例。

中间产品率是指中间产品占全部产品的比率；最终产品率是指最终产品占全部产品的比率。

中间需求率是各产业部门的中间需求和该产业部门总需求之比，反映了某一产业部门的产品中有多少作为其他产业所需求的原材料（中间需求）。

中间投入率是各产业部门的中间投入与总投入之比，反映了各产业在其生产活动中，为生产单位产值的产品，需从其他产业购进的原材料在其中所占的比重。

思考练习题

1. 简述投入产出分析法的主要含义。
2. 简述投入产出分析的特点与局限性。
3. 简述实物型投入产出表和价值型投入产出表的区别与联系。
4. 表5.9给出了一个简化的价值型投入产出表，试计算其直接消耗系数和完全消耗系数；计算各部门的中间投入率和中间需求率，并对结果进行分析。

表5.9　价值型投入产出表　　　　　　　　　　　　　（单位：亿元）

产出投入		中间产品					最终产品	总产品
		农业	轻工业	重工业	其他	小计		
物质消耗	农业	192	448	358	320	1318	1882	3200
	轻工业	32	1344	154	320	1850	2630	4480
	重工业	640	672	2048	640	4000	1120	5120
	其他	96	672	512	320	1600	1600	3200
	小计	960	3136	3072	1600	8768	7232	16000
新创造价值	劳动报酬	1904	538	922	800	4164		
	社会纯收入	336	860	1126	800	3068		
	小计	2240	1344	2048	1600	7232		
总投入		3200	4480	5120	3200	1600		

参考文献与进一步阅读

［1］李悦，李平，孔令丞．产业经济学［M］．大连：东北财经大学出版社，2008.

［2］苏东水．产业经济学（第四版）［M］．北京：高等教育出版社，2015.

［3］杨公朴，夏大慰．产业经济学教程［M］．上海：上海财经大学出版社，1998.

［4］杨公朴，干春晖．产业经济学［M］．上海：复旦大学出版社，2005.

[5] 李孟刚，蒋志敏．产业经济学［M］．北京：高等教育出版社，2012．

[6] 史忠良．产业经济学［M］．北京：经济管理出版社，1998．

[7] 唐晓华，王伟光．现代产业经济学导论［M］．北京：经济管理出版社，2011．

[8] 刘志彪．产业经济学［M］．北京：机械工业出版社，2015．

[9] 刘起运等．投入产出分析［M］．北京：中国人民大学出版社，2006．

[10] 钟契夫．投入产出分析［M］．北京：中国财政经济出版社，1993．

[11]〔美〕W．里昂惕夫．投入产出经济学［M］．崔书香，译．北京：商务印书馆，1980．

[12] 胡本田，张兵．从投入产出表看安徽省农业的基础地位［J］．乡镇经济，2006，（3）：12—16．

[13] 中国投入产出学会课题组，许宪春，齐舒畅等．国民经济各部门水资源消耗及用水系数的投入产出分析——2002年投入产出表系列分析报告之五［J］．统计研究，2007，24（3）：20—25．

[14] 朱钟棣，鲍晓华．反倾销措施对产业的关联影响——反倾销税价格效应的投入产出分析［J］．经济研究，2004，1：83—92．

[15] 王海建．经济结构变动与能源需求的投入产出分析［J］．统计研究，1999，6：30—34．

第6章

产业关联

产业关联是指在经济活动中，各产业之间存在的广泛的、复杂的和密切的技术经济联系，分析产业关联方式和效应的工具就是第5章的投入产出法。通过对投入产出表进行分析，可以定量地揭示一国或一地区在一定时期内的社会再生产过程中产业间的技术经济关系，认识社会再生产中的各类比例关系，从而反映各产业之间的中间投入和中间需求，更深刻、具体地说明社会再生产中的结构变化。

6.1 产业关联关系

在产业关联关系中，产业间的各种投入既可以是有形投入，也可以是无形投入；产业间的技术经济联系既可以是实物形态的联系，也可以是价值形态的联系。三次产业间及各产业部门间相互联系、相互制约，互为因果、互为市场，构成了整个国民经济的有机整体。

6.1.1 产业间关联关系的内容

产业间的关联关系是产业间的投入产出关系。产业的运转需要其他产业的产品和服务的投入，同时，其自身也要为其他产业提供其产品和服务。因此，社会化的生产是产业间相互制约、相互促进的关系。不同性质的产业，其发展受其他产业发展的影响、制约的程度是存在差异的，某一些产业的发展依赖于另一些产业的发展，或某些产业的发展可以导致另一些产业的产生和发展。产业间的投入产出关系是产业间关联关系的主要内容和方式，其发展变化会影响与之相关联部门的发展变化，因此，产业间关联的主要内容就是指对产业间关联产生影响的投入品和产出品。

1. 产业间产品和服务关联

在社会再生产过程中，某些部门为另一些部门提供产品和服务，或部门间相互提供产品或服务，例如，农业为工业提供各种原材料，而工业又为农业部门提供农用机械、化肥、农药等；就工业部门内部而言，电力产业向钢铁产业提供电力，钢铁产业又向机械产业提供钢材，而机械产业又向电力产业提供发电机械设备等，各部门在提供产品的同时还要提供相应的服务。某一部门的产品结构、产品的技术含量、产品的生产方式、产业规模和服务内容等方面发生变化，会引起相关联部门的产品结构、产品技术特征、部门生产方式、产业规模及服务内容等方面相应的变化。

产品和服务的关联是产业间最基本的关联关系。第一，产业间其他方面的关联关系，如技术关联、价格关联、就业关联、投资关联等，都是在产品和服务关联的基础上派生出来的。产品和服务的关联关系的变化和发展，会引起这些关联关系产生相应的变化和发展。第二，各产业部门间协调发展，本质上要求产业间相互提供的产品和服务在数量比例上相对均衡，在质量和技术上符合关联产业的要求。第三，在产业结构的升级过程中，客观上要求相关联的产业间相互提供的产品和服务在技术含量上也要相应提升。第四，社会劳动生产率和经济效益的提高，要求相关联的产业间相互提供产品和服务的质量不断提高以及成本不断降低。

2. 产业间就业关联

不同的产业具有不同的技术经济特征，因而，对就业人员具有不同的素质要求和吸收能力。产业间和产业部门间人力资源配置状况的变化和发展，会引起相关联产业人力资源配置状况产生相应的变化。第一，人力资源在各产业间的配置状况反映着不同产业的经营能力、技术能力、管理能力和产业发展能力，最终反映着产业的竞争力。产业间的协调发展，要求各产业间及产业部门间所配置的人力资源在数量和素质上要相对均衡。第二，产业间人力资源配置状况反映了不同产业之间的要素构成差异，对人员素质要求低而吸收多的产业往往是劳动密集型的产业，对人员素质要求高而吸收少的产业往往是资金、技术或知识密集型的产业。第三，某些产业发展会促进与其具有较高关联度的产业的发展，或者会产生新的产业，使这些产业的就业人员增加，就业结构发生变化，为这些产业带来新的就业机会；而且这些产业的发展又可以带动其他产业的发展，也就必然使这些相关联产业增加就业机会，如果产生的新产业或所带动的产业是劳动密集型的产业，则增加的就业机会要远远大于资金、技术或知识密集型的产业。第四，产业间人力资源素质的提高，表现为该产业经营质量的提高，产品质量和服务功能的完善，表现为产业市场的扩大和产业竞争力的加强，这种变化必然要求与之相关联的产业在人力资源素质上相应地提高，以满足与该产业有前向、后向关联关系的产业在人力资源变化和发展方面的要求。

3. 产业间技术关联

产业间技术关联是某些产业不同层次的技术状态及其变化对其他产业技术发展的影响。不同产业部门对技术的要求不同，技术关联强的产业部门，要求各产业的技术层次处于大致相同的水平，这些要求是通过依照本产业部门的生产技术特点、产品结构特性、生产服务内容等，对所需相关产业的产品和劳务提出工艺技术和产品生产技术标准、产品和服务质量标准等要求，以保证本产业部门的产品质量和技术性能。这些要求使得各产业间的生产工艺、生产技术状况及变动有着必然的关联。例如，劳动密集型产业一般较少使用技术含量高的自动化技术装备；反之亦然。一般情况下，产业间的技术关联与各产业间产品、劳务关联密切相关，技术作为产业间重要的关联关系，其现行状况及变化方式，会直接影响产业间产品和劳务的供求比例关系，并且还会使某些产业在生产过程中与某些与之具有产品和劳务关联的产业发生变换，或者依存度发生变化。例如，在工业化初期，纺织工业对棉花种植业的依存度很大，后者直接制约着前者，后来随着技术进步，化纤产业产生和发展起来，与纺织业有关联的产业中又加入了化纤业，这使纺织业的发展对棉花的依存度减少了。因此，技术进步是推动产业关联关系发生变化的最活跃、最积极的因素。

4. 产业间价格关联

产业间价格关联是产业间技术经济联系的价值表现形态，实质上是产业间产品和服务关联价值量的货币表现。在现代经济社会中，产业间的产品和服务的投入产出关系，是以货币为媒介的等价交换关系，即体现为价格关联。某些产业部门由于经营方式、技术条件、管理手段等方面的改善，其产品和服务价格更具市场竞争力，这就直接导致与其具有后向关联的部门的原材料价格降低，使这些产业具有降低成本的潜力。这种关联效应持续下去，就会使相关产业的竞争力加强，从而加大产业发展的潜力；同时，也会倒逼与其具有前向关联的产业改进技术、改善经营，降低对这一产业投入的价格。此外，某些产业价格的变动，会使这些产业的产品和服务市场扩大或缩小，从而引起其他相关产业的产品和劳务市场的变动，对这些产业的发展产生影响。例如，房地产业的产品和服务价格降低，会直接导致市场的扩大，这又会直接导致与之相关的产业，如室内装潢业、家具业、木材业、钢铁业、社区服务业等一系列产业的发展，从而带动经济的进一步发展。

5. 产业间投资关联

投资不仅是构成需求的重要因素，而且也会改进和形成新的生产能力。某些产业的发展需要增加投资，或提高其产品和服务的技术含量，或扩充其现有生产能力。这就会拉动或倒逼与之相关联的产业增加投资，扩大其生产能力，改善经营方式，提高产品和服务的市场占有率，这样，产业间的关联关系才能均衡，数量比例关系才能相协调。例如，公路、港口、铁路等领域的投资增加，会导致一系列与运输、仓储有关的产业的大发展。某些产业技术改造方面的投资，会改善其技术水平和资源的转换效率，增加其产出的质量、效率和技术含量，则与之相关联的产业部门也需要改进技术，提高其产出品的质量。例如，随着汽车工业的发展，产品性能和质量提高，服务功能改善，要求钢铁产品、橡胶产品等的质量也要相应提高，同时，为汽车组装提供的各种零配件的产品质量和服务质量也要相应提高。

6.1.2 产业间关联方式的类型

一般地，产业关联越紧密，国民经济的聚集效果越明显，经济增长越能从规模经济中获得收益。因而，产业聚集程度和产业关联程度（产业关联度）是衡量国民经济产业结构合理性、产业结构高度化水平的一个重要指标。对此，我们可以用投入产出分析法对其进行研究。

根据投入产出表，通过产业间彼此分配和消耗的产品和服务量及其在总量中的比例，可以判断不同产业间的关联程度，研究产业关联水平的动态变化。例如，如果 i 产业消耗了 j 产业的大部分产品和服务量，且在 i 产业总值形成中的贡献比例较大，则可以认为，在国民经济体系中，i、j 产业关联度大。这表明，国民经济发展从聚集性高的 i、j 产业中都获得了交易成本降低的好处，使整个经济的资源配置水平和效率提高，说明国民经济发展水平已达到相当高度。反之，若 i、j 产业间的投入产出关联弱，则表明国民经济体系中 i、j 产业的关联度较低，说明国民经济体系各产业的关联度和联系水平低，交易成本加大，使资源配置出现错位，将对国民经济发展产生不利影响。

1. 产业间的基本联系方式

产业间的基本联系方式可分为三种，即产业内部的纵向关联、产业间生产过程中的横向关联、生产和消费之间的关联。产业内部的纵向关联是指，对某些资源的加工深度不断提高，从而使资源的利用率和再利用率不断上升，降低了生产过程的投入产出比。产业间的横向关联是指，不同产业间通过市场力量，把生产与销售、成本与利润紧密地联系在一起，任何产业的生产和销售的变化都对其相关联的产业产生影响。生产和消费之间的关联表现为，随着国民经济的发展，各产业之间交易量不断扩大，使现存交易方式改变，从而降低交易成本，使生产消费联系达到帕累托最优状态。

2. 产业间的单向联系和多向循环联系

按照方向的不同，产业间关联方式可以归纳为单向联系和多向循环联系两种类型。单向联系是指，在一系列纵向产业间，上游部门为下游部门提供产品和服务，而下游部门的产品和服务不再返回上游部门的联系方式，其特点是产品在产业链各环节不断得到深加工，最后脱离生产领域进入消费领域，因而投入产出的联系方向是单向的。例如，"棉花种植业→纺织工业→服装工业"就属于这种联系方式。棉花种植业为纺织工业提供产品和服务，而纺织工业的产品和服务不再返回棉花种植业，纺织工业和服装工业的联系也属于这种情况。多向循环联系是上游部门为下游部门提供产品和服务，下游部门的产品和服务又返回到上游部门，其特点是各有关产业间的投入产出是互相依赖、互相服务的，从而形成一种循环的联系方式。例如，"电力工业↔钢铁工业↔机械工业"就属于这种联系方式，电力工业为钢铁工业提供电力，钢铁工业又为电力工业提供钢材；钢铁工业和机械工业也是互相提供产品和服务的。

为了更好地分析产业间单向和多向循环联系，我们可以对投入产出表进行重新排列。按照各产业对其他产业的投入依赖，及其中间产品产业对其他产业分配比例的大小原则，重新排列和整理投入产出表的产业排列顺序。其方法是，在横轴上从左起，中间投入率由大至小向右排列，在纵轴上从上起中间需求率由小至大向下排列，将投入产出表转化为一个三角形矩阵（如图 6.1 所示）。如果产业之间是单向联系，那么在图 6.1 上，其数字就只出现在画了斜线的三角形内，对角线以上的三角形内就不出现数字；如果在对角线上方出现交易量，那是由多向循环联系造成的交易量。

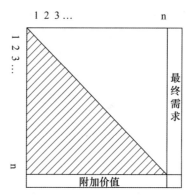

图 6.1　经过排列顺序调整的投入产出表

从图 6.1 中可以看出，产业 1 没有任何中间需求，全部产品都是最终产品，但同时却要从 2, 3, …, n 的所有产业购进原材料，所以，产业 1 的投入过程明显依赖于其他产业，但对其他产业的生产却无影响；而产业 n 则正好相反，其产品全部是中间产品，生产过程可以不依赖于任何其他部门的投入，无须从其他产业购进原材料，但其产品绝大部分用于其他所有部门的中间投入。因此，产业 1 是投入方面依赖最强的产业，产业 n 是产出方面依赖最强的产业，其他产业介于二者之间，整个三角形投入产出表显示出一种清晰的产业依存关系。

从投入产出表上的产业排列顺序中还可发现，在产业部门之间可以划分某些关系密切的产业群。这些产业群与其他产业有联系，但又具有相对独立性。例如，非金属系最终产品、金属系最终产品、非金属系中间产品、金属系中间产品、能源产品等，这些产业群不仅反映了产业之间的联系，而且反映了产业间联系的紧密程度。无疑，这对研究产业结构是十分有益的。

3. 产业间的顺向联系与逆向联系

产业间的顺向联系是指，某些产业的生产工序存在着先后顺序，其上游产品和服务是下游产业的生产要素投入，而下游产业的产品和服务又是其下游产业的生产要素投入，如此一直延续下去，直到最后一个产业的产品，即最终产品为止。产业间的这种联系方式在现实经济生活中有很多，例如，勘探行业→采矿行业→冶金行业→机械行业→工业制成品，从勘探行业一直到最终产品——工业制成品进入市场，形成了完整的产业间顺向联系。

产业间的逆向联系是指，某些产业的生产工序存在着逆向顺序，下游产业部门为上游产业部门提供产品和服务，作为上游部门的生产要素投入。例如，"冶金行业↔机械行业"之间就存在着逆向关系，机械行业反过来为钢铁行业提供冶炼设备。在现实经济环境中，产业间的联系相对复杂，很多联系方式是顺向和逆向交织在一起的，即在一些顺向联系的产业中，同时存在着逆向联系，更可能形成多产业间蛛网式的联系。

4. 产业间的直接联系和间接联系

产业间的直接联系是指两个产业间存在着直接提供和被提供产品、服务、技术等方面的联系。例如，冶金工业直接为机械工业提供产品和服务，棉花种植业直接为棉纺织业提供产品。上文所说的单向、多向循环；顺向、逆向联系中的相邻两个产业间的联系都是直接联系。产业间的间接联系是指两个产业间通过其他产业为中介而产生的技术经济方面的联系。例如，上文的采矿业和机械行业通过冶金行业产生技术经济联系，棉花种植业通过棉纺织业与服装工业产生技术经济方面的联系等。

6.2 产业关联效应

产业间的关联有两种基本形式：一是通过供给联系与其他产业部门发生关联，作为投入产出表中直接分配系数的横向合计，说明一个产业在产出方面对其他产业的依赖程度；二是通过需求联系与其他产业部门发生关联，作为投入产出表中直接消耗系数的纵向合计，表明一个产业在投入方面对其他产业的依赖程度。因此，当某一产业的生产活动发生变动时，就会通过"前向关联"和"后向关联"影响其他产业部门，这就是产业间的关联效应。测算关联效应的方法有多种，比较简便的方法是根据投入产出表计算产业间的前向关联效应、后向关联效应和产业波及效果。

6.2.1 直接前向关联效应与直接后向关联效应

直接前向关联效应的测算公式为：

$$L_{F(j)} = \sum_{i=1}^{n} x_{ij}/X_j, \quad j=1,2,\cdots,n \tag{6.1}$$

式中，$L_{F(j)}$ 是产业部门前向关联指数；X_j 是产业 j 的总产值；x_{ij} 是产业 i 对产业 j 提供的中间投入。

直接后向关联效应的测算公式为：

$$L_{B(j)} = \sum_{i=1}^{n} x_{ij}/X_j, \quad i=1,2,\cdots,n \tag{6.2}$$

式中，$L_{B(j)}$ 是产业部门后向关联指数；X_j 是产业 j 的总产值；x_{ij} 是产业 i 对产业 j 的中间需求。

运用（6.1）和（6.2）式计算出的关联效应组合成的就是产业直接关联系数矩阵。1958年，钱纳里和渡部经彦运用上述公式，对美国、日本、挪威、意大利四国1958年29×29个部门的投入产出表进行计算，得出了表6.1中的数据。

产业前向关联和后向关联效应指数更明确地揭示了产业关联的程度，揭示了不同产业部门与其他部门联系水平的等级，所以在产业政策的制定中是一项重要的参考。然而，这种产业关联程度的测算也有其局限性，主要表现为：（1）以上方法只能测算直接关联效应，不能测算某一部门供给和需求对其他产业部门的间接影响；（2）这种指数的数值大小，依存于投入产出表细分的程度，因而其科学性和精确性受到影响，尤其是在进行不同国家的指数比较时，更应注意；（3）由于关联效应指数是用国内生产的投入和产出测算的，所以只能说明已经达到的前向或后向关联程度，而不能预测未来可能实现的潜在关联度；（4）这些指数仅仅是一国生产的投入产出系数的机械相加，其他国家对其借鉴有较大的局限性。

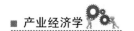

表 6.1　钱纳里和渡部经彦根据连锁效应对产业部门的分类

	最终需求			中间投入		
	Ⅲ．最终需求型制造业产品			Ⅱ．中间投入型制造业产品		
		前向	后向		前向	后向
制造业	3. 服装和日用品	0.12	0.69	13. 钢铁	0.78	0.66
	4. 造船	0.14	0.58	22. 纸及纸制品	0.78	0.57
	8. 皮革及皮革制品	0.37	0.66	28. 石油产品	0.68	0.65
	1. 食品加工	0.15	0.61	19. 有色金属冶炼	0.81	0.61
	2. 粮食加工	0.42	0.89	16. 化学	0.69	0.60
	5. 运输设备	0.20	0.60	23. 煤炭加工	0.67	0.63
	7. 机械	0.28	0.51	11. 橡胶制品	0.48	0.51
	15. 木材及木材制品	0.38	0.61	12. 纺织	0.57	0.69
	14. 非金属矿物制品	0.30	0.47	9. 印刷及出版	0.46	0.49
	10. 其他制造业	0.20	0.43			
	Ⅳ．最终需求型初级产品			Ⅰ．中间投入型初级产品		
基础产业	A. 物品			17. 农业、林业	0.72	0.31
	6. 渔业	0.36	0.24	27. 煤炭	0.82	0.23
	B. 劳务			20. 金属采矿	0.93	0.21
	25. 运输	0.26	0.31	29. 石油天然气	0.97	0.15
	21. 商业	0.17	0.16	18. 非金属采矿	0.57	0.17
	26. 服务业	0.34	0.19	24. 电力	0.59	0.27

（**资料来源**：李悦. 产业经济学［M］. 北京：中国人民大学出版社，1998：109）

6.2.2　产业的感应度系数和影响力系数

利用投入产出表还可以计算某一产业的最终需求的变化导致的各产业产出发生的变化，即由"逆矩阵系数表"来构建感应度系数和影响力系数等衡量产业关联效应的指标。

1. 感应度系数

感应度系数指其他产业的生产发生变化时引起该产业的生产发生相应变化的程度，反映国民经济各部门均增加一个单位最终产品时，某一部门由此而受到的需求感应程度，也就是需要该部门为其他部门的生产提供的产出量。感应度系数是衡量某产业前向联系的广度和深度的指标，也称为前向关联系数，其计算公式是：

$$某产业的感应度系数 = \frac{该产业逆矩阵横向系数的平均值}{所有产业逆矩阵横向系数平均值的平均}$$

2. 影响力系数

影响力系数是指某产业的生产发生变化时引起其他所有产业的生产发生相应变化的程度，反映国民经济某一部门增加一个单位最终产品时，对国民经济各部门所产生的生产需求波及程度。影响力系数是衡量产业后向联系广度和深度的指标，也称为后向关联系数，其计算公式是：

$$某产业的影响力系数 = \frac{该产业逆矩阵纵向系数的平均值}{所有产业逆矩阵纵向系数平均值的平均}$$

值得指出的是，产业后向关联与产业前向关联存在差异性：一是前者提供一种必须采取行动的需求压力，后者只是一种诱导，是否采取行动取决于产业部门中企业的反应。根据赫希曼的看法，前向关联永远也不可能以纯粹的方式出现，必将伴随着"需求压力"所造成的后向关联而发生；二是前者的作用效果在短期内就明显地表现出来，而后者的作用效果有时需要一个较长的时间跨度才得以显现。

赫希曼认为，后向关联一般比前向关联更重要。根据这种认识，他提出了所谓的"有效投资系列"，其中心思想是优先发展后向关联效应大的产业部门，从需求方面形成压力，从而带动整个经济发展。显然，赫希曼有低估前向关联作用的倾向，他忽视了供给对有效需求的刺激作用，其分析集中在相对小的时空尺度上。从历史上看，道路的铺设、运输成本的降低、大宗廉价化学原料和清洁能源的出现，都曾对经济发展起过革命性的推动作用。通过铁路或公路来开发一个新区域，更是基础设施通过前向关联来刺激经济发展的普遍现象。

通过产业间的技术经济联系分析、制定产业政策和调整产业结构，要根据国民经济和社会发展的实际需要，做到稳步、协调地发展。一般来说，处于中间产品制造的产业前向和后向关联度都比较大，处于最终产品制造的产业则后向关联度大。由于工业化的不同阶段及不同国家在产业结构上的差异，各个产业的感应度系数和影响力系数有所不同。在工业化过程中，一般情况下，重化工业多数表现为感应度系数较高，而轻工业则表现为影响力系数较高。因此，经济增长率较高时，感应度系数较高的重化工业的发展较快，而影响力系数较高的轻工业的发展对重化工业及其他产业的发展速度起着推动作用。有些产业的感应度系数和影响力系数均大于1，说明这些产业在经济发展过程中处于主导地位，对其他产业的影响程度最为敏感，是战略性产业。

案例6.1 中国产业感应度系数与影响力系数测算

基于2012年中国统计年鉴中的投入产出完全消耗系数表，可以应用上述公式对中国不同产业的感应度系数进行测算，结果如表6.2所示：

表6.2 中国各产业的感应度系数和影响力系数

产业类别	感应度系数	影响力系数	感应度系数和影响力系数之和
农、林、牧、渔业	0.1171	0.0666	0.1837
采矿业	0.2125	0.0978	0.3103
食品、饮料制造及烟草制品业	0.0728	0.1113	0.1841
纺织、服装及皮革产品制造业	0.0809	0.1505	0.2315
其他制造业	0.1040	0.1266	0.2305
电力、热力及水的生产和供应业	0.1623	0.1336	0.2959
炼焦、燃气及石油加工业	0.0963	0.1538	0.2502
化学工业	0.2336	0.1320	0.3656
非金属矿物制品业	0.0489	0.1553	0.2041

(续表)

产业类别	感应度系数	影响力系数	感应度系数和影响力系数之和
金属产品制造业	0.2149	0.1704	0.3854
机械设备制造业	0.2681	0.1471	0.4153
建筑业	0.0046	0.0900	0.0946
运输仓储邮政、信息传输、计算机服务和软件业	0.1021	0.0744	0.1765
批发零售贸易、住宿和餐饮业	0.0758	0.0696	0.1454
房地产业、租赁和商务服务业	0.0451	0.0696	0.1147
金融业	0.0573	0.0443	0.1016
其他服务业	0.0479	0.0914	0.1392

数据来源：根据2012年中国统计年鉴2-29中的投入产出完全消耗系数表中的数据计算而得。

综合分析各产业部门的感应度系数和影响力系数，可以看出其在国民经济中的地位和作用。将上述系数进行排序，可得到图6.2、6.3和6.4的排序结果。

从图6.2可以看出，感应度系数最大的是机械设备制造业，说明该行业通过产出对其他行业的规模产生影响。也就是说，该行业的市场需求较大，由此通过产业关联，对其他行业的供给增加提供较大的市场空间。

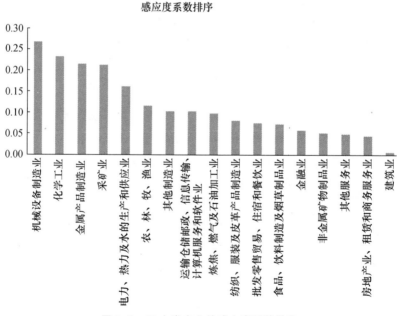

图6.2　17大类产业的感应度系数排序

从图6.3中可以看出，影响力系数最大的是金属产品制造业，说明该产业在投入环节对其他产业产生关联作用，也说明其他产业的规模增加，更多地需要金属产品制造业的产出增加。另外，中国产业发展所需要的基建投入较大，以至于在其他产业发展过程中，均需要通过加大金属和非金属制品业的投入才能得到发展。这也从另一个侧面说明，中国的产业发展仍未脱离以规模扩张为主的粗放型发展道路。

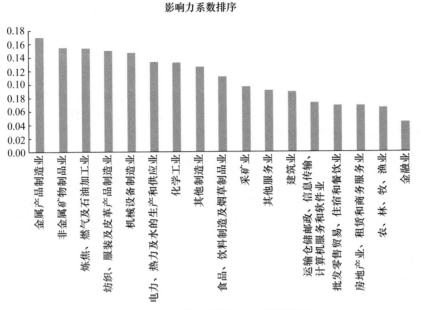

图6.3 17大类产业的影响力系数排序

产业的感应度系数和影响力系数之和是产业关联的充分反映。从图6.4中可以看出，机械设备制造业、金属产品制造业、化工、采矿业等，是产业关联程度最高的四类产业。这些产业均为重化工业或资源型产业。说明中国目前所有产业的发展，尤其是在规模扩张方面，非常依赖重化工产业和资源型的采矿业。而农业、物流、服务业、房地产等具有基础地位，或者说，具有资源节约和环境友好等性质的产业，却表

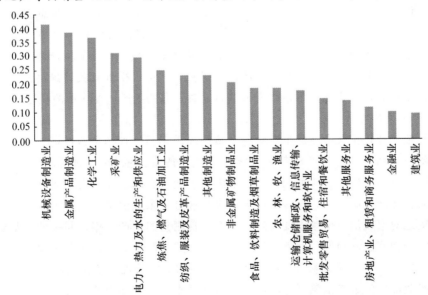

图6.4 17大类产业的感应度系数和影响力系数之和排序

现出产业联系较弱的特征。

6.3 产业波及效果

产业波及是指国民经济产业体系中,当某一产业部门发生变化,这一变化会沿着不同的产业关联方式,引起与其直接相关的产业部门的变化,并且这些相关产业部门的变化又会导致与其直接相关的其他产业部门的变化,依此传递,影响力逐渐减弱。这种波及对国民经济产业体系的影响,就是产业波及效果。利用投入产出表,可以构建各种衡量产业波及效果的指标。

6.3.1 生产诱发系数和生产最终依赖度

1. 生产诱发系数

生产诱发系数是用来测算各产业部门的最终需求项目(如消费、投资、出口等)对生产的诱导程度。由生产诱发系数组成的生产诱发系数矩阵,可以揭示一国最终需求项目诱导各个产业部门生产的程度。

某产业部门的生产诱发系数为该产业的各种最终需求项目的生产诱发额与相应的最终需求项目之和的比值,其公式表示为:

$$W_{iL} = \frac{Z_{iL}}{Y_L}, \quad i, L = 1, 2, \cdots, n$$

式中,W_{iL}为第i产业部门的最终需求L项目的生产诱发系数;Z_{iL}为第i产业部门对最终需求L项目的生产诱发额;X_{iL}为第i产业部门L项目的最终需求;$Z_{iL} = (I-A)^{-1} X_{iL}$;$Y_L$为各产业对最终需求$L$项目的合计数额。

以农业为例。从投入产出表中查出,农业的消费需求项目是642,用逆阵系数表计算出生产诱发额为1862,最终需求的消费项各产业合计是21374,则农业的消费需求的生产诱发系数为:$W_{iL} = 1862/21374 = 0.0871$。其经济含义是,当总需求增加一个单位时,农业将诱发出0.0871个单位的生产。用同样的方法可以计算农业投资的生产诱发系数、出口的生产诱发系数和农业各最终需求项目合计的生产诱发系数。通过求出每一产业某最终需求项目的生产诱发系数,就可以得到有关该最终需求项目的生产诱发系数表,该表能揭示最终需求项目对各产业的生产诱发作用的程度。

2. 最终依赖度

最终依赖度是指某产业的生产对各个最终需求项目(如消费、投资、出口等)的依赖程度,包括该产业生产对某个最终需求项目的直接依赖,也包括间接依赖。例如,食用盐有一半用于直接食用,另一半用于工业苏打制造业,而工业苏打又用于生产调味品、化纤、肥皂等,这些商品又再次直接进入家庭消费。从这个意义上说,食用盐间接地对家庭消费依赖程度较高。那么,食用盐的生产直接、间接地依赖最终需求项目中的消费这一项的程度就更高了。因此,这种既考虑直接又考虑间接的最终需求项目对各产业生产的影响的系数,就是生产的最终需求项目依赖度。

某产业部门的最终依赖度为该产业各最终需求项目(如消费、投资、出口等)的生产诱发额与该产业各个最终需求项目生产诱发额之和的比值,计算公式为:

$$Q_{iL} = \frac{Z_{iL}}{\sum_{i=1}^{n} Z_{iL}}, \quad i, L = 1, 2, \cdots, n$$

式中，Q_{iL} 为 i 产业部门生产对最终需求 L 项目的依赖度；Z_{iL} 为 i 产业部门最终需求 L 项目的生产诱发额。

通过计算每个产业的生产对各个最终需求项目的依赖度，便可得到最终依赖度系数表。对该表进行分析、归类可以发现，有些与消费似乎毫无直接关系的产业部门，最终通过间接关系，也有相当部分生产量是依赖于消费的。例如，钢铁的生产量中有约10%是间接地依赖消费的。此外，从表中也可以看出各产业的生产最终是依赖于消费，还是依赖于投资，或者是依赖于出口的。据此，可以将产业分成依赖消费型产业、依赖投资型产业和依赖出口型产业等。

6.3.2 综合就业系数和综合资本系数

1. 综合就业系数

综合就业系数是指，在既定的生产技术组织条件下，某一产业部门为了顺利进行1单位的生产，需要在本产业部门和其他产业部门直接和间接就业人数的总和，其计算公式为：

$$\text{某产业的综合就业系数} = \text{某产业部门就业系数} \times \text{逆矩阵中相应系数}$$

式中，某产业部门就业系数＝该产业就业人数/该产业的生产总值。

从三次产业的发展来看，各产业部门的就业系数存在较大差异，并且随着经济的发展，均呈现下降趋势，这是劳动生产率不断提高的结果。此外，一般就业系数较高的产业，其中间投入率相对较低而附加值率较高，对其他产业的波及效果也相对较小；而就业系数较低的产业部门则正好相反。

2. 综合资本系数

综合资本系数是指，在既定的生产技术组织条件下，某一产业部门为了顺利进行1单位的生产，需要在本产业部门和其他产业部门直接和间接投入的资本总和，其计算公式为：

$$\text{某产业部门的综合资本系数} = \text{某产业部门资本系数} \times \text{逆矩阵中相应系数}$$

式中，

$$\text{某产业部门资本系数} = \text{该产业资本量} / \text{该产业的生产总值}$$

从各产业部门的资本系数看，一般情况下，电力、运输、煤气供应、邮电通信等公共产业和基础产业的资本系数都较大；在制造业中，资本系数较高的产业主要集中于钢铁、化工、水泥和造纸等"装置型产业"。

6.3.3 产业波及效果分析及其应用

1. 特定需求的波及效果分析

特定需求就是指，对国民经济有重要影响的某一需求和产业扩张所需要的特大型的投资，对国民经济各产业部门有强烈波及效果，对其他产业部门的生产和发展以及对整个国民经济的发展产生重大影响。例如，高速公路、铁路、大型钢铁基地等产业部门的建设，以及大规模的房地产开发等大型投资对国民经济的影响较大，而且投资项目的实施会产生大量的引致需求，这些需求会直接或间接地影响其他产业部门。如果相关联的产业部门没有得到相应的发展，无疑会导致该投资所需要的各种投入供给不足，价格上涨，严重时还会诱发通货膨胀，从而影响投资的预期效果。因此，为了保证某一产业发展顺利进行，有必要估计其发展对国民经济各产业部门的发展会有哪些相应的需求，对国民经济各产业部门会有哪些影响，包括直接和间接影响。

对某一特定需求的波及效果的分析，要先将其最终产品按产业分类进行分解；然后，将这些需求作为相应各产业的最终需求 X_{iL} 的增加额，计算生产诱发额 Z_{iL}。这些生产诱发额就是该特定需求的投资项目对各产业的波及效果预测值。

2. 特定产业波及效果分析

在产业发展过程中，国民经济某一产业的兴起、扩张或升级会对与之相关联的其他各部门产生波及效果，对整个国民经济的发展产生影响；某一地区某个产业的发展也会对这个地区其他产业产生波及效果。某个产业对其他产业的波及效果越强烈，说明它对这些产业的拉动效果越大，对经济的促进作用也就越大。对特定产业的波及效果进行分析，就是要分析以上效果和影响，实际上是解决应选择哪些产业作为主导产业，应扶植、发展什么样的产业作为战略性产业，应该削减哪些产业规模等方面的问题，这不仅包括投资本身的波及效果，还包括投产以后的波及效果。

需注意的是，产业兴起和产业扩张的波及效果分析有所不同。产业兴起的波及效果分析是根据这一新兴产业可能达到的生产水平，依据有关信息分解为投入各产业的产品，然后，将它作为最终需求放入 $Z_{iL} = (I - A)^{-1} X_{iL}$ 中进行计算，就可以得出该产业的建立对其他产业所产生的波及效果。产业扩张的波及效果分析是在原有投入产出表的逆矩阵系数表基础上，求出一个次逆矩阵系数，即用该产业的纵列各系数除以该产业横行和纵列交叉点的系数，其各商数值就是该产业生产一个单位产品时对各产业产生的波及效果。用这种方法可以测算任何产业的扩张对其他产业的波及效果。

特定需求和特定产业的波及效果分析所采用的方法均是用 $Z_{iL} = (I - A)^{-1} X_{iL}$，即用已知的最终需求计算生产的波及效果，这在使用上有其局限性。首先，通过这个模型虽然可以计算出最终需求对各产业的波及效果，但这种波及是否能为各产业所吸收，取决于这些产业本身状况如何。也就是说，如果最终需求增大，要求相关联的产业产出增大，而这些产业的生产能力由于资金、劳动及其他资源条件不能满足要求，那么，产业波及效果就会中断；如果这种需求可以通过其他途径解决，如进口产品或引进相应的资源，则这种波及效果就会继续进行下去。其次，如果某产业的产品有大量的库存，则增产的要求就有可能由于放出库存后而不增产或少增产，这时就可能中断或减弱由这个产业增产时所造成的以后的波及效果。

3. 价格波及效果分析

(1) 价格波及效果分析的基本含义

价格波及效果是指某一产业或某些产业的产品价格的变动对其他产业产品价格变化所造成的直接影响和间接影响。由于国民经济各产业间、产业部门间存在相互联系、相互影响和相互制约的关系，因此，某产业部门中的产品价格发生变化，必然会引起与之有直接关联效应的产业部门产品价格的变动，随着传导效应的扩散，又会引起与之有间接关联效应的产业部门产品价格的变动。如此一直关联下去，最终会引起全部产业部门产品价格的变动。

此外，价格波及效果分析还可以是指某个或某些产业的工资、利润、折旧、税费等因素的变动对与之直接关联的产业部门产品价格变动所产生的影响，最终会引起全部产业部门产品价格的变动。这种产品价格波及效果的影响方式如下：

从投入产出表的纵列上看，某产业部门的单位产品价格是由生产单位产品过程中直接消耗的中间产品价值和单位产品中的毛附加价值两部分构成，后者包括固定资产折旧、劳动报酬和社会纯收入（税金和利润），由此可以看出，工资、利润、折旧、税费等因素是产品价格的重要组成部分。根据投入产出表的纵列关系，可得各产业部门产品价格的方程式如下：

$$P = \begin{bmatrix} p_1 \\ p_2 \\ \vdots \\ p_n \end{bmatrix}; \quad D = \begin{bmatrix} D_1 \\ D_2 \\ \vdots \\ D_n \end{bmatrix}; \quad V = \begin{bmatrix} V_1 \\ V_2 \\ \vdots \\ V_n \end{bmatrix}; \quad M = \begin{bmatrix} M_1 \\ M_2 \\ \vdots \\ M_n \end{bmatrix}$$

因此，如下公式成立：

$$P = [(I-A)^{-1}]^{\mathrm{T}} P + (D+V+M)$$

式中，P 是某一产业部门单位产品价格；D 是单位产品的折旧；V 是单位产品的劳动报酬；M 是单位产品的社会纯收入。

从单位产品价值来看，各因素的价值所占比重之和恒等于 1。如果 a_{ij} 为实物型投入产出表的直接消耗系数，a_{Dj} 为折旧系数，a_{Vj} 为劳动报酬系数，a_{Mj} 为社会纯收入系数，则有：

$$\sum_{i=1}^{n} a_{ij} + a_{Dj} + a_{Vj} + a_{Mj} = 1, \quad j = 1, 2, \cdots, n$$

可见，某一产业部门单位产品生产的直接物质消耗水平、折旧、劳动报酬、社会纯收入的任何一种因素的变动，都会引起产品价格的变动。从系数关系上看，某些因素的上升，如增加工资、劳动报酬系数增大等，其他因素的系数必然会减小，反之亦然。由于价格波及效应的影响，与之相关联的产业部门产品价格产生变化。

(2) 某产业部门产品价格变动对其他产业部门产品价格影响的分析

假设第 n 个产业部门的产品价格变动 ΔP_n，计算其对另外 $(n-1)$ 个产业部门产品价格的全面影响的公式如下：

$$\begin{bmatrix} \Delta p_1 \\ \Delta p_2 \\ \vdots \\ \Delta p_{n-1} \end{bmatrix} = \begin{bmatrix} 1-a_{11} & -a_{12} & \cdots & -a_{1,n-1} \\ -a_{21} & 1-a_{22} & \cdots & -a_{2,n-1} \\ \vdots & \vdots & & \vdots \\ -a_{n-1,1} & -a_{n-1,2} & \cdots & 1-a_{n-1,n-1} \end{bmatrix}^{-1\mathrm{T}} \cdot \begin{bmatrix} a_{n1} \\ a_{n2} \\ \vdots \\ a_{n,n-1} \end{bmatrix} \cdot \Delta P_n$$

$$= \begin{bmatrix} \dfrac{b_{n1}}{b_{rn}} \\ \dfrac{b_{n2}}{b_{rn}} \\ \vdots \\ \dfrac{b_{n,n-1}}{b_{rn}} \end{bmatrix} \cdot \Delta P_n$$

式中，$(a_{n1}, a_{n2}, \cdots, a_{rn})^T \Delta P_n$ 表示第 n 个产业部门产品价格变动 ΔP_n 后，对另外 $(n-1)$ 个产业部门产品价格的直接影响；再乘以 $(I-A)^{-1}$ 表示该部门产品价格的变动对另外 $(n-1)$ 个产业部门产品价格的直接和间接影响。

【例 6.1】 部门价值型投入产出表如表 5.3 所示，试计算：当农业部门产品价格提高 25% 时，其他相关联的产业部门产品价格所受影响的程度。

首先，计算 $(I-A)^{-1}$，由第 5 章表 5.4 可知结果如下：

表 5.4　直接消耗系数表

部门	工业	农业	交通运输业	商业
工业	0.3947	0.1429	0.2121	0.3089
农业	0.1228	0.2143	0	0.0081
交通运输业	0.0307	0.0089	0	0.0325
商业	0.0439	0.0089	0	0.0163

其次，由于考虑农业部门的产品价格对其他相关联产业部门的产品价格的影响，为便于计算，将农业部门的系数再转至最后一行和最后一列，重新排列得如下结果：

$$A = \begin{bmatrix} 0.3947 & 0.2121 & 0.3089 & 0.1429 \\ 0.0307 & 0 & 0.0325 & 0.0089 \\ 0.0439 & 0 & 0.0163 & 0.0089 \\ 0.1228 & 0 & 0.0081 & 0.2143 \end{bmatrix}$$

由公式

$$\begin{bmatrix} \dfrac{b_{n1}}{b_{rn}} \\ \dfrac{b_{n2}}{b_{rn}} \\ \vdots \\ \dfrac{b_{n,n-1}}{b_{rn}} \end{bmatrix} = \begin{bmatrix} 1-a_{11} & -a_{12} & \cdots & -a_{1,n-1} \\ -a_{21} & 1-a_{22} & \cdots & -a_{2,n-1} \\ \vdots & \vdots & & \vdots \\ -a_{n-1,1} & -a_{n-1,2} & \cdots & 1-a_{n-1,n-1} \end{bmatrix}^{-1 \mathrm{T}} \cdot \begin{bmatrix} a_{n1} \\ a_{n2} \\ \vdots \\ a_{n,n-1} \end{bmatrix}$$

可知：

$$\begin{bmatrix} \dfrac{b_{41}}{b_{44}} \\ \dfrac{b_{42}}{b_{44}} \\ \dfrac{b_{43}}{b_{44}} \end{bmatrix} = \begin{bmatrix} 1.7103 & 0.3628 & 0.5490 \\ 0.0550 & 1.0117 & 0.0507 \\ 0.0763 & 0.0162 & 1.0411 \end{bmatrix}^{\mathrm{T}} \begin{bmatrix} 0.1228 \\ 0.0000 \\ 0.0081 \end{bmatrix} = \begin{bmatrix} 0.2106 \\ 0.0447 \\ 0.0759 \end{bmatrix}$$

因此,当农业部门产品价格提高25%时,结果有:

$$\begin{bmatrix} \Delta p_1 \\ \Delta p_2 \\ \Delta p_3 \end{bmatrix} = \begin{bmatrix} \dfrac{b_{41}}{b_{44}} \\ \dfrac{b_{42}}{b_{44}} \\ \dfrac{b_{43}}{b_{44}} \end{bmatrix} \cdot \Delta p_4 = \begin{bmatrix} 0.2106 \\ 0.0447 \\ 0.0759 \end{bmatrix} \cdot 0.25 = \begin{bmatrix} 0.0527 \\ 0.0112 \\ 0.0190 \end{bmatrix}$$

计算结果表明,当农业部门产品价格提高25%时,工业产品价格将上升5.27%,交通运输业产品价格将上升1.12%,商业产品价格将上升1.90%。

(3) 某产业部门的工资、利润、税费的变动对各产业部门产品价格影响的分析

某产业部门工资的变动会引起该产业部门直接劳动报酬系数的变动,这会波及其他产业部门的完全劳动报酬系数,导致各产业部门产品价格相应变动。

【例6.2】 仍以表5.3为例。假定在其他条件不变的情况下,如果工业部门与交通运输业部门的工资各提高5%,试计算出其对各部门产品价格带来的影响。

首先,计算各产业部门的直接劳动报酬系数 a_{Vj},由第5章5.4节可知,工业、农业、交通运输业及商业的直接劳动报酬系数分别为0.1360、0.3750、0.3333、0.2683,即 $A_V = (0.1360, 0.3750, 0.3333, 0.2683)$。

其次,利用 $B_V = A_V(I-A)^{-1}$ 计算各产业的完全劳动报酬系数,由第5章5.4节可知:

$$B_V = A_V(I-A)^{-1} = (0.3888, 0.5574, 0.4158, 0.4131)$$

当工业、交通运输业部门的工资提高5%时,其直接劳动报酬系数变为0.1428和0.3450,由 $B_V = A_V(I-A)^{-1}$ 计算各产业变动后的完全劳动报酬系数 B'_V 为:

$$B'_V = A'_V(I-A)^{-1} = (0.1428, 0.3750, 0.3450, 0.2683)$$
$$= (0.4016, 0.5599, 0.4302, 0.4177)$$

即当工业、交通运输业部门的工资提高5%时,工业的完全劳动报酬系数为0.4016,农业为0.5599,交通运输业为0.4302,商业为0.4177。因此:

工业部门产品价格提高幅度为:$(0.4016-0.3888) \times 100\% = 12.8\%$

农业部门产品价格提高幅度为:$(0.5599-0.5574) \times 100\% = 2.5\%$

交通运输业部门产品价格提高幅度为:$(0.4302-0.4158) \times 100\% = 14.4\%$

商业部门产品价格提高幅度为:$(0.4177-0.4131) \times 100\% = 4.4\%$

同样可以计算出,当某些产业部门的利润、折旧或税费增减时,其对各产业部门产品价格的影响。

案例 6.2　浙江省旅游产业关联分析

根据计算，浙江省旅游业对其自身及与之有密切关系的交通运输及仓储业、住宿与餐饮业等第三产业的直接依赖作用最大，反映出浙江省产业结构的相对"软化"使旅游业对第三产业的消耗明显高于其他产业；其次为第二产业，如电力热力的生产和供应业、服装皮革羽绒及制品业、交通运输设备制造业等，旅游业对它们的直接消耗系数均在 0.01—0.001 之间，反映出浙江省以第二产业为主的产业结构特点，这决定了旅游业的发展对第二产业产品的"硬投入"较大；最后是第一产业，如农业，旅游业对它的直接消耗很少，投入系数仅为 0.00063。值得注意的是，尽管旅游业每 1 万元产出能直接拉动旅游业本身 3935.89 元、交通运输及仓储业 3130.17 元、住宿和餐饮业 896.16 元的消耗，但仅直接拉动文化体育和娱乐业 41.40 元、批发和零售贸易业 15.32 元、邮政业 0.0016 元的消耗，说明浙江省旅游消费中"吃、住、行、游"等基本消费的比重偏高，而"购物""娱乐""邮电通讯"等非基本旅游消费的比重偏低，旅游消费结构仍不尽合理。

尽管很多产业对旅游业的直接作用并不大，但其间接的拉动作用却不容忽视。以石油和天然气开采业、农业和金属冶炼及压延加工业为例，旅游业对其直接消耗系数分别为 0、0.00063 和 0，但其完全消耗系数却达 0.119、0.078 和 0.066，分别名列 42 个产业部门中的第 6、第 9 和第 12 位。

浙江省旅游业自身的投入产出联系非常密切。浙江省旅游业每增加 1 万元产出，需要自身直接投入 3935.89 元，间接投入 6492.35 元；旅游业每增加 1 万元的产品或服务，则有 4371.99 元重新"返回"旅游业内部；且这一水平均排在国民经济各产业部门的第一位，充分说明浙江省旅游业具有"自产自销"的特征，其内部关联效应非常明显。因此，密切旅游企业之间的技术经济联系，加强旅游业内部各行业、部门间的分工协作，对促进浙江省旅游业发展、提升旅游业在国民经济中的地位有非常重要的作用。

浙江省旅游业受国民经济发展的拉动作用小于其对国民经济发展的推动作用，旅游业发展宜采取主动发展的模式。浙江省旅游业的感应度系数为 0.7，低于全社会平均水平，说明旅游业受国民经济发展的拉动作用较弱，其他产业对旅游业仍有很大的需求空间；浙江省旅游业的影响力系数为 1.14，高于全社会平均水平，说明旅游业的发展较好地推动了国民经济的发展。

（案例来源：崔峰，包娟. 浙江省旅游产业关联与产业波及效应分析. 旅游学刊，2010，25（3）：13—20）

本章小结

在产业关联关系中，产业间的各种投入既可以是有形投入，也可以是无形投入；产业间的技术经济联系既可以是实物形态的联系，也可以是价值形态的联系。

产品和服务的关联是产业间最基本的关联关系。在社会再生产过程中，某些部门为另一些部门提供产品和服务，或部门间相互提供产品或服务；产业间和产业部门间人力资源配置状况的变化和发展，会引起相关联产业人力资源配置状况产生相应的变化；产业间技术关联是某些产业不同层次的技术状态及其变化对其他产业技术发展的影响；产业间价格关联是产业间技术经济联系的价值表现形态，实质上是产业间产品和服务关联价值量的货币表现。某些产业的发展需要增加投资，或提高其产品和服务的技术含量，或扩充其现有生产能力，这就拉动或倒逼与之相关联的产业增加投资。

产业间的基本联系方式可分为三种，即产业内部的纵向关联、产业间生产过程中的横向关联、生产和消费之间的关联。纵向关联是指，对某些资源的加工深度不断提高，从而使资源的利用率和再利用率不断提升，降低了生产过程的投入产出比。横向关联是指，不同产业间通过市场力量，把生产与销售、成本与利润紧密地联在一起，任何产业的生产销售的变化，都对其相关联的产业产生影响。生产和消费之间的关联表现为，随着国民经济的发展，各产业之间交易量不断扩大，使现存交易方式改变，从而降低交易成本，使生产消费联系达到帕累托最优状态。

产业间的联系方式还可以归纳为单向联系和多向循环联系；顺向联系与逆向联系；直接联系和间接联系。

当某一产业的生产活动发生变动时，就会通过"前向关联"和"后向关联"影响其他产业部门，这就是产业间的关联效应。

感应度系数指其他产业的生产发生变化时引起该产业的生产发生相应变化的程度。影响力系数是指某产业的生产发生变化时引起其他所有产业的生产发生变化的程度。

产业波及是指国民经济产业体系中，当某一产业部门发生变化，这一变化会沿着不同的产业关联方式，引起与其直接相关的产业部门的变化，并且这些相关产业部门的变化又会导致与其直接相关的其他产业部门的变化，依此传递，影响力逐渐减弱。这种波及对国民经济产业体系的影响，就是产业波及效果。

生产诱发系数是用来测算各产业部门的最终需求项目（如消费、投资、出口等）对生产的诱导程度。

最终依赖度是指某产业的生产对各个最终需求项目（如消费、投资、出口等）的依赖程度，包括该产业生产对某个最终需求项目的直接依赖，也包括间接依赖。

综合就业系数是指，在既定的生产技术组织条件下，某一产业部门为了顺利进行1单位的生产，需要在本产业部门和其他产业部门直接和间接就业人数的总和；综合资本系数是指，在既定的生产技术组织条件下，某一产业部门为了顺利进行1单位的生产，需要在本产业部门和其他产业部门直接和间接投入的资本总和。

思考练习题

1. 简述产业关联关系的主要内容。
2. 试述产业间关联方式的不同是如何影响产业关联效应的。
3. 什么是感应度系数和影响力系数？
4. 根据表 5.9 所示的价值型投入产出表，试计算：（1）农业部门产品价格提高 25％对其他产业部门产品价格的影响；（2）假定其他条件不变，轻工业部门和重工业部门的工资各提高 5％对各部门产品价格的影响。

参考文献与进一步阅读

[1] 李悦，李平，孔令丞．产业经济学 [M]．大连：东北财经大学出版社，2008.

[2] 苏东水．产业经济学（第四版）[M]．北京：高等教育出版社，2015.

[3] 杨公仆，夏大慰．产业经济学教程 [M]．上海：上海财经大学出版社，1998.

[4] 杨公仆，干春晖．产业经济学 [M]．上海：复旦大学出版社，2005.

[5] 李孟刚，蒋志敏．产业经济学 [M]．北京：高等教育出版社，2012.

[6] 史忠良．产业经济学 [M]．北京：经济管理出版社，1998.

[7] 唐晓华，王伟光．现代产业经济学导论 [M]．北京：经济管理出版社，2011.

[8] 刘志彪．产业经济学 [M]．北京：机械工业出版社，2015.

[9] 刘起运等．投入产出分析 [M]．北京：中国人民大学出版社，2006.

[10] 钟契夫．投入产出分析 [M]．北京：中国财政经济出版社，1993.

[11] W. 里昂惕夫．投入产出经济学 [M]．崔书香，译．北京：商务印书馆，1980.

[12] 崔峰，包娟．浙江省旅游产业关联与产业波及效应分析 [J]．旅游学刊，2010，25（3）：13—20.

[13] 李善同，钟思斌．我国产业关联和产业结构变化的特点分析 [J]．管理世界，1998，3：61—68.

[14] 中国投入产出学会课题组，许宪春，齐舒畅等．我国目前产业关联度分析——2002 年投入产出表系列分析报告之一 [J]．统计研究，2006，11：3—8.

[15] 王然，燕波，邓伟根．FDI 对我国工业自主创新能力的影响及机制——基于产业关联的视角 [J]．中国工业经济，2010，11：16—25.

[16] 史丹．产业关联与能源工业市场化改革 [J]．中国工业经济，2005，12：14—21.

第 7 章

产 业 布 局

产业布局是指一国（或一地区）的产业在区域范围内的分布及空间组合配置。产业布局所关注的是区域性的产业结构变化，以及不同产业活动通过空间组合变化对区域经济发展产生的影响。在实践中，产业布局往往受到多层次、多目标、多部门及多因素的影响，要求有科学的理论指导。产业布局既是政策制定者的决策结果，也是区域资源禀赋及区域经济发展"路径依赖"的结果。合理的产业布局有利于发挥区域比较优势，取得良好的经济、社会及生态效益。相反，不合理的产业布局则会阻碍区域发展，使之停滞不前甚至倒退。因此，产业布局是关乎地区或国家长远发展的重大战略问题，政策制定者必须了解决策的目的、约束及自身定位，才能正确有效地作出抉择。

本章将讨论基本的产业布局理论、影响因素和一般原则等问题。

7.1 产业布局理论

产业布局理论是随着人类社会的进步、生存空间的扩张，以及生产活动内容丰富到一定程度之后的必然产物。产业布局理论形成于19世纪初至20世纪中叶，尽管时间不是很长，但经过不断的发展，特别是二战后世界经济格局的迅速变化，目前已经形成了各种不同的理论流派，从大的分类看，主要有区位理论、均衡与非均衡理论等。

7.1.1 区位理论

产业布局的区位理论主要研究产业空间分布、组合及优化的规律。根据发展时期及理论内涵的差异，区位理论大体经历了古典区位理论、近代区位理论、现代区位理论三个阶段。

1. 古典区位理论

在从事产业布局理论研究的学者中，较早的是德国经济学家杜能和韦伯。杜能的农业区位理论和韦伯的工业区位理论也就成为古典区位理论的代表。

（1）杜能的农业区位理论

1826年，德国经济学家约翰·冯·杜能（Johan Heinrich von Thunnen，1783—1850）在著名的《孤立国同农业和国民经济的关系》一书中，首次系统地阐述了农业区位理论的思想，奠定了该理论的基础。杜能认为，在农业布局上，经营方式并非在任何地方都是越集中越好，应视农业部门距离城市（农产品消费市场）的远近而定，具体而言，农业集中化的程度与离中心城市的距离应该成反比关系。为此，杜能将复杂社会高度抽象化为一个简单的"孤立国"，并假设孤立国完全自给自足；位于中心位置的城市是工业品唯一供应中心和农产品的唯一销售中心；农作物的经营以获利为目的；农业经营者技术能力相同；市场上农产品价格、工资及资本利息都是均等的，交通费用与市场距离远近成比例。在分析在该"孤立国"内农业如何分布才能从一单位土地面积上获得最大利润时，杜能提出了利润计算公式：

$$\pi = P(C+T) \tag{7.1}$$

其中，π 为利润，P 为农产品价格，C 为农业生产成本，T 为农产品的运输距离。按照（7.1）式，杜能计算出各种农作物组合的合理分界线，并将孤立国划分为围绕城市中心环绕的 6 层农业圈，如图 7.1 所示。① 第一圈层为自由农业圈，主要生产提供牛奶、鲜菜等；② 第二圈层为林业圈，主要生产提供木材等；③ 第三圈层为轮作农业圈，主要生产提供谷物、饲料作物等；④ 第四圈层为谷草轮作圈，生产提供谷物为主，谷物、牧草和休闲地轮作，是圈层中面积最大的一个；⑤ 第五圈层为三圃农作圈，主要生产畜产品，1/3 土地种燕麦，1/3 土地种稞麦，1/3 土地休闲；⑥ 第六圈层为畜牧业圈层，有大量土地用于放牧或种植牧草。

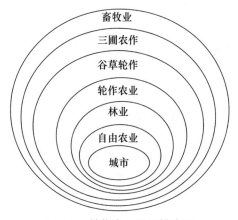

图 7.1 杜能农业圈层模式图

（2）韦伯的工业区位理论

在杜能提出农业区位理论以后，德国经济学家韦伯（A. Weber）继承了这一思想，并在 1909 年发表的《工业区位理论：区位的纯粹理论》中提出了工业区位论。韦伯认为，工业布局主要受到运费、劳动力成本以及聚集力三个因素的影响，其中，运输费用决定着工业区位的基本方向，理想的工业区位通常应选择在运输费用最低的点上。

韦伯将龙哈德（Wilhelm Launhardt）提出的"区位三角形"一般化为区位多边形，认为当多个原料、燃料产地和消费地不重合时，区位图形为多边形。根据该多边形，便可以找出费用最小的点。

假设存在 n 个原料、燃料和市场，记为 $M_1, M_2, \cdots, M_n$，运量分别为 $m_1, m_2,$

…，m_n，距最小运费点 P 的距离分别为 $r_1, r_2, \cdots, r_n$，总运费为 S，则工业最优区位应满足如下条件：

$$\min S = \min \sum_{i=1}^{n} m_i r_i = \min \sum_{i=1}^{n} m_i \sqrt{(X-X_i)^2 + (Y-Y_i)^2} \qquad (7.2)$$

为求解总运费 S 的最小化，只需对 X 和 Y 分别求导并令其等于 0 即可，通过方程组求解，便可求得最小费用点 P（X，Y）。

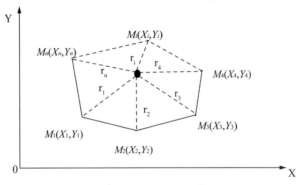

图 7.2 区位多边形①

除此之外，韦伯认为，劳动力费用与运费一样，也是影响工业布局的重要因素。对于劳动力费用在生产成本中占很大比重，或者与运输费用相比在成本中所占比重较大一些的工业而言，运费最低点则不一定是生产成本最低点。此时，区位点会转向廉价劳动力的地区。他还认为，聚集力也会对工业区位产生影响，因为企业规模的扩大和工厂在一定地域的集中会带来规模效益和外部经济效益的增长。因此，如果企业因集聚所节省的费用大于因离开运费最小或劳动力费用最小的位置需追加的费用，则其区位由集聚因素决定。

韦伯是最先将工业区位理论进行系统化的学者，提出了一系列的概念、指标与准则等，其后的区位理论发展无不受其影响。但也应看到，以杜能农业区位论和韦伯工业区位论为代表的古典区位理论，均立足于孤立的中心或企业，着眼于成本因素，而不考虑产品销售和市场消费因素，因此，古典区位理论也常常被称为区位理论的成本学派。

2. 近代区位理论

20 世纪 30 至 60 年代，西方产业布局理论得到进一步发展。这一时期，随着科技的进步，社会生产力获得较快发展，国际经济联系加强，第二、三产业也逐步取代第一产业成为国民经济发展的主导产业，市场成为决定产业发展的关键因素。工业区位由立足于单一的产业中心转变为立足于城市或地区，由生产成本和运输费用分析转向市场分析。这种条件下发展起来的产业布局理论，统称为近代区位理论。近代区位理论从对工业区位的探讨发展为对贸易区位、城市区位的探讨，研究对象从第一产业转

---

① 参见唐晓华. 现代产业经济学导论 [M]. 北京：经济管理出版社，2011.

向第二、三产业和城市，研究目标从追求生产成本、运输费用的最小化转向追求市场最优，这也为产业区位理论的多样化奠定了基础。

(1) 贸易边界区位理论

1924年，美国经济学家费特（F. Fetter）提出了贸易边界区位理论，使得区位理论进入发展的第二个阶段——近代区位理论。费特认为，任何工业企业或贸易中心，其竞争力都取决于销售数量与市场区域的大小，但最根本的是，运输费用和生产费用决定企业竞争力的强弱。这两种费用的高低与市场区域大小成反比，即单位产品的运输费用越低，生产费用越小，其产品竞争力越强，市场区域就越大；但随着市场区域的不断扩大，运输费用逐渐增加，使得市场区域在竞争中逐步缩小。

(2) 一般区位理论

区域是分工和贸易的基本地域单位。从一国范围看，国内各地区由于生产要素价格的差异，既导致区际贸易的开展，又决定国内工业区位的形成；从国际范围来看，各国生产要素价格的差异，既导致国际贸易的开展，又决定国际范围内工业区位的形成。俄林（B. Ohlin）将贸易理论与价格理论相结合，试图建立一般区位理论，其观点有两部分：第一，在假定资本和劳动自由流动条件下，工业区位取决于产品运输的难易程度及其原料产地与市场之间距离的远近。这与韦伯的观点基本一致，但俄林更强调原料产地、工业区位和消费市场三者之间相互依存和相互影响的关系，同时，也强调运输边界程度的差异。第二，在资本与劳动不能自由流动的情况下，俄林利用一般均衡方法的研究认为，人口增长率、利率、工资水平的区域差异是重要决定因素。这些因素会导致有差异的地区生产要素配置状况发生变化，引起工业区位的改变。工业区位的变动既与已经形成的资本和劳动力配置的历史格局有关，也是生产要素在各地区间重新配置和均衡关系变动的结果。

(3) 中心地理论

1933年，德国城市地理学家克里斯泰勒（W. Christaller）提出中心地理论，被认为是20世纪人文地理学最重要的贡献之一，是研究城市群和城市化的基础理论之一。中心地理论假定，地域是一个均质平原，避开了自然地形和人工障碍的影响，经济活动的移动可以常年在任何一个方向进行，居民及其购买力是连续的均匀分布，生产者和消费者都是经济行为理性人。在这些假设基础上，该理论主要内容包括三个部分：

第一，中心地等级序列。在某一区域内，城镇作为"中心地"向周围地区提供商品或服务。中心地的规模和级别与其服务半径成正比，与其数量成反比。规模大、级别高的中心地还含有多个较低级的中心地。

第二，中心地模式。即在一个平原地区，各处自然条件、资源均相同，人口均匀分布，人们在生产技能及经济收入上无差别，购物以最近距离为原则，则这个平原上的中心地最初应是均匀地分布，每个中心地的理想服务是圆形服务面。

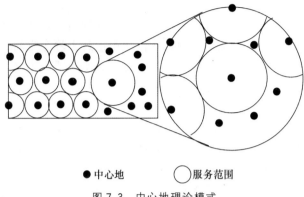

● 中心地　　○ 服务范围

图 7.3　中心地理论模式

第三，变化模式。这涉及两个方面：一是在市场作用明显的地区，中心地分布要以最有利于物资销售为原则，即形成合理的市场区。一个高级中心地的服务能力可以辐射到相邻 6 个次一级中心地，因而其所拥有的市场范围就是 $1+6\times 1/3$，即相当于 3 个次一级中心地。假设上一级中心地所支配的下一级中心地市场范围的总个数为 K，则在市场作用明显的地区，就构成了 $K=3$ 系统中心地等级序列的空间模式；二是在交通作用明显的地区（如交通枢纽区），中心地分布应以便于交通为原则，即各级中心地均应分布在上一级中心地六边形市场区边界的中点处。一个高级中心地相当于 $4（1+6\times 1/2）$个次一级中心地。因此，就构成了 $K=4$ 系统中心地等级序列的空间模式。

（4）市场区位理论

1940 年，德国经济学家廖什（A. Losch）利用克里斯泰勒的中心地区位理论的框架，把商业服务业的市场区位理论发展为产业的市场区位理论。市场区位理论的假设条件与中心地理论类似。廖什认为，由于产品价格随距离增大而增大（产地价格加运费），造成需求量的递减，因而单个企业的市场区最初是以产地为圆心、以最大销售距离为半径的圆形。通过自由竞争，圆形市场被挤压，形成了六边形产业市场区，最终构成了整个区域以六边形地域细胞为单位的市场网络。

进一步，廖什认为，上述网络在竞争中会不断调整，最终会出现两种地域模式：首先，在各种市场区的集结点，随着总需求的滚动增大，逐步成长为一个大城市，而且所有市场网又都交织在大城市周围。其次，大城市形成以后，交通线将发挥重要作用。距离交通线近的扇面条件有利，而距离较远的则不利，工商业配置大为减少，这就形成了近郊经济密度的稠密区和稀疏区，从而构成一个广阔的地域范围内的经济景观。因此，廖什否定了韦伯的最小成本观点，提出了最大需求观点，即工业区位的决定因素不是成本，而是利润。

3. 现代区位理论

20 世纪 70 年代以来，经济全球化趋势加强，近代区位理论得到进一步修正和发展，并产生了各种不同的理论流派。在研究内容上，现代区位理论在很大程度上改变了过去孤立地研究区位生产、价格和贸易的局面，将整个区位的生产、交换、价格、贸易融为一体进行研究，注重强调人与自然的和谐发展；在研究对象上，立足于国民经济发展，从单个经济单位的区位研究转向区域总体的研究，将现代区位与区域开发问题研究结合起来；在研究方法上，现代区位理论由过去静态空间区位选择转向区域各发展阶段空间经济分布和结构变化以及过程的动态平衡研究上来，从纯理论推导转向实际的区域分析和应用模型研究。

(1) 成本—市场学派理论

现代区位理论是从20世纪中期的成本—市场学派发端的，该学派主要代表人物有胡佛（E. M. Hoover）、艾萨德（W. Isard）等。成本—市场学派关注成本与市场的相互依存关系，认为产业区的确定应以最大利润为目标，以自然环境、运输成本、工资、地区居民购买力、工业品销售范围和渠道等因素为条件，综合生产、价格和贸易理论，对区位进行多种成本因素的综合分析，形成竞争匹配模型。该学派综合韦伯以来工业区位理论的各种成果，系统地提出了工业厂址的七大指向，即原料指向、市场指向、动力燃料指向、劳动力指向、技术指向、资金供给指向和环境指向。[①]

成本—市场学派运用一般均衡理论，探讨了区域产业布局与总体产业布局问题，不仅综合研究了成本和市场对产业布局的影响，而且拓宽了区位理论的研究领域。

(2) 行为学派理论

行为学派的代表人物是普莱德（A. Pred）。该学派认为，随着现代企业管理的发展和交通工具的现代化，人的地位和作用日益成为区位分析的重要因素，而过去研究的运输成本则变为次要因素。在现实生活中，不存在行为完全理性的"经济人"，人的区位行为必然受到实际获取信息和处理信息能力的限制。因此，行为学派强调把行为科学与区位论结合起来考虑，强调区位研究要利用信息论使之接近行为论，并认为每次区位决策至少在理论上应被看作是在不断变化的信息和能力的条件下进行的，对所有选择完全了解的情况是不存在的，只要得到满意的结果就足够了，这便使得区位问题中行为因素的数量研究成为可能。

(3) 社会学派理论

社会学派认为，政府政策制定、国防军事原则、人口迁移、市场变化、居民储蓄能力等因素都在不同程度上影响着区位的选择。但与其他因素相比，社会经济因素日益成为最重要的影响因素。20世纪50年代以后，西方国家政府对经济生活的干预和调节日益加强，使区域经济政策的实行及其对区位趋势的影响成为区位研究的新课题。克拉克等经济学家曾指出，政府可以通过向企业提供充分的信息而影响工厂的迁移，政府的影响还能使未来的工业布局比较接近区域规划的目标。

(4) 历史学派理论

历史学派强调空间区位发展的阶段性，认为区域经济发展是以一定时期的生产力发展水平为基础的，是有明显的时空结构特征的，而不同阶段空间经济分布和结构变化是有其共同的特性和独特性的。20世纪50年代以后，达恩等学者就曾提出了空间

---

① 参见 Alfred Weber 编. 工业区位论 [M]. 李刚剑，陈志人，张英保，译. 北京：商务印书馆，1997.

结构的概念，他们把区位理论与发展结合起来研究，分析论证了社会经济发展的各个阶段的空间结构的一般特征，并从时间变化上考察了各种产业和各类企业在空间分布中的相互作用及相关关系，形成了历史的和动态的空间结构时空观。

(5) 计量学派理论

计量学派认为，现代区位理论研究涉及内容多、范围广、数据繁，人工处理日趋疲弱，因此，必须采用定量的方法，通过建立区域经济数学模型进行大量的数据处理和统计分析。同时，计算机、遥感分析等手段的发展也为区位研究提供了基础。

7.1.2 均衡与非均衡理论

区域均衡发展通常是一国经济发展的终极目标之一。然而，在短中期内，区域发展往往是非均衡的，这可能影响产业布局的合理性；反之，产业布局的变化也会影响区域发展的均衡。目前，围绕均衡与非均衡的区域发展理论展开的产业布局理论主要有新古典均衡区域增长理论、缪尔达尔—赫希曼的非均衡增长理论、威廉姆森的倒"U"型曲线、佩鲁的增长极理论等。

1. 新古典均衡区域增长理论

作为经济增长理论的延伸，以均衡概念为基础形成的新古典区域增长理论模型的基本假定为：完全竞争，充分就业，技术进步，规模收益不变，要素在空间自由流动且不支付任何成本，生产要素仅包括资本和劳动。在上述假定条件下，若存在A、B两个地区，前者为发达地区，后者为欠发达地区，即意味着资本要素在A地区相对充裕，劳动要素在B地区则相对丰富。在完全竞争机制下，资本将从A地区流向B地区，而劳动将从B地区流向A地区，从而在A地区实现已有资本和流入廉价劳动力的结合，而在B地区，则实现了流入增量资本与原有相对低廉劳动力的结合。因此，新古典区域增长理论便乐观地认为，给定一个不均衡的区域经济状态，只要存在一个完全竞争的市场，仅依靠市场便可以实现区域经济的共同增长。

新古典区域增长理论为促进区域协调均衡发展提供了思路。在一国经济发展初期，各地区的经济发展水平差异性不明显时，通过主动调整产业布局，扶持某一或一些地区优先发展，等到其成为发达地区后，再通过该地区带动其他周边欠发达地区进行发展，实现区域间梯次协调发展。

2. 缪尔达尔—赫希曼的非均衡增长理论

1957年，瑞典经济学家缪尔达尔（G. Myrdal）在其出版的《经济理论与不发达地区》一书中首次提出了"循环累积因果论"，其主要观点是，市场经济力量的正常趋势是扩大区域间差异，而不是缩小区域间差异。缪尔达尔认为，在发达地区和欠发达地区间的要素流动中，不仅仅是劳动，资本也同样会从欠发达地区流向发达地区。这样，在市场力量的作用下，发达地区经济表现为一种上升的正反馈运动，而欠发达地区则表现出一种下降的正反馈运动。在这种循环过程中，存在着扩散和回流两种不同的效应：扩散效应是发达地区向欠发达地区的投资活动，包括供给欠发达区域发展所需的原材料和资本；回流效应则是由欠发达地区流向发达地区的劳动力和资本，它将引起欠发达区域的经济衰退。同时，在循环累积因果过程中，回流效应总是大于扩散效应，因此，区域差异在市场力量作用下是不断增大的。

进一步，美国经济学家赫希曼（A. O. Hirschman）提出了与缪尔达尔回流效应和扩散效应相对应的极化效应和涓滴效应。极化效应（即回流效应）指经济发达地区对不发达地区经济要素（人才、资金和物资）的吸引导致的正反馈现象，就像两极分化中的富人越来越富，穷人越来越穷一样。涓滴效应（即扩散效应）是指经济发达地区通过采购经济不发达地区产品和服务，为经济不发达地区的发展注入动力，就像给树苗浇水。例如，经济发达地区吸收经济不发达地区的劳动力，在一定程度上可以缓解经济不发达地区的就业压力，有利于经济不发达地区解决失业问题。赫希曼认为，在市场力量作用下，极化效应总是居于主导作用，如果没有周密的经济政策干预，区域间差异会不断扩大。要使区域间保持相对的均衡就必须使涓滴效应占优势。但涓滴效应主要来自政府干预。因此，缪尔达尔和赫希曼都认为政府恰当的干预可以使区域间的差异缩小。

非均衡理论的提出，动摇了新古典学派的区域均衡理论，也引发了一场理论层面的大讨论。

3. 威廉姆森的倒"U"型曲线

1965 年，美国经济学家威廉姆森（J. G. Willamson）发表了《区域不平衡与国家发展过程》一文，把对区域不平衡增长问题的研究，由纯理论的假设和推演转向了实证分析。以库兹涅茨的"倒 U 型假说"为基础，威廉姆森利用英格兰东部长达 110 年的经济统计资料，同时根据全世界 24 个国家的截面和时间序列资料，提出了区域经济差距的倒 U 型曲线理论。该理论认为，区域经济发展差距的出现、扩大、缩小以及消失是一个周期性变化的过程，随着国家的经济发展，区域差距的变动轨迹是"先拉大后改进"，即区域间增长差异呈倒 U 型变化。在国家经济发展的初期阶段，随着总体经济增长，区域差异逐渐扩大，然后区域差异保持稳定，但是经济进入成熟增长阶段后，区域差异将随着总体经济增长而逐渐下降，如图 7.4 所示：

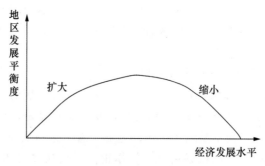

图 7.4　威廉姆森的倒 U 型曲线

4. 佩鲁的增长极理论

1950 年，法国经济学家佩鲁（Francois Perroux）最先提出区域经济发展的增长极理论。该理论的基本思想是：增长并非同时出现在所有的地方，它以不同的强度首先出现于一些增长点或增长极上，然后通过不同的渠道向外扩散，并对整个经济产生不同的影响。佩鲁认为，增长极是由主导部门和有创新能力的企业在某些地区或大城市聚集而形成的经济中心，这些经济中心的资本和技术高度集中，具有生产、贸易、金融、信息决策及运输等多种功能，并能够产生吸引和辐射作用，促进自身发展并推动其他部门和地区的增长。显然，增长极理论认为，经济发展在时间和空间上都不是均衡分布的。在一个国家的经济空间中，经济发展应当以非总量的方法来安排发展计划，经济增长不是在不同的部门、行业或地区按相同的速度平衡增长，相反，是按不同的速度增长。因此，佩鲁主张政府应在区域产业布局中发挥积极作用，通过强有力的政府计划和财政支持来主动建立增长极，使其发挥规模优势和辐射作用，借助市场机制的引导，带动落后地区共同发展。

以上四种理论基本代表了产业布局理论的主流观点。可以看到，着眼于宏观经济分析的现代区域经济理论与古典区位理论存在着很大的差异，它不再仅仅是为了具体的企业获取利润最大化而作出的区位决策，而是考虑到了区域整体效益的最优化。此外，均衡与非均衡的争论也是这几种理论的一个焦点问题，从现实状况看，非均衡的区域增长理论占据了上风。然而，每种理论都有其不完善之处，无法完全解释工业化水平不同的国家，尤其是发展中国家的现实。另外，上述理论在研究视角上存在一个共同问题，即所有理论的制度基础都是完全市场经济，市场机制的资源配置作用居于最重要地位，政府干预或是无足轻重，或是作用有限。但对于发展中国家，尤其是对中国而言，政府干预区域产业布局的作用是绝对不能被低估的。

7.2 产业布局的影响因素

产业布局即产业的跨经济区域的配置与调整，必然要由企业这一经济主体来承担。因此，可以推测，影响企业选址的因素在很大程度上也要对产业的区域性布局产生影响，包括制度因素、市场因素、生产投入要素与资源、交通运输及地区的经济凝聚力等因素的影响都应该考虑进来。当然，对于不同行业或企业的选址，上述各因素对决策制定的影响的重要性存在着一定的差异，比如，有些要重点考虑运输，有些要考虑原材料，还有些要重点考虑市场。因此，影响产业布局的因素是多方面的，本节将主要从以下五个方面进行详细分析：

7.2.1 地理位置因素

地理位置是影响国家和地区经济发展的重要因素，它能加速或延缓地区经济发展的速度。不同的地理位置，其自然环境有差异，经济、社会、交通及信息等条件也都各不相同，因而，产业发展的基础和导向可能存在先天优势或不足。

对于第一产业而言，由于受到光、热、水、土地等条件的严格限制，以及地域运输条件和市场条件的影响，具有何种地理条件也就决定了第一产业的发展基础和方向。而对于第二产业而言，要么分布在能源、矿产和其他原料生产基地，要么分布在人口众多、交通便利的地方，如综合运输枢纽、港口、铁路沿线等，而第二产业集中布局的区域也可能因地理位置汇集众多人口，从而形成了众多的第三产业部门。除此之外，地理位置还可以直接影响到地区自然资源的开发顺序，那些交通条件优越、距离经济发展中心较近的地区的资源,因其经济价值较大,一般总是首先得到开发。

7.2.2 自然因素

自然因素包括自然条件和自然资源两个方面。自然条件是人类赖以生存的自然环境,包括未经人类改造、利用的原始自然环境,也包括经过人类改造、利用后的人造自然环境。自然资源则是指自然条件中被人类利用的部分,如森林、矿产、河流、土地等,它能产生经济效益,提高人类当前和未来的福利。由此,自然因素是产业布局形成的物质基础和先决条件。

自然资源对第一产业的影响是决定性的。由于第一产业的劳动对象直接来自大自然,因此,各种自然资源分布聚集的地区也就是相应的第一产业布局的地区。同时,各种农作物、树木等的生存环境不同,对自然条件的要求也各不相同。土地资源、气候资源、水资源与生物资源的综合作用,决定了大农业生产的地域分布。

自然资源对第二、第三产业布局的影响,主要通过第一产业来发挥作用。自然资源对第二产业的影响主要涉及重工业中的采掘业、材料工业、重型机械,以及以农产品、林产品为原料的轻工业和食品工业,它们多分布于工业自然资源或农业自然资源较丰富的地区。动植物的分布也决定了某些产业的布局,如亚欧、北美大陆北部是温带针叶林带,该地区则成为世界木材的主要供应地和造纸业的集中分布区。另外,工厂厂址的地形、面积、工业用水等也离不开自然条件,有些地区还深受这些条件的限制。例如,西北缺水地区不适宜发展化工等用水量较大的产业。自然资源对第三产业的影响,突出表现在对旅游业和航运业,尤其是具有地域特色的自然风光旅游以及内河航运、海运等直接利用水道的交通业的影响上。

由于自然条件、自然资源对劳动生产率、产品质量等方面具有直接或间接的影响,在市场经济条件下,产业活动势必首先向最优的自然条件与自然资源分布区集中,形成一定规模并各具特色的专业化生产部门,进而完成产业、劳动力地域分工的大格局。例如,世界主要谷物产区都分布在地势平坦、土地肥沃、气候适宜的地区;而大型重工业区则都是在当地丰富的煤或铁资源的基础上发展起来的。

7.2.3 社会因素

1. 人口因素

人口是社会因素中十分重要的一个方面,对一定时期内产业布局的重点、方向和实现途径等都会产生关键影响。人口因素包含人口数量、构成、分布、增长率、素质、迁移及流动等,其中,劳动力的资源比重、分布、结构、素质、价格等构成了主要影响因素。一般来讲,在人口众多、劳动力充裕的地区会布局劳动密集型产业,如纺织、服装业、第三产业等;在人口稀少的地区,则布局一些有效利用当地自然条件、自然资源的优势产业,这有利于提高劳动生产率。在人口素质、劳动力素质较高的地区布局技术密集型和知识密集型的产业,可以满足产业对各类人才的需求,提高产品质量,增强竞争力;而在劳动力价格低廉的地区布局产业,可使劳动力费用在成本中所占的比例大幅降低。例如,20世纪70年代以来,一些发达国家把初级产品的加工转移到发展中国家,利用其廉价劳动力获取了可观利润。这种产业转移是产业布局动态变化的表现之一。

2. 历史因素

产业布局具有历史继承性的特征，一个地区新的产业布局往往要以历史上形成的产业基础作为考量。一般来讲，原有经济基础较好的地区，再进一步发展和利用其基础设施，会对产业布局产生积极影响。不同经济体制、制度形成对产业布局的合理性、盲目性、波动性或趋同性也有明显的影响。社会历史因素是超经济的，也是独立于自然地理环境之外的因素，其中，最重要的是政府通过政治的、经济的和法律的手段对产业布局进行的干预和宏观调控。但同时也应看到，原有历史基础是在过去较低的生产力水平下形成的，不可避免地会存在诸如结构不合理、布局散乱、设施落后、污染严重等一些问题，因此，在重新进行产业布局时，应该根据具体情况，充分利用积极因素，使其布局更加合理化。

3. 行为因素

行为因素是指决策者、生产者和消费者在确定产业区位过程中的各种主观因素可能使产业区位指向发生偏离。事实上，无论是中国还是世界上其他国家，许多产业并非建立在最优区位上，导致这种偏离的行为因素起到了关键作用，尤其是决策者的行为影响极大。决策者的行为取决于决策者个人素质的高低以及当时的认识水平。正确的决策可以推动经济的发展和产业布局的合理性，反之则会给经济的发展带来消极的后果。生产者、消费者的行为只会对产业区位的指向产生一定的影响。就生产者而言，在选择最优区位时，其考虑最多的是能否招到质优量足的员工以及交通是否便利；对于消费者而言，选择最优区位时考虑最多的则是与吃、穿、用、行、住相关的城市产业的定位问题。

4. 政治环境

任何一个国家的经济发展都要依托于一个良好的国内、国际政治大环境，如果一个国家处在政局不稳、动荡不安的环境中，经济是很难得到长期发展的，更不要说合理的产业布局。在新中国建立之初，由于当时的国内外环境还不稳定，基于免受战争影响的考虑，不得不把沿海的一些工业迁往内地，并重点进行东北工业基地建设。改革开放以来，国内、国际环境趋于稳定，中国又将投资重点放在了东部沿海一带。这一产业布局政策的变化促进了东部地区的优先发展，从而成为整体经济增长的带动力量。

7.2.4 经济因素

1. 经济发展水平[①]

生产力发展水平是产业布局发生量的扩展和质的飞跃的源动力。在农业社会，由于水能的利用和交通的便利性，手工业分布一般指向江河沿岸，呈现分散的分布状态。第一次产业革命出现了蒸汽机，工业开始摆脱原有禁锢而趋向燃料指向，使得各主要煤炭产地和交通枢纽成为产业布局中心。在以电力为主要动力的经济发展中，许

---

① 参见王俊豪. 产业经济学 [M]. 北京：高等教育出版社，2008.

多新的产业部门能够分布于远离燃料的大城市，工业生产布局进一步走向集中，形成工业点、工业区、工业城市、工业枢纽、工业地区、工业地带等空间上的集中布局形式，城市成为产业布局的核心。然而，随着现代计算机、信息和生物技术等新的科技手段融入经济发展后，产业布局又将从过分集中走向适当分散。

2. 市场条件

随着商品经济的发展，市场已经成为影响产业布局的一个越来越重要的条件，并且主要通过市场需求和市场竞争两方面表现出来。首先，市场需求影响产业布局，无论是地区、地点布局，还是厂址的选择，都必须以一定范围内市场对产品的需求规模为前提。其次，市场的需求规模和需求结构影响产业布局的部门规模和结构，是形成主导产业、辅助产业，以及有地方特色的产业地域综合体的指南。最后，市场竞争可以促进生产的专业化协作和产业的合理聚集，使产业布局指向更有利于商品流通的合理区位。因此，在进行产业布局时，必须首先通过市场调查、预测，了解市场需求状况，以便合理布局。此后，还要根据市场行情的变化趋势，及时调整产业结构，改变产业布局，以适应市场变化的需要。

3. 价格与税收条件

价格对产业布局的影响主要表现在政府价格政策、产品地区差价、产品可比价格等方面。价格政策体现了政府对市场经济的调控，合理的价格政策对产业布局有积极的影响；反之，则会形成较大的干扰。产品的地区差价客观地体现了商品生产和消费在空间上的差异与矛盾，合理的地区差价有利于企业按价值规律选择最佳区位。另外，产品的各种比价关系对产业内部结构的调整和生产的地区分布也有重要作用。

税收通过影响企业成本和消费价格而对产业布局产生重要影响，合理的税制结构可以控制重复建设、地区封锁，从而促进产业布局合理化与地区经济的协调发展。对于某些产业在不同地区的发展，也可以用改变税率的方法来控制和调整。例如，通过税收优惠促进高新技术产业在某些地区的增长。

7.2.5 科技因素

科学技术是人们利用和改造自然的能力，是构成生产力的重要组成部分，也是产业布局发展变化的一种推动力。技术水平的差异将影响地区的产业布局。首先，技术进步不断拓展人们开发利用自然资源的深度和广度，使自然资源不断获得新的经济价值。这将使原料、动力资源不断丰富，各类矿物资源的平衡状况及其在各地区的地理分布状况不断改善，从而扩展了产业布局的地域范围。同时，技术进步可以提高资源的综合利用能力，使单一产品市场变为多产品的综合生产区，从而使生产部门的布局不断扩大。其次，技术进步在不断地改变着产业结构，特别是新技术的出现，往往伴随着一系列新的产业部门的诞生。这些产业部门都有不同的产业布局的指向性，这就必然会对产业布局状况产生影响。随着技术进步和生产力水平的提高，三次产业结构也在不断变化，改变了人类生产生活的地域和方式，导致城市化趋势不断显著，从而对产业布局产生影响。再者，技术通过改变交通运输方式，影响着产业布局，例如，"临海型""临空型"的产业布局方式就是以特定运输方式为核心的。

通过以上分析可以发现，影响产业布局的因素是多种多样的，而产业布局也往往是多重因素影响的结果。不同地区、不同经济发展阶段、不同因素所施加的影响是不同的，有的表现为主导作用，有的则表现为次要作用。因此，在进行产业布局决策时，应该因时、因地、因产业而异，从发展的角度来动态评价各因素在产业布局中的作用。

7.3 产业布局的指导原则和一般规律

产业布局的总体目标是实现产业的合理分布、产业结构的合理化及经济资源在空间上的有效配置。产业布局是国民经济协调发展的要求，是一种具有全局性、长远性和战略性的安排。产业布局是否合理，不仅关系到产业本身的发展，而且对整体经济建设、技术进步、环境保护、社会稳定等方面都会产生重大影响。因此，在产业布局的决策过程中，应该遵循以下指导原则和一般规律：

7.3.1 产业布局的指导原则

1. 全局性原则

对一个区域的产业布局而言，其决策不是一个只作用于自身的行为，也会影响到周边地区和国家整体的经济发展，因此，产业布局应首先贯彻全国一盘棋的全局原则。一方面，国家可以根据各地区的不同条件，确定各地区的专业化方向，使不同地区占据不同的地位，承担不同的责任，充分发挥本地区的比较优势，协调局部与全局的关系。另一方面，国家也可以根据各个时期经济建设的需要，确定若干个重点建设的地区，统一安排重点建设项目。非重点建设的地区只能在全国产业布局总体要求下，根据自身需要与条件，布局好区内产业发展。通过这一原则的贯彻，可以更好地发挥地区优势，避免出现重复建设和产业结构同质化，也可以更好地实现地区专门化生产和多样化发展相结合，有利于逐步地在全国范围内实行产业布局的合理化。

2. 经济效益原则

评价产业布局是否合理的一个基本标准便是能否用最小的成本换取最大的经济效益。以经济效益为基准，农业布局首先就应在调查区域农业资源的基础上，揭示农业发展的区域差异，然后根据这一差异性，既要突出区域资源基础，又要发挥区域比较优势，因地制宜地选择农、林、牧、副、渔最适宜发展的地区。通过挖掘农业生产潜力，增加自然投入，减少经济投入和生产成本，达到增加经济产出、提高经济效益的目标。工业布局则应该接近原料产地、燃料产地和消费市场，以便减少和消除不合理的运输，减少中间环节及运输投资浪费，加速资金周转速度，节约社会劳动消耗，加快扩大再生产进程；又可以保证各地区工业的构成、品种、质量同当地资源与居民的需求取得最大的一致性。但在现实中，原料、燃料产地与产品消费市场分布在一起的情况比较少见，这就要求产业布局根据具体产业的技术经济特点加以确定，比如采掘、冶炼和金属加工在地区分布上宜采用成组分布的方式，因为就冶炼工业来说，采掘工业是其原料供应者，金属加工工业是其产品的消费者。一般而言，采掘工业产品比较笨重，长途运输是不经济的，因此最好将这些部门在一个地区进行以产业链为关联的布局。

3. 集中与分散相结合原则

产业在区位上相对集中，是社会化大生产的客观要求，也是实现规模经济性、提高经济效益的有效组织形式。工业布局可以根据各地区的资源条件、位置和交通状况、人口与劳动力状况、社会经济因素等有选择地集中，例如，在能源与原材料富集地区，形成煤炭、钢铁、石油基地等；而在农业区形成农畜产品加工中心。农业布局也只有适当集中才能充分利用有利的自然条件和技术基础，迅速提高单位面积产量，降低生产成本，这也是农业生产专业化、区域化的客观要求。

然而，产业集中也不能无限制地进行下去，必须以取得良好效益为原则。过度的产业集中会带来一系列社会问题。例如，如果工业企业过分集中在大城市和工业地带，将导致城市空间狭窄，交通拥挤，地价飞涨，水源不足，能源紧缺，燃料、原料、居民生活用品等成本大幅度增加，城市建设费用大幅度提高等问题。农业过度集中则会导致片面专业化，降低土地肥力，影响农业综合发展，甚至引起生态平衡失调。适当分散则可以充分利用各地区的自然资源和劳动力资源，促进落后地区的经济发展，有利于产业的均衡布局。但如果产业过于分散将导致协作困难、交易成本高、间接投资大、员工生活不便、经济效益差等弊端。

总之，在产业布局过程中，既要反对过分的集中，又要反对过度分散。

4. 分工协作原则

产业布局的分工协作原则，主要体现在劳动的地域分工与地区综合发展相结合、地区生产专业化与多样化相结合的关系上。随着科技的日益进步和生产的社会化、市场化，社会分工不断深化，生产的专业化日益明显。地域分工和地区专业化的发展，不仅能充分发挥各地区的优势，最大限度地节约社会劳动，促进商品的流通与交换，而且可以加速各地区经济一体化的进程，形成合理的地域经济综合体。

衡量地域分工深度或地区专业化程度的指标有区位熵、地区专业化指数、产品商品率（区内商品率和区际商品率）等。然而，地区专业化程度越高，并不一定意味着区域产业布局越合理。只有专业化生产部门，而没有与之配合的综合发展部门，并不能保证区域经济的相互协调和促进。各地区产业布局不仅应该在充分发挥地区优势的基础上，重点布局专业化生产部门，还应该围绕专业化生产部门因地制宜地布局一些多样化部门、辅助性生产部门、自给性生产部门，以及公用工程和服务设施相结合的结构合理的地域生产综合体。当然，也应反对那种盲目建设与本地区生产条件不相适应的"大而全""小而全"的地区全能经济结构。因此，贯彻分工协作的原则，是实现产业布局合理化、保障各地区经济健康发展的有效形式。

5. 可持续发展原则

可持续发展是指经济社会的发展既要满足当前的需要，又要考虑未来的需要，不能以牺牲后代人的利益为代价来满足当代人的需求。过去，人类对环境问题的认识不足，经济发展方式普遍采取先发展后治理的态度。在农业生产上，表现为对农业自然资源不合理的利用，例如，毁林开荒、围湖造田等，严重破坏了自然生态，造成水土流失、土壤沙化、气候失调等不良后果。在工业生产上，表现为工业布局不注重环境因素，导致"三废"过度排放，对自然环境造成严重破坏，不但给国民经济造成损失，还严重影响到人们的身体健康。因此，走一条可持续发展之路，才是人类正确的选择。产业布局只有贯彻可持续发展原则，才能达到经济效益、社会效益和生态效益的真正统一，实现产业、经济和社会的长期协调发展。

从可持续发展原则出发，农业布局应该宜农则农，宜林则林，宜牧则牧，宜渔则渔；工业布局则应该坚持在选址时考虑环境因素；不宜过分集中，应适当分散；实施污染处理设施与主体工程同时设计、同时施工、同时投产的办法，防止新污染源的产生。

最后，应该明确的是，上述原则是从不同的侧面提出的要求，每一条原则都不是孤立的，它们之间既有区别又有联系，其主要目的都是为了实现产业的合理布局。

7.3.2 产业布局的一般规律

1. 生产力发展水平决定产业布局

生产力是多因素、多层次的有机体系，其组成要素（劳动者、劳动工具、劳动对象、技术等）在社会发展的不同阶段有不同的水平、内容和形式。这些要素在特定时间下地域空间中的有机组合，形成了特定历史时期的产业布局。有什么样的生产力发展水平，就有什么样的产业分布条件、内容、形式和特点。生产力发展水平决定产业布局的形式、特点和变化，这是在任何社会形态下都会发生作用的普遍规律，是产业布局的基石，参见表7.1所示：

表 7.1 生产力发展水平与产业布局的关系①

生产力发展阶段	能源动力	生产工具	交通工具	产业布局主要特点
农业社会	人力、畜力、水力	石器、铜器、铁器、手工机械	人力车、畜力车、风帆船	农业自然条件对产业布局起主要作用，产业布局有明显的分散性
第一次产业革命（18世纪末至19世纪初）	蒸汽、动力	蒸汽机械	蒸汽火车、蒸汽轮船	产业布局由分散走向集中，工业向动力基地（煤产地）和水陆运输枢纽集中
第二次产业革命（19世纪末至20世纪初）	电力、内燃、动力	电力机械、内燃机械	内燃机车、电力机车、汽车、飞机、内燃机、船舶	产业布局进一步集中，交通、位置条件等在产业分布中的作用得到加强
第三次产业革命（二次大战后）	原子能	电子计算机、机器人	航天飞机、宇宙飞船、高速车辆	高素质劳动力、快速便捷的交通枢纽成为产业布局的重要条件，产业布局出现"临海型""临空型"等新形式。未来产业布局将从过度集中走向适当分散

---

① 唐晓华，王伟光. 现代产业经济学导论 [M]. 北京：经济管理出版社，2011.

近些年来，世界主要发达国家已经开始酝酿一次新的科技革命浪潮，即第四次工业革命。未来世界将进入以信息社会、智能社会，智力和科技将成为影响产业布局的重要因素。产业布局将从原有的过度集中走向适当的分散，一些知识、技术密集型工业，如电子、激光、宇航、光导纤维、生物工程、新材料等新兴产业将得到蓬勃发展。

2. 劳动地域分工影响产业布局

地域分工是在人类社会发展过程中产生的。最早出现的是原始的自然分工，以后发展到劳动地域分工，即当一个地域为另一个地域劳动或为另一个地域生产产品，并以其产品与其他区域实现产品交换时，劳动地域分工就产生了。劳动地域分工是各地区之间经济的分工协作、社会经济按比例发展的空间表现形式，是地区布局条件差异性的客观反映。通过劳动地域分工，各地区就可以充分发挥各自的优势，生产经济效益高的产品；相互之间就可以实现广泛的产品交换，从而促进商品经济的广泛发展，以取得巨大的经济收益。

地域分工的深化和社会生产力的提高相互促进，推动了产业布局形式由低级向高级不断演进和发展。合理的劳动地域分工不仅能发挥地区优势，促进商品流通，更重要的是能够形成合理的产业布局，而产业合理布局的目的也就在于实现合理的地域分工与交换。正是在劳动地域分工规律的作用下，世界各地区逐渐形成了分工协作的、统一的世界经济体系。这就要求在考查一个国家或地区的产业布局时，必须把其纳入更大范围的经济体系中去分析，才能使该国家或地区的经济发展在劳动地域分工体系中形成自己的特色，产生巨大的经济效益和社会效益。

3. 地区专门化和多样化相结合

各国或地区之间的自然条件、技术经济水平以及地理位置等的差异构成了劳动地域分工的自然基础和经济基础。在经济利益的驱动下，各地根据自身优势进行劳动地域分工，当地域分工达到一定的规模时就出现了地区专门化。地区专门化是随着生产力发展逐步形成的一种生产方式。世界范围内的地域分工是大机器工业的产物，也是社会化大生产的客观要求。

地区产业布局专门化所带来的规模效益是显而易见的，但同时也应该看到，地区专门化水平越高，对多样化的需求也就越高，因为国民经济各部门是个有机整体，部门之间既有前后向关联，也有横向关联。地区专门化的发展还需要以下各部门的大力配合和支撑：为专门化部门进行生产配套的部门；对专门化部门的生产废物和副产品进行综合利用的部门；为生产提供服务的科研、银行、商业、信息咨询等部门；为生活提供服务的餐饮、旅游、科教文卫等部门。这样，又促进了产业布局多样化的形成和发展。

4. 产业布局"分散—集中—分散"螺旋式演变

集中与分散是产业布局演变过程中相互交替的两个过程，是矛盾的两个对立面。集中实质上体现了经济活动在地域分布上的不平衡性，分散则意味着空间分布上的均衡性。工业、农业、交通运输等各产业部门在地域上的布局演变可以表示为"分散—

集中—分散"循环上升的链条，只是后一阶段的产业布局较前一阶段内涵上更为丰富，形式上更为高级。

5. 地区差异性与非均衡性

不同地域资源禀赋的差异性决定了产业分布的非均衡性。一方面，就单个产业部门和企业而言，在特定生产力水平下，总是选择最有利的区位进行布局，以求获得最大的社会经济效益；另一方面，就某一地区产业布局而言，该地区的自然、社会、经济条件等不可能适合所有产业的发展，有的地区甚至只适合一种产业或一组产业的发展。因此，产业布局的非均衡性是一个普遍规律。随着生产力的发展，人类也只能使这种不平衡趋于相对平衡，使产业布局由低级的分散走向集中，再由集中走向适当的分散，由地区差异趋于地区协调。然而，由于产业布局受诸多因素制约，绝对的平衡难以达到。

7.4 产业布局实践

7.4.1 美国、日本的产业布局实践①

1. 美国的产业布局

美国的领土面积在世界上排名第四位，地理位置位于北美洲的中南部，幅员辽阔，资源丰富，气候适宜。在美国，平原面积十分广阔，东部沿海平原北起新英格兰地区，向南逐步扩展至与墨西哥沿岸平原接壤；自东向西，越过阿巴拉契亚山脉就是一望无际的中部大平原，一直延伸至西部山地，山地中又分布着许多盆地和高原。据统计，在美国的国土面积中，适宜耕作的土地比重高达90%，平原比重在70%以上。这种得天独厚的地理资源条件使得美国的人口和产业分布几乎可以不受地形条件的制约。

但事实上，美国的人口和产业分布，特别是工业的地理分布却极不均衡。位于东北部地区的14个州是美国经济最发达的地区，尽管国土面积只有全国的11.5%，人口比重却占到了50%以上，并且集中了全国制造业从业人数的2/3，制造业产值的75%以上，因而被称为美国的"制造产业带"。由于东北14州是美国的加工中心，而农业和采掘业主要集中在中部、南部和西部山区，所以就形成了其他地区向东北地区长距离输送原材料，再从东北地区向其他地区长距离输送加工工业品的全国分工式区域经济结构。由于这种区域经济特点要求良好的交通运输条件，所以美国的路网长度和密度是世界上最高的。更由于要形成全国大分工的格局，所以美国不仅运输线路总里程长，而且每单位产值所产生的货物运输需求即货运密度，也大大高于其他国家。

城市是工业的载体，现代工业都是依托城市而展开的，美国也是如此。20世纪初，随着美国工业化的推进，在西北太平洋沿岸到大湖区，形成了连绵不断的城市群，这些城市群都依赖于制造业生产活动，并且在生产职能上高度分工，形成了巨大的制造业产业带，构成了美国延续到今天的区域经济结构框架。

---

① 参见王发明，等. 产业经济学教程［M］. 杭州：浙江大学出版社，2015.

2. 日本的产业布局

与美国在全国范围内的产业布局相比，日本是另一种完全不同的模式。首先，日本是一个岛国，全境由四个大岛和几百个小岛组成，总面积 37.3 万平方公里，仅为美国的 4%，而人口密度却比美国高了十几倍。其次，日本国土地理条件的主要特点是平原面积小，仅有国土面积的 24%，如果以人均平原面积作比较，日本只有美国的 1/35。同时，日本平原大都分布在河流的下游和沿海，最大的平原是东京附近的关东平原，然后是名古屋附近的浓尾平原和大阪附近的畿内平原。最后，日本人口和经济高度集中于三大平原地带，在日本的工业化过程中，逐步发展成东京、名古屋和阪神三大都市圈，共集中了工业就业人口的 2/3、工业产值的 3/4 和国民收入的 2/3。

日本都市圈经济最显著的特点是，尽管圈内各城市的分工和合作非常密切，但三大都市圈之间的经济联系却并不紧密，这在日本的物流活动中体现得最为明显。三大都市圈之间的货物交流量少并不是因为日本的货运量小，而是在于三大都市圈的产业结构相近，因而经济相对独立，互补性小，运输需求也小。换言之，在日本有三个彼此独立的制造业中心，区域分工被限制在都市圈内部，而美国只有一个制造业中心，所以分工是在全国范围内进行的，这也是美国和日本区域布局模式的最重要差别。从二战后到 20 世纪 70 年代中期，日本完成了工业化，以大都市圈为特征的区域经济结构是随着工业化的深入、人口的高速增长、城市化进程的加速逐步形成的。与美国相比，日本的特点是大城市在经济中所占比重要大得多。

从 20 世纪 50 年代中期开始，日本各地的人口不断向三大都市圈集中，各大都市圈内部的各类产业也在随着工业化的推进逐步发展和整合。名古屋都市圈的产业结构不断向东京圈靠近，阪神都市圈则保持了比较稳定的水平，而都市圈以外地区与东京圈虽有接近，但与名古屋和阪神都市圈相比仍有较大差距。这形成了日本独特的人口大城市化和都市圈化的布局模式。

7.4.2 中国的产业布局实践①

中国产业布局的历史轨迹表现为均衡发展向非均衡发展逐步演变的过程，并具有明显的阶段性特征。

1. 1949—1978 年：均衡产业布局阶段

新中国建立初期，占国土面积不到 12% 的东部沿海地带，聚集了全国 70% 以上的工业，上海、天津、青岛、广州、北京、南京、无锡等城市的工业产值占整个工业产值的 94%，内陆地区的近代工业几乎一片空白。所以，政府采取了大规模向内地推行工业化的模式，以求实现均衡发展。

首先，在计划经济体制的大前提下，中国的区域产业布局在本质上不具有依据比较优势布局的特征，资本和劳动力资源不能自由流动，地区间的贸易方式以计划和调拨为主。因此，当时的产业布局主要是以政策导向为主，重工业不仅在东北等老工业基地继续发展，而且在中西部地区也大规模推行重工业化，选择的布局地点则以战备

---

① 参见卢福财，等. 产业经济学 [M]. 上海：复旦大学出版社，2013.

需要为导向。因此,当时中国的重工业化布局不具有比较优势特征,是缺乏效率和效益的。同时,这种生产力的均衡布局和地方追求工业自成体系,是违背比较优势原则的,造成了中国工业"遍地开花"的局面。

其次,改革开放前,政府对空间公平的追求多于对效率提高的追求,用整体的效率损失换取区域的均衡发展,表现为在近三十年的时间里,全国收入水平和消费水平都处于增长缓慢乃至停滞状态,而表面上较高的工业增长速度则是在扭曲的产业结构和效益较低的情况下实现的。

2. 改革开放后的非均衡产业布局政策

1978年以后,在对传统计划体制进行改革和实行对外开放的过程中,中国区域经济发展和产业布局的主导思想发生了根本性变化,从侧重公平转向侧重效率,实施区域经济倾斜发展战略,把建设的重点转向东部沿海地区。产业布局经历了从均衡到非均衡的转变后,在全国范围内呈现出自东向西梯度分布、由南向北展开的布局,产生了积极效果。

首先,根据各地域的优势,初步形成了产业布局的地域分工:东部地带的12个省(市)经济发达,工业结构偏向于加工工业,轻工业比重较高,技术和资金密集度较高;中部的九个省区工业发展水平也大幅度提高,原料工业和重加工工业比较突出;西部九个省区的经济地理位置和自然环境条件较差,但拥有丰富的矿产资源,工业结构以采掘业为特色。

其次,非均衡的产业布局也使得中心城市的辐射能力增强,有效带动了周围区域经济的增长。其中,东部地区的大中城市对周围地区的辐射影响和带动作用明显增强,形成了工业密集区域,如长江三角洲地区、环渤海地区和珠江三角洲地区。

然而,非均衡的产业布局也对各地区的经济增长带来了一定的负面影响。最直接的后果便是地区经济差距扩大,区域经济发展不平衡加剧。1980—1992年间,中部与东部人均国民生产总值相对差距由31.2%扩大到43.1%,而西部与东部人均国民生产总值相对差距则由43.8%扩大到50.5%。此外,区域经济摩擦、地区封锁日趋强化。自20世纪80年代初期财政实行"分灶吃饭"和分权体制改革以来,地方政府获得了相当大的权力,区域间关系也开始按市场规则行事,由于转轨时期新旧体制的摩擦,区域经济形成了活跃与紊乱并存的局面。再者,在利益动机的诱导下,各地区纷纷加速发展投资少、见效快的加工工业,忽视基础产业,从而导致各地区产业结构趋同。在加工工业上,一些拥有先进技术和设备、有条件发展深加工和高技术产业的发达地区未能加快改造传统产业,支持新兴产业,而是在某种程度上固守原有的加工业水平,产业升级换代进展缓慢。而一些设备技术条件差的落后地区限制原材料流出,自搞加工业,刻意追求高附加值,又往往依靠外汇进口机械设备和元器件来支撑耐用消费品加工工业。结果是,资源产区和加工地区的产业结构从不同起点出发,迈向趋同。这种不合理的同质化使得区域分工弱化,分工效益减弱;产业布局中重复引进、浪费现象严重;产业间的空间组织缺乏专业化协作,企业规模在低效率基础上趋向小型化及空间分布均衡化,造成分工效益和规模效益双重损失。最后,非均衡的产业布局注重地区经济倾斜,忽视产业倾斜。从比较利益理论和非均衡理论出发,给予基础好的地区某些优惠政策是应该的、可行的,但是必须把地区倾斜与产业倾斜结合起来,着力培育地区增长点和产业增长点。中国在产业布局实践中对东部地区进行了全面倾斜,而在一定程度上忽视了中西部地区,特别是中西部的农业、能源、原料和交通运输等基础产业的发展,造成这些地区的发展缺乏可持续性。

3. 未来中国产业布局的战略选择

近几年,基于中国经济发展的现实,到底应该采取何种战略的争论一直存在,形成了不同的学术观点。

(1) 梯度推移战略。从经济技术水平上看,客观上中国存在着东、中、西部三级梯度差异。在地区经济分工的基础上,战略重点应逐步由东向西梯度推移,即按照东、中、西部的顺序进行布局,推行投资和建设项目的地区倾斜政策。初期把重点放在经济技术水平高的东部地区,中期将重点转移至中部地带,远期则把重点放到不发达的西部地带。然而,随着时间的推移,该战略暴露出了重大的缺陷,即进一步拉大了东、中、西部地区间的差距,过分倾斜于加工工业,使整个经济发展缺乏后劲。

(2) 反梯度推移战略。正好相反,反梯度推移战略不是以经济技术水平而是以自然资源丰裕程度为梯度。因此,在产业分布政策上,应充分利用自然资源分布的梯度差,把投资和建设重点设在内地,向中西部地区实行倾斜政策,促进中西部快速发展,从而缩小发达地区与落后地区的差距。由于对中西部地带的侧重点不同,这种战略主张又可以具体细分为中部突破和西部跃进两种战略。

(3) 点轴开发战略和增长极战略。点轴开发理论认为,资源分配和产业布局应该按线状基础设施(主要是水、陆、空交通干线)展开,因而强调已有的经济技术基础在产业布局中的作用。增长极战略理论则认为,应该建立以增长极为中心的空间发展矩阵。

(4) 根据国家主体功能区进行产业布局。主体功能区是指,在对不同区域的资源环境承载能力、现有开发密度和发展潜力等要素进行综合分析的基础上,以自然环境、社会经济发展水平、生态系统以及人类活动形式的空间差异为依据,划分出具有某种特定主体功能的地域空间单元。主体功能区要符合科学发展观的要求,资源和环境承载能力弱的地区人口要减少,统筹资源进行产业布局,有利于资源的优化配置和人与自然的和谐。2011年,国务院制订了《全国主体功能区规划》,把全国国土空间统一规划为优化开发、重点开发、限制开发和禁止开发四大类主体功能区。具体而言,优化开发区是对以往开发过密区域进行调控,通过结构优化方式,促进产业升级和要素扩散;重点开发区是对资源环境承载能力较强、现有开发密度还不高、发展潜力巨大的区域,加大开发力度;禁止开发区是指对自然保护区、水源涵养地等区域的开发活动加以禁止,防止对资源和环境的进一步破坏;而限制开发区是指对生态脆弱、资源环境承载能力较弱的区域,在开发规模和步骤上加以限制,以防范大规模开发引致生态系统的进一步失衡。

案例 7.1 ▶ 长江三角洲地区工业的区域分工协作

长江三角洲及其沿江地区（以下简称"长三角地区"）作为中国七大经济协作区之一，地跨江浙沪两省一市，其所形成的长江经济带是中国产业布局的重要轴线，其持续、快速和稳定的发展对于国民经济起着重要的作用。根据2002年两省一市的统计数据汇总可知，长三角地区的土地面积为9.97万平方公里，约占全国国土总面积的1%，人口约占全国总人口的6%—7%，2001年GDP总量为16996亿元，占全国的18%，人均GDP为22567元，比全国平均水平的7543元/人高出199%，其工业增加值超过全国平均值150%以上的省份是上海和江苏，超过全国平均值100%—150%的省份是浙江。

近年来，长三角地区逐渐出现了产业区域分工现象，并对地区的经济发展起到了积极的促进作用。下面采用工业的区域配置系数（S_1）和区域专业化系数（S_2）来对长三角地区的区域分工协作水平进行评价。S_1用以分析某一工业在某一区域工业结构中的比重，考察其是否具有成为区域主导行业应有的规模，一般为$0<S_1<1$；S_2用某行业在某区域工业结构中的比重与该行业在全国行业结构中的比重来表示。对2002年江浙沪两省一市34种工业行业的统计资料进行整理和计算（如表7.2所示），并列出两省一市中S_1值和S_2值均较大的工业行业（如表7.3所示），可明确了解各省市具有主导专业化倾向的行业和主导专业化行业，由此可对长三角地区工业的区域分工协作的情况有个初步的了解。

表7.2 长三角地区工业的区域分工（2001年）

指标	上海（%）		江苏（%）		浙江（%）		行业在全国的比重（%）
	S_2	S_1	S_2	S_1	S_2	S_1	
煤炭采选业	0.10	0.16	0.26	0.41	0.04	0.07	1.60
石油天然气	0.07	0.20	0.07	0.21	0.00	0.00	2.91
非金属矿采选业	0.00	0.00	0.85	0.33	0.51	0.20	0.39
食品加工业	0.28	1.18	0.79	3.41	0.56	2.41	4.29
食品制造业	1.00	1.72	0.23	0.97	0.57	0.98	1.71
饮料制造业	0.49	0.94	0.64	1.23	0.99	1.89	1.91
烟草加工业	0.81	1.45	0.34	0.61	0.49	0.88	1.78
纺织业	0.55	3.24	1.95	11.50	2.31	13.61	5.89
服装制品业	1.20	3.27	1.61	4.37	2.36	6.41	2.72
皮革、羽绒制品	0.44	0.73	0.74	1.22	2.65	4.37	1.65
木材及藤草制品	1.32	1.03	1.14	0.89	1.23	0.96	0.78
家具制造业	1.02	0.47	0.67	0.31	1.26	0.58	0.46
造纸及纸制品业	0.51	0.97	1.00	1.90	1.39	2.63	1.89
印刷业、记录媒介	1.37	1.04	0.57	0.43	0.96	0.73	0.76
文教体育用品	1.75	1.24	1.30	0.92	1.82	1.29	0.71

(续表)

指标	上海（%）		江苏（%）		浙江（%）		行业在全国的比重（%）
	S_2	S_1	S_2	S_1	S_2	S_1	
石油加工	0.98	4.70	0.47	2.26	0.61	2.93	4.81
化学原料制品业	0.92	6.06	1.46	9.63	0.84	5.57	6.60
医药制造业	0.84	1.80	0.72	1.55	1.07	2.28	2.14
化学纤维制造业	0.60	0.64	2.31	2.47	2.29	2.45	1.07
橡胶制造业	0.82	0.77	0.93	0.87	0.93	0.87	0.94
塑料制造业	1.04	2.33	1.13	2.54	1.59	2.54	2.24
非金属矿物制品	0.53	2.23	0.90	3.80	0.75	3.80	4.22
黑色金属	1.48	8.84	0.82	4.91	0.29	4.91	5.98
有色金属	0.51	1.27	0.85	2.10	0.89	2.10	2.48
金属制品业	1.31	3.93	1.28	3.83	1.34	3.83	2.99
普通机械制造业	1.38	5.08	1.82	6.68	1.70	6.68	3.67
专用设备制造业	1.01	2.50	1.41	3.47	1.13	3.47	2.46
交通运输	1.72	1.66	0.73	4.92	0.73	4.97	6.78
电气机械	1.11	6.37	1.23	7.08	1.50	8.38	5.74
电子及通信设备	1.36	12.82	0.97	9.11	0.44	4.17	9.42
仪器仪表	1.39	1.36	1.19	1.17	1.15	1.13	0.98
电力蒸汽、热水	0.48	2.54	0.64	3.42	0.72	3.86	5.33
煤气生产、供应	1.32	0.25	0.79	0.15	0.68	0.13	0.19
自来水生产、供应	0.67	0.24	0.47	0.17	0.67	0.24	0.36

表 7.3 江浙沪两省一市的主导专业化（倾向）工业行业

区域	主要专业化工业行业及其（S_2、S_1）值
上海	食品制造业（1.00，1.72）
	木材加工及藤竹制品（1.32，1.03）
	印刷业、记录媒介的复制（1.75，1.24）
	文教体育用品制造业（1.75，1.24）
	黑色金属冶炼及压延业（1.48，8.84）
	交通运输设备制造业（1.72，11.66）
	电子及通信设备（1.36，12.82）
	服装及其他纤维制品（1.20，3.27）
	塑料制造业（1.04，2.33）
	金属制品业（1.31，3.98）
	普通机械制造业（1.38，5.08）
	专用设备制造业（1.01，2.50）
	电气机械制造业（1.11，6.37）
	仪器、仪表及办公用品（1.39，1.36）

(续表)

区域	主要专业化工业行业及其（S_2、S_1）值
江苏	纺织业（1.95，11.50） 造纸及纸制品业（1.00，1.9） 化学纤维制造业（2.31，2.47） 金属制品业（1.28，3.83） 设备制造业（1.41，3.47） 专用仪器、仪表及办公用品（1.19，1.17） 服装及其他纤维制品（1.61，4.37） 化学原料及化学制品（1.46，9.63） 塑料制造业（1.13，2.54） 普通机械制造业（1.82，6.68） 电气机械制造业（1.23，7.08）
浙江	纺织业（2.31，13.61） 皮革、羽绒及其制品（2.65，4.37） 造纸及纸制品业（1.39，2.63） 化学纤维制造业（2.29，2.45） 金属制品业（1.34，3.83） 专用设备制造业（1.13，3.47） 仪器、仪表及办公用品（1.15，1.13） 服装及其他纤维制品（2.36，6.41） 医药制造业（1.07，2.28） 文教、体育用品制造业（1.82，1.29） 塑料制造业（1.59，2.54） 普通机械制造业（1.70，6.68） 电气机械制造业（1.50，8.38）

由以上两个表中的信息可知，长三角地区的每个省市都拥有10个以上的主导专业化（倾向）工业行业，但其主要主导专业化（倾向）工业行业基本雷同，其中，江苏和浙江的主导专业化（倾向）工业行业高度重合，两省所具有的相同的主导专业化（倾向）工业行业竟高达10种之多，除了江苏省的化学原料及化学制品业与浙江省不同外，江苏省有的行业，浙江省都有。但从总体上看，两省一市的产业结构也存在着一定的差别：上海市工业结构倾向于重化工业和装备行业，资本密集型和技术密集型产业比较优势明显；传统工业在江苏省仍占有主导地位，高加工度化和技术密集型行业增长较快，资本密集型行业具有比较优势；而浙江省工业优势主要集中于劳动密集型行业。

（**案例来源**：赵丽，夏永祥. 长江三角洲地区工业的区域分工协作现状及产业结构趋同现象浅析. 苏州大学学报（哲学社会科学版），2004，4：35—41）

本章小结

产业布局是指一国（或地区）的产业在区域范围内的分布及空间组合配置。产业布局所关注的是区域性的产业结构变化，以及不同产业活动通过空间组合变化对区域经济发展产生的影响。

产业布局的区位理论主要研究产业空间分布、组合及优化的规律，大体经历了古典区位理论、近代区位理论、现代区位理论三个发展阶段。古典区位理论包括杜能的农业区位理论、韦伯的工业区位理论；近代区位理论包括贸易边界区位理论、一般区位理论、中心地理论、市场区位理论；现代区位理论包括成本—市场学派理论、行为学派理论、社会学派理论、历史学派理论、计量学派理论等。

产业布局的均衡与非均衡发展理论包括新古典均衡区域增长理论、缪尔达尔—赫希曼的非均衡增长理论、威廉姆森的倒"U"型曲线、佩鲁的增长极理论等。

产业布局的影响因素包括地理位置因素、自然因素、社会因素、经济因素和科技因素五个方面。

产业布局应遵循全局性原则、经济效益原则、集中与分散相结合原则、分工协作原则、可持续发展原则。

产业布局的一般规律是，生产力发展水平决定产业布局；劳动地域分工影响产业布局；地区专门化和多样化相结合；产业布局的"分散—集中—分散"螺旋式演变；地区差异性与非均衡性。

思考练习题

1. 产业布局有哪些基本理论？其主要观点是什么？
2. 试分析影响产业合理布局的主要因素。
3. 产业布局应遵循哪些指导原则？
4. 产业布局的一般规律有哪些？
5. 试分析中国产业布局的演进过程及未来产业布局的基本取向。

参考文献与进一步阅读

[1] 苏东水．产业经济学（第四版）[M]．北京：高等教育出版社，2015．

[2] 杨公仆，夏大慰．产业经济学教程[M]．上海：上海财经大学出版社，2002．

[3] 王发明，张平，李爱．产业经济学教程[M]．杭州：浙江大学出版社，2015．

[4] 唐晓华，王伟光．现代产业经济学导论[M]．北京：经济管理出版社，2011．

[5] 王俊豪. 产业经济学 [M]. 北京: 高等教育出版社, 2008.

[6] 阿尔弗雷德·韦伯. 工业区位论 [M]. 李刚剑, 等译, 北京: 商务印书馆, 1997.

[7] 刘继生等. 区位论 [M]. 南京: 江苏教育出版社, 1994.

[8] 徐晓梅. 产业布局学原理 [M]. 北京: 中国人民大学出版社, 1997.

[9] 杨吾扬. 区位论原理 [M]. 兰州: 甘肃人民出版社, 1989.

[10] 金相郁. 20世纪区位理论的五个发展阶段及其述评. 经济地理, 2004, 24(5): 294—298, 317.

[11] 赵丽, 夏永祥. 长江三角洲地区工业的区域分工协作现状及产业结构趋同现象浅析 [J]. 苏州大学学报（哲学社会科学版）, 2004, 4: 35—41.

[12] 克里斯塔勒. 德国南部中心地原理 [M]. 常正文, 等译. 商务印书馆, 1998.

[13] Berry, B. J., Garriso, W. L. 1958. A Note on Central Place Theory and The Range of a Good [J]. *Economic Geography*, 1958, 34 (4): 304—311.

[14] Steurer, R., Martinuzzi, A., Margula, S. *Regional Economics and Policy* [M]. P. Allan, 1985.

第 2 篇

产业组织

"产业组织"一词最早来自马歇尔1890年出版的《经济学原理》，他把"组织"列为一种能够强化知识作用的新的生产要素，包括企业内部组织、同一产业中各种企业间的组织、不同产业间的组织形态以及政府组织等。目前，产业组织特指产业内企业间的市场关系和组织形态，包括两层含义：第一，产业内企业间的市场关系表现为企业间垄断与竞争不同程度结合的四类市场结构，即完全竞争、完全垄断、垄断竞争和寡头垄断等。这反映了产业内不同企业的市场支配力、市场地位和市场绩效等方面的差异。第二，产业内企业间的组织形态是指同类企业相互联结的组织形态，如企业集团、分包制、企业联盟等。不同的产业组织形态既根源于企业间技术关联的专业化协作程度，又取决于企业间垄断与竞争的不同结合形态。

产业组织是产业经济学的重要组成部分，也是现代经济学的研究热点，甚至在西方，产业经济学就被称为"产业组织理论"，是微观经济学之"价格理论"的延伸，主要研究寡头垄断市场中企业之间的竞争行为及其相关的政府政策。

本篇分七章讨论产业组织理论演化及研究范式、同质产品的产量竞争与价格竞争、差异化产品的市场竞争、市场进入与遏制、纵向关系，以及最新的网络外部性与平台竞争等内容。

第8章

产业组织理论演化与研究范式

在西方经济学界，传统上，产业经济学（industrial economics）与产业组织（industrial organization）被认为是同义的学科分类术语。① 在中国，通常认为"产业经济学"和"产业组织"是包含与被包含关系。广义上，产业经济学的研究内容不仅包括同一产业内企业间关系的产业组织理论，还包括描述不同产业间关系及其发展规律的产业结构理论和产业发展理论。狭义上，产业组织理论（the theory of industrial organization）以市场和企业为研究对象，从市场角度研究企业行为或从企业角度来研究市场结构，是产业经济学的核心内容和微观基础。

纵观产业组织理论发展史，主要脉络表现为两大学派或两种研究框架：一是以经验分析为主的哈佛学派，二是注重理论研究的芝加哥学派，包括后来诞生的新产业组织理论。本章以狭义的产业组织理论为线索，全面梳理产业组织理论的起源、发展及其各学派的演化。

8.1 产业组织理论的起源与形成

产业组织理论有着悠久的思想渊源，至少可以追溯到亚当·斯密（Adam Smith）的《国富论》中的劳动分工理论和竞争理论。亚当·斯密通过对重商主义学说和重商主义时代下国家干预私人经济活动的批判，提出了"自由竞争"的思想，论证了自由竞争导致"利益和谐"和"市场均衡"，明确表达了对国家干预经济的抵制。此后，西方经济学界关于产业组织问题的研究大多集中于竞争理论和所谓理想竞争状态的确定等方面，直到后来古诺、张伯伦和琼·罗宾逊夫人等的不完全竞争理论初具体系后才向垄断和垄断竞争领域拓展。

1879年，马歇尔夫妇（Alfred Marshall & Mary Paley）合著的《产业经济学》（*Economics of Industry*）出版，正式将产业组织定义为产业内部的结构。其后，在1890年出版的《经济学原理》（*Principles of Economics*）中，马歇尔用大量篇幅讨论产业组织问题。他提出，"组织"是"萨伊的生产三要素（劳动、资本、土地）"之上的第四生产要素。不过，马歇尔的"组织"概念较为庞杂，既指企业内的组织形态，也包括企业之间、产业之间的组织形态。他发现，大规模生产能为企业带来规模经济性，提高企业的生产效率，使这些企业产品的单位成本下降、市场占有率提高；然

---

① 按照多数人所认可的说法，前者在欧洲较为流行，而后者在美国更常见。

而，这种影响的持续也会促使市场结构中垄断因素的增强，而垄断的发展又遏制竞争机制在市场中所发挥的合理配置资源的作用，使经济丧失活力。这种现象被后人称为"马歇尔冲突"。再后来，马歇尔在《工业与贸易》（*Industry and Trade*，1919）中指出，虽然垄断和自由竞争在概念上大相径庭，但事实上几乎所有的竞争性行业中都具有垄断性因素，这也为后来"垄断竞争"概念的提出奠定了基础。由于在产业组织领域的卓越贡献，马歇尔被西方学者视为产业组织理论的先驱甚至创始人。

1933年，美国哈佛大学教授张伯伦（E. H. Chamberlin）和英国剑桥大学教授罗宾逊夫人（J. V. Robinson）分别出版了《垄断竞争理论》（*The Theory of Monopolistic Competition*）、《不完全竞争经济学》（*The Economics of Imperfect Competition*），不约而同地提出了垄断竞争理论。该理论彻底否定了以往"非垄断即竞争"这样一种极端观点，认为在现实世界中，各种形式和不同程度的竞争与垄断现象通常是交织并存的。

张伯伦认为，在现实经济中，总是存在大量的"垄断竞争者"和各种"垄断竞争现象"。完全竞争或完全垄断只是两种特殊的市场结构，而实际市场则是完全竞争和完全垄断的混合。依据垄断因素的强弱程度，他还将实际市场划分为从完全竞争到独家垄断等多种类型，并分别总结了不同市场形态下产品和价格的特点。

罗宾逊夫人认为，现实的竞争是不完全的竞争，这源于市场的不完全性。她从运输成本的高低、品牌产品的质量保证、不同生产者提供的便利条件、产品可替代性、广告的影响、消费者偏好等市场不完全性因素出发来分析造成不完全竞争的原因，得出不完全竞争才是现实世界市场关系的常态，或者说，现实世界中根本无法实现完全竞争。她认为不完全竞争并不含有垄断因素，其不完全竞争理论不涉及销售者人数的多寡，因此可以应用于除完全竞争和完全垄断以外的所有市场情况。同时，她认为产品差别是垄断企业掌握垄断权力的基础。尽管罗宾逊夫人与张伯伦一起被认为是垄断竞争理论的共同开创者，但实际上，与张伯伦的研究相比，罗宾逊夫人更侧重于对完全垄断的考察，着重分析了垄断条件下的价格歧视和买方垄断，并以此为基础探讨在资本主义条件下因资本家对劳动力的买方垄断所导致的剥削。

西方经济学界对这两本著作给予了高度评价，萨缪尔森（P. A. Samuelson）称之为"垄断竞争的革命"。这两本著作将当时很多经济学家的关注视线引入了产业组织领域，一些美国经济学家试图建立一种以经验性和应用性为主导的研究来分析不完全竞争产业。从那之后，对产业组织理论的研究也从萌芽期逐步进入发展期。

8.2　哈佛学派及其研究范式

哈佛学派（Harvard School）产生于20世纪30年代末期，其主要代表人物包括梅森（E. S. Mason）、克拉克（J. M. Clark）、贝恩（J. S. Bain）以及谢勒（F. M. Scherer）等。

8.2.1 哈佛学派的形成与发展

1. 理论的起源

20 世纪 30 年代，时任哈佛大学经济系主任的梅森教授首先开设了产业组织课程，并于 1938 年建立了一个包括贝恩、凯森（C. Kaysen）、麦克尔（J. W. Mckie）、麦克海姆（J. Markham）和艾德曼（M. Addman）等学者在内的产业组织研究小组，又称"梅森联谊会"，这是第一个正式的产业组织理论研究机构。该小组以案例研究的方式，把对产业组织问题的研究从以往的偏重于垄断和反垄断问题扩大到对整个市场和厂商的分析，关注了若干行业的市场结构，对市场竞争过程中的组织结构、厂商竞争行为、市场竞争结果等方面开展经验性研究。期间，梅森基于张伯伦等人的垄断竞争理论，在 1939 年出版的著作《大企业的生产价格政策》（*Price and Production Policies of Larger-Scale Enterprise*）中提出了产业组织的理论体系和研究方向，为该分支学科体系的最终形成奠定了坚实的基础。

2. 理论的正式形成

1940 年，美国经济学家克拉克（J. M. Clark）[①] 在《美国经济评论》上发表了《论有效竞争的概念》一文[②]，首次提出了"有效竞争"（workable competition）的概念，对哈佛学派产业组织理论的发展及理论体系的建立产生了重大影响。克拉克认为，在一个不完全竞争的市场上，由于不完全竞争因素的不断出现，会引致"补偿平衡效应"。不完全竞争存在于市场的事实表明，长期、短期均衡的实现条件是不协调的，这种不协调反映出市场竞争与规模经济之间不可调和的矛盾。而为缩小这种矛盾给现实市场带来的影响，就必须明确"有效竞争"的概念，就是构建既有利于竞争又有利于发挥规模经济作用的竞争格局，其中，政府的公共政策将成为实现有效竞争格局的主要方式。

在克拉克的"有效竞争"学说发表之后，梅森进一步发展了这一理论。他指出，所谓"有效竞争"，就是能够保证和促进经济增长与技术进步的竞争，其基本特征就是一种偏离完全竞争的均衡模式。梅森还归纳提出了有效竞争市场的两类基本标准：一是市场结构标准，即能够维护有效竞争市场形成所需具备的条件；二是市场绩效标准，即从市场绩效的角度判断市场竞争是否有效。1957 年，梅森出版了他自 1936 年以来发表的相关论文的论文集《经济集中和垄断问题》（*Economic Concentration and Monopoly Problem*），对上述观点进行了总结。

梅森的弟子贝恩自 1956 年开始研究市场进入壁垒，并于 1959 年出版了《产业组织》（*Industrial Organization*）一书。该书是第一部系统论述产业组织理论的教科书，全面总结了已有的研究成果，完整地论述了产业组织的理论体系，也标志着产业组织理论的最终形成。贝恩在书中明确指出，产业组织理论所研究的"产业"是指生

---

① 约翰·莫里斯·克拉克（J. M. Clark）系约翰·贝茨·克拉克（J. B. Clark）之子，切勿混淆。

② 该文为 1939 年克拉克在美国经济协会年会上所做的题为《论竞争的概念》的报告。

产具有高度替代性产品的企业群①。作为产业组织理论的开创性著作，该书的最大贡献在于完整地提出了现代产业组织理论的基本研究范式：市场结构（structure）、市场行为（conduct）、市场绩效（performance），简称SCP分析范式。同时，贝恩将这一基本研究范式与国家的公共政策（即产业组织政策）联系起来，进一步规范了产业组织理论体系。

在哈佛大学学习和任教的这段时期内，贝恩为产业组织理论及其经验分析方法的发展做出了极大贡献，其研究成果开辟了产业组织经验研究的前沿。不过，贝恩并未将他所提出的"结构—行为—绩效"分析范式进一步扩展为更一般化的理论框架，尤其是在对市场行为的决定因素及其对市场绩效的影响，以及该范式中对各环节反馈效应的分析方面，这些方面的相关工作后来由谢勒完成。

3. 理论的进一步发展

继梅森、贝恩后，美国经济学家凯森和法学家特纳（D. F. Turner）于1959年合作出版了《反托拉斯政策》（*Anti-Trust Policy：An Economic and Legal Analysis*）一书，对产业组织理论体系的发展做出了一定贡献。1970年，谢勒在《产业市场结构和经济绩效》（*Industrial Market Structure and Economic Performance*）一书中进一步揭示了市场行为和市场绩效之间的关系，总结了有关市场行为，尤其是价格形成、广告活动、研究开发等方面的研究成果，弥补了贝恩在《产业组织》中对市场行为论述的不足。通过考察外部条件对市场结构、市场行为和市场绩效的影响，谢勒将"结构—行为—绩效"分析范式扩展为一般化的理论框架，使传统产业组织理论的分析范式得到系统、完整的阐述。也正因如此，此后有关产业组织理论的重要文献对"结构—行为—绩效"分析范式的应用大多以谢勒的思想为蓝本。

至此，在哈佛大学众多学者的共同努力下，"结构—行为—绩效"分析范式逐渐趋于成熟。由于以梅森、贝恩、谢勒等学者为代表对产业组织理论的开创性研究基本是以哈佛大学为中心展开的，故该学派被称为"哈佛学派"。同时，由于哈佛学派对产业组织理论的经验性研究重视市场结构对市场行为、市场绩效的决定作用，故"哈佛学派"又被称为"结构主义学派"（structuralism school）。

8.2.2 哈佛学派的理论体系与政策主张

就SCP分析范式而言，市场结构通过对买方集中度、卖方集中度、产品差别化程度和进入条件等指标的分析，考察了买者之间、卖者之间、买者和卖者之间、现有卖者和潜在进入者之间这四种基本的市场关系；市场行为主要包括四个方面：卖者的价格和产量决策、卖者的产品和销售费用决策、卖者的掠夺性行为和排他性行为、企业作为买者时的市场行为；市场绩效是企业市场行为的最终结果，主要考察六个方面：技术效率、价格—成本差额、最大可能产出规模与实际产出水平的比较、生产成本与促销费用的比较、生产或产品的特点（如设计、质量和多样性等）、进步状况（如产品和生产工艺等方面）。

---

① 这里的企业群不包括金融类企业，也不涉及非金融企业作为生产要素市场上的买者的问题。

在贝恩的理论中,"结构—行为—绩效"分析范式的基本要义是强调市场结构、市场行为、市场绩效之间存在着一种单向的因果关系:一方面,市场结构是市场行为的决定性因素;另一方面,在一个给定的市场结构中,市场行为是市场绩效的决定性因素。而"结构—行为—绩效"分析范式的研究基础在于完全竞争和垄断这两个基本的市场模型。贝恩将这两种基本市场看作是现实世界中所有市场形态分布范围的两个端点,其中,拥有许多企业的市场被认为接近完全竞争市场这一端,而生产集中于某一家或几家企业的市场更接近垄断市场这一端。贝恩认为,在市场结构由完全竞争市场向垄断市场变化的过程中,必然会导致市场行为相应地发生变化,并最终造成市场绩效所谓"由好及坏"的改变。不良的市场绩效(资源配置效率低下)往往由不良的市场行为(企业垄断行为)造成,而这些不良市场行为又源自不良的市场结构(垄断市场)。因此,以贝恩为代表的哈佛学派在政策主张上倾向于通过政府干预来改变不良的市场绩效,提高资源配置效率,维护有效竞争的市场结构。

就谢勒对贝恩 SCP 分析范式更一般化的阐述而言(参见图 8.1),核心是从供给和需求两方面阐述了企业的基本条件对市场结构和市场行为的影响。在供给方面,主要包括原材料供应商的所有权与分布区域、技术特点、产品耐用性、产品价值、规模经济、范围经济等。在需求方面,主要包括需求的价格弹性、需求量增长率、产品的可替代程度、买者的购买方式、产品的生产周期、产品的季节性特征以及产品的销售特征等方面。同时,谢勒进一步揭示了市场结构、市场行为和企业基本条件之间的反馈效应。例如,研究与开发可能会通过提升企业的生产技术而改变产品的成本状况和差异化程度。企业价格策略的选择可能会提高或降低市场进入壁垒,进而改变长期的市场结构。更重要的是,谢勒对公共政策与市场结构、市场行为的关系进行了明确,政府制定规制、反垄断等政策的目的是通过改善市场结构和市场行为来追求良好的市场绩效。

除 SCP 范式外,贝恩还提出了产业组织理论中最著名的"集中度—利润率"假说。贝恩将美国制造业中的 42 个产业分为两组,一组是 CR8(市场份额位于前 8 位的企业加总)大于 70% 的 21 个产业,另一组是 CR8 小于 70% 的 21 个产业。贝恩通过调查发现,这两个市场集中度不同的产业群的利润率存在明显差异:前者的平均利润率为 11.8%,而后者仅为 7.5%。由此,贝恩认为,在市场集中度高至一定程度时,少数大企业间有效的共谋将成为可能,产业的平均利润率会随之提高。不仅如此,若新企业的进入变得困难,那么这种较高水平的利润率也将继续保持下去。因此,哈佛学派认为,在具有垄断市场结构的产业中,由于少数企业间的共谋和设置过高的市场进入壁垒等行为,削弱了市场竞争性,虽然会产生超额利润,但是却降低了资源配置效率,导致社会福利减少。这种"集中度—利润率"关系不仅成为当时产业组织理论经验性研究所关注的焦点,并且由于市场集中度和进入壁垒为主要指标的市场结构与市场绩效之间的经验性关联,该理论及其经验研究结论也一度成为市场经济国家制定反垄断政策的主要依据。

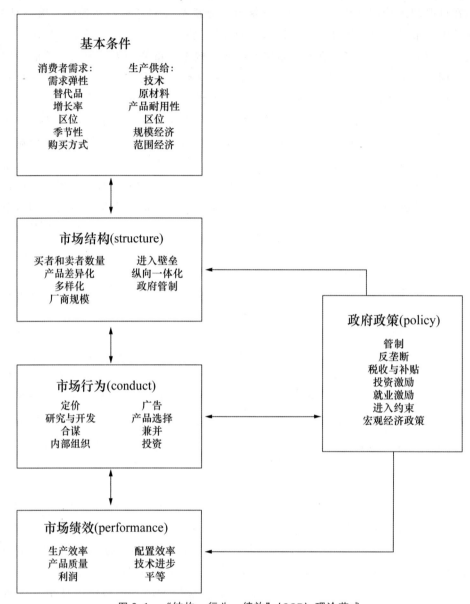

图 8.1 "结构—行为—绩效"(SCP) 理论范式

总之,在哈佛学派看来,垄断的市场结构会导致垄断的市场行为,进而产生不良的市场绩效。市场集中度较高的企业总是倾向于通过提高价格、设置进入壁垒等手段来获取垄断利润,而企业的垄断行为必将阻碍技术进步,导致资源配置的低效率。为获得良好的市场绩效,应当通过调整公共政策来改善不合理的市场结构,进而限制垄断势力的发展,保持市场的适度竞争。因此,产业组织政策的提出应当着力于形成和维护有效竞争的市场结构,并对企业的垄断行为采取规制政策。

哈佛学派的这种政策主张对战后以美国为首的西方发达市场经济国家的反垄断政策产生了重大影响。二战以后,由于美国积极推进反垄断政策,哈佛学派的观点作为正统的产业组织理论被美国社会长期接受。受其影响,在20世纪70年代前后,美国相继对一大批大型反垄断案件提起诉讼,其中就包括著名的国际商用机器公司(IBM)案(1969年)、施乐复印机公司案(1972年)、凯洛哥等4家早餐谷物公司案(1972年)、埃克森公司等8家石油精炼公司案(1973年)、美国电话电报公司(AT&T)案(1974年)等。

8.2.3 哈佛学派的贡献与不足

1. 主要贡献

第一,明确了产业组织的研究对象和研究方法。哈佛学派开创了研究产业组织理论的先河,明确了其研究对象和方法。哈佛学派所关注的是企业的经营环境以及在这种环境中,企业作为生产者、销售者和购买者分别是如何行动的,即企业的市场行为。相应地,该学派主要的分析对象是产业或竞争中的企业集团,而并非是微观的单个企业或宏观的企业总体。关于研究方法,哈佛学派以经验性研究为主,通过分析大量产业案例来寻找"结构—行为—绩效"的一般规律。除采用跨部门的经验分析法外,哈佛学派还采用时间序列分析法,并强调必须从历史、现实和理论三方面进行经济分析。

第二,提出并完善了产业组织理论的基本分析范式。哈佛学派的贝恩创造性地提出了"结构—行为—绩效"分析范式,明确了三者间存在着一种单向因果关系,即市场结构决定市场行为,市场行为决定市场绩效。贝恩还发现,市场竞争是否充分主要体现在市场结构上。市场集中度越高,企业的垄断能力就越强,所获得的利润率也越高;而市场集中度高的行业,其进入壁垒也强、产品差异化程度较大。同时,通过研究美国企业的市场行为,贝恩提出了评价市场绩效的一系列指标。谢勒等学者进一步完善了贝恩的"结构—行为—绩效"分析范式,阐明了基本市场条件与市场结构、市场行为、市场绩效以及公共政策之间的关系,即基本的市场条件决定市场结构,制定公共政策的目的是通过改善市场结构和市场行为来追求良好的市场绩效。

第三,为美国的反垄断政策和法规提供了理论支撑。从19世纪末至20世纪70年代,随着市场经济由自由竞争逐步向私人垄断,进而向国家垄断发展,美国对市场部门的监控领域不断扩大,政府对经济的干预调节作用日益增强。哈佛学派提出的"维护竞争、规制垄断"的思想为当时美国反垄断政策的实施和反垄断法规的完善提供了适时的理论依据。20世纪70年代,美国制造业中近半数部门所形成的垄断市场结构并未得到强化,此外,诸如炼铝、卷烟、石油等工业部门的垄断势力被限制和削弱。这些现象都足以表明,哈佛学派理论的实施在一定程度上遏制了垄断势力的发展。

2. 缺陷与不足

尽管哈佛学派所提出的"结构—行为—绩效"分析范式主宰了主流产业组织理论学界近半个世纪,但其本身的确存在许多缺陷。

第一,作为经验性分析的产物,"结构—行为—绩效"分析范式缺乏坚实可信的理论基础。即便贝恩在早年就已宣称,其产业组织理论以"价格理论"为指南,但实际上，哈佛学派用以解释市场结构、市场行为和市场绩效之间关系的依据并非主流和正统的理论观点。尽管该学派的学者们竭尽所能，但一些主要理论只是基于对大量表象的经验性描述，并不具有逻辑上的必然性。

第二，哈佛学派过分强调市场结构对市场行为的决定作用，对企业的一些策略性行为难以作出清楚的解释。虽然谢勒在完善贝恩的"结构—行为—绩效"分析范式时明确了一些市场结构之外的因素（如企业的基本条件），也并不否认市场行为对市场结构存在反馈效应，只是这些基本条件也仅仅是描述性的，其片面性相当明显：一方面，这些因素并不能有效解释不完全竞争条件下企业的市场行为；另一方面，一些新的重要因素（如信息不对称、有限理性、交易费用等）并未被纳入基本分析框架中。

第三，哈佛学派所推崇的跨部门经验性研究存在着数据采集和模型设计方面的缺陷。一方面，在跨部门研究中，学者们使用的实证数据来自政府统计部门，而政府统计口径下的产业与产业组织理论中的产业相距甚远。因此，跨部门研究无法根据经济学意义上的产品市场来定义产业，对市场上的一些多元化企业也没有令人满意的处理办法。另一方面，要使所选取的模型及指标能准确表征或反映变量间的关系也相当困难，企业的决策会在很大程度上影响可观测变量，从而导致内生性问题，尤其是在跨部门回归分析中，出现不可观测变量与自变量之间相互关联的几率很大，因而估计值与真实值之间难免会存在较大的偏差。

8.3 芝加哥学派及其研究范式

产业组织理论的芝加哥学派（Chicago school）产生于20世纪60年代末，其主要代表人物有斯蒂格勒（G. J. Stigler）、德姆塞茨（H. Demsetz）、布罗曾（Y. Brozen）、佩尔兹曼（S. Peltzman）、波斯纳（R. A. Posner）等。

8.3.1 芝加哥学派的形成与发展

1. 理论产生的背景

20世纪40至50年代，美国的反垄断思想由哈佛学派的产业组织理论所主导。这一时期，美国实施严格的反垄断措施，限制企业规模扩张和抑制企业兼并或合并等行为的规制十分普遍。然而，美国企业在发展中出现的种种现实问题表明，哈佛学派对市场结构、市场行为和市场绩效的认识并不准确，一些大企业的发展较为缓慢，技术创新受到阻碍，对美国经济增长、社会发展以及国家利益造成了不利的影响，种种现实要求对反垄断政策实施改革。

自20世纪60年代开始，随着战后西欧和日本经济的快速复苏，国际市场上的竞争愈演愈烈。由于在钢铁、汽车等传统优势产业上受到巨大的进口冲击，美国企业在国际市场上的竞争力逐步减弱，美国的贸易逆差不断增加，经济出现了"滞胀"现象。美国政府和经济学家们开始对过去的产业组织理论和反垄断政策进行反思，认为招致美国经济不景气、导致企业国际竞争力下降的主要原因之一是哈佛学派所主张的强硬的反垄断政策，该政策的长期实施抑制了美国企业的扩张能力及其国际竞争力的提高。同时，一些大型企业的反垄断案件也带来了巨额的诉讼费用和大量的社会成本。从那时起,哈佛学派主导的传统产业组织理论成为不少学者质疑和批判的焦点,其中,最著名和最有影响力的批判来自产业组织理论的芝加哥学派。

2. 理论的形成与发展

早在1958年,斯蒂格勒从哥伦比亚大学回到芝加哥大学后就开始转向研究产业组织和政府管制。20世纪60年代初,他在芝加哥大学发起了一个非正式的产业组织讨论会,聚集了弗里德曼(M. Friedman)、科斯(R. Coase)、麦吉(Y. McGee)、凯塞尔(R. Kessel)、特尔泽(L. Telser)、德姆塞茨、布罗曾、波斯纳等众多经济学家。这些学者经常在茶余饭后进行激烈的争论,产生了许多开创性的思想。后来,这个讨论会由封闭转为开放,吸引了越来越多的学者加入,他们对当时被奉为正统的结构主义理论和论据进行抨击。由此,芝加哥学派开始崛起。

1968年,斯蒂格勒的《产业组织》(*The Organization of Industry*)一书问世,标志着芝加哥学派在产业组织理论思想上的成熟。在该书中,斯蒂格勒在"结构—行为—绩效"三者关系的问题上提出了与哈佛学派不同的观点。他认为,判断市场结构和市场行为是否合理的标准是看其是否提高了市场效率,而并不是像结构主义学派那样只注重其是否损害了竞争。由于一些企业在激烈的市场竞争中能达到更高的生产效率,所以它们才能获得高额利润,并促进企业规模的扩大和市场集中度的提高,进而形成以"大企业"和"高市场集中度"为特征的市场结构。布罗曾也指出,企业兼并未必是反竞争的,高利润率很有可能是高效率的体现,而不一定是反竞争的结果。因而,他们得出的结论恰好与贝恩等学者相反,即市场绩效或市场行为决定了市场结构。芝加哥学派进一步指出,即便市场中存在某些垄断因素,只要政府没有人为的规制行为,在长期,竞争均衡状态也可以出现。简单地说,只要市场绩效是好的,即使市场结构是垄断的或高集中度的,也不再需要政府管制。他们认为,并不存在市场势力,即使有,也是政府干预的结果。在研究规模经济问题中的企业最佳规模及其决定因素时,斯蒂格勒认为,由于各个企业所拥有的资源不同,一家企业的发展能力不仅取决于其生产的成本条件,还涉及许多难以观测和计量的因素(如企业家才能)。由此,斯蒂格勒首创了"生存技术"来判断企业的最佳规模,认为企业在长期竞争中得以生存的规模就是最佳规模,并把决定企业最佳规模的主要因素归结为工厂规模和技术复杂程度。

在芝加哥学派的发展过程中,以波斯纳为代表的法学家也做出了特殊的贡献。波斯纳将价格理论应用于对反垄断法的研究中,并于1976年出版了《反托拉斯法:一种经济透视》(*Anti-Trust Law: An Economic Perspective*)一书,对美国当时的反垄断政策产生了重大的影响。该书认为,反垄断本身是为了保护竞争而并非单纯地保护竞争者。实施反垄断政策的目的在于提高经济效率,进而实现消费者利益的最大化。波斯纳等人对反垄断政策的研究使产业组织理论中诞生了一门新兴的交叉学科——法经济学(Economics of Law)。

芝加哥学派的主要人物多是来自芝加哥大学的经济学家，① 该学派在美国乃至整个西方经济学界都有着重大影响。在理论方面，该学派继承了自奈特（F. H. Knight）以来芝加哥传统的经济自由主义思想和社会达尔文主义，信奉自由经济中的市场竞争机制和市场的自我调节能力，强调市场竞争是市场力量自由发挥作用的过程，是优胜劣汰的过程。在实证研究和政策选择方面，芝加哥学派主张从新古典价格理论视角研究实际的产业组织活动，进而制定公共政策。在方法论方面，芝加哥学派关注的是市场行为是否有碍市场效率的提高，认为市场行为是否损害市场竞争并不重要。因此，芝加哥学派也被称为"效率主义学派"。

8.3.2 芝加哥学派的理论体系与政策主张

1. 聚焦"进入壁垒"的理论与政策

哈佛学派对产业组织理论的主要贡献之一，就是贝恩在"排斥新竞争的壁垒"中创造性地将"进入壁垒"作为分析市场势力的主要因素，从而把研究重点从内部的市场结构转向外部的市场条件。贝恩等学者认为，进入壁垒的存在限制了市场竞争，进而损害了资源配置和经济效率。进入壁垒指阻止新竞争者进入市场的因素或障碍。长期以来，美国政府反垄断政策的实施一直把进入壁垒的高低作为判断经济行为是否反竞争的主要依据。

在对贝恩的进入壁垒理论进行批判时，斯蒂格勒将"进入壁垒"概念明确为，是一项由新进入企业承担的而现有企业无需承担的额外成本。他认为，识别反竞争活动的关键在于判断是否存在人为的进入壁垒。因此，在斯蒂格勒看来，贝恩提出的因素（如规模经济、最低资本需求量、产品差异等）不属于进入壁垒的范畴。芝加哥学派认为，除政府对企业的进入存在规制外，实际经济市场中几乎不存在进入壁垒，因此市场上的既有企业都面临着潜在进入者的竞争压力。芝加哥学派的另一代表人物德姆塞茨于1973年提出了"所有权进入壁垒"概念。他指出，只要产权存在，壁垒就存在，它不是保护原有厂商，就是保护新进入的厂商。德姆塞茨认为，问题的关键不在于是否应有这种保护，而在于应给哪一方以怎样的保护，这一判断标准的依据是看总效率是否得到提高。相应地，这种判断标准也为相关的政策实施提供了理论依据。

2. 基于"结构—行为—绩效"分析范式的理论与政策争论

关于"结构—行为—绩效"分析框架，哈佛学派与芝加哥学派争论的一个焦点在于：在高集中度的市场中，企业普遍获得高额利润是企业本身高效经营的结果，还是企业通过垄断行为将消费者利益和竞争对手利益转移成自身利益的结果。在芝加哥学派看来，在没有人为设置市场壁垒的前提下，市场中的垄断势力或不完全竞争现象只是一个暂时的、难以持续的状态。若企业的高利润水平不是建立在高效率经营的基础上，则会招致其他企业的进入而使其利润率逐渐降低至平均水平。既然企业的高利润率在长期高集中度的市场中难以维持，那么所谓的垄断势力实际上并不存在。

---

① 除芝加哥大学外，芝加哥学派的产业组织理论研究中心还包括加利福尼亚大学洛杉矶分校（UCLA）和罗切斯特大学（UR）。

芝加哥学派与哈佛学派争论的另一个焦点是，在市场结构、市场行为和市场绩效三者之中，起决定性作用的究竟是市场结构还是市场绩效。在高集中度的市场结构中，由于规模经济性等因素的存在，大企业通常拥有高于同行业平均水平的生产效率。芝加哥学派认为，如果市场竞争导致的生产经营成果集中于少部分企业手中，那一定是因为这些企业具有更高的经营效率，使它们在激烈的竞争中脱颖而出，并最终形成以"大企业"和"高市场集中度"为特征的市场结构。芝加哥学派的学者们就贝恩所提出的"集中度—利润率"假说进行了市场调查。他们指出，1951年，$CR8>70\%$的企业与$CR8<70\%$的企业间利润率差为4.3%，而几年之后这个差额仅为1.1%。他们据此认为，市场集中度与利润率之间并不存在必然的联系。芝加哥学派由此抨击哈佛学派的观点，强调市场机制会自行调节市场竞争中的企业行为，正是凭借各自最优的市场行为，高效率企业的市场占有率不断扩大，最终导致高集中度的市场结构。

芝加哥学派还特别重视对企业市场行为的分析，他们把研究重点瞄准企业间的"非标准合约"。传统观点一般认为这种非标准合约具有反竞争的倾向，有导致市场效率损失的可能性。而在芝加哥学派诞生后，科斯率先否定了这种观点。他认为，那些不能用标准价格理论来解释的非标准合约虽然很可能会节约交易费用、增进市场效率，但它们本身并不一定是反竞争的。科斯的思想开辟了一条与传统市场行为理论不同的研究之路。除此之外，在研究企业兼并的市场行为时，传统观点认为规模经济是企业兼并的主要原因，而规模不经济是限制企业兼并的主要因素。斯蒂格勒指出，由于企业兼并后的规模使它具有一定的市场势力，有助于其获得垄断利润，因此，只要没有显著的规模不经济，企业兼并就会发生。进一步，斯蒂格勒还分析了寡头企业的合谋行为。

3. 反垄断政策与政府规制的现实博弈及其理论依据

芝加哥学派是在对哈佛学派的批判中逐渐兴起的，其主要贡献在于抨击了哈佛学派提倡政府干预市场结构的观点，强调市场竞争机制和自动调节能力的重要性，反对政府对市场经济活动进行过多的干预。在反垄断方面，芝加哥学派提出了与哈佛学派截然不同的政策主张，主张实施反垄断法的目标是提高资源配置效率，增加社会总福利。这一理论直接导致美国反垄断政策的转变，在反垄断思想的学术领域逐渐取得了主流地位。此外，芝加哥学派对政府规制的分析，开创了微观规制经济学这一新的经济研究领域，并直接推动了美国规制政策的放松。芝加哥学派的这些政策主张得到了美国经济学界和法学界的普遍认可与支持，对产业组织理论体系的形成和完善具有极其重要的作用和意义。

20世纪70年代后，由于传统产业的国际竞争力日趋减弱，美国经济出现了大量的财政和贸易赤字，一些重要产业的生产活动外移导致产业空心化。芝加哥学派对政府在众多领域实施市场干预政策的必要性持怀疑态度。他们认为，在现实经济活动中并不存在哈佛学派所认为的完全垄断现象，政府应当尽可能减少对产业活动的干预，要让市场力量自由地发挥调节作用。为此，他们主张宽松的反垄断政策和政府规制政策。

传统观念认为，反垄断政策最一般的目标是保护市场的自由竞争，以达到经济效益的最大化。哈佛学派认为，必须通过对市场竞争的有力保护才能实现经济效益最大化。而芝加哥学派认为，应当把提高经济效率、增加社会福利作为实施反垄断政策的唯一目标。如果企业的某种行为导致社会福利下降，那就应视其为垄断行为；考虑到造成消费者福利下降的企业行为有可能会增加生产者福利，若生产者福利的上升幅度大于消费者福利的下降幅度，那么社会福利是增加的。即便在一定程度上会损害消费者利益，这种企业行为也不应被判定为垄断行为。波斯纳认为，局部的垄断行为可以使社会资源重新分配，社会资源从低效率企业流向高效率企业的过程有利于促进市场竞争和优胜劣汰。由此，国家的反垄断政策就可以同时兼顾公平和效率两个目标。

芝加哥学派对产业组织理论研究的另一大贡献在于斯蒂格勒、德姆塞茨等学者对政府产业规制的研究。早期，人们都认为对电力、煤气、城市供水等公共事业领域实行政府规制是理所应当的。后来，斯蒂格勒经实证研究后认为，政府规制的实施在包括公共事业在内的很多产业中并未收获预期效果。他指出，政府规制的目的并非保护公共利益，而是维护个别集团的利益。芝加哥学派在政府规制方面的研究不仅开创了经济学研究的一个新领域——规制经济学（Economics of Regulation），同时对 20 世纪 70 年代末西方国家的放松规制改革产生了重大影响。

芝加哥学派对美国反垄断活动和政府管制政策产生了深远影响。在 20 世纪 80 年代的里根政府执政时期，该学派的许多经济学家都曾在司法部反托拉斯局、联邦贸易委员会等重要部门担任要职。在这段时期内，美国政府基本采用芝加哥学派"自由放任"的政策主张，反垄断案件也大幅减少。当时有一大批已进入司法程序近十年甚至长达十几年的大型反垄断案件（如 IBM 案、埃克森公司案等）均以司法部的撤诉而告终。人们把美国产业规制和反垄断政策方面的这一系列变化称为反垄断政策的"芝加哥革命"。

8.3.3 芝加哥学派的贡献与不足

相对于哈佛学派的"结构—行为—绩效"分析范式来说，芝加哥学派的理论虽然对日后新产业组织理论的兴起产生了很大影响，其政策主张也一度成为 20 世纪 80 年代美国反垄断政策变革的重要依据。然而，无论在理论体系还是在分析框架方面，芝加哥学派都未能达到哈佛学派那般的完整和成熟程度，其主要理论贡献仍然局限在对哈佛学派分析范式的批判上。

芝加哥学派对哈佛学派的批判主要集中在两个方面：一是斯蒂格勒重塑了贝恩的"进入壁垒"概念。这一新概念将必要资本量和产品差异化两大因素排除在外，除非新进入企业在筹资和制造产品差异化方面需支付更高的成本。从某种意义上说，只要与现有企业相比，新进入企业如果不遭受成本上的不利，那么这些企业就能自由进入市场；二是芝加哥学派认为哈佛学派的"结构—行为—绩效"分析范式过于简单，事实上三者之间的关系并非是单向因果关系，而是双向的、相互影响的关系。此外，在对贝恩的"集中度—利润率"假说进行批判时，布罗曾认为，该假说实质上反映的是一种非均衡关系,并且由于选取产业样本和盈利性数据等方面存在偏差,所得的经验性分析结果不足以支持这一假说的成立。

芝加哥学派的缺陷和不足主要表现在三方面:其一,关于市场功能。芝加哥学派主张维护市场机制至高无上的地位,这导致了反垄断政策作用的弱化和政府应有的干预能力被限制;同时,芝加哥学派没有意识到合资公司、纵向一体化、企业间协调行为等市场力量会损害消费者利益和社会福利。其二,关于反垄断政策。芝加哥学派着眼于实现包括消费者和生产者在内的社会福利的最大化和经济效率的最大化,高度强调自由竞争的市场机制,但并没有意识到在实施反垄断政策的同时,还应当对市场竞争行为施以必要的监督,以保证市场机制的正常运行。其三,关于理想市场。芝加哥学派没有注意到现实市场竞争过程中存在大量的竞争限制行为,其效率标准并不适用于现实市场的状况。同时,该学派仅仅基于对个体企业行为和效率的观察作出市场分析,忽略了个体企业会在实际竞争中作出有损于竞争对手利益或消费者福利的行为的可能性。

8.4 新产业组织理论及其研究范式

新产业组织理论(new industrial organization)产生于20世纪70年代,其主要代表人物有泰勒尔(J. Tirole)、鲍莫尔(W. J. Baumol)、萨洛普(S. C. Salop)、施马兰西(R. Schmalensee)、威廉姆森(O. Williamson)、迪克西特(A. K. Dixit)等。

8.4.1 新产业组织理论的形成与发展

20世纪70年代以前,传统的产业组织理论主要采用静态、单向的研究方法,片面依赖经验性的统计分析,缺乏合理的理论依据和市场模型。同时,传统的产业组织理论所依赖的"结构—行为—绩效"分析框架也只适用于短期的静态分析。而从长期来看,市场结构、市场行为和市场绩效三者之间的关系并非呈现出单向的因果关系。正是由于传统的产业组织理论在理论方法及其微观基础等方面存在缺陷,哈佛学派首创的"结构—行为—绩效"分析范式逐渐走向衰落。

进入20世纪70年代,产业组织理论的研究领域经历了重大的变化和发展。针对"结构—行为—绩效"分析范式的诸多缺陷,一批拥有良好微观经济学理论基础和数学素养的经济学家将产业组织理论与现代微观经济学的最新成果紧密结合,引入博弈论、信息经济学等分析方法和工具,对传统产业组织理论进行了修正和补充。这种新的产业组织理论打破了"结构—行为—绩效"范式确定的单向传导思维,并在理论基础、分析方法和研究重心等方面都有实质性的突破,导致了产业组织理论的"革命"。新产业组织理论还引进相关新兴分支学科的研究成果如交易成本理论等,加强了对产业组织的理论研究。由于新产业组织理论运用博弈论和信息经济学的分析方法,将研究重点转向市场行为,因此也被称为"行为主义学派"(behaviorist school)或"厂商主义学派"(manufacturer orientation school)。

8.4.2 新产业组织理论的理论体系与政策主张

与传统产业组织理论相比,新产业组织理论在理论体系和政策主张方面均有一定的突破和发展。该理论在结合新古典微观经济学的古诺(A. A. Cournot)、伯川德(J. Bertrand)、霍特林(H. Hotelling)、张伯伦(H. Chamberlin)以及斯塔克尔伯格(H. Stackelberg)等学者所提出的厂商行为理论(theory of the firm)的同时,又引入了博弈论(game theory)、可竞争市场理论(theory of contestable markets)、交易成本理论(transaction cost theory)等现代微观经济学的最新成果,从研究内容到研究方法都焕然一新。

1. 对"结构—行为—绩效"分析范式的扬弃

传统产业组织理论将"结构—行为—绩效"分析范式中的市场结构作为研究重点,并将其视为外生变量,以此来分析市场结构对市场行为和市场绩效的影响。SCP范式既适合对单个产业的案例研究,也适合产业间的研究。对单个产业进行案例研究,是早期哈佛学派和后来的芝加哥学派常用的方法。60年代中后期,随着在计量经济学方面受过良好训练的新一代学者的出现,利用结构—绩效范式进行横截面分析,一时成为时尚(Schmalensee,1989)。然而,SCP范式终因缺乏理论基础以及单向关系的内生性问题而遭到批评。当然,新产业组织理论不是完全摒弃"结构—行为—绩效"分析框架,而是在研究的重心方面,从重视"市场结构"转向重视"市场行为",即由"结构主义"转为"行为主义"。

新产业组织理论将市场的初始条件和企业行为视为外生变量,市场结构则被视为内生变量,以此来解释为何会形成和导致特定的市场结构、市场绩效。该理论在研究企业行为的过程中将寡头企业的策略性行为作为核心内容,认为在垄断或寡占市场中,寡头企业及其中的主导厂商并非被动地根据给定的外部条件作出反应,而是通过一系列策略性行为改变市场环境,从而影响竞争对手的预期,以此迫使竞争者作出有利于主导厂商的决策,达到排挤竞争对手或阻止新对手进入市场的目的。

在研究方法方面,鲍莫尔等学者打破了"结构—行为—绩效"分析框架的单向思维模式和静态研究方法。他认为,市场结构、市场行为、市场绩效三者之间的关系是会经历周而复始、不断发展的循环过程。在可竞争市场中,现存企业面对潜在进入者的威胁,不得不采取行动以降低成本、扩大生产规模、提升技术水平等,通过这一系列行为来影响市场结构和市场绩效。

2. 引入博弈论

早在1944年,冯·诺依曼(J. V. Neumann)和摩根斯坦(O. Morgenstern)共同完成了划时代的巨作《博弈论与经济行为》(*Game Theory and Economics*),创造性地将博弈论应用于经济领域。在此基础上,诺贝尔经济学奖获得者纳什(J. F. Nash)把博弈均衡概念化、定式化,使之成为有力的分析工具。此后,随着博弈论自身的完善和发展,这一数学方法逐渐发展成为研究经济活动的重要分析工具。

20世纪70年代以来,以泰勒尔为代表的经济学家将博弈论和信息经济学的分析方法有机地贯穿到产业组织理论的研究中,给传统理论带来了全新的研究方法,并逐渐发展成为"新产业组织理论"。80年代后期，一些经济学家将博弈论更广泛地应用到新产业组织理论的研究领域，并取得了丰硕的成果。泰勒尔于1988年出版的《产业组织理论》（*Industrial Organization*）一书集中反映了该领域的主要研究成果，其中，泰勒尔将博弈论系统性地应用于分析多元垄断和寡占状态下的市场结构、不完全竞争市场的定价、企业策略性行为以及反垄断和规制等问题。博弈论不仅为该领域的研究提供了一个强有力的分析工具，还有助于说明企业间行为的互动关系，使新产业组织理论的推理更具逻辑性和严密性。

此外，一些西方学者运用纳什均衡来解释和分析在市场初始条件给定的情况下，企业如何通过改变市场行为来实现新的均衡。博弈论为新产业组织理论分析提供了一种新的手段，将市场行为对市场结构和市场绩效影响的研究推向一个新的高度。作为研究方法上的创新，博弈论不仅延伸了产业组织理论的研究深度，而且突破了以往实证分析的局限性，促进了产业组织理论在技术和方法上的发展。正因为如此，英国威尔斯大学教授卡布尔（J. Cable）认为，新产业组织理论的产生，尤其是博弈论的应用，使产业组织理论成为20世纪70年代中期以来经济学中最富生机、最激动人心的领域。

3. 提出可竞争市场理论

20世纪70年代末，一些学者创造性地提出了可竞争市场理论，对传统的产业组织理论进行了延伸和拓展。1982年，鲍莫尔与伯恩查（J.C. Panzar）、韦利格（R.D. Willig）合作出版了《可竞争市场与市场结构理论》（*Contestable Markets and the Theory of Industry Structure*）一书，系统地提出了可竞争市场理论。

可竞争市场理论为产业组织理论研究提供了独特的见解。该理论主张以完全可竞争市场、沉没成本、自由进入、退出等概念来分析有效率的产业组织的形成和基本态势。在可竞争市场理论模型中，沉没成本的大小是决定市场进入和退出壁垒的主要因素。而所谓的"完全可竞争市场"是指，市场的沉没成本被假定为零，从而企业能够自由地进入、退出市场。该理论强调完全或近似完全的可竞争市场不存在实质上的进入、退出壁垒。基于利润最大化的目标，潜在进入者会迅速进入那些能够实现高额利润的产业。此外，这些进入者还能在价格低于成本时及时退出。由于市场中存在潜在的竞争压力，迫使在位企业会实施竞争性的行为。在这种情况下，在位企业无论处于何种市场结构都无法获得超额利润，市场将最终实现均衡并维持有效率的产业组织形式。

基于上述观点，该理论倡导政府应当放松行政管制，转而采取自由放任政策，但并不意味着不加约束的市场能够自动解决所有问题。政府实施的产业政策仍应着眼于尽可能降低沉没成本，以保持市场中存在充分的潜在竞争压力。

4. 借鉴交易成本理论

早在1937年，英国经济学家科斯在《企业的性质》（The Nature of the Firm）一文中，巧妙地对企业存在的原因和企业规模的边界进行了探讨。科斯认为，企业与市场是两种能够互相替代的交易机制，当市场的交易成本高于企业内部的管理成本时，企业取代市场有助于节约交易费用；当市场的交易成本与企业内部的管理成本相等时，企业的规模趋于稳定，企业扩张的边界也基本确定。科斯创造的"交易成本"概念彻底改变了其他学派只从技术角度考察企业和只从垄断竞争角度考察市场的做法。

传统产业组织理论并未考虑市场机制产生的成本问题，即交易费用问题；而新产业组织理论以交易成本理论作为研究基础，认为交易费用不但存在，而且不容忽略。生产的集中和大企业的兴起并不仅仅是垄断的兴盛和自由竞争的衰落，还意味着企业这种协调手段对市场的替代，这为产业组织理论的研究提供了全新的微观视角。

在科斯的基础上，美国经济学家威廉姆森（O. Williamson）进一步探究企业边界问题。1985年，威廉姆森在《资本主义经济制度》（*The Economic Institutions of Capitalism*）一书中系统地对交易费用的理论体系、基本假定和研究方法等进行了阐述，建立起产业组织理论的"新制度学派"（neo-institutional school）。其主要观点为：第一，企业的适度边界是由技术、交易费用和组织费用等因素共同决定的，而非单纯由技术因素决定；第二，企业组织这只"看得见的手"也是一种对资源的合理配置方式，它与市场机制这只"看不见的手"共同对资源进行配置。而对企业适度边界问题的研究，就是为了能够在企业和市场这两种组织方式之间寻找一种合理的治理方式。

总之，新产业组织理论彻底打破了传统产业组织理论只从技术角度考察企业和市场的观点，利用"交易成本"概念来阐述企业和市场的边界问题，把研究重点由垄断与竞争的市场结构转向行为主体之间的博弈，揭示了交易者的行为产生交易费用，进而决定企业规模和市场结构。

8.4.3 新产业组织理论的贡献与不足

20世纪70年代以来，新产业组织理论的研究取得了开拓性进展。通过对博弈论、可竞争市场理论、交易成本理论等新理论、新工具的运用和创新，新产业组织理论在研究重点、理论基础及分析方法等方面均产生了巨大的突破，但同时也存在一些不足，简单总结如下：

一是关于研究重点。新产业组织理论的研究重点由市场结构转向行为主体之间的博弈，由结构主义转向行为主义，并不断寻求将产业组织理论与新古典微观经济学进行更加紧密的结合。但新产业组织理论对企业行为的理解过于简单化、抽象化，容易忽略一些影响企业行为的重要因素。

二是关于理论基础。新产业组织理论对新古典主义的假设有所突破，虽然以科斯为代表的交易成本理论彻底改变了其他学派只从技术角度考察企业和只从垄断竞争角度考察市场的做法，但离现实的企业仍有一定距离。同时，新产业组织理论用"可竞争市场理论"来替代"完全竞争市场理论"，并试图以此作为市场机制有效性和减少政府干预的依据。这种分析思路虽较先前的研究有所创新，但却并未考虑到现实经济活动中还存在技术性障碍、信息不完全、外部性以及寡头企业的策略性行为等因素。鉴于此，可竞争市场理论仍无法为放松政府管制的政策主张提供充分的理由。

三是关于研究方法。博弈论、信息经济学等分析方法和工具的使用突破了传统产业组织理论实证分析的局限性，使得新产业组织理论的推理过程更具严密性和逻辑性。但这种通过构建理论模型进行分析的方法严格依赖于初始条件，在解释现实问题时仍面临很多困难，而且很难进行检验。

目前，在产业组织研究中，过去截然区分理论研究与实证研究的做法不再流行，理论研究也开始注重检验，实证研究越来越愿意吸纳经济学理论和计量经济方法的最新成果，理论与实证研究的融合已经成为趋势。

本章小结

产业组织理论以市场和企业为研究对象，从市场角度研究企业行为或从企业角度研究市场结构，是产业经济学的核心内容和微观基础。

产业组织理论最早来源于亚当·斯密的劳动分工理论和竞争理论。马歇尔夫妇最早提出产业组织的相关概念，并揭示出产业组织中规模经济与垄断之间的矛盾。此后，张伯伦和罗宾逊夫人相继提出了不完全竞争理论，开创了产业组织理论研究的先河。

纵观产业组织理论的发展史，经济学家通常把对该领域的研究分为两大学派或两种研究框架：一是以经验分析为主的哈佛学派；另一个是注重理论研究的芝加哥学派，以及后来诞生的新产业组织理论的行为主义学派。

"结构—行为—绩效"范式表明，市场结构决定市场行为，市场行为决定市场绩效，即市场结构、市场行为、市场绩效之间存在着一种单向的因果关系。

"集中度—利润率"假说是指，在市场集中度高至一定程度时，少数大企业之间有效的共谋将成为可能，产业的平均利润率会随之提高。

芝加哥学派强调市场竞争机制的重要性，反对政府对经济活动进行过多的干预。该学派把提高经济效率作为政府反垄断的唯一目标。如果市场竞争导致的生产经营成果集中于少部分企业手中，那一定是因为这些企业具有更高的经营效率，使它们在激烈的竞争中脱颖而出，并最终形成以"大企业"和"高市场集中度"为特征的市场结构。

新产业组织理论将产业组织理论与现代微观经济学的最新成果紧密结合，基于交易费用理论、可竞争市场理论等最新研究成果，通过引入博弈论、信息经济学等分析方法和工具，对传统的产业组织理论进行了修正和补充。在研究的重心方面，从重视"市场结构"转向重视"市场行为"，即由"结构主义"转为"行为主义"。

思考练习题

1. 请简述什么是产业组织理论？它与产业经济学是什么关系？
2. 请简述"结构—行为—绩效"分析范式的主要内容。
3. 试解释哈佛学派与芝加哥学派的关系与区别。

4. 请分别阐述哈佛学派、芝加哥学派和新产业组织理论的主要观点与政策主张。

5. 谈谈西方产业组织理论的发展对中国的启示（如反垄断政策、政府规制等方面）。

参考文献与进一步阅读

［1］让·梯若尔. 产业组织理论［M］. 张维迎，等译. 北京：中国人民大学出版社，2015.

［2］石奇. 产业经济学［M］. 北京：中国人民大学出版社，2015.

［3］于左，韩超. 产业组织理论前沿与竞争政策［J］. 经济研究，2014，8：184—188.

［4］于左，吴绪亮. 产业组织理论前沿与公共政策［J］. 经济研究，2013，10：151—154.

［5］黄桂田. 产业组织理论［M］. 北京：北京大学出版社，2012.

［6］H. W. 狄雍，W. G. 谢泼德. 产业组织理论先驱：竞争与垄断理论形成和发展的轨迹［M］. 蒲艳，张志奇，译. 北京：经济科学出版社，2010.

［7］杜朝晖. 产业组织理论［M］. 北京：中国人民大学出版社，2010.

［8］王俊豪. 产业经济学［M］. 北京：高等教育出版社，2008.

［9］李悦等. 产业经济学（第三版）［M］. 北京：中国人民大学出版社，2008.

［10］W. G. 谢泼德，等. 产业组织经济学［M］. 张志奇，译. 北京：中国人民大学出版社，2007.

［11］G. J. 斯蒂格勒. 产业组织［M］. 王永钦，等译. 上海：上海人民出版社，2006.

［12］牛晓帆. 西方产业组织理论的演化与新发展［J］. 经济研究，2004，3：116—123.

［13］R. A. 波斯纳. 正义、司法的经济学［M］. 苏力，译. 北京：中国政法大学出版社，2003.

［14］王忠宏. 哈佛学派、芝加哥学派竞争理论比较及其对我国反垄断的启示［J］. 经济评论，2003，1：72—74，85.

［15］斯蒂芬·马丁. 高级产业经济学（第2版）［M］. 史东辉，等译. 上海：上海财经大学出版社，2003.

［16］刘传江，李雪. 西方产业组织理论的形成与发展［J］. 经济评论，2001，6：104—106，110.

［17］卡布尔. 产业经济学前沿问题［M］. 于立，等译. 北京：中国税务出版社，2000.

［18］简新华. 产业经济学发展的几个基本理论问题［J］. 经济评论，2000，3：41—42，49.

[19] 夏大慰. 产业组织与公共政策：芝加哥学派 [J]. 外国经济与管理, 1999, 9: 3—6.

[20] 夏大慰. 产业组织与公共政策：哈佛学派 [J]. 外国经济与管理, 1999, 8: 3—5, 24.

[21] 泰勒尔. 产业组织理论 [M]. 张维迎, 等译. 北京：中国人民大学出版社, 1998.

[22] 斯蒂格勒. 产业组织和政府管制 [M]. 张维迎, 等译. 上海：上海人民出版社, 1996.

[23] 王军. 现代西方产业组织理论述评 [J]. 经济学家, 1996, 5: 120—123.

[24] 陈秀山. 芝加哥学派竞争理论评析 [J]. 经济学动态, 1995, 1: 56—60.

[25] 科斯. 论生产的制度结构 [M]. 盛洪, 等译. 上海：上海三联书店, 1994.

[26] Scherer, F. M., Ross, D. 1990. *Industrial Market Structure and Economic Performance* [M]. Boston: Houghton Mifflin.

[27] Scherer, F. M. 1988. The Economics of Market Dominance, Basil Blackwell [J]. *International Journal of Industrial Organization*, 6 (4): 517—518.

[28] Schmalensee, R. C. 1988. Industrial Economics: An Overview [J]. *Economic Journal*, 98 (392): 675—676.

[29] Bresnahan, T. F., Schmalensee, R. C. 1987. The Empirical Renaissance in Industrial Economics: An Overview [J]. *Journal of Industrial Economics*, 35 (4): 371—378.

[30] Williamson, O. E. *The Economic Institutions of Capitalism* [M]. New York: Free Press, 1985.

[31] Baumol, W. J., Panzar, J. C., Willig, R. D. *Contestable Markets and the Theory of Industry Structure* [M]. New York: Harcourt Brace Jovanovich, 1982.

[32] Demsetz, H. 1973. Industry Structure, Market Rivalry, and Public Policy [J]. *Journal of Law and Economics*, 16 (1): 1—9.

[33] Stigler, G. J. *The Organization of Industry* [M]. Homewood IL: Richard D. Irwin, 1968.

[34] Bain, J. S. 1959. *Industrial Organization* [M]. New York: John Wiley.

[35] Stigler, G. J. 1957. Perfect Competition, Historically Contemplated [J]. *Journal of Political Economy*, 65 (1): 1—17.

[36] Bain, J. S. 1956. *Barriers to New Competition* [M]. Cambridge: Harvard University Press.

[37] Bain, J. S. 1951. Relation of Profit Rate to Industry Concentration: American Manufacturing, 1936—1940 [J]. *Quarterly Journal of Economics*, 65 (3): 293—324.

[38] Watkins, M. W., Hoover, E. M. 1939. Price and Production Policies of Large-Scale Enterprise [J]. *American Economic Review*, 29 (1): 61—74.

[39] Chamberlin, E. H. 1933. *The Theory of Monopolistic Competition* [M]. Cambridge: Harvard University Press.

[40] Robinson, J. 1933. *The Economics of Imperfect Competition* [M]. London: Macmillan Porter.

[41] Schmalensee, R. 1989. Inter-industry Studies of Structure and Performance, in R. Schmalensee and R. D. Willig (eds.), *Handbook of Industrial Organization*, Vols 1 and 2, Amsterdam: North-Holland.

第9章

同质产品的产量竞争

在当今各个产业中,竞争结构大多数呈现出典型的寡头垄断型市场特征。在这样的市场中,少数几家厂商占据大部分市场份额,他们之间的竞争变量或策略存在极强的相互依存性。例如,在民用飞机制造上,波音与空中客车公司的双寡头格局;在碳酸饮料市场上,可口可乐与百事可乐的竞争。"虽然某些市场也许能够用完全竞争或是用垄断模型来精确描述,但我们的看法是,这些简单的教科书模型的应用范围是受到严格限制的。因此,我们需要建立对于寡头垄断市场中行为的理解"(Hay和Morris,2001)。对于这类市场结构的分析,古诺提出的双寡头模型以及其后的各种扩展能够解释诸多问题,具有深远的影响力。1838年,古诺(A. A. Cournot)在法国出版了《关于财富理论的数学原理的研究》一书,提出了双寡头垄断分析的方法,为现代数理经济学的创立做出了重要贡献。

熊彼特将古诺双寡头模型称为"一切有关寡占的深入研究的基石"(Schumpeter,1954)。马歇尔也在其《经济学原理》第一版的序言中写道:"古诺的天赋给予了每个受他启发的人一种全新的精神活力"。尽管马歇尔反对过多地依赖数学方法,但是,古诺的数学方法以及其他贡献,已经成为分析不完全竞争市场的基本理论。在古诺之后,又有很多经济学家发展了寡占理论,并使其结论成立的条件更加精确。

本章主要讨论最基本的静态古诺模型,以及其扩展形态的动态古诺模型。

9.1 静态古诺模型

古诺模型研究一个存在两家或多家生产同质产品的厂商的市场。这些厂商非合作且同时选择产量,此处的"同时"概念意味着,每个厂商在选定自己的产量时还没有看到其他厂商的产量。确切地说,厂商是在推测其他厂商的产量。假定这种推测是正确的,这相当于每家厂商都能够观察到对方的产量,进而选择各自的产量以使自身利润最大化。因此,在博弈论看来,古诺模型是一种同时行动的、一次性的非合作博弈。

本节从两家厂商的古诺博弈开始,然后扩展到 N 家厂商的古诺博弈。

9.1.1 两个厂商的古诺模型

假设市场反需求函数为:

$$p(Q) = a - bQ, \quad a, b > 0, a > c_i \tag{9.1}$$

其中,$Q = q_1 + q_2$。厂商 i 的成本函数由下式给出:

$$TC_i(q_i) = c_i q_i, \quad i = 1, 2 \tag{9.2}$$

其中，c_2，$c_1 \geqslant 0$。

两家厂商为选择其产量水平而进行博弈，假定它们同时采取行动。这样，厂商 i 选择 $q_i \in A_i \equiv [0, \infty)$，$i=1, 2$。厂商 i 的利润函数为 $\pi_i(q_1, q_2) = p(Q) q_i - c_i q_i$。这一博弈的均衡被称为古诺均衡：由每家厂商的产量水平与相应的市场价格所构成。在均衡状态，任何一方都不能在假定对方生产古诺产量的情况下，通过单方面改变自己的产量水平而增加利润。所以，在厂商选择产量水平的博弈中，古诺均衡产量构成了一个纳什均衡。

下面，我们来计算这个博弈的纳什均衡。厂商 1 的利润最大化问题可得到一阶条件：

$$0 = \frac{\partial \pi_1(q_1, q_2)}{\partial q_1} = a - 2b q_1 - b q_2 - c_1$$

解出 q_1，得到厂商 1 关于 q_2 的最优反应函数（Best reaction function），记为 $R_1(q_2)$，因此，

$$q_1 = R_1(q_2) = \frac{1}{2b}(a - c_1 - b q_2) \tag{9.3}$$

同理，我们可以得到厂商 2 的最优反应函数为：

$$q_2 = R_2(q_1) = \frac{1}{2b}(a - c_2 - b q_1) \tag{9.4}$$

图 9.1 画出了在 (q_1, q_2) 空间中两个厂商的最优反应函数。由图可知，该反应函数曲线向下倾斜。这意味着，对于每家厂商来说，如果对手增加产量，该厂商就会发现，此时降低产量是有利可图的，以保证市场价格不会下降，这被称为策略性替代。直观地，如果竞争对手的产量增加，该厂商面对的剩余需求曲线将会向左移动，因此，当厂商面对较少的需求时，产量会减少。

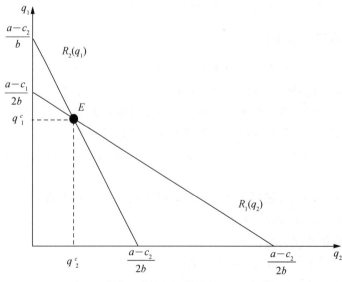

图 9.1 古诺最优反应函数（$c_2 > c_1$ 的情形）

现在，古诺均衡产量水平可以通过解两个最优反应函数（9.3）和（9.4）得出，也就是图 9.1 中两条曲线的交点。因此，

$$q_1^c = \frac{a - 2c_1 + c_2}{3b} \quad \text{与} \quad q_2^c = \frac{a - 2c_2 + c_1}{3b} \tag{9.5}$$

产业的总产量是 $Q^c = q_1^c + q_2^c = \frac{2a - c_1 - c_2}{3b}$，古诺均衡价格为：

$$p^c = a - bQ^c = \frac{a + c_1 + c_2}{3} \tag{9.6}$$

（9.5）式表明，如果两家厂商是对称的，即成本相同，记为 c，那么，它们的古诺均衡产量将相等，均为 $q_1^c = q_2^c = \frac{a-c}{3b}$①。而在不对称情况下，成本差异则决定了两家厂商的产量分配。高成本厂商的产量必然低于低成本厂商，也就是说，如果 $c_2 \geq c_1$，则有 $q_1 \geq q_2$。

因此，厂商 i 的古诺利润水平为厂商 i 和 j 的单位成本的函数（$i \neq j$）：

$$\pi_i^c = (p^c - c_i)q_i^c = b(q_i^c)^2 \tag{9.7}$$

在图 9.1 中，交点 E 处的产量组合（q_1^c, q_2^c）是一个均衡。在 E 点上，每家厂商在给定对方产量的情况下都实现了利润最大化。在古诺假设下，任何一个厂商都没有动机偏离这一产量组合。如果厂商一旦发现自己偏离了这一点，它都会回到该点。如图 9.2 所示，假设厂商 2 专横地把产量定为 $q_{2,A}$，那么，厂商 1 将会在其最优反应曲线上的 A 点处生产，以实现利润最大化。现在，厂商 2 猜到厂商 1 对其产量的反应是在 A 点生产，那么它将在其最优反应曲线上的 B 点生产，此时利润才最大。推测到这一点，厂商 1 进而选择最优反应曲线上的 C 点来实现利润最大化。这样一直持续下去，双方产量会收敛于 E 点所代表的古诺均衡处。这证明了古诺均衡的存在性和稳定性。

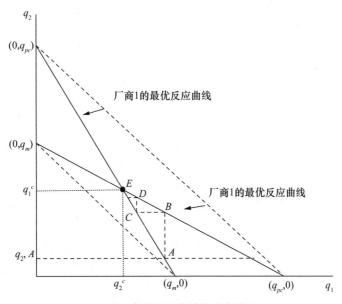

图 9.2 古诺均衡阶梯状稳定性图

---

① 上标 c 代表 Cournot 模型结果。

在图 9.2 中，连接点 $(0, q_m)$ 和 $(q_m, 0)$ 的直线表示两家厂商的总产量等于垄断产量时的所有产量组合。在这条线下的任何一点，总产量都低于垄断产量；而它上面的任何一点，总产量都高于垄断产量。很明显，古诺均衡点 E 所代表的总产量 $(q_1^c + q_2^c)$ 也就大于垄断产量。类似地，点 $(0, q_{pc})$ 和 $(q_{pc}, 0)$ 的连线表示两家厂商的总产量等于完全竞争产量的所有产量组合。在它上面的任何一点，总产量都高于完全竞争产量；在它之下的任何一点，总产量都低于完全竞争均衡产量。因此，古诺均衡产量 $(q_1^c + q_2^c)$ 也就小于完全竞争产量。相应地，古诺均衡的福利效果也就居于垄断和完全竞争之间。

9.1.2 N 个厂商的古诺模型

现在假设，产业由 N 个厂商构成。为简化起见，假设企业的成本结构相同。首先，求解 N 个同质厂商的古诺均衡，即对于 $i=1, 2, \cdots, N$，$c_i = c \geqslant 0$，厂商 i 的利润为：

$$\pi_i = p(Q)q_i - cq_i = \left[a - b\left(\sum_{i=1}^{N} q_i\right)\right]q_i - cq_i, \quad i = 1, 2, \cdots, N \tag{9.8}$$

在古诺行为假设下，厂商 i 的利润最大化一阶条件为：

$$0 = \frac{\partial \pi_i}{\partial q_i} = a - 2bq_i - b(q_1 + \cdots + q_{i-1} + q_{i+1} + \cdots + q_N) - c \tag{9.9}$$

因此，厂商 i 的最优反应函数为所有其他厂商的产量水平 $q_1, \cdots, q_{i-1}, q_{i+1}, \cdots, q_N$ 的函数：

$$R(q_1, \cdots, q_{i-1}, q_{i+1}, \cdots, q_N) = \frac{a-c}{2b} - \frac{1}{2}(q_1 + \cdots + q_{i-1} + q_{i+1} + \cdots + q_N) \tag{9.10}$$

由于所有厂商的成本是相同的，我们可以推测（亦可以证明）在古诺均衡中，厂商将生产相同的产量水平，即 $q_1^c = q_2^c = \cdots = q_N^c = q$。因此，用 q 来代替（9.10）式中的 q_i，可得，$q = \frac{a-c}{2b} - \frac{1}{2}(N-1)q$，由此，

$$q^c = \frac{a-c}{(N+1)b}, \quad Q^c = Nq^c = \left(\frac{a-c}{b}\right)\left(\frac{N}{N+1}\right) \tag{9.11}$$

均衡价格与每个厂商的利润水平分别为：

$$p^c = a - bQ^c = \frac{a+Nc}{N+1}, \quad \pi^c = \frac{(a-c)^2}{(N+1)^2 b} = b(q^c)^2 \tag{9.12}$$

通过比较可以发现，（9.11）和（9.12）就是（9.5）（9.6）（9.7）的一般形式。

接下来的问题是，如果连续改变产业中的厂商数量，古诺产量、价格和利润将如何变化？显然，如果 $N=1$，我们得到垄断解；$N=2$，得到（9.5）（9.6）和（9.7）所示的双寡头垄断解。如果让厂商数量无限增加（$N \to \infty$），则有

$$\lim_{N \to \infty} q^c = 0, \quad \lim_{N \to \infty} p^c = \lim_{N \to \infty} \frac{a+Nc}{N+1} = c$$

和

$$\lim_{N \to \infty} Q^c = \lim_{N \to \infty} \left(\frac{a-c}{b}\right)\left(\frac{N}{N+1}\right) = \frac{a-c}{b}$$

这意味着，在古诺均衡中，随着厂商数量的无限增加，每家厂商的产量水平趋于零，

而产业总产量接近完全竞争产量,价格逼近于厂商的单位成本。换句话说,当厂商数量很多时,古诺市场结构将得到与竞争市场结构大致相同的产量与价格。从社会福利角度看,随着更多厂商的进入,产量将增加,价格将下降。通过进一步的计算还可发现,此时,虽然厂商利润下降,但消费者剩余的增加超过了产业利润的下降,因此,自由进入显然会改善社会福利。

案例 9.1 ▶ 中国大陆液晶面板的产能跃进

2013年第三季度,中国市场上50英寸以上液晶面板价格同比下滑达20%,32英寸以上面板价格同比下滑幅度超过10%。其原因在于,2013年5月底,实施了一年的节能惠民补贴政策(一台节能彩电政府补贴约300元)结束。国内彩电市场的出货量应声下跌,TCL同比下跌35.47%,创维同比下跌17%。

然而,作为彩电业上游的中国液晶面板产能却出现积极扩张的趋势,且都集中在高世代的8.5代厂。京东方的多条面板生产线陆续建成投产,TCL集团旗下的华星光电的第二条八代线的扩产计划也已建成。到2015年第四季度,中国大陆共有8座八代线面板厂建成并投入运作,其玻璃基板投片产能从2013年四季度的每月25万片上升到2015年四季度的每月67万片,两年内产能提高幅度超过260%。为此,中国八代液晶玻璃的全球市场占有率从2013年的19%增长到2015年的39%,参见表9.1:

表9.1 中国液晶面板产能情况

面板企业	地点	量产时间
京东方	北京 合肥 重庆 福清	2011年9月 2014年2月 2015年5月 2017年(预计)
华星光电	深圳1厂 深圳2厂	2011年10月 2015年4月
乐金显示器	广州 广州2厂	2014年第3季度 2015年12月
三星	苏州	2014年2月
中电熊猫	南京	2015年6月

从全球市场来看,50英寸以上大尺寸面板的出货量仍在成长,但价格下跌幅度明显。由于面板价格占据彩电成本的6—7成,彩电厂商鉴于目前的供需状况,仍担心面板价格的持续下行,不敢贸然抄底。事实上,TCL集团就在发布2015年三季报时表示,由于年初对市场判断过于乐观,而原材料和产品库存较大,因此在此轮原材料价格和产品价格下跌中损失较大。

目前,中国液晶面板进口额超过400亿美元,仍有很大的进口替代空间,液晶面板产能可能继续保持增长态势。

(案例来源:根据网上公开报道编写)

9.2 动态古诺博弈模型

基本古诺模型假设,博弈双方同时行动,在假定对方产量不变的情况下进行利润最大化决策,因而,其视角看起来是静态的,并没有考虑时间的推移。但 Martin (2003) 却认为,"可以不甚准确地说,古诺和古典寡占理论家们从事的是(初步形成的)动态模型研究,也可以说他们从事的是静态模型研究。古典寡占理论家们只是没有用现代的方法明确区别静态和动态模型罢了"。尽管如此,在现实中,经常存在厂商序贯行动下的产量竞争,也存在厂商之间多次博弈下的产量竞争,这是静态古诺模型所不能解释的。为了能更好地解释这些实际竞争状况,我们需要在基本古诺模型的基础上进行扩展研究。

9.2.1 序贯博弈下的产量竞争

现在,假设在一个有两个厂商参与的序贯博弈中,厂商 1 将在厂商 2 之前选择产量水平,厂商 2 将在观察到厂商 1 的选择后才作出决策,这就是 Stackelberg (1934) 提出的领导者—跟随者模型。[①]

我们分析一个两阶段博弈。在第一阶段,厂商 1(领导者)选择产量。假设第一阶段所选择的产量在第二阶段是不能进行调整的。在第二阶段,厂商 2(跟随者)在观察到第一阶段厂商 1 选择的产量水平后,选择自己生产多少。第二阶段结束后,两家厂商才获得利润。那么,在这种情况下,先行者是否具有优势?其均衡结果与静态古诺均衡结果相比有何不同?

根据逆向求解法,我们首先分析在第二阶段中厂商 2 在看到了厂商 1 的产量后,如何选择自己的产量水平。然后,再分析第一阶段中在给定厂商 2 的决策后,厂商 1 的行动。为简化分析,假设两家厂商具有相同的单位成本,$c_1 = c_2 = c$。

在第二阶段,只有厂商 2 行动,它把厂商 1 的产量 q_1 视为给定的,选择 q_2 以最大化其利润。这一问题与在古诺市场结构下厂商 2 要解决的问题相同,即由 (9.4) 式给出最优反应函数,即:

$$R_2(q_1) = \frac{1}{2b}(a - c - bq_1)$$

$R_2(q_1)$ 详细说明了相对于厂商 1 的每一个产量水平厂商 2 的行动,它构成了该博弈中厂商 2 的策略。

在第一阶段,厂商 1 能推测厂商 2 对于厂商 1 选择的产量水平,如何作出最优反应。这意味着,厂商 1 选择 q_1^s 以最大化利润:[②]

$$\max_{q_1} \pi_1^s = p(q_1 + R_2(q_1)) - cq_1 = \left[a - b\left(q_1 + \frac{a-c}{2b} - \frac{1}{2}q_1\right)\right]q_1 - cq_1 \quad (9.13)$$

[①] 至于为什么一个厂商会在另一个厂商之前选择产量水平,也就是说,是什么因素决定了厂商行动的顺序?第 12 章将通过区分在位者与潜在进入者来进行讨论。本章假定厂商的行动顺序是既定的。

[②] 上标 s 代表 Stackelberg 模型。

根据一阶条件，我们得到领导者的产量为：

$$q_1^s = \frac{a-c}{2b} = \frac{3}{2}q_1^c > q^c \qquad (9.14)$$

因此，在序贯行动的市场结构中，领导者生产高于古诺市场结构的产量。将（9.14）式代入 $R_2(q_1)$，得到跟随者的均衡产量水平：

$$q_2^s = \frac{a-c}{4b} = \frac{3}{4}q_2^c < q_2^c \qquad (9.15)$$

这意味着，与古诺均衡产量相比，跟随者的产量水平下降了。因此，领导者产量扩张的收益部分来源于跟随者产量的减少。此时，均衡价格和总产量分别为：

$$p^s = \frac{a+3c}{4} < \frac{a+2c}{3} = p^c \quad \text{和} \quad Q^s = \frac{3(a-c)}{4b} > \frac{2(a-c)}{3b} = Q^c \qquad (9.16)$$

（9.15）和（9.16）式说明，相对于静态古诺市场结构，序贯行动下的产量博弈产生了较高的产业总产量水平与较低的市场价格，这一均衡结果比古诺均衡较有竞争性，处于完全竞争均衡与古诺均衡之间。原因在于，在古诺行为假设下，厂商 1 把厂商 2 的产量看作是给定的。但在序贯行动假设下，厂商 1 知道厂商 2 的最优反应函数，因此推测厂商 2 对厂商 1 增加产量的反应是减少自己的产量。因此，厂商 1 会扩张产量。而跟随者发现，减少的产量与领导者增加的产量相同是无利可图的，这是因为最优反应函数相对平缓（斜率为负且大于 -1），所以厂商 2 减少的产量小于厂商 1 增加的产量，因而，总产量是增加的。

现在，我们来比较序贯博弈与古诺均衡下的厂商利润水平。由（9.16）和（9.7）式可得，领导者利润会增加，而跟随者利润会下降，即：

$$\pi_1^s = \frac{(a-c)^2}{8b} > \pi_1^c \quad \text{与} \quad \pi_2^s = \frac{(a-c)^2}{16b} < \pi_2^c \qquad (9.17)$$

最后，我们需要判断（也可通过计算的方式），序贯博弈下的产业利润与古诺博弈相比如何？（9.17）式表明，序贯博弈下的市场价格低于古诺均衡，而古诺均衡低于垄断价格，且垄断产生了最大可能的利润，显然，产业利润因价格的下降而降低，因此，当 $c_1 = c_2$ 时，序贯行动下的产业利润必定较低。

案例 9.2 ▶ *有线电视市场中的先行者优势*

Gabszewicz 等（1992）的研究表明，由于消费者在消费某种新产品时需要一个学习过程，例如，需要花费时间来研究说明书才能熟练使用电脑、手机、DVD、IPAD 等新产品，这使得第一个在市场中引入新产品的企业具有先行者优势。

考虑一个简单的两期模型。企业 1 在第 1 期首先引入自己的新产品，并预期到企业 2 会在第 2 期进入，于是会采用低价销售的方式吸引更多的消费者来试用。即使在第 2 期竞争对手进入市场并生产一个差异化产品且低价销售，但那些在第 1 期购买了产品的消费者已经熟练使用了企业 1 的产品，但不知道企业 2 的产品如何使用。结果，他们更加愿意以高价购买企业 1 的产品。由于学习成本的存在，两种产品之间的替代性减弱了。

美国有线电视市场的竞争证实了 Gabszewicz 等的结论。有线电视一经上市便迅速普及，美国有 70% 的家庭使用有线电视服务。1996 年，美国《电信法》放松了对有线电视行业的规制，希望新企业能够与有线电视特许经营者展开竞争。然而，新有线电视公司的竞争依然很弱。相反，有线电视的主要竞争来自卫星直播电视（DBS），即通过卫星接收仪向家庭提供电视节目。根据经典经济学理论，新竞争者的进入会导致市场价格下降。然而，事实正好相反，消费者支付的有线电视费用平均每年增加 34.68 美元。

（案例来源：Gabszewicz 等（1992）；Goolsbee 和 Petrin（2004））

9.2.2 无限次博弈下的产量竞争

接下来，我们把基本静态古诺博弈进一步扩展到厂商每期都生产和获得利润的无限次重复博弈。① 在 9.1.2 节中，我们已经证明，在两个或更多厂商的古诺竞争中，产业总产量超过垄断产量，且随着厂商数量的增加，总产量将增加并收敛于完全竞争产量水平。这说明，在任何市场结构下，通过共谋而不是竞争，厂商会获得更大的收益。因此，我们试图证明，如果古诺博弈重复进行无限次，共谋产量水平就可能作为非合作均衡出现。这个结果意味着，如果观察到一个产能有限且厂商获得严格为正的利润的产业，并不能说明这些厂商从事了任何合谋活动。

1. 一次性博弈

考虑下面的一次性古诺博弈：存在两个厂商 1 和 2，q_i（$i=1,2$）表示厂商 i 的产量水平；产业所面对的需求为 $p=1-q_1-q_2$，设 $Q \equiv q_1+q_2$ 表示产业总产量水平；并假设厂商 i（$i=1,2$）没有生产成本。

首先，推导古诺双寡头垄断下的非合作均衡。在古诺行为假设下，厂商 i 最大化 $\pi_i=(1-q_i-q_j)q_i$，$i=1,2$，$i \neq j$，得到最优反应函数 $q_i(q_j)=(1-q_j)/2$ 以及均衡产量水平 $q_1=q_2=1/3 \equiv M$，其中，M 代表中等产量或古诺产量水平。因此，$Q=2/3$，$p=1/3$，$\pi_i=1/9$，$i=1,2$。这一结果显示在表 9.2 的第二行第二列。

表 9.2　合作 L、非合作古诺双寡头 M、背叛合作 H 博弈得益矩阵

		厂商 2					
		$q_2=l=1/4$		$q_2=M=1/3$		$q_2=H=3/8$	
厂商 1	$q_1=L=1/4$	1/8	1/8	5/48	5/36	3/32	9/64
	$q_2=M=1/3$	5/36	5/48	1/9	1/9	7/72	7/64
	$q_1=H=3/8$	9/64	3/32	7/64	7/72	3/32	3/32

其次，假定当两个厂商合谋时，它们如同卡特尔一样行动。卡特尔的利润最大化产量由 $MR(Q)=1-2Q=0=MC$ 得到，解出 $Q=1/2$，$p=1/2$。由于两家厂商成本是对称的，总产量在它们之间平分，即 $q_i=L=1/4$，其中，L 表示低的产量水平。因

---

① 本节参考了 Shy（1995）第 6.5 节的内容。

此,共谋意味着两家厂商把产量限制在古诺产量水平之下。两个厂商等分利润,因此,$\pi_i = pQ/2 = 1/8$。这一结果显示在表9.2的第一行第一列。

现在,假如厂商2简单地选择共谋产量水平 $q_2 = L$,那么可以证明,在这个一次性博弈中,厂商1通过单方面增加产量就能够增加利润。对于给定的 $q_2 = 1/4$,厂商1选择 q_1 以 $\max \pi_1 = (1-q_1-1/4)q_1$,可得 $q_1 = 3/8 \equiv H$。这样,如果厂商2不偏离 $q_2 = L$,厂商1就有把产量增加到一个高水平的动机。在这种情况下,总产量 $Q = 3/8 + 1/4 = 5/8$,$p = 3/8$,$\pi_1 = 9/94$ 和 $\pi_2 = 3/32$。这一结果显示在表9.2中的第三行第一列。其他各种情况下的均衡结果均参见表9.2。

因此,在一次性博弈中,存在惟一的古诺—纳什均衡,即 $q_1 = q_2 = M = 1/3$。容易看到,这一均衡结果严格劣于"合作结果"($q_1 = q_2 = L = 1/4$)。①

2. 无限次重复博弈

进一步,我们假设两个厂商永远存在。博弈过程如下:在每个时期 t,两个厂商都能观察到它们在以前所有时期中选择的所有行动,接着,进行表9.2中所描述的一次性博弈。也就是说,在每个时期 t,厂商 i 选择 $q_i(t)$,其中,$q_i(t) \in L, M, H$,$i = 1, 2$,$t = 1, 2, \cdots$。厂商 i 的策略为,每期厂商 i 在看到各个厂商在所有以前时期选择的全部产量水平后,选择的产量水平所组成的序列。

设 $0 < \rho < 1$ 为贴现因子,r 为利率,两者之间的关系为 $\rho = 1/(1+r)$。假定,每家厂商的目标是最大化当前利润与贴现的未来利润的总和,即:

$$\Pi_i \equiv \sum_{t=1}^{\infty} \rho^{t-1} \pi_i(t) \tag{9.18}$$

其中,$\pi_i(t)$ 的值由表9.2给出。

在这里,我们只讨论触发策略。这意味着,只要所有参与者在所有时期 $t = 1, \cdots, \tau-1$ 都合作,那么在每个时期 τ,参与者 i 就合作(即选择 $q_i(\tau) = L$)。但如果某一参与者在某个时期 $t \in 1, \cdots, \tau-1$ 发生了偏离,参与者 i 就永远采取非合作策略,即对于每个 $t = \tau, \tau+1, \tau+2, \cdots$,有 $q_i(\tau) = M$,那么,参与者 i 被认为正在采取触发策略。

进一步,我们要给出在何种条件下采取触发策略构成一个子博弈完美纳什均衡。考虑一个代表性时期 τ,并假定在时期 $t = 1, \cdots, \tau-1$,没有厂商发生过偏离。那么,如果在时期 τ 厂商1偏离,采取 $q_1(\tau) = H$(这是应对 $q_2(\tau) = L$ 的最优反应),表9.2表明,$\pi_1(\tau) = 9/64 > 1/8$。但是,假如厂商1发生偏离,厂商2的均衡策略就要求对于每个 $t \geq \tau+1$,采取 $q_2(t) = M$。因此,在时期 $\tau+1$,厂商1的所有 $t \geq \tau+1$ 的贴现利润总和是 $\frac{1}{1-\rho} \frac{1}{9}$。② 因此,如果厂商1在时期 τ 偏离,其贴现利润的总和为:

---

① 注意,这里的福利比较只涉及厂商利润,忽略了消费者剩余。

② 注意,厂商无限期利润流的现值由 $1 + \rho + \rho^2 + \rho^3 + \cdots = \sum_{t=0}^{\infty} \rho^t = \frac{1}{1-\rho}$ 给出。

$$\Pi_1 \equiv \frac{9}{64} + \frac{\rho}{1-\rho} \frac{1}{9} \qquad (9.19)$$

但是，如果厂商 1 在时期 τ 没有发生偏离，两个厂商就继续生产共谋产量，厂商 1 的贴现利润和就为：

$$\Pi_1 \equiv \frac{1}{1-\rho} \frac{1}{8} \qquad (9.20)$$

比较（9.19）与（9.20）式可得，如果 $\rho > 9/17$，偏离对厂商 1 是无利可图的。

下面，需要证明，即使博弈"离开"均衡路径，触发策略也是最优反应。但是，如果厂商 j 发生偏离，厂商 i 就会在所有未来时期中生产 M。于是，表 9.2 表明，厂商 i 对厂商 j 生产 M 的最优反应是生产 M。因此，触发策略构成一个子博弈完美均衡。

总之，如果贴现因子足够大（$\rho > 9/17$），两个厂商采取触发策略的结果就是一个子博弈完美均衡。这表明，在无限次重复博弈中，寡头垄断均衡的集合比一次性博弈的集合要大，除了包括非合作结果外，还包括合作结果。换句话说，非合作博弈重复无限次将出现合作均衡结果。

本章小结

在基本静态古诺模型中，古诺均衡产量高于垄断产量，但低于完全竞争下的长期均衡产量；相应地，古诺均衡价格低于垄断价格，但高于完全竞争下的长期均衡价格。随着厂商数量的增加，古诺均衡产量、价格和社会福利均趋于完全竞争下的长期均衡值。

在线性需求和恒定的边际成本的假设下，古诺双寡头的产量决策是策略性替代的，最优反应曲线表现为向下倾斜。

在动态情况下，序贯产量博弈中先行厂商具有优势：它选择更大的产量水平以获得更大的利润。在无限次重复博弈情况下，合谋的产量水平出现在了非合作均衡中。

思考练习题

1. 政府是否应该规制非合作寡头垄断市场以提高效率？如果应该，那么应规制价格、厂商数量还是其他变量？

2. 在重复博弈中，在何种条件下试图与其他厂商合谋的厂商得不到回报？（提示：考虑厂商的数目、利率、博弈重复的次数）

3. 寡头垄断厂商在何种类型的市场上会进行合谋？它们何时会非合作地行动？

4. 在一个双寡头垄断市场中，反需求函数为 $p(q_1+q_2) = 85 - \frac{1}{20}(q_1+q_2)$，成本函数分别为 $c_1(q_1) = 3000 + 9q_1 + \frac{1}{200}q_1^2$ 和 $c_2(q_2) = 3000 + 8q_2 + \frac{1}{200}q_2^2$。

(1) 试求每个厂商的最优反应曲线，并计算使它们关闭的竞争产量水平；

(2) 试求古诺均衡产量、价格、消费者剩余和社会净福利。

5. 假设产业内有三个厂商。市场反需求函数为 $p=1-Q$，其中，$Q=q_1+q_2+q_3$，假设边际成本为零。

(1) 计算古诺均衡；

(2) 试证明，如果三个厂商中有两家合并了（变成了双寡头产业），合并厂商的利润将减少；

(3) 如果三个厂商合并为一家，将发生什么情况？

6. 假设某个产业中只有两个厂商，它们生产同质品，产业总产量 $Q=q_1+q_2$，总需求曲线为 $p=a-Q$。两家厂商的成本分别为 c_1 和 c_2，且 $a>c_2>c_1>0$。

(1) 求出竞争均衡和古诺均衡；

(2) 假设厂商1在厂商2之前设定产量水平，求出序贯行动均衡；

(3) 假设厂商2在厂商1之前设定产量水平，求出序贯行动均衡；并与（2）中的情形进行比较。

7. 在某个产业中存在 N 个生产同质品的厂商，设 q_i 代表厂商 i 的产量，$i=1,2,\cdots,N$，设 Q 为产业总产量，即 $Q\equiv\sum_{i=1}^{N}q_i$。该产业面对的需求曲线为 $p=100-Q$。假设，厂商 i 的成本函数为：

$$\mathrm{TC}_i(q_i)\equiv\begin{cases}F+(q_i)^2 & \text{如果 } q_i>0\\ 0 & \text{如果 } q_i=0\end{cases}$$

(1) 假如该产业中的厂商数量 N 足够小，所有 N 个厂商都获得超额利润。计算古诺均衡中每个厂商的产量和利润水平。

(2) 现在，假定准许厂商进入或退出该产业。试求作为 F 的函数的该产业中均衡厂商数量（提示：令厂商的利润等于零以解出 N）。

8. 考虑扩展9.2.1节中分析的两期序贯博弈到三期。假设市场需求曲线是 $P=120-Q$，并假设三个厂商依次设定产量水平：厂商1在时期1设定 q_1，厂商2在时期2设定 q_2，厂商3在时期3设定 q_3。然后，厂商销售产品获得利润。求出序贯行动均衡（假设没有生产成本）。

参考文献与进一步阅读

[1] 斯蒂芬·马丁. 高级产业经济学 [M]. 史东辉，等译. 上海：上海财经大学出版社，2003.

[2] 派波尔，理查兹，诺曼. 当代产业组织理论 [M]. 唐要家，等译. 北京：机械工业出版社，2012.

[3] 奥兹·夏伊. 产业组织理论与应用 [M]. 周战强，等译. 北京：清华大学出版社，2005.

[4] 多纳德·海,等. 产业经济学与组织[M]. 王立平,译. 北京:经济科学出版社,2001.

[5] Applebaum, E. 1979. Testing Price Taking Behavior [J]. *Journal of Econometrics*, 9 (3): 283—294.

[6] Applebaum, E. 1982. The Estimation of the Degree of Oligopoly Power [J]. *Journal of Econometrics*, 19 (2): 187—199.

[7] Brander, J. and P. Krugman. 1983. A "Reciprocal Dumping" Model of International Trade [J]. *Journal of International Economics*, 15 (3—4): 313—321.

[8] Bresnahan, T. F., S. C. Salop. 1986. Quantifying the Competitive Effects of Production Joint Ventures [J]. *International Journal of Industrial Organization*, 4 (2): 155—172.

[9] Bregstrom, T., H. Varian. 1985. When Are Nash Equilibria Independent of the Distribution of Agent's Characteristics? [J] *Review of Economics Studies*, 52 (4): 715—718.

[10] Bowley, A. L. 1924. *The Mathematical Groundwork of Economics* [M]. Oxford: Oxford University Press.

[11] Bulow, J., Geanakoplos, J. and P. Klemperer. 1985. Multimarket Oligopoly: Strategic Substitutes and Complements [J]. *Journal of Political Economy*, 93 (3): 488—511.

[12] Cabral, L. 1995. Conjectural Variations as a Reduced Form [J]. *Economics Letters*, 49 (4): 397—402.

[13] Daughety, A. F. 1985. Reconsidering Cournot: the Cournot Equilibrium is Consistent [J]. *Rand Journal of Economics*, 16 (3): 368—379.

[14] Dockner, E. J. 1992. A Dynamic Theory of Conjectural Variations [J]. *Journal of Industrial Economics*, 40 (4): 377—395.

[15] Edgeworth, F. Y. 1881. *Mathematical Psychics* [M]. London: Kegan Paul.

[16] Friedman, J. W. 1971. A Non-cooperative Equilibrium for Supergames [J]. *Review of Economic Studies*, 38 (1): 1—12.

[17] Friedman, J. W. 1983. *Oligopoly Theory* [M]. Cambridge: Cambridge University Press.

[18] Fudenberg, D. and J. Tirole. 1991. *Game Theory* [M]. Massachusetts: The MIT Press.

[19] Gabszewicz, J., L., Pepall, and J-F. Thisse. 1992. Sequential Entry with Brand Loyalty Caused by Consumer Learning-By-Doing [J]. *Journal of Industrial Economics*, 60 (December): 397—416.

[20] Goolsbee, A., A. Petrin. 2004. The Consumer Gains from Direct Broadcast Satellite and Competition with Cable TV [J]. *Econometrica*, 72 (March): 351—381.

[21] Green, E. J. and R. H. Porter. 1984. Noncooperative Collusion under Imperfect Price Information [J]. *Econometrica*, 52 (1): 87—100.

[22] Hart, O. D. 1982. Monopolistic Competition in a Large Economy with Differentiated Commodities [J]. *Review of Economic Studies*, 49 (2): 313—314.

[23] Hicks, J. R. 1935. Annual Survey of Economic Theory: The Theory of Monopoly [J]. *Econometrica*, 3 (1): 1—20.

[24] Iwata, G. 1974. Measurement of Conjectural Variation in Oligopoly [J]. *Econometrica*, 42 (5): 947—966.

[25] Kamien, M. I. and N. L. Schwartz. 1980. Conjectural Variations [J]. *Canadian Journal of Economics*, 16 (2): 191—211.

[26] Klemperer, P. D. and M. A. Meyer. 1988. Consistent Conjectures Equlibria: A reformulation Showing Non-uniqueness [J]. *Economics Letters*, 27 (2): 111—115.

[27] Lambson, V. 1984. Self-enforcing Collusion in Large Dynamic Markets [J]. *Journal of Economic Theory*, 34 (2): 282—291.

[28] Lapham, B. and R. Ware. 1994. Markov Puppy Dogs and Related Animals [J]. *International Journal of Industrial Organization*, 12 (4): 569—593.

[29] Leontief, W. 1936. Stackelberg on Monopolistic Competition [J]. *Journal of Political Economy*, 44 (4): 554—559.

[30] Novshek, W. 1985. On the Existence of Cournot Equilibrium [J]. *Review of Economic Studies*, 52 (1): 85—98.

[31] Perry, M. K. 1982. Oligopoly and Consistent Conjectural Variations [J]. *Bell of Journal Economics*, 13 (1): 197—205.

[32] Roberts, M. J. 1984. Testing Oligopolistic Behavior: An Application of the Variable Profit Function [J]. *International Journal of Industrial Organization*, (4): 367—384.

[33] Ruffin, R. J. 1971. Cournot Oligopoly and Competitive Behavior [J]. *Review of Economic Studies*, 38 (4): 493—502.

[34] Sabourian, H. 1992. Rational Conjectural Equilibrium and Repeated Games. In Partha Dasgupta, Douglas Gale, Oliver Hart, and Eric Marskin (eds), *Economic Analysis of Markets and Games: Essays in Honor of Frank Hahn* [M]. Cambridge, MA: The MIT Press.

[35] Schumpeter, J. A. 1954. *History of Economic Analysis* [M]. New York: Oxford University Press.

[36] Steen, F. and K. G. Salvanes. 1999. Testing for Market Power Using a Dynamic Oligopoly Model [J]. *International Journal of Industrial Organization*, 17 (2): 147—177.

[37] Tirole, J. 1988. The Theory of Industrial Organization [M]. Massachusetts: The MIT Press.

第 10 章

同质产品的价格竞争

在第 9 章所分析的古诺模型中,厂商选择产量作为决策变量,并由需求函数决定市场价格。然而,在很多情况下,厂商进行价格决策的频次往往要多于产量决策,因为在很多产业中,生产能力的调整周期是相当长的。

Tirole(1988)认为,"价格竞争研究——寡头理论的一个基本部分——是该理论中最薄弱的一环。因而发生了这样的情形:最显著的自然形式化所提供的成果有时缺乏说服力。进一步的反思表明,这一形式化在经济学上是幼稚的,要考虑替代的研究方法。"

1883 年,伯川德(J. Bertrand)对古诺的《关于财富理论的数学原理的研究》一书发表了一篇评论,严厉批评了古诺的建模思想。伯川德指出:"如果厂商不设定价格,就难以弄清在寡头垄断市场上是谁制订了价格,从而也就无法明白地解释价格决定的机制(但这个问题在竞争模型中也存在)。"

尽管伯川德的批评不无道理,然而,为了解释各种市场竞争现象,基于产量和基于价格的寡头垄断博弈都是需要的。也就是说,对于一些市场结构或产业特性,厂商设定产量作为竞争变量的假设能够产生可观测的市场价格和产量;而对另一些市场结构或产业特性,设定价格的博弈能够产生可观测的市场绩效。因而,我们必须判断,古诺产量竞争更适合于哪些市场结构或产业特性的分析?接下来要讨论的伯川德价格竞争又适合于分析哪些市场?

本章首先讨论伯川德模型及其悖论,然后给出破解这一悖论的两种扩展研究:生产能力约束下的价格竞争和动态价格竞争。

10.1 伯川德模型与伯川德悖论

10.1.1 伯川德基本模型

与古诺模型的分析一样,我们仍研究一个存在两家或多家生产同质产品的厂商的市场。① 假设市场反需求函数为:

$$p(Q) = a - bQ, \quad a,b > 0, \ a > c_i \tag{10.1}$$

其中,两家厂商的产量分别为 q_1、q_2,总产量为 $Q = q_1 + q_2$。厂商 i 的成本函数由下式给出:

---

① 本节的内容参考了 Shy(1995)第 6.3 节。

$$TC_i(q_i) = c_i q_i, \quad i = 1,2 \tag{10.2}$$

其中，c_2，$c_1 \geq 0$。

现在，我们要找出两个厂商使用价格作为行动变量的博弈中的纳什均衡。

与古诺模型不同的是，在伯川德模型中，价格不是由消费者根据需求曲线来设定的，而是由两个厂商设定的。那么，我们必须对消费者应对价格变化的行为进行一定的假设：第一，消费者总是从低价厂商处购买；第二，如果两个厂商价格相同，则消费者平均分布；第三，厂商总是能够满足其面对的市场需求，即不存在生产能力限制。为此，(10.1) 的需求函数可改写为：

$$q_i = \begin{cases} 0 & \text{如果 } p_i > a \\ 0 & \text{如果 } p_i > p_j, \quad i=1,2, i \neq j \\ \dfrac{a-p}{2b} & \text{如果 } p_i = p_j \equiv p < a \\ \dfrac{a-p_i}{b} & \text{如果 } p_i < \min\{a, p_j\} \end{cases} \tag{10.3}$$

在求解伯川德—纳什均衡前，我们首先要了解伯川德博弈的不连续性特征。在第9章分析的古诺博弈中，利润函数关于决策变量（产量）是连续的，而在本章的伯川德价格博弈中，(10.3) 式显示出，对所有 $p_1 = p_2$ 的结果，利润函数是不连续的。也就是说，如果一个厂商以高于另一个厂商 1% 的价格销售，其市场份额将为零。但是，该厂商如果降价 2% 将获得全部市场份额。为了确定厂商可利用的最小可能的降价行为，假设 ε 是最小可能的货币单位（例如，分）。如果 ε=0，货币就被称为是连续的；如果 ε>0，货币就被称为是离散的。

下面，我们给出伯川德均衡的性质。

第一，如果货币是连续的，且厂商有相同的成本结构（$c_1 = c_2 \equiv c$），则伯川德均衡为 $p_1^b = p_2^b = c$ 和 $q_1^b = q_2^b = (q-c)/2b$。①

第二，如果货币是离散的，假定 c_2 以货币表示，即 $c_2 = \lambda \varepsilon$，其中，$\lambda \geq 1$ 是一个整数。又设 ε 足够小，即满足

$$(c_2 - \varepsilon - c_1)\left(\frac{a - c_2 + \varepsilon}{b}\right) > (c_2 - c_1)\left(\frac{a - c_2}{b}\right)$$

如果 $c_2 - c_1 > \varepsilon$，则 $p_2 = c_2$，$p_1 = c_2 - \varepsilon$，$q_2^b = 0$ 和 $q_1^b = (a - c_2 + \varepsilon)/b$ 构成一个伯川德均衡。

因此，如果厂商有相同的单位成本，伯川德均衡与完全竞争均衡相同。换句话说，两家厂商把价格降低到边际成本。但在另一些情况下，厂商 1 比厂商 2 的单位成本低，厂商 1 通过制定略低于 c_2 的价格（即 $p_1 = c_2 - \varepsilon$）就能抢走厂商 2 的市场份额。

首先，证明第一部分。在伯川德均衡中，两个厂商将制定相同的价格，即 $p_1^b = p_2^b$。运用反证法，假定 $p_1^b > p_2^b > c$，则根据 (10.3) 式，厂商 1 获得的利润为零。但

---

① 上标 b 代表伯川德模型。

是因为货币是连续的，厂商1通过把价格降低到 $p_2^b > p_1 > c$ 就能增加利润，占领整个市场，获得严格为正的利润，结果出现矛盾，该假设不成立。如果假定 $p_1^b > p_2^b = c$，同样因为货币是连续的，厂商2可以稍微提高价格以增加利润，但仍保持低于厂商1的价格。因此，厂商2将发生偏离，结果出现矛盾，该假设亦不成立。

再次运用反证法，假定 $p_1^b = p_2^b > c$。显然，这不能构成纳什均衡，例如，厂商1有单方面把价格降低到 $p_1 = p_1^b - \varepsilon$ 进而夺取整个市场的动机。对于足够小的 ε，这种偏离对于厂商1是有利可图的。

其次，证明第二部分。在均衡中，厂商2获得的利润为零，不能通过单方面把价格提高到 $p_2^b = c_2$ 之上而增加利润，因此，厂商2不会发生偏离。现在，对于能够销售正的产量的厂商1来说，它必须设定价格 $p_1^b \leqslant c_2$。

如果 $p_1^b = c_2 = p_2^b$，则（10.3）式意味着厂商通过销售各自的 $q_i = (a - c_2)/2b$ 分割市场。在这种情况下，厂商1的利润是：

$$\pi_1 = (c_2 - c_1)q_1 = (c_2 - c_1)(a - c_2)/2b \tag{10.4}$$

然而，如果厂商1按照货币单位降价，就会变成惟一的卖方，其销售量为 $q_1 = (a - (c_2 - \varepsilon))/b$。在这种情况下，其利润为：

$$\pi_1 = (c_2 - \varepsilon - c_1)q_1 = (c_2 - \varepsilon - c_1)(a - (c_2 - \varepsilon))/b \tag{10.5}$$

比较（10.4）和（10.5）式，就可得到第二部分的条件。

案例 10.1　图书电商平台的价格战

中国几乎所有产业都曾经历或正在经历价格战。到目前为止，大部分产业中的企业在谋求市场占有率方面最为直接和有效的手段依然是价格。值得注意的是，价格战不仅在诸如家电等传统"重灾区"继续蔓延，而且像汽车、电子商务等高速发展的行业也未能幸免。

2010年12月8日，当当网在美国上市，融资2.72亿美元，其CEO李国庆称，将用融资来的钱做两件事：一是打价格战，二是打服务战。目的则只有一个：从竞争对手（京东和亚马逊）那里抢夺更多市场份额。

亚马逊坐不住了。12月15日，亚马逊宣布："数十万种畅销书在网络最低价的基础上再降20%"。

京东也强势回应，称其图书将低于所有同行价格20%。竞争对手如果跟随，京东将再降20%，就算降到零，也要比竞争对手便宜20%。

12月14日，刘强东再次通过微博宣称，京东降价不仅源于当当上市之后李国庆的主动挑衅，更源于当当对京东长达一年的堵截与封杀。他在微博中说："你封杀堵截了我们一年，我们一直忍着。只是不断努力劝说出版社和我们合作！可是你上市后还公开羞辱我们，要对一切挑起价格战竞争者给予报复性打击！"

从市场格局看，京东商城、当当网以及亚马逊是中国"自有库存模式"B2C市场当仁不让的三大巨头，其战略目标都是要成为综合类的电子商务公司，激烈的竞争在所难免。第一仗就是要在商品的品类丰富度上，绝不能输给对手。2010年11月1日，年初还放言"五年之内不做图书"的京东商城改口，"为满足用户需要"，"与时俱进"地推出图书频道。此时正值当当网上市路演的关键时期，一旦当当网完成上市，竞争实力将比以前更强。刘强东在博客中对此直言不讳："就是因为竞争，所以我们才不断扩充品类；24小时开工建设广州、成都和武汉图书仓以提高配送速度；也正是因为竞争，我们才愿意保持20%的价格优惠。"

当当网IPO招股书显示，截至2010年三季度，出版物在其销售收入中占据高达84%的份额。刘强东赶在当当网上市的第三天就开始降价大战，被业内人士视为是进一步刺激当当网及其投资者的心理底线的举动。即使京东商城在图书在线销售上是"零起步"，仅仅凭借其已有的市场地位和用户积累，此举在一定程度上仍然对当当网主营业务的兴衰具备"直捅心窝"的威慑效应。

然而，价格战的背后是，当当网经过十年的厮杀，已占据整个图书零售市场10%以上的份额，更在网上图书销售市场占据统治地位，更具备了对上游出版社很强的议价实力。12月15日，刘强东又公开指责当当网采取封杀手段进行不正当竞争，"当当利用垄断优势，给几乎所有出版社都发去了禁止向京东供书的邮件，否则就要停止合作"。

此外，无论当当网、京东商城还是亚马逊，日常运营很重要的一个环节，就是对主要竞争对手的产品价格进行抓取。三家之中一旦有一家先行降价，另外两家的比价系统就会在数小时内抓取到相关信息，并立即作到同步调整，否则就无法兑现对用户"天天低价"的承诺。出现价格大战，电商只能通过控制成本等手段，从内部消化降价对盈利带来的影响。

根据目前图书线上销售利润率通常在10%到20%的情况来看，京东商城这样不惜血本地降价，只能是短线战役。若想与久经沙场的当当网、亚马逊分庭抗礼，一味低价绝非明智之举，如何制定一套更为灵活多样的价格反应机制，才是京东商城需要花时间琢磨的。

（案例来源：京东商城讨战当当 每本书都比对手便宜20%．新世纪周刊，2010年12月19日）

10.2.2 伯川德悖论及其破解

上节的伯川德均衡告诉我们，当厂商具有相同的成本结构时，即使只有两个厂商的价格竞争也会使价格降低到单位成本，导致厂商获得零利润。经济学家对此常常感到困惑不解，如果现实真的如伯川德均衡那样理想的话，政府反垄断机构应该不必担心产业中的兼并和集中水平的提高，因为消除垄断是相当容易的，即使只有两家厂商的垄断也足以恢复竞争，这就是所谓的伯川德悖论。

现实中，我们确实很少观察到在只有少量厂商的产业中进行激烈的价格竞争。相反，这几个厂商往往会通过操纵市场价格来获得超额利润。因此，政府反垄断机构反对在高度集中的产业中实施兼并活动。

实际上，正是伯川德模型中的三个关键假设导致伯川德悖论的产生，即厂商不存在生产能力限制，只进行一次性博弈以及产品是同质的。我们可以通过分别放宽这三个假设来破解伯川德悖论，从而使得伯川德模型更符合实际情况。

1. Edgeworth 解法（生产能力约束）

根据 Edgeworth（1897，1922）的观点，破解伯川德悖论的一种方法是假定在短期内厂商受到生产能力的约束。假定厂商 1 的生产能力小于市场需求 $D(c)$，那么，$p_1^b = p_2^b = c$ 是否还是一个均衡价格体系呢？显然，按照这个价格体系，两个厂商都没有利润。厂商 2 只要稍微提高价格，厂商 1 就将面对整个市场需求 $D(c)$，但却没有足够的产能。那么，一些消费者就会去找厂商 2，于是厂商 2 就有了价格高于边际成本时的（剩余的）非零需求，因而获得了正利润。这样，$p_1^b = p_2^b = c$ 就不再是个均衡。

因此，作为一般原则，在生产能力约束模型中，市场价格高于边际成本，各个厂商获得正的利润。接下来的问题是，为什么厂商不从一开始就将生产能力建设到能够满足全部市场需求的规模？事实上，扩大生产能力是需要资本投入的，如果这种行为不能获得足够的利润以收回投资的话，以利润最大化为目标的厂商是不会这样做的。

从应用的角度看，运用生产能力约束来解释现实中非竞争性价格的存在是相当有说服力的。设想一个小镇上有两家旅馆的情况。在短期内，这两家旅馆不能调整床位数量（即生产能力）。如果它们谁都没有能力单独满足市场需求的话，卷入一场你死我活的价格战是毫无价值的。在长期内，如果预期到生产能力过剩就会出现激烈的竞争，它们也不会大幅增加其生产能力。还有一种情况也间接起到生产能力约束的作用，即生产一种产品需要很长的时间，难以在短期内供应大量产品，即供给弹性是不足的。

刚性生产能力约束的存在，是规模报酬递减的生产技术的一种特殊情况。在上述旅馆的例子中，生产能力没有得到充分利用之前，边际成本等于 c，之后，边际成本为无穷大。更一般地，边际成本可能随着产量而上升。除特殊情况（如旅馆的例子）外，一个厂商在"有效的产量水平"之外，一般都有增加产量的余地，例如，可以租用更多的机器、现有机器可以更加密集地使用、工人可以加班，等等。生产这些额外产品的成本肯定会超出正常的边际成本，但在厂商可以承受的范围之内，并非是无穷大的。

2. 时间维度（重复博弈）

在伯川德悖论的背后，起决定性作用的假设是厂商只进行一次性博弈，这常常不能反映实际的竞争状况。在 10.1.1 节的博弈中，$p_1^b = p_2^b > c$ 之所以不是一个均衡，原因是厂商 1 可以通过稍微降低价格到 $p_2^b - \varepsilon$ 从而占领整个市场，厂商 2 将失去所有的顾客，因为它不会再作出任何反应。然而，事实上，厂商 2 也可能降价以便重新获得市场份额，于是出现了厂商竞相降价的局面，直至价格降到边际成本。也就是说，如果我们引入动态博弈的概念以及厂商反应的可能性，那么，厂商 1 能否因降价而受益就不再一目了然了。厂商 1 必然将其短期所得与长期价格战中的损失进行比较。10.2 节的分析表明，在价格战的威胁下，与伯川德均衡相比，合谋行为更可能持续存在。

3. 产品差异化

伯川德基本模型的一个重要假设是厂商的产品是完全替代的,因而,消费者的决策变量就只有价格,他们只从低价生产者那里购买。这就构成了一种价格压力。然而,在现实中,完全的替代品几乎不存在。各个厂商的产品之间或多或少存在着差异,那么这种价格压力就变得缓和了。例如,考虑销售同一种产品但不在同一地点的两个厂商。假如厂商 1 索取的价格是 $p_1=c$,而厂商 2 虽然索取的价格为 $p_2=c+\varepsilon$(假设 ε 足够小),但仍可获得一些住得较近的消费者,如果对于这些消费者来说,到厂商 1 购买的交通成本高于两个厂商的价格差 ε。因此,零利润价格体系 $p_1^b=p_2^b=c$ 就不再均衡了。进一步,当消费者对各厂商产品的需求互不相关时,产品差异化的极端情况就会出现,此时每个厂商都将索取垄断价格。我们将在第 11 章详细讨论产品差异化的有关问题。

10.2 动态价格博弈

如上所述,正是静态伯川德模型对厂商同时行动和交易次数的严格假设导致了伯川德悖论的存在。与 9.2 节的讨论类似,在本节,我们需要讨论,当厂商并非同时行动,也并非一次性交易时,均衡结果会发生什么变化?

10.2.1 序贯行动下的价格博弈

伯川德模型假设,两家厂商非合作且同时选择价格,此处"同时"的概念仍然意味着,每个厂商在选定自己的价格时还没有看到别的厂商的价格。然而,在现实中,我们经常看到非同时选择价格的情况,例如,在位者与新进入者、领导者与跟随者,等等。那么,在这种序贯设定价格的情况下,价格博弈会出现什么样的均衡呢?[①]

与 9.2.1 节类似,假设在一个两期价格博弈中,厂商 1 在厂商 2 之前设定价格水平,厂商 2 在观察到厂商 1 的价格后才制定价格。与此同时,两个厂商销售产品,获得利润。这就是说,在博弈的第 1 期,厂商 1 设定价格,同样地,该价格在第 2 期不能改变。在第 2 期,只有厂商 2 在观察到厂商 1 的价格后选择价格水平。

假设两个厂商面对的需求函数分别为:

$$q_1 = 168 - 2p_1 + p_2 \quad \text{和} \quad q_2 = 168 + p_1 - 2p_2 \tag{10.6}$$

为简化计算且不失一般性,假设两个厂商没有生产成本。均衡的求解过程与 9.2.1 节一样。显然,在静态博弈情况下,这一特定博弈的结果是,伯川德价格和利润水平分别为 $p_i^b=56$ 和 $\pi_i^b=6272$,$i=1,2$。

按照与 9.2.1 相同的逻辑步骤,我们通过逆向归纳法寻找厂商 1 在厂商 2 之前设定价格的一个子博弈完美均衡。第 2 期,给定厂商 1 选定 p_1 的情况下,厂商 2 选择自己的价格水平以最大化其利润,很容易得到其最优价格反应函数为 $R_2(p_1)=42+1/4 p_1$。回到第 1 期,厂商 1 把厂商 2 的最优反应函数看作是既定的,它选择 p_1 以最大化其利润:

[①] 本节的内容参考了 Shy(1995)第 7.1.4 节。

$$\max_{p_1}\pi_1(p_1,R_2(p_1))=(168-2p_1+42+1/4p_1)p_1 \tag{10.7}$$

一阶条件为 $0=\partial\pi_1/\partial p_1=210-7/2p_1$。从而 $p_1^s=60$，$p_2^s=57$，代入（10.6）式，得到 $q_1^s=105$ 和 $q_2^s=114$[①]，因此，$\pi_1^s=6300>\pi_1^b$ 和 $\pi_2^s=6498>\pi_2^b$，但 $\pi_1^s=6300<\pi_2^s=6498$。显然，这一结果与序贯行动下的产量竞争相反，领导者并没有先行优势。

总体来看，在一个序贯行动的价格博弈中（或者更一般地，在各个行动是策略性互补的任何一个博弈中），两个厂商获得的利润高于在一期伯川德博弈中获得的利润，即，对于 $i=1,2$，$\pi_i^s>\pi_i^b$。然而，首先设定价格的厂商（领导者）获得的利润低于跟随厂商；进一步，领导厂商利润的增加量小于跟随厂商利润的增加量，即 $\pi_1^s-\pi_1^b>\pi_2^s-\pi_2^b$。

上述例子告诉我们，先行者并不总是具有优势。在价格博弈下，每个厂商都想让另一个厂商成为先行者，原因是，当厂商1在时期1设定价格时，它推测厂商2将会以稍微低于 p_1 的价格出售，以便能获得比厂商1大一些的市场份额。这个推测使厂商1维持一个高价，以避免厂商2设定一个非常低的价格。因此，两个厂商都会把价格设定在静态伯川德价格水平之上。此时，由于厂商2稍稍降价就会抢走较大的市场份额，厂商1获得的利润总是低于厂商2的。然而，厂商1的利润肯定会增加到伯川德利润之上，因为厂商1只要将价格设定在 $p_1=p_1^b$ 之上就能增加其利润。

此外，容易看到，序贯价格博弈与序贯产量博弈存在重要差异。在序贯产量博弈中，跟随者的利润要低于静态古诺博弈，而在这里，跟随者的利润则要高于静态伯川德博弈。

10.2.2 重复价格博弈与合谋

在10.1节的分析中，我们假定竞争是一次性的，各厂商同时设定自己的价格，然后就"消失"了。然而，由于耐久性投资、技术知识和进入壁垒等原因，厂商之间往往会形成相对稳定的长期竞争关系，特别是对于只有少数几个厂商的产业来说，更是如此。因此，重复的相互作用可能导致伯川德结论不能成立。一个厂商在决定降价时，不但要考虑当前利润增加的可能性，而且要考虑价格战的可能性以及是否会导致长期亏损等问题。

与9.2节的分析类似，我们讨论两个厂商进行重复价格博弈的模型。假设两个厂商以边际成本 c 生产同质产品，索取低价的厂商会得到整个市场，而在价格相同的情况下，每个厂商得到一半的市场。与一次性博弈不同的是，这里重复伯川德价格博弈 $T+1$ 次，其中，T 可能是有限数，也可能是无限数。设 $\pi^i(p_{it},p_{jt})$ 表示厂商 i 在 t 时（$t=0,\cdots,T$）的利润，p_{it} 为 i 索取的价格，p_{jt} 为其竞争对手 j 索取的价格。厂商 i 最大化其利润的贴现值：

$$\sum_{t=0}^{T}\delta^t\pi^i(p_{it},p_{jt}) \tag{10.8}$$

[①] 上标 s 表示序贯博弈。

其中，δ 是贴现因子。

在每个时期 t，两个厂商同时选定它们的价格（p_{1t}, p_{2t}）。在各时期之间没有"实质性"联系；当一个厂商选定其价格时，其对手以前选定的价格已经过时了。然而，我们允许在 t 时期的价格选择依赖于以前价格的历史。因此，价格策略 p_{it} 依赖于历史：

$$H_t \equiv (p_{10}, p_{20}; \cdots; p_{1,t-1}, p_{2,t-1}) \tag{10.9}$$

现在，我们要找到"精炼均衡"，即对于任何给定的 t 时期的历史 H_t，从 t 时期开始，在厂商 j 从此时开始的策略给定的情况下，厂商 i 的策略将使其利润的贴现值之和最大化。

首先，假定 T 是有限的，那么，动态价格博弈的均衡是什么呢？我们采取逆向归纳法去寻找精炼均衡。给定博弈的历史 H_t，每个厂商需要选择最后时期 T 的价格。因为过去的价格不影响 T 时期的利润，各厂商在其对手价格给定的情况下，应当使其"静态利润"$\pi^i(p_{iT}, p_{jT})$ 最大化。因此，对任何历史情况来说，均衡都是伯川德均衡，即：

$$p_{1T} = p_{2T} = c$$

那么，$T-1$ 时期的均衡价格是什么？由于在 T 时期的价格选择不依赖于 $T-1$ 时期所发生的行为，一切事情都会像 $T-1$ 就是最后一个时期一样。因此，各厂商也会在 $T-1$ 时期选择竞争性价格，而不管之前的历史如何。即，对于任何 H_{T-1}，有：

$$p_{1T} = p_{2T} = c$$

递推下去，$T+1$ 期价格博弈的结果是伯川德均衡重复了 $T+1$ 次。因此，动态因素的引入没有改变伯川德模型的结论。

然而，当时期为无限（$T=+\infty$）的时，情况就发生了显著变化。一方面，无限次重复的伯川德均衡仍然是这一博弈的均衡。这一点很容易验证。考虑下述博弈：每个厂商在时期 t 选择等于边际成本 c 的价格，而不管 t 以前的历史。给定对手厂商选择等于 c 的价格，则每个厂商所能选择的价格不会比 c 更好。另一方面，这一博弈的有趣之处在于，无限次重复的伯川德均衡不再是惟一的均衡。以 p^m 表示垄断价格（它使 $(p-c)D(p)$ 最大化），考虑以下（对称的）策略：每个厂商在时期 0 索取 p^m，如果在 t 以前各时期两个厂商都索取 p^m，它在 t 时期继续索取 p^m；否则，它将永远把价格定为边际成本 c，即厂商采取触发策略。如果贴现因子足够高，它们就构成一个均衡。在索取 p^m 价格时，每个厂商在每个时期挣得垄断利润 π^m 的一半。而偏离 p^m，厂商在整个偏离时期能挣到最大利润 π^m，但是随后它将永远只有零利润。因此，如果

$$\frac{\pi^m}{2}(1+\delta+\delta^2+\cdots) \geqslant \pi^m \tag{10.10}$$

那么，触发策略就是均衡策略，满足（10.10）式的条件是 $\delta \geqslant 1/2$。

这个结果意味着，如果一个厂商削减其垄断价格，它将在整个偏离时期获利，但它也破坏了以后时期的合谋，即所有厂商回到静态伯川德竞争上去。因此，合谋是通

过一个纯粹不合作的机制实现的。

案例 10.2　在线旅游市场从竞争到竞合

根据劲旅咨询的数据显示，2013年，中国旅游市场总交易额约为29475亿元，其中，在线旅游市场交易额约为2522亿元。在巨大的需求和诱人的"钱景"面前，除了携程、艺龙等一些老牌企业之外，众多新兴网站也如雨后春笋般纷纷杀入战场，试图抢得一杯羹。

在线旅游网站（Online Travel Agent，OTA）是指依托互联网，以满足旅游消费者信息查询、产品预定及服务评价为核心目的的平台，整合了航空公司、酒店、景区、租车公司、海内外旅游局等旅游服务供应商、搜索引擎、电信运营商、旅游资讯及社区网站，这与以门店销售为主的传统旅游产业形成了巨大差异。

中国在线旅游市场成型于2003年，以携程上市为标志。随着去哪儿、驴妈妈、途牛等新网站的出现，正式标志着在线旅游产业新模式的出现。随着在线市场的不断扩大和发展加速，互联网巨头们抢夺市场的竞争越来越激烈。百度投资去哪儿、腾讯拥有艺龙和同程、阿里投资穷游网和在路上，同时有携程、艺龙等大公司霸占市场。

为了抢占市场份额，OTA往往不惜牺牲利润。财报显示，2014年，在线旅游网站净利润进一步下滑，去哪儿网亏损18.5亿元，艺龙亏损2.7亿元，途牛亏损4.6亿元，仅有携程盈利2.4亿元。上述4家企业在销售及市场推广费用上却有大幅提升。OTA的佣金应该是在线销售的房价高于酒店价格的部分，但OTA耗费数亿元给出低于成本的价格，不惜以亏损打价格战，争夺客源。这就打破了酒店本身的价格体系，并将酒店的会员转化为OTA会员。

酒店业自然不会甘心受摆布。2014年9月份，华住、如家等三大连锁酒店集团就联手要求几家主要OTA停止返现。2015年4月，17家旅行社联合抵制途牛网。随后，华住酒店集团对去哪儿、携程、艺龙实施断供。OTA与酒店之间矛盾日益白热化。

一波未平一波又起。2015年5月4日，此前一直沉默的艺龙突然有了新举动，也宣布将加入酒店促销的5折大战。同时，艺龙还推出1元住五星酒店、最高返现1050元等促销项目。另据一份网上流传的艺龙发给酒店的开展5折促销的说明函显示，艺龙表示4月以来某网站在其手机客户端自行发起"最高补贴300元的5折活动"，并在某些酒店大厅醒目处放置宣传品。对此，艺龙希望"贵酒店"通知其他网站于2015年5月11日前下线此活动，否则将推出类似促销活动，"贵酒店"亦将纳入艺龙活动名单中。艺龙此举显然是对去哪儿网酒店5折促销的最后通牒，若酒店方无法制止，艺龙则加入促销大战。

随着OTA市场竞争的白热化，实际上，企业之间的合作也在进一步加强，未来可能是竞争与合作共存的局面。2014年4月10日，同程宣布已与艺龙签署了战略合作协议；4月29日，携程以20亿美元入股同程，成为同程第二大股东。随后，携程宣布于 4 月 27 日与途牛达成协议，将收购途牛股份。交易完成后，携程可以向途牛董事会指派一名董事。这种你中有我、我中有你的格局一经形成，以价格竞争为主的 OTA 市场必将转为以合作为主，毕竟长期看来，价格竞争对谁都不利。

（案例来源：根据网络公开报道编写）

本章小结

在基本静态伯川德模型中，两家厂商的价格竞争产生了竞争均衡，每家厂商的价格等于边际成本，获得零利润。这被称为伯川德悖论。

通过放松模型中的三个假设可以破解伯川德悖论，即厂商存在生产能力限制、无限次重复博弈以及产品是差异化的。

在动态情况下，序贯价格博弈中先行厂商没有优势：领导者获得的利润低于跟随厂商，其利润的增加量也小于跟随厂商利润的增加量。

在无限次重复价格博弈情况下，合谋价格出现在非合作均衡中。

思考练习题

1. 两个厂商在同质产品市场上进行价格竞争。在该市场上有 $N>0$ 个消费者。如果产品价格不超过 10 美元，每个消费者购买一单位，否则，什么也不买。消费者从较低价格的厂商那里购买。如果两个厂商收取相同的价格，假定两个厂商各获得 $N/2$ 个消费者的购买。假设两个厂商的生产成本为零。

（1）如果厂商同时选定价格，求一次性博弈的伯川德均衡价格。

（2）如果博弈重复进行无限次。设 ρ 表示贴现因子。如果两个厂商采取触发策略，每期可到共谋价格（10,10）。计算实施触发价格策略的最小 ρ 值。

（3）如果厂商 2 的单位生产成本是 4 美元，但厂商 1 的单位成本仍为 0。求一次性博弈的伯川德均衡价格。

（4）在新的成本结构下，两个厂商采取触发策略的最小 ρ 值又是多少？

（5）推断厂商是在相同成本时更容易实施共谋价格，还是在不同成本时更易实施。请解释。

2. 在一个高档豪华车市场上，有两个厂商进行价格竞争。每个厂商可以选择设定高价 p_H 或低价 p_L，其中 $p_H > p_L \geq 0$。两个厂商的利润水平作为其选择价格的函数。这个两阶段博弈的规则如下：在第一阶段，厂商 1 设定价格 $p_1 \in p_H, p_L$。在第二阶段，厂商 1 不能改变其决定，而厂商 2 观察到 p_1，接着选择 $p_2 \in p_H, p_L$。然后，该博弈结束。每个厂商获得的利润如下表所示：

		厂商 2			
		p_H		p_L	
厂商 1	p_H	100	100	0	120
	p_L	120	0	70	70

（1）画出博弈树，并求出该博弈的子博弈完美均衡。

（2）现在，假设厂商 1 愿意让利给消费者，设定价格为市场上最低价格。试求此时的子博弈完美均衡（提示：把该博弈改为三个阶段，只有当厂商 1 在第一阶段选择 p_H，厂商 2 在第二阶段选择 p_L 时，才允许厂商 1 在第三阶段行动）。

3. 两家企业在市场上进行竞争，反需求函数为 $p=a-b(Q-\varepsilon)$，且厂商具有相同的成本函数 $C(q)=fq+gq^2$。试推导古诺和伯川德双寡头垄断的均衡价格和产量的表达式，并进行比较分析。

4. 在伯川德竞争中，假设市场上共有 100 名消费者，他们的偏好完全相同。每个消费者最多购买 1 单位产品，其保留价格为 10。两家企业生产同质产品，边际成本都是 5，但他们的产能分别为 40 单位。那么，市场均衡价格为多少？现假定两企业扩大规模至 60 单位，均衡价格又是多少？

5. 假设市场上有两个企业进行价格竞争，需求函数为 $P=150-2Q$。每个企业都有不变的边际成本 30 元。如果两个企业合谋，则每个企业可获得 1800 元的收益。然而，如果其中一个企业背叛了协议，则背叛企业可以获得 3600 元的收益，而另一家企业为 0。假设 $\rho=0.8$，合谋一旦被发现则每个企业都将被罚款 3600 元。

假设反垄断机构实行完全豁免政策（$L=0$）。如果企业被反垄断机构调查的概率为 α，而调查后被成功起诉的概率为 β，试计算 α 和 β 在什么取值范围内时，这一博弈的均衡策略为：背叛，合谋并坦白，合谋且不坦白。假设反垄断机构实行部分豁免政策（$L=600$ 元），为得到同样的均衡策略，α 和 β 应在什么取值范围？

参考文献与进一步阅读

[1] Pepall, L., Richards, D., Norman, G. 当代产业组织理论 [M]. 唐要家，等译. 北京：机械工业出版社，2012.

[2] Martin, S. 高级产业经济学 [M]. 史东辉，等译. 上海：上海财经大学出版社，2003.

[3] Shy, O. 产业组织理论与应用 [M]. 蒲艳，等译. 北京：清华大学出版社，2005.

[4] Allen, B., Hellwig, M. 1986. Bertrand-Edgeworth Oligopoly in Large Markets [J]. *Review of Economic Studies*, 53 (2): 175—204.

[5] Borenstein, S., Shepard, A. 1996. Dynamic Pricing in Retail Gasoline Markets [J]. *Rand Journal of Economics*, 27 (3): 429—451.

[6] Dasgupta, P., Maskin, E. 1986a. The Existence of Equilibrium in Discontinuous Economic Games, I: Theory [J]. *Review of Economic Studies*, 53 (1): 1—26.

[7] Dasgupta, P., Maskin, E. 1986b. The Existence of Equilibrium in Discontinuous Economic Games, II: Applications [J]. *Review of Economic Studies*, 53: 1—26.

[8] Davidson, C., Deneckere, R. 1986. Long-run Competition in Capacity, Short-run Competition in Price, and the Cournot Model [J]. *Rand Journal of Economics*, 17 (3): 404—415.

[9] Dixon, H. 1987. Approximate Bertrand Equilibrium in a Replicated Industry [J]. *Review of Economic Studies*, 54 (1): 47—62.

[10] Dixon, H. 1990. Bertrand-Edgeworth Equilibria When Firms Avoid Turning Customers Away [J]. *Journal of Industrial Economics*, 39 (2): 131—146.

[11] Domowitz, I., Hubbard, R. G., Petersen, B. C. 1987. Oligopoly Supergames: Some Empirical Evidence on Prices and Margins [J]. *Journal of Industrial Economics*, 35 (4): 379—398.

[12] Edgeworth, F. Y. 1897/1925. The Pure Theory of Monopoly [J]. In *Papers Relating to Political Economy*, Vol. I. London: Royal Economic Society, 111—142.

[13] Ellison, E. 1994. Theories of Cartel Stability and the Joint Executive Committee [J]. *Rand Journal of Economics*, 25 (1): 37—57.

[14] Genesove, D., Mullin, W. P. 1998. Testing Static Oligopoly Models: Conduct and Cost in the Sugar Industry, 1890—1914 [J]. *Rand Journal of Economics*, 29 (2): 355—377.

[15] Gertner, R. 1986. *Dynamic Duopoly with Price Inertia* [M]. Ph. D Thesis, Department of Economics, MIT.

[16] Green, R. J., Newbery, D. M. 1992. Competition in the British Electricity Spot Market [J]. *Journal of Political Economy*, 100 (5): 929—953.

[17] Green, E., Porter, R. 1984. Non-cooperative Collusion under Imperfect Price Information [J]. *Econometrica*, 52 (1): 87—100.

[18] Hajivassiliou, V. A. 1989. *Testing Game-Theoretic Models of Price-fixing Behavior*. Yale Cowles Foundation Discussion Paper, No. 935.

[19] Haltiwanger, J., Harrington, J. E. 1991. The Impact of Cyclical Demand Movements on Collusive Behavior [J]. *Rand Journal of Economics*, 22 (1): 89—106.

[20] Hay, G. A., Kelley, D. 1974. An Empirical Survey of Price Fixing Conspiracies [J]. *Journal of Law and Economics*, 17 (1): 13—38.

[21] Klemperer, P. D., Meyer, M. A. 1989. Supply Function Equilibria in Oligopoly under Uncertainty [J]. *Econometrica*, 57 (6): 1243—1277.

[22] Kreps, D., Scheinkman, J. 1983. Quantity Precommitment and Bertrand Competition Yield Cournot Outcomes [J]. *Bell Journal of Economics*, 14 (2): 326—337.

[23] Levitan, R., Shubik, M. 1972. Price Duopoly and Capacity Constraints [J]. *International Economic Review*, 13 (1): 111—122.

[24] Rees, R. 1993. Collusive Equilibrium in the Great Salt Duopoly [J]. *Economic Journal*, 103 (419): 833—848.

[25] Rotemberg, J., Saloner, G. 1986. Supergame-Theoretic Model of Business Cycles and Price Wars During Booms [J]. *American Economic Review*, 76 (1): 390—407.

[26] Slade, M. E. 1986. Conjectures, Firm Characteristics, and Market Structure: An Empirical Assessment [J]. *International Journal of Industrial Organization*, 4 (4): 347—369.

[27] Slade, M. E. 1987. Interfirm Rivalry in a Repeated Game: an Empirical Test of Tacit Collusion [J]. *Journal of Industrial Economics*, 35 (4): 499—516.

[28] Stahl, D. 1985. *Bertrand Competition for Inputs, Forward Contracts and Walrasian Outcomes*. Working Paper. Duke University.

[29] Symeonidis, G. 1999. Cartel Stability in Advertising-incentive and R&D-incentive Industries [J]. *Economics Letters*, 62 (1): 121—129.

[30] Symeonidis, G. 2000. Price Competition and Market Structure: The Impact of Cartel Policy on Concentration in the UK [J]. *Journal of Industrial Economics*, 48 (1): 1—26.

[31] Symeonidis, G. 2003. In Which Industries is Collusion More Likely? Evidence from the UK [J]. *Journal of Industrial Economics*, 51 (1): 45—74.

第 11 章

差异化产品的市场竞争

在伯川德悖论的背后,一个关键性假设是厂商生产同质产品。由于消费者无法识别某种产品的生产者,因此,价格是消费者惟一感兴趣的变量,从而就没有一个厂商能把价格提高到边际成本之上而不失去市场份额。然而,在现实经济中,产品差异化是一个非常普通的竞争特质。消费者可以区分不同的生产者,并把产品(品牌)看作是相近的但并非完全的替代品,即差异化产品。消费者喜欢某厂商的品牌,可能因为该厂商的产品质量高、服务好、适合其偏好、可以方便地购买,甚至因为消费者不知道有其他品牌。在这种情况下,消费者会为这种品牌忠诚度支付高于边际成本的价格,从而缓和价格竞争。

在构建产品差异化模型时涉及对消费者行为与偏好的描述,这完全不同于第 9 章和第 10 章。在现有产品差异化文献中,研究消费者偏好的方法有两种:地址方法 (address approach) 与非地址方法 (non-address approach)。地址方法以 Hotelling (1929) 为代表,运用消费者偏好在连续空间上的分布来描述产品特征。在这一空间上,差异化的消费者具有不同的最偏好位置,并因此可被视为在该空间上具有不同的地址。产品也可用空间上的地址来定义,这使得所有可能的产品集是无限的。非地址方法以 Chamberlin (1953) 的垄断竞争研究为代表,沿用了传统的价格理论,假设消费者对差异化产品的偏好由预先确定的所有可能的产品集来定义,该产品集可能是有限的,也可能是无限的。①

本章首先讨论非地址方法中的差异化产品的产量与价格竞争模型,然后讨论地址方法中基于横向差异化与纵向差异化分类的 Hotelling 模型。

11.1 非地址方法

在研究差异化产品的非地址方法中,有两种方法说明了差异化产品的购买行为。第一种方法假设,对差异化产品的总偏好可以由代表性消费者来描述,这样的处理简化了对所有消费者的研究,使得非地址方法在某些重要方面比地址方法更灵活。然而,这也导致非地址方法不能研究消费者之间的差别。第二种方法假设消费者个体偏好存在差别,并能从个体动机中推导出总行为偏好。因此,到目前为止,基于这种方法的所有模型都采用了 Chamberlin 对称性假设(所有产品都处于与其他产品的等量

---

① 参见 Waterson (1989)、Eaton 和 Lipsey (1989) 等对产品差异化研究的综述。

竞争中）的某种变体。

在第 9 章和第 10 章中，我们讨论了同质产品的古诺产量竞争与伯川德价格竞争。而在这一节，我们将放松这两个模型中同质产品的假设，分析差异化产品下的产量竞争与价格竞争的均衡性质。[①]

11.1.1　差异化产品的产量竞争

假设市场中存在两个厂商 1 和 2，它们拥有相同且不变的边际成本和平均成本 c。反需求函数采用 Bowley（1924）的形式：

$$p_1 = a - b(q_1 + \theta q_2), \quad p_2 = a - b(\theta q_1 + q_2) \tag{11.1}$$

其中，$a, b > 0$，$0 \leq \theta \leq 1$ 为产品差异化参数。若 θ 取负值，（11.1）式便成为互补品的需求函数；若 $\theta = 0$，则两种商品的需求是不相关的；θ 越接近于 1，两种商品之间的替代性越强，当 $\theta = 1$ 时则为完全替代。

厂商 1 的利润为：

$$\pi_1 = [a - b(q_1 + \theta q_2) - c]q_1 \tag{11.2}$$

（11.2）式的一阶条件给出了厂商 1 关于厂商 2 产量的最优反应函数：

$$q_1 = \frac{1}{2}\left(\frac{a-c}{b} - \theta q_2\right) \tag{11.3}$$

同理可得，厂商 2 关于厂商 1 产量的最优反应函数为：

$$q_2 = \frac{1}{2}\left(\frac{a-c}{b} - \theta q_1\right) \tag{11.4}$$

图 11.1 显示了（11.3）和（11.4）式所示的最优产量反应曲线，两条最优反应曲线的交点即为差异化产品下的古诺双寡头均衡产量：

$$q_1^c = q_2^c = q^c = \frac{1}{2+\theta}\frac{a-c}{b} \tag{11.5}$$

容易得到，均衡价格为：

$$p_1^c = p_2^c = p^c = c + bq = c + \frac{a-c}{2+\theta} \tag{11.6}$$

相应地，可得到均衡利润为：

$$\pi_1^c = \pi_2^c = \pi^c = \frac{(a-c)^2}{b(2+\theta)^2} \tag{11.7}$$

相应地，在 n 个厂商的情形中，每个商品的古诺均衡产量和价格分别为：

$$q^c = \frac{1}{2+(n-1)\theta}\frac{a-c}{b} \quad \text{和} \quad p^c = c + bq^c = c + \frac{a-c}{2+(n-1)\theta} \tag{11.8}$$

与同质产品的情况一样，差异化产品下的均衡价格随着（厂商）数目 n 的增加而下降，也随着差异化参数 θ 的提高而下降（θ 越大意味着产品越同质化）。因此，差异化产品下的古诺均衡说明，厂商数目越少和产品差异化程度越高，厂商的市场势力便

[①] 本节内容参考了斯蒂芬·马丁的《高级产业经济学》（第 2 版）（上海财经大学出版社 2003 年版）第 3.7 和 3.8 节的内容。

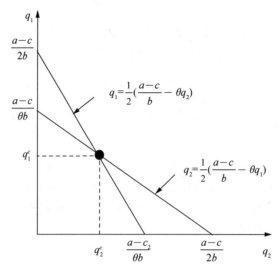

图 11.1 差异化产品下的古诺产量竞争均衡

越强。

11.1.2 差异化产品的价格竞争

本节我们仍然分析双寡头垄断市场,但现在两个厂商的竞争变量是价格,它们拥有不变的边际成本 c。通过改写(11.1)式的反需求函数,我们可以得到 Bowley 模型所隐含的需求函数方程式:

$$q_1 = \frac{(1-\theta)a - p_1 + \theta p_2}{(1-\theta^2)b}, \quad q_2 = \frac{(1-\theta)a - p_2 + \theta p_1}{(1-\theta^2)b} \tag{11.9}$$

容易看到,只要 $\theta < 1$,(11.9)式就是有效的。

根据(11.9)式,厂商 1 的利润为:

$$\pi_1 = (p_1 - c)\frac{(1-\theta)a - p_1 + \theta p_2}{(1-\theta^2)b} \tag{11.10}$$

由(11.10)式的一阶条件可得:

$$p_1 = \frac{1}{2}((1-\theta)a + c + \theta p_2) \tag{11.11}$$

同理,使厂商 2 利润最大化的一阶条件为:

$$p_2 = \frac{1}{2}((1-\theta)a + c + \theta p_1) \tag{11.12}$$

只要所有的价格和产量非负,那么,(11.11)和(11.12)式就是厂商最优价格反应函数。可以看到,最优价格反应曲线是向上倾斜的,如图 11.2 所示。由此,我们可以得到非合作均衡价格为两条最优价格反应曲线的交点,即:

$$p_1^B = p_2^B = p^B = c + \frac{1-\theta}{2-\theta}(a - c) \tag{11.13}$$

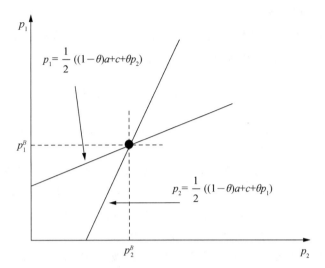

图 11.2 差异性产品下的伯川德价格竞争均衡

根据这一均衡价格,可相应地得到均衡产量和利润。容易看到,如果 $\theta=1$(产品是同质的),我们回到伯川德悖论的情形。而对于任何的 $0 \leq \theta < 1$,都有 $p_1=p_2>c$,这意味着产品差异化减缓了价格竞争。

当存在 n 个厂商时,非合作均衡价格则为:

$$p^B = c + \frac{1-\theta}{2+(n-3)\theta}(a-c) \tag{11.14}$$

相应的均衡产量为:

$$q^B = \frac{1+(n-2)\theta}{(1+(n-1)\theta)(2+(n-3)\theta)} \frac{a-c}{b} \tag{11.15}$$

对于 $0 \leq \theta \leq 1$,当 θ 提高(产品趋于标准化)且产品数量 n 增加时,均衡价格下降,每种产品的均衡产量上升,这与差异化产品下的古诺模型的结论相同。

总之,从以上两节的分析中我们可以看到,如果产品是差异化的,不管厂商设定产量还是价格,厂商数目和产品差异化程度的变化都会影响市场绩效。

进一步,比较 (11.6) 和 (11.13) 式可知:

$$p^c - p^B = \frac{\theta^2}{4-\theta^2}(a-c) > 0 \tag{11.16}$$

这说明,伯川德均衡价格低于古诺均衡价格,且产品差异化程度越大(越小),两个价格之间的差异就越小,即:

$$\frac{\partial(p^c - p^B)}{\partial \theta} > 0$$

当产品之间不相关时,价格差异为零。

Vives (1985) 对这一结论进行了解释。在古诺市场结构中,每个厂商都预期其他厂商的产量水平保持不变。因此,每个厂商都将保持一个较低产量水平,因为它们意识到,单方面的产量扩张会导致市场价格下降。而在伯川德市场结构中,每个厂商都假定竞争对手保持价格不变,因此,产量扩张不会导致价格下降。所以,伯川德产量大于古诺产量，相应地，伯川德价格小于古诺价格。Cheng（1985）也证明，古诺均衡价格高于伯川德均衡价格。当产品是替代品时，产量策略占优于价格策略；相反，当产品是互补品时，价格策略占优于产量策略。

案例 11.1　三星对抗苹果：销售日期＋大屏战略

2010 年 6 月 8 日，史蒂夫·乔布斯在美国发布了 iPhone 4。2011 年 4 月底，白色 iPhone 4 开始在中国大陆发售。开售的头三天，iPhone 4 的全球销量已突破 170 万部，再度刷新 iPhone 的销售记录的同时，也成为全球单一型号销量最好的智能手机。

为了对抗苹果，2011 年 4 月，三星发售 Galaxy S2，5 个月的销量便超过了 1000 万台。紧接着，同年 5 月，三星发售智能手机战略机型 Galaxy S3，至 7 月末全球销量便超过 1000 万台，大大挤占了部分用户对 iPhone 的需求。

三星的成功策略之一就是，围绕 iPhone 的发售日期，抢占了绝妙的时间点。iPhone 4S 于 2011 年 10 月发售，据其原型"iPhone 4"的发售日期已经过去两年了。而三星抓住了 iPhone 发售间隔较长的弱点，于 2010 年 6 月推出 Galaxy S，2011 年 4 月推出 S2，在一年的周期中不断推出新产品，有意抢占新一代 iPhone 发售前的空档。

三星的成功策略之二就是大屏战略。自三星推出 4 英寸的 Galaxy S 以来，大屏战略愈走愈远，而苹果一直维持 3.5 英寸显示屏。习惯大屏幕之后，用户便不愿意换成小屏幕，三星期待着这样的效果，也希望能借此抓牢一部分用户。Galaxy S3 拥有的 4.8 英寸屏幕，对智能手机来说，可能已经接近大屏幕化的极限了。然而，三星大屏战略远不尽于此。

2011 年底，三星推出 Galaxy Note，屏幕为 5.3 英寸；2012 年 8 月，推出 Galaxy Note II，屏幕增大到 5.5 英寸；直到 Galaxy Note 5，屏幕尺寸为 5.89 英寸。2013 年 6 月 18 日，三星在台湾推出 Galaxy MEGA 全新系列机种，5.8 寸和 6.3 寸两款超大屏幕手机亮相，价格定位中端，掀起巨大市场反响。

无论如何，三星善于避开与苹果的正面冲突。苹果是开拓智能手机领域的先锋，核心用户层的厚度和强大的品牌力量，都不是三星所能模仿的。iPhone 的便于操作性和完整性也依然鹤立鸡群。但是，凭借大屏战略，三星在与苹果的较量中取得了不俗的成绩，在 2011 年 7—9 月和 2012 年 1—3 月智能手机全球销量排行中，三星超过苹果排在了首位。此后，这个排位一直保持。

2014 年秋，新一代 iPhone 6 及 iPhone 6 Plus 发布，尺寸分别是 4.7 英寸和 5.5 英寸。在开售 3 天之后就突破 1000 万部的大关，这也刷新了此前 iPhone 系列的销售记录。

2014 全年，全球智能手机出货量 13 亿部，年增长率为 29.6%，其中，三星仍然以 3.172 亿部、24.7% 的市场份额遥遥领先，苹果则以 1.927 亿部、15.0% 的市场份额位列其后，但是二者都在下跌，分别少了 4.9、1.6 个百分点。

（案例来源：三星打倒苹果的方程式：销售日期＋大屏幕战略［N］. 王晨曦，编译. 日经，2012 年 7 月 5 日）

11.2 地址方法

非地址方法研究了消费者的总需求，但没有探究单个消费者行为的特征及其分布区间将怎样影响总体行为，而地址方法则允许消费者偏好具有差异性，这使得产品之间的可替代性至少部分地成为一种客观现象（Eaton 和 Lipsey，1989）。Hotelling（1929）通过把个人需求与产品特征联系起来，并根据对个人需求的明确假设，推导出总需求的性质，建立了空间产品差异化模型。这一模型被认为是广义上的不完全竞争市场模型的鼻祖。

11.2.1 产品差异化的分类

在地址方法中，对产品差异化的研究又可按产品特性来分类。一种商品通常可以用一组特性来描述：质量、定位、时间、适用性、消费者的信息，等等，每一个消费者对这些特性都有一种排序。显然，穷尽所有可能的特性有助于丰富对商品的描述，却无助于我们的研究，因此，我们只关注一小部分特性以及特定的偏好。因此，研究产品差异性的方法通常有三种：横向差异性（horizontal differentiation）、纵向差异性（vertical differentiation）以及商品特征方法（characteristics approach）。

对于某些商品特性，在价格相同的情况下，最优选择与消费者的特定偏好有关，比如，商品的颜色、口味、购物的地点，这就是所谓的横向差异性，亦称空间差异性。在这种差异下，消费者的偏好可能是负相关的，不存在"好"或"坏"的区别。而在纵向差异产品空间中，所有消费者对大多数特性组合的评价是一致的，即偏好顺序是一致的，最典型的例子是质量。在价格相同的情况下，消费者自然会购买质量高的。

进一步，在纵向差异和横向差异的分析方法中，我们假定消费者只购买一种商品，即消费者并不能从消费各种商品中获得更多的效用。然而，在特征方法中，消费者可能消费几种商品，而且他们所关心的是商品特性的组合（Lancaster，1966）。因此，特征方法是将横向与纵向产品差异性研究统一在一个框架中。

11.2.2 双寡头位置模型

假设 N 个消费者均匀分布于单位长度的线性城市中，每个消费者至多购买一单位商品，且对每单位商品的支付意愿为 V。这样的线性模型可用于描述某种产品特征从低水平到高水平的变化，例如，甜度、容量、价格等。因此，消费者所在位置表示消费者最喜欢的产品特征量，而厂商所在位置则表示其各自生产的产品特征量。

假设市场中存在两个厂商 A 和 B。厂商 A 位于左端 $x=0$ 处，厂商 B 位于右端 $x=1$ 处，两家企业的边际成本为 c。图 11.3 表明了这一线性双寡头位置模型。

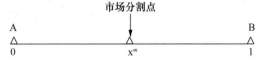

图 11.3 Hotelling 线性双寡头模型

消费者购买单位产品的效用如下：

$$U_i = V - p_A - tx \quad \text{如果他购买来自厂商} A \text{的产品} \tag{11.17}$$

$$U_i = V - p_B - t(1-x) \quad \text{如果他购买来自厂商} B \text{的产品} \tag{11.18}$$

其中，t 为消费者购买产品往返路程所需的单位交通费用，p_A 和 p_B 分别为厂商 A 和 B 的价格。

假设整个市场的 N 个消费者都得到服务，并且每家企业都有正的市场份额。那么，对于一个边际消费者 x^m 来说，他从厂商 A 处购买与从厂商 B 处购买是无差异的，因此有：

$$V - p_A - tx^m = V - p_B - t(1-x^m)$$

解出边际消费者的位置为：

$$x^m = \frac{p_B - p_A + t}{2t} \tag{11.19}$$

在任何一组价格 p_A 和 p_B 下，所有 x^m 左边的消费者购买厂商 A 的产品，所有 x^m 右边的消费者购买厂商 B 的产品。因此，厂商 A 的市场需求为：

$$Nx^m = N\frac{p_B - p_A + t}{2t} \tag{11.20}$$

类似地，厂商 B 的市场需求为：

$$N(1-x^m) = N\frac{p_A - p_B + t}{2t} \tag{11.21}$$

很明显，如果 $p_A = p_B$，两家企业将平分市场。即使价格不相等，比如，$p_A > p_B$，一些消费者仍然会购买厂商 A 的产品，仅仅是因为消费者更偏好其产品特征。

厂商 A 的利润函数为：

$$\pi_A(p_A, p_B) = N(p_A - c)\frac{p_B - p_A + t}{2t} \tag{11.22}$$

厂商 A 选择 p_A 以最大化其利润，可得其最优反应函数为：

$$p_A = \frac{c + t + p_B}{2t} \tag{11.23}$$

同理，厂商 B 的最优反应函数为：

$$p_B = \frac{c + t + p_A}{2t} \tag{11.24}$$

解 (11.23) 和 (11.24) 式，可得到纳什均衡价格为 $p_A = p_B = c + t$，两家企业的利润为 $\pi_A = \pi_B = Nt/2$。这表明，在均衡情况下，企业索取高于边际成本的价格，产品特征（消费者距离）t 决定了价格，也决定了两家企业的产品不是完全替代的。只有当 $t = 0$ 时，才会出现伯川德竞争的结果。此外，容易看到，随着企业数量的增加，企业间的距离将减小，产品间的差异性缩小，价格竞争会趋于激烈。

11.2.3 特征方法①

特征方法是分析产品差异化的一种方法。这种方法将消费者的偏好归纳为对于该商品的一种或几种特征的偏好,并由此来分析消费者的需求。特征方法假定,消费者的需求不是针对产品的,而是针对产品特征的,即对每种产品的需求来源于对产品特征的需求。下面,我们以汽车为例来说明特征方法及其应用。

对于消费者来说,当他们在选购汽车时,最为注重的是汽车的哪些特征呢?不妨假定,消费者主要关心汽车四个方面的特征:(1)马力/重量的比例,该特征与汽车的加速能力有关;(2)车型的大小;(3)汽车配件,如空调、音响等;(4)能耗,即每公里耗油量。虽然实践中的消费者还会考虑其他一些因素,如车座是否舒适、颜色是否漂亮等,但上述四种特征基本上可以反映消费者对汽车评价的主要方面。

作为例子,我们只对两种轿车进行比较,并分析不同的消费者将如何在这两种轿车之间进行选择。这两种轿车是通用汽车公司生产的 Geo 轿车和保时捷。首先,将这两种轿车的上述四种特征的数值列于表 11.1 中。

表 11.1 汽车的特征

车型	马力/重量	车型大小	空调	能效	价格(千美元)
Geo	0.3	0.9	0	64	4
保时捷	1.0	1.2	1	12	68

同样为简化起见,我们只考虑两类消费者对这两种轿车的评价。一类消费者是公司蓝领,另一类消费者是公司高层经理。消费者对商品的评价反映了消费者能够从商品消费中获得的效用,当具体化为产品特征时,我们仍可以类似地把这种效用概念加以推广。同时,我们还可进一步把这种效用转化为货币价值,即消费者为了获得这种效用而愿意付出的金额。表 11.2 列出了蓝领和高层经理对上述两种轿车的效用评价。

表 11.2 消费者对汽车特征的效用评价

消费者	马力/重量	车型大小	空调	能效	价格(千美元)
蓝领	5	1	0.5	0.1	−1
高层经理	40	20	40.0	0	−1

在表 11.2 中,我们假设消费者每多付出 1000 美元就会导致一个单位的效用损失,并假定两类消费者对此的评价是一样的。在此基础上,可以把消费者对其他特征的评价按同样单位的效用来表示。例如,蓝领与高层经理对汽车空调效用的评价分别为 0.5 个单位和 40 个单位,也就是说,他们分别愿意为此多付出 500 美元和 40000 美元。此外,高层经理对马力/重量的评价值为 40 个单位,也就是说,他们愿意为提高

---

① 参见刘易斯·卡布罗.产业组织导论.胡汉辉,赵震翔,译.北京:人民邮电出版社,2002:第 12.1 节.

一个单位的马力/重量比例多付出 40000 美元，而从表 11.1 中可以看到，保时捷在加速能力上比 Geo 高出 0.7 倍，因此，相对于 Geo 来说，高层经理愿意为保时捷多付出 $0.7 \times 40000 = 28000$ 美元。

在抽象了产品特征和了解了消费者对不同特征的效用评价的基础上，就可以分析消费者的购买行为。从消费者理性行为的假设出发，可以判断每个消费者都会选择购买能够给自己带来最大净效用的产品。这里的净效用（net utility）是指消费者从产品特征中获得的效用减去为此产品付出的价格。具体来说，消费者 i 购买商品 k 的净效用由以下公式计算：

$$u_{ik} = b_{i1}c_{k1} + \cdots + b_{i4}c_{k4} - p_k \tag{11.25}$$

式中，$j=1,\cdots,4$ 是产品拥有的具体特征，b_{ij} 是消费者 i 对特征 j 的评价，而 c_{kj} 是产品 k 所具有的特征 j 的具体数值。

根据（11.25）式，容易计算出蓝领和高层经理购买两种汽车可分别获得的净效用，如表 11.3 所示。从计算结果很容易判断消费者的购买决策，即蓝领将购买 Geo，而高层经理将购买保时捷。

表 11.3 消费者购买汽车的净效用

消费者	Geo	保时捷
蓝领	4.8	−60.1
高层经理	26.0	36.0

特征方法的优越性在于，它能够将横向差异化与纵向差异化综合起来进行分析，从而成为分析产品差异化的一般方法。特别地，即使产品的每个具体特征均表现为纵向差异化，特征方法也能够通过综合评价各个特征来获得消费者对这种商品的总体评价。在上面分析的汽车特征中，除了车型大小或许可以视为一种横向差异化，其他三项特征——马力/重量、空调和能效——均表现为纵向差异化。通过特征方法的运用，我们就可以判断消费者的综合评价及其最终的购买选择。实际上，从表 11.2 中，我们还可以发现消费者对不同特征所带来的效用给予的权重是不一样的。蓝领消费者最终选择 Geo 是因为他们更看重能效，而高层经理最终选择保时捷是因为他们认为加速能力比能效重要得多。

案例 11.2 零售品变餐饮 哈根达斯、DQ 在华成"奢侈"品

一盒 414 ml 的哈根达斯冰淇淋，在美国超市只要 4.69 美元，折合人民币不到 30 元，而且还有各种促销活动。而在中国超市，售价则可超过 80 元。在国内哈根达斯专卖店，一个单色冰淇淋球售价也超过 30 元。在中国被视为高档冰淇淋的哈根达斯，在其发源地美国却只是一种平民食品。中美之间动辄三倍的价差频频受到质疑。

商业运营模式和产品成本的不同是造成哈根达斯中美价格差异的两个主要原因。这一现象并不是哈根达斯独有的，同一品牌在不同区域市场有不同的市场定位，因而也会采取不同的经营策略与定价模式。

在中国城市繁华的商业中心，往往能看到哈根达斯、DQ、酷圣石等洋品牌冰淇淋的店铺。这些冰淇淋一进入中国市场，瞄准的就不是大型超市等零售渠道。与蒙牛、伊利、光明等国产冰淇淋及和路雪等超市常见冰淇淋品牌相比，这些洋品牌冰淇淋显得很"高端"，一杯冰淇淋售价通常不低于20元，甚至更高。

哈根达斯品牌现在归属于美国通用磨坊公司，然而，在北美地区，通用磨坊把这一品牌整个授权给了另一知名快速消费品企业——雀巢来经营。雀巢在美国把哈根达斯定位为快速消费品，采取零售的业务模式，走商店、超市渠道。另外，雀巢在美国经营哈根达斯是采取本土化生产，对美国消费者来说，这就是一种本土市场的产品。

但在中国，哈根达斯采取了与美国截然不同的经营模式。从1996年进入中国开始，哈根达斯就没有复制在国外的零售模式，而是采取高端餐饮专卖店的经营模式。这种品牌定位加上与之匹配的经营策略，直接导致了中美哈根达斯成为两种不同的商品。在当时的中国市场，还只有光明等亲民的冰淇淋产品。而通用磨坊瞄准的正是当时尚属空白的高端冰淇淋市场，将哈根达斯定位成一种高档产品，不仅采取店铺经营的模式，还在广告等市场推广上致力于营造高档奢侈感。

在一个市场，产品卖的价格、采取的经营策略要看这个品牌给自己的定位，不同品牌会瞄准不同的消费者。哈根达斯在中国的定位是比较清晰的，它在卖一种消费体验。此外，哈根达斯在中国的扩张，很大程度上得益于它的品牌营销做得出色。例如，店铺选址都在繁华地段，营造出店铺的高端感，将吃冰淇淋与奢侈感相联系，而相应的定价也就要"奢侈"。这种店铺式经营也使中美两国哈根达斯成本结构全然不同。因此，应该把哈根达斯与国内餐饮行业相比较，而不是与其他冰淇淋生产企业比较。

（案例来源：第一财经网站，2013年10月8日）

本章小结

差异化产品下的古诺均衡表明，价格随着厂商数目 n 的增加而下降，也随着差异化参数 θ 的提高而下降。因此，厂商数目越少和产品差异化程度越高，厂商的市场势力便越强。

差异化产品的价格竞争均衡表明，对于任何的 $0 \leqslant \theta < 1$，都有 $p_1 = p_2 > c$，意味着产品差异化减缓了伯川德价格竞争。

如果产品是差异化的，不管厂商是进行产量竞争还是价格竞争，厂商数目和产品差异化程度的变化都会影响市场绩效。伯川德均衡价格低于古诺均衡价格，且产品差异化程度越大，两个价格之间的差异就越小。

横向差异化是指，在价格相同的情况下，对于某些商品特性，最优选择与消费者的特定偏好有关。纵向差异化是指，在价格相同的情况下，所有消费者的偏好顺序是一致的。

Hotelling 的线性空间产品差异化模型表明，在均衡情况下，企业索取高于边际成本的价格，产品特征（消费者距离）t 决定了价格。随着企业数量的增加，企业间的距离将减小，产品间的差异性缩小，价格竞争会趋于激烈。

特征方法是分析产品差异化的一种方法。这种方法将消费者的偏好归纳为对于该商品的一种或几种特征的偏好，并由此来分析消费者的需求。

思考练习题

1. 假定线性城市中只有一家餐馆，位于一公里长的街道的正中间。假定该餐馆成本为零。消费者均匀分布于这条街上，每个消费者的交通成本是每公里 1 元。生活在与餐馆相距 a 单位的消费者的效用表示为 $U=B-a-p$，其中，p 是一顿饭的价格，B 是一个常数。但如果消费者不在该餐馆吃饭，其效用为 0。

（1）假定 $0<B<1$，计算在该餐馆吃饭的消费者数量，该餐馆的价格和利润。

（2）假定 $B>1$，计算在该餐馆吃饭的消费者数量，该餐馆的价格和利润。

2. 大学路全长 1 公里，两个供应同样食品的快餐店位于该路的两端：店 1 位于最左端，店 2 位于最右端。消费者在区间上均匀分布，且只购买一次。在该路上，风从右向左吹，因此走到右边的消费者的单位距离交通成本是 R 元，走到左边的消费者的单位距离交通成本是 1 元。试回答下列问题：

（1）设 p_i 表示在快餐店 i 吃饭的价格，其中，$i=1,2$。假设 p_i（$i=1,2$）是给定的，且满足 $0<p_1-R<p_2<1+p_1$。用 x 表示在店 1 或店 2 吃饭无差异的消费者的位置。计算作为 p_1，p_2 和 R 的函数的 x。

（2）假设价格满足 $p_1=p_2$，那么使消费者只去店 1 吃饭的 R 的最小值是多少？

3. 考虑具有二次成本函数的 Hotelling 模型。位于长为 l 的线性城市中 x 点的消费者效用函数为：

$$U_x \equiv \begin{cases} -p_A - \tau(x-a)^2 & \text{如果消费者从 } A \text{ 购买} \\ -p_B - \tau(x-(l-b))^2 & \text{如果消费者从 } B \text{ 购买} \end{cases}$$

假设两个厂商 A 和 B 都处于中间位置（$a=b=l/2$）。

（1）假定厂商的生产成本都为 0，计算均衡价格；

（2）假定允许厂商 A 在两个厂商选择价格之前对其位置进行微小调整，证明厂商 A 愿意向哪里移动？

4. 在 A 小镇，每个人都在 10 公里长的大街上生活。大街上均匀分布着 1000 人，每天他们都要从位于大街两头的其中一个商店购买水果冰沙。消费者到商店来回都骑摩托车，每公里花费 0.5 元的汽油费。消费者选择提供低价水果冰沙的商店，包括商品价格加上交通成本。Ben 在大街西端有一家商店，而 Will 在大街东端有一家商店。Ben 和 Will 制造冰沙的边际成本都是 1 元。另外，每个人每天支付 250 元给镇政府以获得许可。Ben 设定价格为 p_1，而 Will 设定价格为 p_2。试计算，Ben 和 Will 的价格水平是多少？每家商店服务多少消费者？各自的利润是多少？

参考文献与进一步阅读

[1] 刘易斯·卡布罗. 产业组织导论 [M]. 胡汉辉, 赵震翔, 译. 北京: 人民邮电出版社, 2002.

[2] Anderson, S. P. 1987. Spatial Competition and Price Leadership [J]. *Internatiomal Journal of Industrial Organization*, 5 (4): 369—398.

[3] Anderson, S. P. 1988. Equilibrium Existence in the Linear Model of Spatial Competition [J]. *Economica*, 55 (220): 479—491.

[4] Anderson, S. P., de Palma, A. 1988. Spatial Price Discrimination with Heterogeneous Products [J]. *Review of Economic Studies*, 55 (4): 573—592.

[5] Anderson, S. P., de Palma, A., Thisse, J-F. 1992. *Discrete Choice Theory of Product Differentiation* [M]. Cambridge, MA: The MIT Press.

[6] Anderson, S. P., Engers, M. 1994. Spatial Competition with Price-taking Firms [J]. *Economica*, 61 (242): 125—136.

[7] Anglin, P. M. 1992. The Relationship between Models of Horizontal and Vertical Differentiation [J]. *Bulletin of Economic Research*, 44 (1): 1—20.

[8] al-Nowaihi, A., Norman, G. 1994. Product Selection by Quantity-setting Firms [J]. *International Journal of Industrial Organization*, 12 (4): 473—494.

[9] Archibad, G. C., Eaton, B. C., Lipsey, R. G. 1986. Address Models of Value Theory. In J. E. Stigliz and G. F. Mathewson (ed.), *New Developments in the Analysis of Market Structure* [M]. Cambridge, MA: The MIT Press.

[10] Bain, J. S. 1956. Barriers to New Competition [M]. Cambridge, MA: Harvard University Press.

[11] Beckmann, M. J. 1968. *Location Theory* [M]. New York: Random House.

[12] Bockem, S. 1994. A Generalized Model of Horizontal Product Differentiation [J]. *Journal of Industrial Economics*, 42 (3): 287—298.

[13] Bonanno, G. 1986. Vertical Differentiation with Cournot Competition [J]. *Economic Notes*, 15 (2): 68—91.

[14] Bowley, A. L. 1924. *The Mathematical Groundwork of Economics* [M]. Oxford: Oxford University Press.

[15] Capozza, D. R., Van Order, R. 1982. Product Differentiation and the consistency of Monopolirtic Competition: A Spatial Perspective [J]. *Journal of Industrial Economics*, 31 (1/2): 27—39.

[16] Chamberlin, E. 1933. *The Theory of Monopolistic Competition* [M]. Cambridge, Mass.: Harvard University Press.

[17] Chamberlin, E. H. 1953. The Product as an Economic Variable [J]. *Quarterly Journal of Economics*, 67 (1): 1—29.

[18] Cremer, H., Thisse, J-F. 1991. Location Models of Horizontal Diversification: A Special Case of Vertical Diversification Models [J]. *Journal of Industrial Economics*, 39: 383—390.

[19] Eaton, B. C., Lipsey, R. 1989. Product Differentiation, in Schmalensee, R. and Willig, R., *Handbook of Industrial Organization*, Vol I (Amsterdam, New York), Chap. 12, 723—768.

[20] Holahan, W. L. 1975. The Welfare Effects of Spatial Price Discrimination [J]. *American Economic Review*, 65 (3): 498—503.

[21] Hoover, E. M. 1937. Spatial Price Discrimination [J]. *Review of Economic Studies*, 4 (3): 182—191.

[22] Hotelling, H. H. 1929. Stability in Competition [J]. *Economic Journal*, 39 (153): 41—57.

[23] Lancaster, K. 1966. A New Approach to Consumer Theory [J]. *Journal of Political Economy*, 74 (2): 132—157.

[24] Lerner, A. P., Singer, H. W. 1937. Some Notes on Duopoly and Spatial Competition [J]. *Journal of Political Economics*, 45 (2): 117—137.

[25] Norman, G. 1981. Spatial Competition and Spatial Price Discrimination [J]. *Review of Economic Studies*, 48 (1): 97—111.

[26] Shaked, A., Sutton, J. 1982. Relaxing Price Competition through Product Differentiation [J]. *Review of Economic Studies*, 49 (1): 3—13.

[27] Singh, N., Vives, X. 1984. Price and Quantity Competition in a Differentiation Duopoly [J]. *Rand Journal of Economics*, 15 (4): 546—554.

[28] Thisse, J., Vives, X. 1988. Spatial Pricing Schemes [J]. *American Economic Review*, 78: 122—137.

[29] Vives, X. 1985. Efficiency of Bertrand and Cournot Equilibria with Product Differentiation [J]. *Journal of Economic Theory*, 36 (1): 166—175.

[30] Waterson, M. 1989. Models of Product Differentiation [J]. *Bulletin of Economic Research*, 41 (1): 1—27.

第 12 章

市场进入与遏制

反垄断在经济学中是一个长期存在争议的话题。一些理论认为,垄断只是一个短期现象,高额的垄断利润会吸引其他企业进入该行业,而且技术进步的加快也意味着一个企业很难依靠原有的技术长期垄断一个行业。然而,在现实中,许多企业长期垄断一个行业并获得超额利润。例如,在过去一百多年中,美国罐装汤市场 70% 的销量被坎贝尔公司所获得;而世界拍卖市场 90% 的市场份额几乎都掌握在苏富比拍卖行和佳士得拍卖行手中。如果你认为这两个都属于传统行业,技术进步比较慢的话,那么,在技术进步异常快的 IT 行业也存在着明显的长期垄断。例如,微软公司在过去 30 年左右的时间里一直占据着个人电脑操作系统的 90% 以上的市场份额。类似地,在个人电脑中央处理器芯片市场中长期处于支配地位的是英特尔公司。甚至在最新的智能手机领域,新的垄断似乎也在形成:除了苹果公司自身较封闭的生态系统外,谷歌的 Android 系统占据了智能手机操作系统的市场主导地位,其他企业的多次尝试,例如,微软的 Windows phone,三星的 Tizen,以及阿里巴巴的 Yunos 系统等,都无法将其撼动,即便 Android 系统长期存在着一些被人诟病的缺陷。在普遍意义上,有趣的是,一个行业中居第一位的企业平均能够维持其市场主导地位 17—28 年(Baldwin,1995;Geroski 和 Toker,1996)。

既然上述行业长期存在着垄断利润,那么接下来的问题是,为什么其他企业不能进入该行业以分割这些利润呢?一个自然的解释就是,新企业进入这些行业存在着进入壁垒(barriers to entry),例如,在位企业存在绝对成本优势和规模经济性,或具有产品差异优势,如名誉和品牌等,以及来自于政府对在位企业的公开或暗中的支持,政府限定市场准入条件的政策法规,等等。另一个原因是,在位企业绝不会坐视新企业进入,可能实施遏制进入的策略性行为,包括沉没成本、过度产能投资、长期合约、品牌扩散、掠夺性定价等。

本章将分别对这两种解释加以讨论,尤其是在位企业遏制进入的策略性行为,其中,第 12.1 节讨论沉没成本,第 12.2 节讨论过度投资,第 12.3 节讨论承诺问题,第 12.4 节讨论长期合约,最后讨论可竞争市场理论。

12.1 进入壁垒

12.1.1 进入壁垒的定义

Bain(1956)将进入壁垒定义为"在位者相对于进入者所具有的竞争优势而构成

的进入障碍"。或者说，进入壁垒就是在位者可以长期以高于最低平均成本的价格销售产品，而又不会引发潜在竞争者进入市场的能力的大小。施蒂格勒（1968）则认为，"进入壁垒可以被定义为一种生产成本（在某个或每个产出水平上），这一成本由试图进入产业的企业承担，而那些已经在产业中的企业则不必承担"。

从以上定义的角度看，构成进入壁垒的因素很多，Bain 将其分为结构性进入壁垒和行为性进入壁垒，前者包括绝对成本优势、规模经济、产品差异化优势等，后者包括限定市场准入条件的政策法规，以及来自在位者遏制进入的策略性行为等，例如，一国的关税和非关税壁垒可以看作是一个国家对外国企业设置的进入壁垒；而在位者的过度产能投资、长期合约、不可逆转的承诺等都可能作为遏制进入的策略性行为加以实施。

进入壁垒的高低，既反映了市场内已有企业优势的大小，也反映了新进入企业所遇障碍的大小。可以说，进入壁垒的高低是影响该行业市场垄断和竞争关系的一个重要因素，同时也是对市场结构的直接反映。

12.1.2 沉没成本作为一种进入壁垒

本节将通过在一个两期的伯川德竞争博弈中加入沉没成本来讨论结构性进入壁垒是如何阻止新企业进入市场的。

无论是要形成规模经济还是产品差异化优势，在位企业都要付出诸如市场调查、广告投入，以及投资于工厂和设备等成本。而对于新进企业而言，要从在位企业已经占有的市场份额中夺走消费者，也必须付出上述成本，甚至要付出更大的成本。而这些成本一旦投资出去，则往往无法收回，因此又可以看作是沉没成本。在 Stiglitz（1987）的同质产品市场模型中，就解释了即使是很小的沉没成本的存在也会导致新企业无法进入，而在位企业会继续获得垄断利润。

考虑一个在位企业 A 和一个新进企业 B，假设两个企业在技术上是完全相同的。任何企业进入该市场都必须付出沉没成本 $C_s > 0$。如果企业 B 选择不进入市场，那么在位企业 A 将获得垄断利润：$\pi_A = \pi_m$。假设 $\pi_m > C_s$，其中，π_m 表示不包括沉没成本的利润水平。如果企业 B 选择进入市场，那么两个企业将进行伯川德博弈。这意味着，两个企业的利润将为零。图 12.1 给出了两个企业博弈的策略选择和收益。

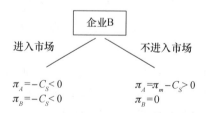

图 12.1 两企业伯川德博弈示意图

由伯川德竞争下两个企业的收益可以判断，上述子博弈的均衡是企业 B 选择不进入市场，企业 A 继续维持垄断地位。上述均衡结果的成立依赖于以下两点假设：一是新进企业 B 进入市场存在一个不大的沉没成本；二是企业 B 选择进入市场后，企业 A

选择进行伯川德博弈。伯川德博弈意味着两个企业的利润都为 0。在这种情况下，即使一个非常微小的沉没成本都会造成进入企业的亏损。

以上结论对于伯川德博弈假设的依赖也意味着，一旦我们放松该假设，上述垄断均衡将不存在。例如，在企业 B 选择进入市场的情况下，两个企业将会进行古诺竞争。假设两个企业在古诺竞争条件下的利润都是 π_g。只要 $\pi_g > C_s$，均衡结果将是企业 B 选择进入市场，而企业 A 选择与企业 B 进行古诺竞争。图 12.2 给出了两个企业博弈的策略选择和收益。

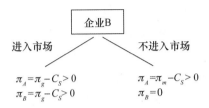

图 12.2　两企业古诺博弈示意图

下面我们放松另外一个必要假设。假如我们维持在企业 B 选择进入的情况下两个企业的竞争是伯川德竞争的假设，但是，如果我们赋予企业 A 一个退出市场的选择，并且企业 A 在退出市场的时候对于沉没成本 C_s 的变现处置可以获得正的价值，博弈的均衡也将发生变化。假设沉没成本能够变现收回的价值为 V_s，且 $V_s < C_s$。图 12.3 给出了两个企业博弈的策略选择和收益。

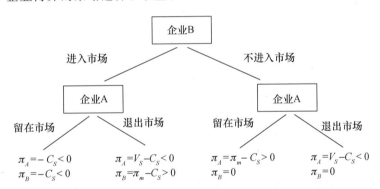

图 12.3　存在退出情况下的两企业伯川德博弈示意图

在上述博弈中，如果企业 B 选择进入市场，企业 A 的最优选择是退出市场。此时企业 B 的收益是 $\pi_B = \pi_m - C_s$。而如果企业 B 选择不进入市场，企业 A 的最优选择是留在市场。此时企业 B 的收益是 $\pi_B = 0$。显然，此时只有一个子博弈完美纳什均衡：企业 B 进入市场，而企业 A 退出市场。

由于我们假设两个企业的技术是相同的，所以，当企业 A 退出市场之后，企业 B 也会面临与企业 A 类似的进入威胁。事实上，无论最初是哪个企业先进入市场，市场总是只有一个垄断者。从消费者的角度看，该市场仍是一个进入壁垒较高的垄断市场。

12.2 过度投资作为一种进入遏制

与第 12.1 节中的沉没成本作为进入壁垒不同,进入遏制是指产业内原有企业为保持其利益而设置的一系列策略性进入壁垒。垄断者常用的进入遏制的策略性行为包括限定性定价(Bain,1956;Milgrom 和 Roberts,1982)、产品线扩张(Schmalensee,1978;Jukk,1985;Ishibashi,2003)、广告(Joskow 和 Schmalensee,1983)或研发等策略性投资,以及通过建立长期合约控制投入品或套牢顾客等。本节,我们将首先基于一个斯塔克伯格(Stackelberg)模型讨论领导者企业通过设置限制性产量或限制性价格以遏制新企业进入市场的策略。

12.2.1 无进入成本的容纳进入策略

作为基准,我们首先考虑新企业进入行业不存在成本的情况。考虑一个双寡头的斯塔克伯格模型,假设两个企业的生产技术相同,即它们具有相同的边际成本 c,市场的反需求函数为:$P=A-q_l-q_f$,其中,q_l 是领导者企业的产量,q_f 是跟随者企业的产量。跟随者企业将会在观察到领导者企业的产量 q_l 之后选择自身的产量 q_f 以最大化其利润:

$$\pi_f = (P-c)q_f = (A-q_f-q_l-c)q_f \tag{12.1}$$

由一阶条件,我们得到跟随者的最优反应函数是:

$$q_f = (A-c-q_l)/2 \tag{12.2}$$

而领导者企业在预期到跟随者的最优反应函数之后,将选择 q_l 以最大化自身的利润:

$$\pi_l = (P-c)q_l = \left(A-c-q_l-\frac{A-c-q_l}{2}\right)q_l \tag{12.3}$$

由一阶条件可得到,领导者企业所选择的产量为:

$$q_l = (A-c)/2 \tag{12.4}$$

将(12.4)代入(12.2)式可得:

$$q_f = (A-c)/4 \tag{12.5}$$

将两个企业的最优产量带入市场的反需求函数中,可以计算出此时的市场价格为 $P=(A+3c)/4$,两家企业的利润分别为 $\pi_l=(A-c)^2/8$,$\pi_f=(A-c)^2/16$。由于 $\pi_f=\frac{(A-c)^2}{16}>0$,所以领导者企业虽然产量更高,但是在该模型中跟随者会获得正的利润。因此,他会选择进入该行业。

然而,领导者企业此时有没有可能选择一个产量使得跟随者企业利润为负,从而不愿意进入市场呢?跟随者企业的利润为负意味着:

$$\pi_f = (P-c)q_f = (A-q_f-q_l-c)q_f \leqslant 0$$

整理该不等式,并将跟随者企业的最优反应函数(12.2)带入该式,可得 $q_l \geqslant A-c$。这意味着,领导者企业必须选择足够大的产量才可以迫使跟随者企业不会选择进入市场。但事实上,对于如此高的产量,领导者企业根本无法获得正的利润。这意味着，领导者企业将不得不选择容纳策略。

造成上述领导者企业选择容纳进入的原因在于，在本模型中，由于不存在任何额外的新企业进入成本，在位企业就没有任何先行者的优势，从而无法遏制新企业的进入行为。这个进入成本可以不大，但是只要存在，就有可能使得在位企业获得一定的优势，从而通过遏制进入维持其垄断地位。

12.2.2 具有进入成本的进入遏制策略

同样，考虑一个两阶段的在位者—进入者斯塔克伯格博弈。在第 1 阶段，在位企业选择产量水平 q_l；在第 2 阶段，跟随者企业选择进入（$q_f > 0$）或不进入（$q_f < 0$）。如果新企业选择进入，需要承担固定的进入成本 $F \geqslant 0$。两个企业的博弈过程可以由图 12.4 描述：

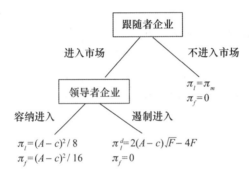

图 12.4　存在进入成本情况下的两企业博弈示意图

与（12.1）式不同，此时，跟随企业的利润为：

$$\pi_f = (A - q_f - q_l - c)q_f - F \tag{12.6}$$

由一阶条件可知，跟随企业的最优反应函数依然为：$q_f = (A - c - q_l)/2$。这意味着，引入固定的进入成本 F 并不影响跟随者企业的产量选择。

那么，领导者企业的利润函数是否发生了变化呢？事实上，因为此时存在一个固定的进入成本，跟随者企业可能会选择不进入该行业。当跟随者企业选择不进入时，领导者企业将是市场中唯一的垄断者，从而可以获得垄断利润。将跟随者企业的最优反应函数带入其利润函数，可以得到：

$$\pi_f = (A - q_f - q_l - c)q_f - F = \frac{(A - c - q_l)^2}{4} - F \tag{12.6}$$

在（12.6）式中，如果领导者企业的产量选择 q_l 使得跟随企业无利可图，即 $\pi_f \leqslant 0$，那么，跟随者将没有激励进入市场，领导者将能够保持垄断地位。为突出容纳进入时的产量，这里我们用 q_l^d 表示领导者选择遏制进入时的产量，则 $\pi_f \leqslant 0$ 意味着：

$$q_l^d \geqslant A - c - 2\sqrt{F} \tag{12.7}$$

（12.7）式意味着，对于领导企业而言，跟随者企业进入的固定成本越高，领导企业选择的遏制进入的产量就越低。当进入的固定成本 $F \geqslant (A-c)^2/16$ 时，领导企业只需要生产上述容纳进入时的最优产量 $(A-c)/2$，而不需要额外采取遏制策略，跟随企业就会自动选择不进入。

然而，当跟随者进入的固定成本小于$(A-c)^2/16$时，领导企业继续按照上述的最优产量生产将无法遏制跟随者的进入。那么，对于领导者企业而言，它的最优策略是遏制进入还是容纳进入呢？此时，我们可以通过比较领导者企业在两个策略下的利润大小来判断。将领导者企业在遏制进入策略下的最优产量q_l^d代入其利润函数，可以得到此时其利润为：

$$\pi_l^d = 2(A-c)\sqrt{F} - 4F \tag{12.8}$$

而领导者企业选择容纳进入条件下的利润为$\pi_l = (A-c)^2/8$。只有当$\pi_l^d > \pi_l$时，领导者企业才会选择遏制进入策略，这意味着：

$$2(A-c)\sqrt{F} - 4F > (A-c)^2/8 \tag{12.9}$$

由于我们此时考虑的是$F<(A-c)^2/16$的情形，所以不妨设$\sqrt{F}=x(A-c)/4$，其中$x\in[0,1)$。根据之前的讨论，当$x=0$时，不存在进入的固定成本，跟随者企业此时会选择进入市场，而领导者企业会选择容纳进入的策略。当$x=1$时，进入的固定成本超过了跟随者企业进入后的利润，在领导者企业不采取额外的遏制策略下，跟随者企业不会选择进入市场。也就是说，存在一个临界值x使得领导者在遏制和容纳策略上是无差异的。

将$\sqrt{F}=x(A-c)/4$带入式（12.9），可以得到当$x>1-\sqrt{2}/2$时，即跟随者企业进入的固定成本$F>(1-\sqrt{2}/2)^2(A-c)^2/16$，也即$\dfrac{\left(1-\frac{\sqrt{2}}{2}\right)^2(A-c)^2}{16}<F<(A-c)^2/16$时，领导者企业会选择进入遏制策略。

再看一下市场的价格。如果$F\geqslant(A-c)^2/16$，领导者企业只需要生产上述最优产量$(A-c)/2$，而不需要额外采取遏制策略，跟随者企业就会自动选择不进入；而如果$F<(A-c)^2/16$，领导者企业需要生产$q_l^d=A-c-2\sqrt{F}$的产量以遏制跟随者的进入。也就是说，要阻止竞争企业的进入，领导者企业的产量可以表示为

$$q_l^d = \max\{(A-c)/2, A-c-2\sqrt{F}\}$$

那么，市场价格将不会高于$\bar{P}=c+2\sqrt{F}$。该价格被Bain（1956）称为限制性价格，而将领导者企业选择的遏制进入的产量称为限制性产量。

由以上分析我们可以看出，在进入的固定成本F足够高的情况下，领导者企业会选择限制性价格和限制性产量以遏制进入，而跟随者在受到领导者的遏制策略威胁之后会选择不进入该行业。但是，如果跟随者选择进入该行业，领导者是否依然会选择遏制策略呢？或者说，如果跟随者企业选择了非均衡路径上的策略，领导者企业的威胁是否是可信的呢？在下一节，我们将分析领导者如何使得跟随者企业相信其遏制威胁是可信的。

12.3 进入遏制的可信承诺

上一节关于领导企业对遏制或容纳策略选择的分析表明，当跟随者进入市场的固

定成本适中时,领导者宜启动进入遏制策略。在领导者选择遏制策略的情况下,如果产能扩张的成本为零,而且领导者可以在任何时间扩张其生产能力,那么它可以事前宣布其将生产遏制进入的产量水平 q_l^d,从而威胁跟随者:如果对方进入,己方将生产遏制性产量水平。

然而问题是,对跟随者企业而言,这种威胁是否可信呢?如果跟随者真的选择进入,那么,领导者可能不会真的生产遏制性产量 q_l^d,而是生产古诺均衡产量 q_l^n($q_l^n < q_l^d$)?如果领导者的威胁不可信,那么,跟随者完全可以按照古诺均衡产量 q_f^n 进入,而不必理会领导者发出的高产量遏制策略的威胁。

因此,遏制进入的策略能否实现取决于该策略在事前是否可信。那么领导者如何才能使得其遏制性威胁变成可信的?如果领导者事前能够发出一个可信的信号,使得跟随者相信,即使是后者真的选择进入,领导者的最优选择依然是遏制策略,那么这个信号就是可信的。现实中,对企业而言,这样的信号可以表现为不同的行动,比如,领导者企业事先做出一个产能水平为 K 的投资,或者在事前将价格降至与遏制进入的产量 q_l^d 相匹配的水平,或者在事前花费成本向市场投放广告,等等。这些都意味着,领导者在事前承担了一个不可收回的沉没成本。这里的成本不可收回的特点决定了即使是在非均衡路径上,领导者在事后选择遏制策略也是最优的。下面我们将以产能投资为例来阐述这一博弈。

假设在跟随者决定是否进入之前,领导者可以通过产能投资确定其生产能力。通常,扩张生产能力的成本很高,而且是沉没成本。也就是说,即使领导者选择的产量低于其生产能力,也必须支付冗余的生产能力投资成本。

对于一般的生产技术而言,初期的产能投资越大,后期的可变成本越低。这是因为,初期的资本投入越多意味着后期诸如劳动等要素的边际产出越高,所以,相应的边际成本就越低。只要在生产能力范围内,当跟随者进入市场后,领导者就可以较低的成本将产量扩大至遏制产量 q_l^d。

这里的企业事前产能投资构成沉没成本的假设是至关重要的,使得领导者事前发出的遏制进入威胁的承诺变成是可信的。否则,当跟随者以古诺竞争产量进入后,领导者就未必愿意生产遏制性产量 q_l^d,而是生产古诺竞争产量 q_l^n。此时,领导者的遏制进入的威胁将无效。两个企业的博弈过程如图 12.5 所示:

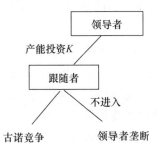

图 12.5 过度产能投资下的领导者—跟随者博弈

在该模型中,领导者与跟随者的差别就在于,前者可以在跟随者进入之前选择一个沉没的产能投资 K。如果跟随者选择进入,那么两个企业随后会进行古诺竞争;如果跟随者选择不进入,那么领导者处于垄断地位。

作为分析的基准,首先看产能投资 $K=0$ 的情形,即不存在可信的事前承诺的情况。为简单起见,且不失一般性,我们假设两个企业除了分别存在一个初始的固定成本 F_l 和 F_f 外,其他的生产技术都相同:企业生产的边际成本都是 $c+r$。与上一节类似,假设市场的反需求函数为:$P=A-q_l-q_f$。两个企业的利润函数分别表示为:

$$\pi_l = (A-q_f-q_l-c-r)q_l - F_l \tag{12.10}$$

$$\pi_f = (A-q_f-q_l-c-r)q_f - F_f \tag{12.11}$$

由一阶条件可以得到两个企业的最优反应函数分别为:

$$q_l = \frac{(A-c-r)}{2} - \frac{q_f}{2} \tag{12.12}$$

$$q_f = \frac{(A-c-r)}{2} - \frac{q_l}{2} \tag{12.13}$$

由此,我们可以画出两个企业的最优反应曲线,如图 12.6 所示。E 点对应两个企业的古诺均衡产量 (q_l^n, q_f^n)。

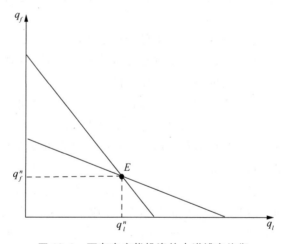

图 12.6 不存在产能投资的古诺博弈均衡

假设跟随者在此古诺竞争均衡中的利润为正,即 $\pi_f^n = (A-q_f-q_l-c-r)q_f - F_f > 0$,此时,跟随者会选择进入市场。

接下来,我们考虑领导者可以选择在事前投资一个产能 K。产能投资给企业带来的成本为 rK。由于产能投资增加了资本的投入,该企业在之后的生产中的边际成本将会下降。假设,在产能允许的范围内,即如果 $q_l < K$,企业的边际成本为 c;而如果企业的产量超过了最初投资的产能,即 $q_l > K$,企业的边际成本将会增加到 $c+r$。此时,领导者的利润函数将是一个分段函数:

$$\pi_l = \begin{cases} (A-q_f-q_l-c)q_l - rK - F_l, & \text{if } q_l \leqslant K \\ (A-q_f-q_l-c-r)q_l - F_l, & \text{if } q_l > K \end{cases} \tag{12.14}$$

在跟随者选择进入市场的条件下，领导者此时的最优反应函数也将是分段的，见图 12.7。

$$q_l = \begin{cases} \dfrac{(A-c)}{2} - \dfrac{q_f}{2}, & \text{if } q_l \leqslant K \\ q_l = \dfrac{(A-c-r)}{2} - \dfrac{q_f}{2}, & \text{if } q_l > K \end{cases} \qquad (12.15)$$

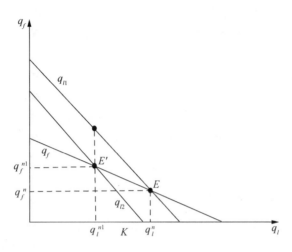

图 12.7　存在产能投资情况下的两企业进入博弈均衡

在选择进入市场的情况下，跟随者的最优反应函数是不变的，仍为 $q_f = \dfrac{(A-c-r)}{2} - \dfrac{q_l}{2}$。此时，两个企业的最优反应曲线及其均衡参见图 12.7，其中，q_{l1} 表示的曲线是当领导者的产量 $q_l \leqslant K$ 时的最优反应函数；q_{l2} 表示的曲线是当领导者的产量 $q_l > K$ 时的最优反应函数。q_f 代表跟随者选择进入时的最优反应函数。E' 点对应两个企业的古诺均衡产量为 (q_l^{n1}, q_f^{n1})。

由图 12.7 可以看出，相对于没有产能投资的古诺竞争均衡 E 点时的产量 (q_l^n, q_f^n)，此时，领导者可以通过在事前选择投资产能 K 来改变随后的古诺竞争均衡产量，K 的选择将在 q_l^{n1} 与 q_l^n 之间。如果领导者选择 $K = q_l^{n1}$，则由（12.11）和（12.13）式可以得到，在均衡时跟随者的利润为：

$$\pi_f^{n1} = \left[\dfrac{A-c-r-K}{2}\right]^2 - F_f \qquad (12.15)$$

当（12.15）式中的利润 $\pi_f^{n1} \leqslant 0$ 时，跟随者会选择不进入市场，那么，存在一个 $K \geqslant A-c-r-2\sqrt{F_f}$ 使得 $\pi_f^{n1} \leqslant 0$，由于该投资是已经沉没的成本，可以说，领导者事前选择产能 K 的投资就是一个威胁事后选择遏制进入策略的可信承诺。而如果领导者在跟随者不选择进入市场，从而自己完全垄断时所获得的利润大于其选择容纳进入时的利润，领导者就会通过选择一个足以遏制跟随者进入的产能 K 的事前投资。

案例 12.1　对美国铝业公司的反垄断诉讼

1945 年，一家美国法院向联邦第二巡回法院提起诉讼，指控美国铝业公司意图非法垄断美国国内的铝及铝制品市场。这已经是美国铝业公司第二次成为反垄断诉讼的被告了。第一次是在 1912 年，原因是美国铝业公司与上游的电力公司签订禁止向其他铝制品生产企业提供电力的合约。而这一次，法院对美国铝业公司的裁决主要基于这样的观点：美国铝业扩张其生产能力是为了驱逐竞争对手。法院注意到，在 1912～1934 年，美国铝业的生产能力增长了 8 倍。法庭指出："市场中曾有一两家企业企图进入市场，但是美国铝业先发制人，阻止了所有竞争对手的进入。"这一诉讼的裁决结果发生在第二次世界大战之后。但是在战争期间，美国政府创办了许多铝业工厂，而在战后，政府的一个重要决定就是将这些工厂卖给两家新企业，构建了一个更具竞争性的铝产品市场，从而削弱了美国铝业公司的垄断地位。

（案例来源：林恩·派波尔等，当代产业组织理论[M]．唐家要，等译．北京：机械工业出版社，2012）

12.4　长期合约作为一种进入障碍

在反垄断实践中，垄断者与上下游企业签订的长期合约也常常被视为其掠夺和遏制竞争者进入的工具。早在 20 世纪 50 年代，反垄断法官就发现，美国联合制鞋机器公司通过与制鞋企业签订租赁制鞋机器合约的方式阻止其他制鞋企业进入该市场，并占据了 85% 的市场份额。而在针对微软公司的反垄断案件中，一个重要的指控就是微软公司利用与其他电脑整机生产商之间的合约来实现对其他竞争者企图进入操作系统市场的遏制。

然而，在经济学理论中，长期合约是企业遏制竞争对手进入市场的手段，还是提高市场效率的制度安排，本身是存在较大争议的。尤其是芝加哥学派更是对前一种观点持怀疑态度。他们认为，现实中的长期合约大多数是基于提升效率的动机完成的。即使是面对垄断者（比如供应商），与之签订合约的企业（比如下游企业）也并不愿意被不利于自己的合约所束缚，除非合约能够给其带来收益。因此，如果一份合约的签订不仅给作为垄断者的供应商带来好处，而且也通过提高服务或质量的方式给下游购买者带来收益，那么这份合约就是能够提升效率的。另一方面，长期合约能够减少交易双方所面临的不确定性，也在一定程度上减少需要做出关系专用性投资的各方对套牢问题（hold-up）的担心。例如，微软与个人电脑生产商之间的长期合约在一定程度上也保证了双方分别愿意在软件和硬件上为创新而做出长期投资。所以，从投资激励的角度看，长期合约也是能够促进效率的。

尽管如此，反垄断的实践还是提出了长期合约作为进入障碍的问题。对这一问题的研究有两篇典型的论文，分别是 Aghion and Bolton（1987）所提出长期合约作为进入障碍（contracts as a barrier to entry）的理论，以及 Rasumussen 等（1991）的"赤裸裸的排他"（naked exclusion）理论。

12.4.1 作为进入障碍的长期合约

首先,我们将通过一个数字的例子介绍 Aghion 和 Bolton(1987)的长期合约作为进入障碍的模型。

考虑一个市场存在两期。在第 1 期,市场中只存在一个在位的垄断企业(用 I 表示)和 N 个下游企业。下游企业对该在位企业的产品的最高支付意愿为 V,只要产品价格满足 $P \leqslant V$,每个下游企业将只购买一个产品。在位企业的边际成本和平均成本都为 $c^I = V/2$。在第 2 期,一个新的竞争者(用 G 表示)可能进入市场。进入者的边际成本和平均成本是随机的(用 c^G 表示),服从 0 和 V 之间的均匀分布,其期望值为 $V/2$。

假设在第 2 期企业之间进行的是价格竞争。显然,如果新进企业的单位成本 $c^G > V/2$,它将认识到自己在随后的价格竞争中无法取胜,因而不会选择进入。所以,新进企业的进入可能性为 50%。

下面,我们将比较在位垄断企业不能与下游企业签订长期的排他性供货合同以及可以签订排他性供货合同两种情况下的收益。

1. 不存在长期合约的情况

如果不存在长期合约,在第 1 期,由于没有竞争,在位企业会把价格定在 $P_1 = V$ 的水平,并在第 1 期获得 $N\left(V - \dfrac{V}{2}\right) = NV/2$ 的利润。在第 2 期,如果新企业的单位成本低于在位企业,即 $c^G < V/2$,新企业将选择进入市场,这有 50% 的可能性。因此,在位企业将有 0.5 的概率面临一个低成本的竞争对手。在低成本进入者选择进入的情况下,新进企业会将价格定在 $V/2$ 的水平上,从而在竞争中获胜,此时在位企业在第 2 期的利润为 0。然而,如果新企业的成本高于在位企业,即 $c^G > V/2$,则选择不进入市场。此时,在位企业可以再一次以 $P_2 = V$ 的价格向 N 个下游企业出售产品,并且再一次获得 $NV/2$ 的利润。在这种情况下,在位企业在第 2 期制定的期望价格 $E(P_2)$ 将为:

$$E(P_2) = 0.5 \frac{V}{2} + 0.5V = 0.75V$$

在位企业的预期利润 $E(\pi_2)$ 将为:

$$E(\pi_2) = \frac{NV}{2} + 0.5 \times 0 + 0.5NV/2 = 0.75NV$$

2. 存在长期合约的情况

现在分析在位企业是否可以使用长期合约来改善其利润,下游企业是否愿意接受上游垄断者给出的长期合约,以及长期合约是否有效率的情况。

为了便于比较,我们同样假设在位企业在第 1 期的定价为 $P_1 = V$,而且它可以与下游企业签订如下排他性合约:下游企业可以 0.75V 的价格在第 2 期购买产品,条件是下游企业有义务按照合约规定的价格向在位企业购买产品,而且如果下游企业没有购买产品或者从在位企业的竞争对手那里购买产品,那么下游企业必须向在位企业支

付总额为 $V/2$ 的违约金。

如果下游企业接受这个合约,那么新企业进入市场的可能性是否显著降低呢?显然,只有新企业向下游企业供应产品的价格足够低,并且与在位企业的价格差额可以弥补下游企业因违约而产生的费用,下游企业才愿意转向新进企业购买产品。当合约上的产品价格为 $0.75V$ 时,如果新企业进入市场并在第 2 期制定价格为 P_2^G,那么,一个转向新进企业购买产品的下游企业需要支付的价格为 $P_2^G + V/2$,其中,$V/2$ 代表违约金。显然,只有当新进企业的价格满足 $P_2^G + V/2 \leqslant 0.75V$ 时,即 $P_2^G \leqslant 0.25V$ 时,下游企业才愿意违约转而购买新进企业的产品。于是,新进企业只有在其单位成本 $c^G \leqslant V/4$ 的情况下,它才可能进入市场。然而,根据新进企业的成本服从均匀分布的假设,这种情况发生的概率仅为 $1/4$。显然,当在位企业可以与下游企业签订长期排他性合约的情况下,新进企业进入市场的可能性更低了。

新进企业进入市场的可能性更低意味着下游企业的选择更少,那么后者是否有激励与在位企业签订排他性的长期合约呢?这里,因为我们假设所有企业都是风险中性的,所以,不存在企业通过长期合约规避风险的问题。此外,因为这里的企业也不存在关系专用性投资,所以各方也不需要签订合约来降低套牢可能带来的交易成本。在这种情况下,下游企业还有激励与在位企业签订长期排他性合约吗?关于这个问题,我们可以通过比较下游企业在不同选择下的收益来回答。

对于下游企业而言,如果不与在位企业签订合约,它们将面临两种选择:一是向在位企业以价格 V 购买产品;二是从新进入企业那里以 $V/2$ 的价格购买产品。此时,下游企业的期望价格为 $0.5V + 0.5V/2 = 0.75V$,这与在位企业合约所提供的价格完全一样。

如果下游企业接受长期合约,那么在第 2 期其支付的价格不会高于 $0.75V$。即使考虑到由于违约责任而产生的违约金 $V/2$,下游企业也还有 0.25 的概率支付更低价格。具体来讲,就是下游企业将可能有 $3/4$ 的概率支付 $0.75V$ 的价格,以及 $1/4$ 的概率支付 $V/2$ 的违约金加上支付给新进企业的价格 $0.25V$。因此,下游企业在第 2 期将要支付的期望价格为 $0.75(0.75V) + 0.25(V/2 + 0.25V) = 0.75V$。由此可见,下游企业在是否与上游在位企业签订长期合约的选择上是无差异的。

接下来的问题是,与下游企业签订长期排他性合约对在位企业是有利可图的吗?首先,回顾一下在没有合约的情况下,在位企业在两个时期的预期利润为 $0.75NV$;在有长期合约的情况下,在位企业在第 1 期获得的利润是 $0.5NV$,在第 2 期有 0.75 的概率获得 $(0.75V - c^I)N = 0.25NV$ 的利润,有 0.25 的概率面对低成本的新进企业,从而选择退出市场,但可以从每个下游企业那里得到 $V/2$ 的违约金。因此,在位企业两期的总期望利润为:

$$E(\pi^I) = \frac{NV}{2} + 0.75(0.25NV) + 0.25N\left(\frac{V}{2}\right) = 0.8125NV > 0.75NV$$

因此,与下游企业签订长期排他性合约增加了在位企业的期望利润。于是,对在位企业来说,它是有激励来实施这种合约的。

此时，新进企业的期望利润是否发生了变化呢？在没有长期合约的情况下，新进企业的期望利润为 $0.5(NV/2)=0.25NV$。而当在位企业与下游企业签订长期排他性合约的情况下，新进企业的期望利润将降低到 $0.25(NV/4)=0.0625NV$。显然，新进企业的期望利润减少了。

最后一个问题是，既然在位企业和下游企业都从长期合约中获益，那么，从社会的角度来看，这种排他性合约是有效率的吗？在位企业的预期利润增加了 $0.0625NV$，下游企业的收益不变，但新进企业的预期利润下降了 $0.1875NV$。因此，在位企业利润的增加不足以抵消新进企业利润的减少。这意味着，在位企业与下游企业可以通过进入阻止获得更多的剩余，但这种做法显然降低了社会福利的总水平。

12.4.2 赤裸裸的排他性合约

与 Aghion 和 Bolton（1987）的上游企业是规模报酬不变的假设不同，Rasumussen 等（1991）在其理论中引入上游企业具有规模报酬递增技术的假设。规模报酬递增意味着企业的产量越高，平均成本越低。但是从下游企业的角度看，即使市场中唯一的垄断者的平均成本因为规模报酬递增而处在一个较低的水平，垄断定价也会使下游企业付出更高的价格。此时，对于下游企业而言，如果能够有一个新进入企业与在位企业进行竞争会更好。但是，在位企业如果选择给予下游企业低于垄断价格的排他性合约，即使这个价格高于新进企业进入后的竞争价格，出于对新进者能否达到规模经济性的怀疑，在均衡情况下下游企业也可能会选择接受在位垄断企业的排他性合约。

与上一节类似，这里考虑一个两期模型。假设市场中有一家在位企业与一个潜在进入企业。市场中还有 N 个完全同质的下游企业，每个下游企业对产品的需求是固定的，只要产品价格低于其对上游企业产品的最高支付意愿 V，它们就购买一个产品。这里一个关键的假设是，两个上游企业都具有相同的技术且规模报酬递增。同时还假设，对于这两家企业而言，只有它们的产量达到了 Q^*，规模经济才会发生。具体而言，只要产量达到 Q^*，企业的平均成本就会立刻下降到 $C_{\min}$。假设 $Q^*<N/2$，这意味着，市场是足够大的，足以允许两家企业同时达到规模经济性，并以最低的成本 $C_{\min}$ 生产。

此外，假设当新进企业进入时，两个上游企业将展开伯川德价格竞争。这意味着，如果一家上游企业定价较低，消费者将只从这一家购买产品；如果两个企业定价相同，下游企业将随机地从两个上游企业购买产品。因此，双方的期望市场占有率都是 50%。价格竞争意味着两家企业在竞争均衡中的定价都为 $C_{\min}$。也就是说，这样的竞争结果是两家企业的利润均为 0。因此，从在位企业角度看，它就有很强的激励来阻止新进企业进入市场。这里，其做法就是在第 2 期之前利用排他性合约来约束下游企业在第 2 期购买自己的产品。

然而，理性的下游企业是否愿意签订这样的限制自己未来选择权的排他性合约呢？首先，我们假设有一部分下游企业选择与在位企业签订合约。然后，我们再考察，对于这些企业而言，这是否是最优的选择。

假设下游企业中有 N_s 个企业已经与在位企业签订了合约，剩余的 $N-N_s$ 个未签订合约的下游企业可以选择从市场中的任意一家企业购买产品。同样，两家企业为争夺剩下的 $N-N_s$ 个顾客展开价格竞争。根据上文所述，此时两家上游企业的预期市场份额均只有 $N-N_s$ 的一半，即新进企业的预期市场份额最大只有 $(N-N_s)/2$，而在位企业的预期市场份额为 $N_s+(N-N_s)/2=(N+N_s)/2$，且 $(N+N_s)/2>Q^*$。显然，在位企业一定会实现规模经济。

如果 $(N-N_s)/2<Q^*$，新进企业无法实现规模经济，从而无法在最小成本 $C_{\min}$ 处生产，而在位企业则可以通过向没有签订合约的下游企业定价 $C_{\min}$，与新进企业进行竞争。此时，新进企业的成本高于 $C_{\min}$，所以在竞争中也无法获利。因此，在这种情况下，新进企业会选择不进入市场，而在位企业却可以继续经营。

如果 $(N-N_s)/2>Q^*$，新进企业可以实现规模经济，企业的平均成本将降低到 $C_{\min}$。此时，价格竞争将导致市场价格维持在 $C_{\min}$，而两个上游企业利润都是 0。在这种情况下，新进企业将会选择进入市场，那些没有签订合约的下游企业面临的价格将会降到 $C_{\min}$。

显然，如果所有下游企业都不与在位企业签订合约，那么它们将会在第二期支付最低的价格 $C_{\min}$。既然如此，下游企业是否愿意签订这份排他性合约呢？我们可以比较下游企业在签订合约与不签订合约两种情况下的收益。

如果 $(N-N_s)/2<Q^*$ 成立，新进企业选择不进入市场，那些没有与在位企业签订合约的下游企业将由于没有替代品而不得不从在位企业处购买产品。此时，在位企业就可以向他们索取最高的价格 V。而为了让下游企业接受排他性合约，在位企业可以向那些与其签订排他性合约并承诺不从其他企业购买的下游企业索要的价格为 $V-d$，其中，$d\in[0,V-C_{\min}]$。如果一个下游企业拒绝签订合约，而另外的 N_s 个下游企业签订了合约，那么该下游企业可能会失去以价格 $V-d$ 购买产品的机会，而不得不支付价格 V。

如果 $(N-N_s)/2>Q^*$ 成立，新进企业选择进入市场。一个与在位企业签订合约并且愿意以价格 $V-d$ 向在位企业购买产品的下游企业，将会因为受到合约的约束而无法像那些没有签订合约的下游企业那样享受最低价格 $C_{\min}$。

由于每个下游企业是在不知道别人如何选择的情况下单独作出决策的，所以下游企业之间实际上是在进行非合作博弈。那么，博弈的均衡应该是什么呢？如果考虑每个下游企业只有纯策略选择的话，这里存在两个纯策略纳什均衡：一是没有下游企业与在位企业签订合约；二是所有下游企业都签订合约。

在前一种情况下，新进企业将会进入市场，并且价格竞争将使两个企业在第 2 期以价格 $C_{\min}$ 来销售产品。对于下游企业而言，没有一个有激励单方面改变自己的选择，这是因为，如果有一个下游企业在其他下游企业不签订合约的情况下选择与上游在位企业签订排他性合约，那么它支付的价格将是 $V-d$，而不签约时它支付的价格是 $C_{\min}$。对于新进企业与在位企业而言，价格竞争使其没有激励去提高价格。

在第二种情况下，所有下游企业都签订合约。这时新进企业不会选择进入市场。

如果一个下游企业选择不签约，那么该企业就会发现它在第 2 期需要支付的价格是 V 而不是 $V-d$。因此，在这种情况下，没有一个下游企业有激励选择不签约。

由上可知，在该模型中，下游企业选择与在位企业签订排他性合约并不是唯一的均衡结果。但是该模型告诉我们，在位企业通过排他性合约阻止新进企业的进入是一个可能发生的结果。显然，该结果对于下游企业而言是不利的，但是分散且不合作决策的假设导致下游企业会选择这一类似于"囚徒困境"的结果。因为每个下游企业都会担心，如果我不签订合约，而其他企业签订合约，自己将会被抛弃，从而在第 2 期支付高的垄断价格 V。在这一均衡下，由于每个下游企业相信其他下游企业会签订合约，因此它也将签订合约。

案例 12.2 "饿了么"排他性协议困住商家引争议

杭州下沙有家名为"一锅两吃"的餐厅门口挂了一条大横幅，写着"饿了么如吸血鬼，恶意违法压活动款，还我血汗钱"。记者随即找到了这家餐厅老板龚先生以及"饿了么"相关负责人了解事情缘由。

龚先生告诉记者，前段时间，"饿了么"找其签订了一个叫"拥抱计划"的合同。"'饿了么'工作人员告诉我，原本一年要收费四五千元，加入'拥抱计划'后两年只要交 5780 元就可以了，相当于打对折。"龚先生表示，自己听完后心动了，马上签字交钱了。然而没想到的是，协议上"不允许参加其他点餐 App"的排他性条款给他带来了大麻烦。

龚先生说，继"饿了么"之后，美团网、淘点点也开始在下沙流行起来，"对于商家来说，当然是多个渠道多点收入，所以我也想加入美团网和淘点点。"可是"饿了么"的工作人员告诉他，根据"拥抱计划"的相关协议，加入"饿了么"就不可以加入其他的外卖点餐 App。无奈之下，龚先生想了一个法子将餐厅的外卖信息挂在朋友餐厅的"美团"和"淘点点"账户里。不久，饿了么工作人员发现了这个情况，就将龚先生的店铺下线了。

对于这个事谁先违约的问题，双方产生了争议。龚先生认为自己并没有违反规定，自己餐厅里并没有用其他点餐 App，而是挂在朋友店里，是"饿了么"先把自己的店铺下线，单方违约。而"饿了么"则认为是商家使用第三方平台在先。

究竟是哪一方先违约？龚先生把"拥抱计划"的协议原文拿了出来。协议上写明：若甲方（即餐厅）违反合同内第 3 条规定，其不再享受协议内的相关权利与优惠，且优惠价格也一律取消。若套餐使用已经超出一年，乙方（即"饿了么"）有权要求甲方补足差额。而条款所称的第 3 条就是"甲方承诺在计划期限内，除非经乙方事先书面同意，甲方及其关联方或相关人员不得为任何其他订餐网站或平台提供送餐服务或与之开展任何形式的合作"。

针对此事，记者随即咨询了资深法律顾问鲁晨宇。他表示，从协议内容来看，条款表述模糊，容易产生歧义。关于"甲方及其关联方或相关人员"这一表述一般认为是与甲方有业务关联的单位和人员，至于龚先生所说的"朋友的餐厅"算不算关联方当事人，需要裁判方认定。此外，关于违约之后的赔款事项，协议也并没有给出明确规定。

（案例来源：沈娇丽．"饿了么"排他性协议困住商家引争议，法律专家：中小商户须警惕合同陷阱．青年时报，2014年11月19日）

12.5 可竞争市场理论

在以上分析中，进入成本是在位企业是否选择遏制进入策略的重要影响因素。在本节，我们可以发现，在一定的假设下，不存在进入成本这一因素不仅影响在位企业的策略选择，而且可以使得完全垄断或寡头垄断的市场实现帕累托效率。

根据福利经济学理论，市场机制这只"看不见的手"在特定的假设条件（大数目厂商、自由进入、产品同质和完全信息）下，能够使一个经济体实现帕累托效率。然而，当产业存在规模经济时，市场机制可能就无法实现帕累托效率。这就是规模经济与自由竞争的矛盾，即著名的"马歇尔冲突"。

根据"马歇尔冲突"，自由竞争会导致生产规模扩大，形成规模经济，提高产品的市场占有率，这又不可避免地造成市场垄断，而垄断发展到一定程度又必然阻止竞争，扼杀企业活力，造成资源的不合理配置。因此，社会面临市场竞争与规模经济的两难选择。这意味着政府可能陷入反垄断的往复之中。但是，如果规模经济导致的垄断并不必然造成福利的损失，那么，这一冲突的意义在政策层面上将不复存在。也就是说，如果规模经济导致生产的集中，厂商数量的减少，比如形成寡头市场，但这些少数厂商会像完全竞争市场中的厂商一样定价，那么市场依然能够实现有效率的结果。

那么，现实中是否存在这种规模经济导致生产集中并形成垄断或寡头垄断，但厂商却无法长期获得超出完全竞争市场利润的情况呢？一个近似的例子是航空运输业，尤其是低价航空运输业。该行业具有典型的规模经济特征，而接近平均成本的定价使得航空公司无法长期获得超额利润。因此，我们可以推断，这一行业中虽然有一些企业规模巨大，但是依然无法形成长期的垄断优势。造成这一现象背后的原因与低价航空运输业的另一关键组特征有关：企业进入和退出成本低、产品同质化、单纯的价格竞争。

具有上述特征的行业既不是完全竞争市场，又不是典型的寡头垄断或完全垄断的市场，因此需要一个新理论对此作出解释。Baumol，Panzar 和 Willig 在其 1982 年的著作《可竞争市场与产业结构理论》（*Contestable Markets and Theory of Industry Structure*）一书中系统性地阐述的可竞争市场理论便可对此作出很好的解释。

可竞争市场理论假设，行业中的企业一旦进入，不会产生任何沉没成本，也就是说，企业可以无成本地进入和退出该行业。因此，一旦在位企业制定高价获得高额利润，就会吸引潜在企业进入，而进入企业会选择"打了就跑"（hit and run）的策略，即潜在竞争者进入市场谋取短期利润，当在位企业降低价格以回击新竞争者时，竞争者便立刻退出市场。在这种情况下，即使没有新进入企业，预期到这种情况，在位企业也不可能长期执行较高价格。因此，即使市场上仅有一个企业，该市场仍然极具竞争性。

下面将通过分析单一在位者企业生产单一产品的模型介绍该理论。

假设在一个同质产品行业中，唯一的在位企业 I 面临着潜在竞争者的进入。该竞争者具有两个特征：一是进入和退出市场是完全自由的，且相对于在位企业，竞争者在生产技术、产品质量、成本等方面不存在劣势；二是竞争者能够采取"打了就跑"的策略：即使一个短暂的盈利机会都会吸引竞争者进入市场，而在价格下降到无利可图时，它们会带着已获得的利润离开市场，关键是，他们撤出市场时并不存在沉没成本。

在该行业中，无论是在位企业还是竞争者都具有规模报酬递增的生产技术。成本表示为 $TC(q_l)=F+cq_l$。假设该行业的反需求函数为 $P=A-Q^d$。而在位企业制定的价格和对应的产量分别为 P^l 和 q^l。

首先考虑市场只存在在位企业的情形。此时，如果在位企业的定价为 P^l，市场对它的需求量为 $q^l=a-P^l$。当 $P^l q^l \geqslant F+cq^l$ 时，在位企业将获得非负的利润。

可竞争市场具有完全竞争市场的重要特征，但是厂商数量却远小于完全竞争市场，甚至可以是垄断，因此，可竞争市场均衡就是不同于完全竞争市场的均衡。可竞争市场的均衡是一个可维持的产业结构。所谓的可维持性是指，在位企业不得不面临潜在进入者情况下的一种均衡，这些潜在进入者暂时把现有厂商的价格视为不变，并以此计算进入利润，来决定其是否实施进入。一个可维持的均衡价格—产出向量须满足三个条件：(1) 现有厂商经营无亏损（收支平衡）；(2) 进入者在这一价格或更低价格下生产必然亏损（没有进入）；(3) 产业的总供给和市场需求相等（市场出清）。也就是说，不存在一个价格 P^e（满足 $P^e \leqslant P^l$），也不存在与该价格对应的产出水平 q^e（满足 $q^e \leqslant A-p^e$），使得 $P^e q^e \geqslant F+cq^e$。

可竞争市场均衡可以用图 12.8 来描述。图中的价格 P^l 和 q^l 产量符合消费者总需求曲线的要求，又处于在位企业的平均总成本曲线上。此时在位企业没有损失，因此，这个结果是可维持的。但是，此时在位企业也没有超额利润。

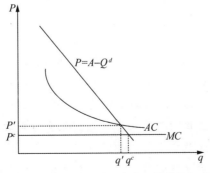

图 12.8 可竞争市场中在位企业的价格与产量

接下来的问题是，可竞争均衡的效率如何？在图 12.8 中，对于由 $P=MC$ 所确定

的产量 q^c 而言,平均成本大于边际成本,即 $AC>MC$。因此,在 $q=q^c$ 处,$P^c<AC$,企业利润为负。这说明,尽管对于社会或产业而言是帕累托最优的产量,但企业将不会选择在此处生产。因而,我们将考虑次优解,即企业利润为非负约束下社会福利最大化解,这被称为拉姆齐最优解。

可竞争市场均衡可以实现拉姆齐最优的结论,使我们认识到垄断并不必然导致福利损失。对于政策而言,这意味着,在近似的完全可竞争市场中,自由放任能够比通过行政手段或者反垄断手段主动管制更有效地保护公共利益。对于规模递增的行业,传统观点认为少数几个大厂商垂直兼并、横向兼并及其他形式的组合有形成垄断势力之嫌,但当可竞争性存在时,它们都变成无害的,甚至可能是更有效率的了。

然而,可竞争市场均衡的结论依赖于下面的假设:竞争企业的进入不会产生任何沉没成本。即使进入初期存在固定成本,只要该成本在企业退出时能够变现,竞争企业进入和退出该行业就是无成本的。这个假设太强,以至于在现实中是值得怀疑的。我们很难想象,在一个行业中,企业在进入前没有任何不能撤回的投资。当然,现实中可能存在近似于该理论假设特征的行业。在我们之前所举的廉价航空运输业的例子中,航空公司可能最初并不需要投资购买飞机,而是想从租赁公司租赁,因此一旦退出,企业并不需要考虑飞机的处置问题。但是,即使如此,企业在进入一个行业之前也通常需要进行市场调查,投放广告,以及支付一些相关的费用,这些成本无疑是沉没的。但总的来讲,我们依然可以把廉价航空运输业看作是近似的可竞争市场。

案例 12.3 巴菲特的软肋:航空运输业

巴菲特作为投资界的巨匠,成就绝对是毫无争议的。但是,人无完人,他的投资也有软肋,就在航空运输业。

巴菲特曾经有过一个"授权的传记作家",名为爱丽丝·施罗德(Alice Schroeder),在其名为 *Snowball* 的书中,施罗德女士谈到巴菲特投资的弱点。第一个就是对于航空业的投资,巴菲特基本是完败。巴菲特自己曾多次说过,"在过去的 100 多年,全世界投资于航空公司的投资者们的业绩惨不忍睹"。他还曾指出,"航空公司的股票是投资者的价值陷阱"。

1989 年,美国航空公司(US Air)收到并购的威胁,于是其首席执行官向巴菲特求救。与在 2008 年金融危机期间巴菲特救助高盛的模式一样,巴菲特不愿意直接买股票,而是购买了优先股和可转换债券,大概合计 9% 的 US Air 股票。巴菲特买入后,这家航空公司的股票开始了漫长的下跌过程。等了几年,拿了一些股利后,巴菲特清仓止损走人。后来,巴菲特又陆续买入不少航空公司的股票,基本上都是亏损。其中,他最头疼的是 Netjet 航空公司。2015 年 6 月 1 日,作为伯克希尔·哈撒韦公司全资子公司的 Netjet 的首席执行官辞职,这个事件应该是预期之中的,但是仍然给巴菲特造成负面影响。

Netjet 是一家传奇性的公司,目前拥有超过 650 架私人飞机,在全世界各地运营,1964 年由李梅将军(CurtisLe May)等人创办。1995 年,巴菲特成为 Netjet 的客户,因对该公司的服务非常满意,于是他就按照自己的习惯,在 1998 年把公司全资买入。Netjet 公司在世界商务客机领域的地位是数一数二的,应该说这是一个相对稳健的投资。然而,这一投资令巴菲特违反了他以前"不再投资航空公司"的承诺。

当然,这次投资失败也不全是巴菲特的问题。航空业是个周期性强的产业,低利润,而且杠杆率非常高,同时最大的成本——燃油价格经常巨幅波动。美国所有的航空公司,包括美利坚、联合、三角洲等都有过破产保护、股东价值清零的记录。还曾有很多著名的航空公司,比如泛美航空公司已经彻底退出历史舞台。纽约的地标性建筑,位于中央火车站上面的 MetLife 大楼,曾经就是泛美航空公司的总部大楼,顶上的标志曾经是 PanAm。欧洲的大多数航空公司也基本都经过破产、政府注资等阶段,可见航空公司的经营相当不易。这些都从一个侧面表明,民用航空市场是个竞争性相当强的市场。

本章小结

Bain(1956)对进入壁垒的定义为,"在位者相对于进入者所具有的竞争优势而构成的进入障碍"。

施蒂格勒(1968)对进入壁垒的定义是,"一种生产成本(在某个或每个产出水平上),这一成本由试图进入产业的企业承担,而那些已经在产业中的企业则不必承担"。

Bain 将进入壁垒区分为结构性进入壁垒和行为性进入壁垒,结构性进入壁垒包括绝对成本优势、规模经济、产品差异化优势等;行为性进入壁垒包括限定市场准入条件的政策法规,以及来自在位者遏制进入的策略性行为等,包括在位者的过度产能投资、长期合约、不可逆转的承诺等。

Stiglitz(1987)的同质产品市场模型表明,即使是很小的沉没成本的存在也会导致新企业无法进入,而在位企业会继续获得垄断利润。

进入遏制是指产业内原有企业为保持其利益而设置的一系列策略性进入壁垒,常用的进入遏制的策略性行为包括限定性定价、产品线扩张、广告或研发等策略性投资,以及通过建立长期合约控制投入品或套牢顾客等。

长期合约是企业遏制竞争对手进入市场的手段,还是提高市场效率的制度安排,本身是存在较大争议的。但 Aghion 和 Bolton(1987)的模型表明,长期合约可作为一种进入壁垒;Rasumussen 等(1991)的模型表明,在上游企业具有规模报酬递增技术的假设下,在位垄断企业的排他性合约可作为一种进入壁垒。

可竞争市场理论表明,如果新企业进入,不会产生任何沉没成本,那么,一旦在位企业制定高价获得超额利润,就会吸引潜在企业的进入,而进入企业会选择"打了就跑"(hit and run)的策略,即潜在竞争者进入市场谋取短期利润,当在位企业降低价格以回击新竞争者时,竞争者便立刻退出市场。在这种情况下,即使没有新进入企业,在位企业也不可能长期执行较高价格。因此,即使市场上仅有一个企业,该市场仍然极具竞争性。

思考练习题

1. A 店是线性城市的唯一一家快餐连锁店。该城市有一公里长，只有一条街道，1000 名消费者平均分布在街道上。A 的唯一产品大汉堡在全国统一售价为 4 元。因此，线性城市快餐店的管理者只需决策分店的数量和地点。每个分店的开张和维持需要 60 万元。每位消费者每星期用 4 元买一只汉堡包。但消费者不愿去超过 1/4 公里的距离买汉堡包。运营成本是每个汉堡包 1 元。利率是每周 0.1%。市场条件不变，因此利润是不变的。

(1) 假定 A 没有竞争者，没有进入的威胁，那么 A 要开几家店，在哪里开店可获得最大的利润？

(2) 生产同质产品的 C 公司希望进入该线性城市。C 的成本和价格与 A 相同，而且消费者认为两家的产品一样好。因此，如果这两个牌子都有的话，消费者就会去距离较近的店购买。给定 A 按（1）选择的最优地点开店，C 应该在什么地点开店？

(3) 如果一开始就考虑到 C 的进入威胁，A 应该在什么地点开店？

(4) 如果考虑价格竞争的因素，即给定地点，再独立定价（而不是价格固定），地点决策的分析会受到什么影响？

(5) 在进行一般选址决策时，先行者具有优势吗？

2. 考虑一个生产同质产品的行业，需求函数为 $P=100-2Q$，可变成本为 $VC=10q$。目前，有一家在位企业和一家潜在进入者。进入的沉没成本为 F。试求：

(1) 不存在潜在竞争的情况下在位企业的最优产量。

(2) 假设对于进入者而言，在位企业的产量是给定的，试证明进入者的均衡利润会随着在位企业的产量增加而下降。

(3) 为了遏制进入，在位者制定的产量应该是多少？

(4) 假设在位者决定遏制进入，求出作为 F 函数的勒纳指数，并讨论结果。

(5) F 的最大值为多少时，在位企业不需要遏制进入？

3. 早餐麦片产业没有进入壁垒，但在美国只有五家企业：Kellogg，General Mills，General Foods，Quaker Oats，Chex，其市场集中度为 $CR_3=80\%-90\%$，五家企业都获得了很高的利润，却没有新企业进入。但在位企业的品牌数量却从 25 个上升到 80 个。因此，在早餐麦片行业，品牌与广告构成了进入壁垒。

(1) 请用 Hotelling 模型解释，假如企业 1 先进入该市场，企业 2 后进。企业 1 只有一个品牌，最优位置在哪里？企业 2 开发一种新的品牌，进入市场，成本为 F，最优位置在哪里？

(2) 如果企业 1 一开始就有两个品牌，最优位置在哪里，以使得企业 2 不能进入？

4. 小康纳是一家小型咖啡店，正在考虑进入由大布瑞控制的市场。每家公司的利润都取决于小康纳是否进入以及大布瑞确定高价格还是低价格。大布瑞威胁说："如果你进入，我们将打价格战，因此你不进入为好。"你认为小康纳应该相信这种威胁吗？为什么？小康纳应该怎样做？

单位：万美元		大布瑞	
		高价格	低价格
小康纳	进入	200，300	−100，100
	不进入	0，700	0，200

参考文献与进一步阅读

［1］乔治·J. 施蒂格勒. 产业组织［M］. 王永钦，薛锋，译. 上海：上海三联书店，上海人民出版社，2006.

［2］Pepall, L., Richards, D. and Norman, G. 当代产业组织理论. 唐要家，等译. 北京：机械工业出版社，2012.

［3］夏伊. 产业组织理论与应用［M］. 周战强，等译. 北京：清华大学出版社，2005.

［4］Aghion, P., Bolton, P. 1987. Contract as a Barrier to Entry［J］. *American Economic Review*, 77: 388—401.

［5］Bain, J. S. 1956. *Barriers to New Competition*［M］. Cambridge: Harvard University Press.

［6］Baumol, W., Panzar, J., Willig, R. 1982. *Contestable Market and the Theory of Industry Structure*［M］. New York: Harcourt Brace Jovanovich.

［7］Geroski, P. A., Toker, S. 1996. The Turnover of Market Leaders in UK Manufacturing Industries, 1979—1986［J］. *International Journal of Industrial Organization*, 14 (2): 141—158.

［8］Joskow, P. L. Schmalensee, R. 1983. *Markets for Power*［M］. MIT Press.

［9］Jukk, K. 1985. Credible Spatial Preemption［J］. *Rand Journal of Economics*, 16 (16): 153—166.

［10］Milgrom, P., Roberts, J. 1982. Limit Pricing and Entry under Incomplete Information: an Equilibrium Analysis［J］. *Econometrica*, 50 (2): 443—459.

［11］Rasumussen, E., Rasmeyer, J. M., Wiley, J. 1991. Naked Exclusion［J］. *American Economic Review*, 81 (5): 1137—1145.

［12］Schmalensee, R. 1978. Entry Deterrence in the Ready-To-Eat Breakfast Cereal Industry［J］. *Bell Journal of Economics*, 9 (2): 305—327.

［13］Stiglitz, J. 1987. Technological Change, Sunk Costs, and Competition［J］. *Brookings Papers on Economic Activity (Special issue of Microeconomics)*, 3: 883—947.

第 13 章

网络外部性与双边市场

20世纪90年代以来,信息技术革命不仅深刻地改变了人们的工作与生活,而且对世界经济的运行方式、各国的国际竞争力也产生了深远影响,其中,以通信、计算机、互联网等高新技术产业为代表的信息产业更是获得了突飞猛进的发展。随着新经济向纵深发展,越来越多的传统产业在信息技术和网络技术的支撑下得以重新构造,形成了所谓的"互联网+"或"+互联网"模式,就此焕发了勃勃生机。

考察新经济产业的特征,其中最为显著的莫过于"网络外部性",即消费者能够从更多的同类消费中受益。在具有真实网络的产业,如移动通信、E-mail、互联网即时通信与社交媒体、电子商务、传真机和调制解调器等产业中,这种网络外部性特征的表现十分显著;而在那些具有网络概念(即硬件/软件模式)的产业,如计算机硬件和软件、信用卡网络等产业中,也出现与真实网络类似的正反馈效应。

此外,双边市场型的"平台经济"模式不仅催生了诸多新兴产业,而且还对世界商业活动与人们的日常生活产生日益显著的影响。平台经济模式通常可以归纳为一个平台为接入该平台的双方(甚至多方)提供服务,以其中一方的数量作为诱因引导另一方接入,进而对其收费并盈利。最为典型的例子就是阿里巴巴集团旗下的淘宝网。作为一个C2C网络购物平台,淘宝网拥有近5亿注册用户,超过600万家个人店铺,2015年的交易额(含天猫网)高达3万亿元人民币。显然,通过提供网络购物平台环境来吸引市场中供求双方(消费者是市场或平台连接的一边,个人店铺是另一边)的参与,淘宝网撮合成巨额交易并实现盈利(如广告收入等)。我们可以把这种商业模式归纳为基于"交叉外部性"的盈利模式。这让经济学家不得不思考一些新出现的问题:为什么有些产业中容易出现"赢家通吃"?为什么有些市场中新进入企业强调产品差异化,而另一些市场中新进入企业追求兼容性?以及为什么在银行卡市场中,银行一方面不仅不收持卡人的年费,还提供各种积分奖励;另一方面却在提高商户的服务费?为什么滴滴公司从2015年开始在给打车用户赠送"打车红包"的同时,却向专车司机收取月管理费?

对这些问题的回答和研究,建立在寡占理论基础上的现有产业组织理论框架是无能为力的,无论在分析方法上,还是在市场行为原则上都需要我们引入新概念,采取新的框架和方法加以深入探讨,以便理解其运行机理。因此,本章将介绍网络外部性的基本概念、网络产业的特征以及网络外部性的分析方法,在此基础上对厂商网络产品的兼容性策略进行简要探讨。进而,引入双边市场的概念与特征,并对基于交叉外部性的（双边）平台定价策略进行简要分析。

13.1 网络外部性

13.1.1 基本概念

1. 兼容性

要想准确定义网络外部性，必须首先界定兼容性，因为兼容性往往决定了一个系统或网络中的用户数量，因而既可以决定产业中企业的市场行为，本身亦是一种企业竞争策略，例如，选择是否与其他产品或系统兼容。兼容性（compatibility）的概念最早来源于计算机产业，是指硬件之间、软件之间或是软硬件组合系统之间的相互协调工作的程度。计算机产业之所以被称为"网络产业"，就是因为兼容性对其品牌的销售与经营具有决定性的影响。简单地，两台计算机是否可以在一起有效工作被作为界定硬件兼容性的标准，如果可以一起有效工作，就视为兼容的，反之，则视为不兼容的。[①] Economides（1996）则将兼容性更为广义地界定如下：两个系统或网络之间能够以可以忽略的成本（近似为无成本）来生产产品（提供服务），或者实现消费，就称这两个系统或网络能够兼容。例如，苹果公司的 Macintosh 操作系统与微软公司的 Windows 操作系统可以近似视为不兼容的，微信钱包与支付宝之间是不兼容的，而 AT&T 与 T-Mobile 公司在移动通信服务上就是兼容的。

然而，在现实经济活动中，完全的兼容难以实现。因此，网络产业经济学家们提出了"部分兼容"（partially compatible）的概念。Shy（2001）以软件产业为背景，对软件的部分兼容性进行了如下定义：如果为 j 品牌的计算机开发的软件中有 ρ_i 比例的软件也能够在 i 品牌计算机上运行，就称 i 品牌计算机与 j 品牌计算机以兼容度 ρ_i 部分兼容。而基于 Economides（1996）更为广义的定义，我们可以对"部分兼容"进行如下定义：如果系统或网络 j 有 ρ_i 比例的功能也能够在系统或网络 i 中实现，就称系统或网络 i 与 j 以兼容度 ρ_i 部分兼容。部分兼容的例子广泛见诸现实生活之中。例如，办公软件 Microsoft office 就与 WPS 软件部分兼容。此外，银联的信用卡系统与美国的信用卡系统也是不完全兼容的，因为在美国境内，部分商户的刷卡机（POS机）只能使用美国境内的信用卡支付，而不能使用银联的信用卡，尽管后者也是 Visa 的会员企业。

2. 网络外部性

根据 Katz 和 Shapiro（1985）、Economides（1996）以及 Shy（2001）的定义，网络外部性（network externalities）可以分为直接网络外部性与间接网络外部性[②]，我们需要分别对其进行界定。直接网络外部性是指，消费者消费某种产品的价值会随着消费该产品或与之相兼容的产品的其他消费者数量的增加而增加。这种网络外部性显

[①] 参见奥兹·谢伊. 网络产业经济学［M］. 张磊，等译. 上海：上海财经大学出版社，2002.
[②] 在网络外部性研究领域，部分学者与著作亦将网络外部性称为"网络效应"（network effects）。

著地体现在具有真实网络的产业中,典型的如移动通信、互联网即时通信与社交媒体(国内如 QQ、微信等;国外如 Facebook、Twitter 等)、电子商务(包括电子支付)、传真机和调制解调器等产业。以移动通信产业为例,假设一个市场上有且仅有两个移动通信运营商 A 和 B。当 A 和 B 的服务无法相互兼容时,若使用 A 的服务的用户显著地多于 B 的用户,则消费者在选择移动通信服务时往往就会选择 A,因为此时使用 A 的服务可以以更高的概率联系到某一个手机用户。而当 A 和 B 至少部分兼容时,则使用任何一个运营商提供的服务的手机用户越多,成为新手机用户获得的效用就越大,因为此时任何一个手机用户都可以通过移动通信的方式联系到这两个运营商的任何一个其他用户。

与直接网络外部性不同的是,间接网络外部性更强调互补性。间接网络外部性是指,消费者消费某种产品的价值随着与该产品相兼容的互补性产品种类的增加而增加。在那些具有网络概念,即硬件/软件模式的产业,如计算机硬件和软件、信用卡网络(信用卡是硬件,刷卡机是软件)、耐用设备和维修服务(设备是硬件,维修服务是软件)以及打字机键盘(键盘是硬件,对该键盘的经验是软件)等产业中,这些硬件/软件系统形成虚拟的网络。智能手机的操作系统是一个值得一提的典型例子。Android 系统的稳定性与功能远不及苹果手机(iPhone)的 IOS 系统,但是仍然拥有大量手机用户,其中一个重要原因就是有大量的移动终端应用软件(手机 App)开发商基于 Android 系统开发了丰富多彩的应用软件,从天气预报、旅游购物到游戏娱乐,因而吸引了消费者的使用。

需要注意的是,网络外部性有可能产生负面影响,一个典型的例子就是交通的拥堵,或因互联网的带宽限制所导致的流量拥堵。由于篇幅所限,本书集中介绍正的网络外部性。

13.1.2 网络产业的主要特征

若一个产业提供的产品或服务在消费时表现出网络外部性,则称该产业为"网络产业",而该产业所提供的产品或服务则称为"网络产品"。显然,根据上文的网络外部性概念以及所列举的众多例子,我们很容易发现这样一个事实,即网络产品市场与苹果、毛巾、衣服等传统市场截然不同,具有其独特性。根据 Shy(2001)的观点,我们将这些网络产业的特征归纳如下:

特征一:互补性、兼容性与标准化。

经济学把需要一起使用或消费才能实现效用的一组商品或服务称为互补品。在网络产业中,这种互补性非常突出。通常情况下,消费者只有购买了某个系统或网络服务,才能真正实现消费效用。例如,一个笔记本电脑用户只有购买了自己所需要的应用软件,才能使该电脑发挥出相应的功能,这样,这台笔记本电脑对该用户而言才是有价值的。这种互补性常常体现为间接网络外部性。

接下来一个自然的问题就是,如何生产网络产业中的这类互补性产品?这就涉及产品或服务之间的兼容性。由上文对兼容性的界定可知,互补性产品或服务必须按照能够兼容的技术来生产方能实现对应的功能。例如,支付系统需要与商户的二维码或应用软件系统在技术上相一致才能实现手机支付功能；播放器软件仅能播放与其格式兼容的歌曲与影片；不同类型的汽车必须配备相应类型的电池，否则就会对汽车造成损害，等等。滴滴出行①是这方面的典型例子。滴滴出行是囊括了出租车、专车、快车、顺风车、代驾及大巴等多项业务在内的一站式出行平台，与支付宝和微信钱包等支付系统相互关联，采用兼容的支付技术，这使得打车用户可以十分便捷地通过手机上的支付宝和微信钱包来完成在线打车费用的支付。

显然，生产这样的互补性产品或服务必须采用相同的标准，或者技术上至少是可以兼容的。这就意味着产业中的企业需要协调生产标准，从而引发所谓的"标准化"（standardization）问题。试想，如果 Media Player 只能播放 RMVB 与 AVI 格式的影片，而暴风影音不仅可以播放这两种格式的影片，还可以播放 MP4、MKV 等其他格式的影片，则会导致越来越多的用户使用暴风影音，而放弃使用 Media Player。反过来看，假如所有的播放器都只能播放 RMVB 与 MP4 格式的影片，那么，AVI 与 MKV 格式的影片就会很快销声匿迹。因而，在这样的网络产业中，技术标准竞争与产品兼容性选择问题将成为企业竞争的主旋律，也即企业竞争策略的核心所在，参见表 13.1：

表 13.1 网络产业中的代表性标准竞争

产业/市场	主流标准	非主流标准
计算机	IBM-PC	Macintosh（Apple）
微处理器	Pentium（Intel）	PowerPC
计算机操作系统	Windows	OS（Apple）
文字处理	MS-Word	WordStar，WordPerfect
电子表格	MS-Excel	Lotus
浏览器	Google Chrome	Safari（Apple），Mozilla Firefox

特征二：需求的规模经济性。

在网络产业中，规模经济不再是生产方所专有的经济特征，在需求方也显著地存在，并对市场结构与产业发展产生至关重要的影响。由于消费者消费某种网络产品所获得的效用会随着消费该产品或与之相兼容的产品的其他消费者数量的增加而提高，那么，需求一侧体现出规模经济性。一个显而易见的逻辑是，如果大部分科研工作者和学术期刊都使用 Latex 软件撰写并编辑论文或研究报告，只有少数使用 MS-Word 软件的话，那么你作为一位科研工作者，最优的选择当然是 Latex。类似地，若大多数人都是用微信（wechat），而不是 Skype，那么你很可能不得不放弃使用 Skype 并转而使用微信，尽管有时不太情愿。这种需求方的规模经济特征比较清晰地将网络产业与传统产业进行了区分。

基于以上逻辑，再加上兼容性的考虑，需求方的规模经济性往往会导致网络产业

---

① "滴滴出行"是由"滴滴打车"在 2015 年 9 月 9 日更名而来。

的一个独特现象：赢家通吃，即在提供网络产品的企业中，某一家企业的产品占据主导性的市场份额。在网络外部性的作用下，较大的用户基数就会导致这种现象。这在现实中是非常多见的，表13.2提供了若干著名的案例。

表13.2　网络产业中的赢家通吃现象

产业	计算机操作系统	手机操作系统	浏览器
第一名 全球市场份额	Windows 90.25％	Android 66.87％	Chrome 50.95％
第二名 全球市场份额	Mac OS X 7.37％	Apple-iOS 27.20％	MS-IE 和 Edge 34.69％

数据来源：市场调查机构 Net Applications 2016 年 8 月的调查报告。

特征三：转换成本与锁定。

转换成本（switching cost）和锁定（lock in）并非是网络产业所专有的特征，但在很多网络产业中却表现得非常突出，以至于影响了消费者的品牌选择与企业的竞争策略。转换成本是指个人或企业从一种产品或服务的使用转换到另一种产品或服务的使用所需付出的代价。当转换成本足够高时，我们通常会说个人或企业被某种产品或服务"锁定"了。当然，锁定并非绝对。我们可以使用转换成本来衡量被锁定的程度，转换成本越高，个人或企业被锁定的程度就越深。

在网络产业中，转换成本与锁定现象非常普遍。例如，每位用户在使用微软公司新推出的 Windows 操作系统时总会付出学习成本，即需要花费一定的时间和精力来熟练掌握该操作系统的部分功能。更有甚者，如果用户从 Windows 系统转换到 Apple 公司的 Mac OS X 系统时，会感受到有很多麻烦与不便。无独有偶，当你习惯了支付宝的各项支付功能后，在使用微信钱包作为替代时，刚开始的一段时间总是让你有挫折感。这种负面感受与学习成本就是转换成本在网络产业中的集中体现。因此，当这种成本过高时，用户往往就不愿意轻易更换自己的操作系统、手机品牌，甚至在线支付系统。这自然就导致了锁定效应。

转换成本有很多表现形式。Shapiro 和 Varian（1999）根据造成锁定程度的不同，对转换成本进行了分类。我们仅将与网络外部性有关的类型归纳如下：

（1）合约违约成本。对于签订网络产品或服务合约的用户，其转换成本为其违约的损失或支付的违约赔偿。

（2）学习成本。当用户使用新的网络产品或服务时，转换成本体现为学习与培训成本，以及使用新产品或服务导致的劳动生产率的损失。

（3）数据转换成本。由于软件之间存在兼容性问题，因此，当使用不同的软件或新款软件时，原来的数据和文件需要进行格式转换，这也构成转换成本。

（4）搜寻成本。当存在新的需求时，用户需要升级或改换自己的应用软件或系统，这时就会产生搜索其他应用软件或系统的成本，包括咨询、调研或收集信息、试用所产生的对应成本。毕竟一款具备良好替代作用的软件或系统不是轻易能够获得的。

结合网络外部性，转换成本的存在对个人的品牌选择与企业的竞争策略都会产生显著的影响。

首先，对个人的品牌选择的影响表现为用户基础和关键规模或临界规模的存在。Economides 和 Himmelberg（1995）通过传真机市场提出了临界规模的概念。他们认为，当使用传真机的网络外部性足够大时，就会存在一个传真机市场发展的临界规模，即对应于传真机市场能够在均衡中维持的最小规模。就一般意义而言，诸如传真机等网络产品，只要使用的消费者数量不低于对应的临界规模，则该市场的存在就是一个稳定的均衡结果，或者说该市场不会萎缩，直到消失。显然，在网络外部性的作用下，一个网络产品的存在与否关键在于其是否能够尽快达到临界规模，无论是比同类型竞争产品先达到，还是在被技术上更高级的产品替代之前。典型的案例就是计算机操作系统中的 Windows 和 Linux 之争，前者是微软公司的专利产品，而后者则是开源软件，而且系统功能更新、更快、更全。然而，Windows 系统始终在市场上居于主导地位，而截止到 2016 年 8 月，使用 Linux 系统的用户仅为 2.11%。这其中的一个主要原因就是，Windows 系统通过网络外部性与转换成本锁定了绝大多数用户，而致使 Linux 系统始终无法达到临界规模。

其次，转换成本从两个相反的方向影响网络产业中企业的价格竞争。第一，若消费者由于转换成本的存在，在一定程度上被锁定于现有产品上，则只要该产品价格与竞争对手的产品价格差不大于转换成本，用户就不会转换品牌。因此，这为企业提高垄断势力和产品价格提供了诱因。第二，如果转换成本比较小，且网络外部性又比较强时，通过提供价格折扣、赠送礼品甚至团购等促销活动，能够有效地从竞争对手那里"窃取"用户。这种现象在网络产品的市场导入期尤为常见，有时甚至是达成临界规模的关键。

特征四：生产的规模经济性。

传统经济学认为，随着产量的增加，产品的生产存在三个阶段：规模经济、规模报酬不变与规模不经济。然而，信息产品的生产完全打破了该传统法则，而始终体现出生产的规模经济性。这种规模经济性的产生源于信息产品生产的显著特征：极高的沉没成本，几乎可以忽略不计的边际成本。因此，这一特征必然导致生产的平均成本随着产量的增加而快速下降，从而展现出持久的规模经济性。以软件生产为例，2014 年，微软公司推出了一款类似于滴滴出行的 App 软件，名为 MyShuttle.Biz。根据相关软件工程师与 App 软件架构师的估计，开发出这样一个 App 软件，需要 813 万元到 1182 万元人民币。在开发成功后，该 App 软件的边际成本仅为低廉的复制成本，在定价时完全可以不予考虑。

13.3 网络外部性的分析方法

对于网络外部性的理论刻画主要有以下两种方法（Economides，1996）：一是宏观分析方法（macro approach）。自 20 世纪 80 年代后，这已经成为刻画网络外部性的主要方法。另一种是微观分析方法（micro approach）。由于便于有效界定市场结构，这两种方法仍然具有使用价值，如图13.1所示：

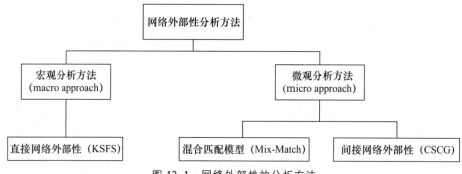

图 13.1 网络外部性的分析方法

在具体介绍以上两种分析方法之前，需要引入一个与网络外部性分析紧密相关的重要概念——网络规模。网络规模（network size）是指，在市场均衡时，采用厂商提供的网络产品或服务的消费者或用户的数量。需要说明的是：第一，网络规模的定义适用于垄断、寡头垄断与完全竞争的市场结构；第二，网络规模也可以表示每个厂商网络产品的市场份额。

13.3.1 宏观分析方法

宏观分析方法的研究思路是，首先假设存在网络外部效应，然后在此基础上研究网络外部性在市场结构以及技术选择中的作用和效应。由于沿续了传统的产业组织理论的分析模式，因而，宏观方法比较直观，其开创性的文献包括 Katz 和 Shapiro（1985）、Farrell 和 Saloner（1985，1986）等，此后的大量文献都是沿着这种思路展开的，故可将该方法简称为 KSFS 方法。由于事前假设网络外部性的存在，致使消费者效用与网络规模之间是一种外生的关系，因此，宏观分析方法主要用于分析直接网络外部性。

在典型的消费者效用函数中，宏观分析方法假设消费者最多只购买一单位的网络产品，且对自己欲购买的网络产品所在网络的容量大小的预期是可实现的，即消费者事前预期的厂商网络规模 Q^e 与事后实际实现的厂商网络规模 Q 是一致的。若消费者的类型为 θ（比如，消费者对网络产品的偏好或口味参数等），则其购买一单位网络产品所获得的总效用 $U(\theta, Q)$ 为：

$$U(\theta, Q) = W(\theta) + v(\theta, Q) \tag{13.1}$$

其中，$W(\theta)$ 为消费者所获得的网络产品的内在价值，为其类型的函数；$v(\theta, Q)$ 为产品的网络价值，是厂商实际网络规模 Q 的递增函数。①

特别地，大多数文献目前所采用的网络价值函数的简化方法都是将其线性化，即 $v(\theta, Q) = \alpha Q$，其中，α 表示网络外部性的强度，也即单位网络规模的增加给消费

---

① 当各厂商的网络产品完全兼容时，Q 为整个市场的销售量；而当产品完全不兼容时，Q 为厂商自身的销售量。

者所带来的额外网络价值。同时，当考虑网络产品的兼容性问题时，α 还可以表示兼容性对于消费者而言的重要程度，α 越大，表明消费者从相互兼容的产品消费中获得的效用就越大，这意味着消费者就越重视兼容性问题。此外，有些学者也考虑了网络产品的网络价值与内在价值存在乘数关系的效用函数形式：

$$U(\theta,Q) = W(\theta)v(Q)$$

这表明消费者购买网络产品所获得的网络价值与其类型相关，而不是完全相同的。[①]

13.3.2 微观分析方法

微观方法在网络外部性的研究中没有事前假定网络效应的存在，而是通过分析市场的微观结构以及网络的构成，间接地证明网络外部性的存在。在产业组织理论发展过程中，微观分析方法最早在 Matues 和 Regibeau（1988）以及 Economides（1989）的混合匹配模型中出现，后来被引入到具有纵向关联产业的分析模型中去。混合匹配的含义是指，不同的厂商生产由多种部件组成的系统产品，而消费者则希望根据自身的偏好从不同的厂商那里购买不同的部件，自己组装该系统产品。因此，该方法强调部件之间的互补关系。以计算机产业为例，如果没有与之匹配的显示器，计算机的部件对用户并不产生效用。

另外，微观方法还包括间接网络外部性。研究类似于硬件/软件范式等间接网络外部性的文献有 Chou 和 Shy（1990）、Church 和 Gandal（1992a，1992b）等。这些研究都假设间接网络外部性是与硬件互补的软件数量的凹函数。类似地，可将微观方法简称为 CSCG 方法。由于篇幅限制，我们仅参考 Shy（2001）的相关内容介绍混合匹配模型。

1. 计算机系统

考虑一个可分为两个完全互补的部件的系统，例如，一台计算机可分为基本单元和显示器，由于消费者在使用一个部件时必须同时使用另一个部件，所以基本单元和显示器是完全互补的。另一个例子是立体声系统，一般分为扩音器和扬声器以及其他一些部件。我们用 X 表示第一类部件（基础单元），用 Y 表示第二类部件（显示器）。

2. 厂商和兼容性

设有两个厂商 A、B 同时生产可组成系统的两类部件。我们用 X_A 表示由厂商 A 生产的第一类部件，用 Y_A 表示由厂商 A 生产的第二类部件。同样可以定义厂商 B 生产组成的部件 X_B 和 Y_B。不失一般性，假设生产成本为零。

由于部件是完全互补的，容易看出，每个消费者必须同时购买一单元的 X 和一单元的 Y。因此，兼容性问题即消费者能否把从不同生产商处买来的部件组装在一起成为一个系统。如果由不同厂商生产的部件不能组装成一个系统，那么就说部件是不兼容的。也就是说，在市场中不存在系统 $X_A Y_B$ 和 $X_B Y_A$；反之亦然。

[①] Palma，Leruth 和 Regibeauc（1999）的研究就将消费者的效用表示为内在价值与网络价值相乘的形式。

3. 消费者

假设有三个消费者 AA、AB 和 BB，他们对系统有着不同的偏好。我们分别用 p_i^X 和 p_i^Y 表示由厂商 i 生产的部件 X 和部件 Y 的价格，$i=A,B$。每个消费者都有各自理想的部件组合。也就是说，如果 $p_A^X=p_B^X$，$p_A^Y=p_B^Y$，那么消费者 AA 通常选择系统 X_AY_A 而不是 X_BY_B，消费者 BB 将选择系统 X_BY_B 而不是 X_AY_A，并且如果系统是兼容的，那么消费者 AB 将选择系统 X_AY_B。

购买系统 X_iY_j 的消费者为该系统支付的总价格为 $p_i^X+p_j^Y$，$i,j=A,B$。我们用 U_{ij} 表示消费者 ij 的效用水平，ij 的理想系统是 X_iY_j，$ij\in AA,AB,BB$；且假设对于 $\kappa>0$，有：

$$U_{ij}=\begin{cases}\omega-(p_i^X+p_j^Y) & \text{如果购买系统 }X_iY_j\\ \omega-(p_j^X+p_j^Y)-\kappa & \text{如果购买系统 }X_jY_j\\ \omega-(p_i^X+p_i^Y)-\kappa & \text{如果购买系统 }X_iY_i\\ \omega-(p_j^X+p_i^Y)-2\kappa & \text{如果购买系统 }X_jY_i\end{cases} \tag{13.2}$$

因此，在相同价格下，该简单模型中每个消费者都有不同的理想系统。效用函数 (13.2) 式表明，购买了理想系统的消费者会得到总效用 ω；如果他购买的系统中有一部件是理想的，另一部件是不太理想的，他的总效用将减少 κ；如果购买的两个部件都是由不太理想的厂商生产的，那么，消费者总效用为 $\omega-2\kappa$。最后，我们假设以参数 ω 反映的、从任一系统中获得的基本效用都是极高的，这样，在均衡时每一个消费者都将购买一个系统。通常，我们令 $\omega\geqslant 4\kappa$。

13.3.3 微观与宏观分析方法的区别

尽管以上两种网络外部性的分析方法都事先假定网络外部性的存在，并围绕兼容性及其选择来展开均衡分析，但是两者仍存在比较显著的差异。

(1) 在混合匹配模型中，消费者的效用并不直接依赖于其他消费者的消费决策，因此其研究的重点没有放在消费者预期、当前消费与过去消费之间的关系上；而宏观分析方法更多地考虑消费者预期、市场锁定以及多期的购买决策上。

(2) 兼容性与多样性关系的联系不同。在混合匹配模型中，虽然厂商之间的兼容性使得由不同厂商生产的部件之间的横向差异性不变，但由于允许消费者根据自己的偏好来组合不同的部件，从而使得市场上具有更多的系统产品。而在宏观方法中，兼容性直接表现为互补产品的多样性。

(3) 如果不同厂商的部件之间实现了兼容，那么消费者将根据自身的偏好水平组装系统产品，因此，那些希望混合匹配的消费者对组装的系统产品具有更高的支付意愿；但是，由于消费者偏好的差异，一些更偏好"原装品"的消费者的支付意愿不变。而宏观分析方法认为，兼容性将提高所有消费者的支付意愿。

13.4 厂商兼容性策略的选择

由上述内容可知，兼容性策略是网络产业中的企业所必须面对的基本策略。本节将系统地介绍基于两种网络外部性分析方法的厂商兼容性策略的选择模型。[①]

13.4.1 基于宏观方法的厂商兼容性策略与均衡分析

根据市场结构与消费者的性质，我们对以下三种情形进行详细分析：

情形1：垄断厂商向同质消费者销售单一品牌

Cabral 等（1999）对网络外部性条件下的垄断定价策略进行了检验，其研究背景为计算机市场。首先，他们探讨了存在单一计算机厂商时，该厂商向那些重视兼容性的同质用户如何销售计算机的问题。但如果市场上仅有一个品牌，为什么兼容性还会有价值呢？因为此时所有的计算机运行同样的操作系统，所以计算机都是兼容的。然而，即使所有的计算机都运行同样的操作系统，也只有在机器可经由电缆联结到通讯端口（直接或通过因特网），或经储存介质如 U 盘和移动硬盘而连接在一起时，才能认为具有兼容性。为使分析更具一般性，我们将此类装置定义为连接器。这样，在垄断情况下，我们将计算机的兼容性特征视为安装连接器，使得两台机器能够连接在一起工作。显然，安装连接器增加了计算机的生产成本，所以计算机厂商经常认为安装连接器无利可图。

1. 消费者

设有 n_N 个完全相同的潜在计算机用户，他们都重视兼容性。每个消费者至多购买一台电脑。用 $q \geqslant 0$ 表示垄断厂商的销售数量，q 也表示计算机购买者的实际数量。用 p 表示计算机价格。每个消费者的效用函数如下：

$$U = \begin{cases} \omega - p + \alpha q & \text{安装连接器} \\ \omega - p & \text{不安装连接器} \\ 0 & \text{不购买计算机} \end{cases} \quad (13.3)$$

式中，$\omega > 0$ 为每个消费者在不考虑兼容性条件下使用计算机而得到的"基本"效用。参数 α（乘以计算机用户总数 q）测定兼容性的重要程度；乘积 αq（从网络外部性中得到的效用）测定从安装了连接器的机器中所得到的总效用，连接器使得该机器与市场上售出的 q 台机器互联。

2. 厂商生产技术与成本

为了简化分析，我们进行以下假设：

假设 13.1：垄断计算机厂商只生产一种型号的计算机，即要么附带连接器，要么不带连接器。不可能同时生产两类计算机。

假设 13.1 暗示，提供兼容性不仅仅是附加连接器。因此，我们假设重新设计机器的成本令人望而却步，也就是说，把机器从不兼容转变到可兼容是不可能的。

在分析中，我们忽略了与机器研制相联系的沉没成本和固定成本，主要考虑机器的单位生产成本。设 μ_C 表示安装了连接器后的机器的单位生产成本，此时，机器因通过连接器与其他机器连接而具有兼容性。另外，用 μ_{IC} 表示无兼容性机器的单位成

[①] 参见 Shy（2001）的相关章节。

本,且假设 $\mu_C \geqslant \mu_{IC} \geqslant 0$,这意味着连接器的生产是昂贵的。总之,假设 13.1 意味着,如果垄断厂商生产了 q 单位机器,其产品的总生产成本如下:

$$TC(q) = \begin{cases} \mu_C q & \text{如果生产兼容机} \\ \mu_{IC} q & \text{如果生产不兼容机} \end{cases} \tag{13.4}$$

3. 厂商兼容性决策与消费者选择的博弈时序

假设厂商分为三个阶段进行兼容性与生产决策:

阶段Ⅰ(设计):当设计计算机时,厂商根据每台机器安装连接器所需的额外成本 $\mu_C - \mu_{IC}$ 的大小来决定是否使机器与其他机器兼容或不兼容。

阶段Ⅱ(定价):机器的设计由阶段Ⅰ给定,厂商选择单一价格 p。

阶段Ⅲ(消费者):每个消费者决定是否购买机器。作此决定时,每个消费者把计算机用户的总数 q 视为固定常数。消费者作好购买决策后,垄断厂商从消费者处获取收益并实现利润。

至此,我们已定义了一个三阶段拓展式博弈。垄断厂商参与第一与第二阶段博弈,而消费者仅参与第三阶段博弈。我们可以使用逆向归纳法找到一个子博弈精炼均衡。

4. 预期和协调

我们对每个消费者如何观察购买计算机的消费者数量进行如下假设,在假设之前,需定义两个概念:一是完美洞察力。如果消费者在购买时能正确地预测将有多少消费者购买每一品牌机时,我们就称消费者具有完美洞察力。这一定义提出了两个必须讨论的问题:第一,在各种文献中,消费者完美洞察力假设常与协调相联系,它被视为使所有消费者都一致同意是否购买。第二,完美洞察力假设通常产生多重均衡,在一定程度上可能存在两个均衡:消费者无人购买机器的均衡($q=0$)和部分消费者购买机器的均衡($q>0$)。二是协调失败。假设满足下列条件:(1)存在一个以上的完美洞察力均衡;(2)在均衡中,一组消费者购买产品($q>0$),此时每个消费者的效用都超过其从无人购买该产品($q=0$)的均衡中所得到的效用,则称 $q=0$ 时的均衡标志着协调失败。

如果没有特别说明,本章中的分析都将遵循下面的假设:

假设13.2:(1)消费者具有完美洞察力;(2)没有协调失败。

5. 求解过程

下面,我们运用逆向归纳法寻找该博弈的均衡。

阶段Ⅲ:消费者的购买决定。

在这一阶段,每个消费者观察三个变量:(1)厂商是否安装了连接器(即市场中出售的机器是否能与其他机器兼容);(2)价格 p;(3)购买计算机的消费者总人数 q。

首先,假设计算机不兼容,则(13.3)式意味着购买者的总人数为:

$$q = \begin{cases} n_N & \text{如果 } p \leqslant \omega \\ 0 & \text{如果 } p > \omega \end{cases} \tag{13.5}$$

(13.5) 式意味着，当 $p=\omega$ 时，不管是否购买计算机，消费者都得到零效用。那么，为什么消费者还不怕麻烦愿意购买计算机？因为如果消费者选择不购买，垄断厂商会降低它的价格到 $p=\omega-\varepsilon$，$\varepsilon>0$ 是个很小的数（可能是最小的货币单位，如 1 分），以此吸引所有消费者购买机器获得正效用。由于该问题将在本章中重复出现，故我们引入下面的假设：

假设 13.3：如果消费者对购买与否无差异，那么他会购买机器。

现在，假设垄断厂商在每台机器上都安装了连接器，因而使所有的机器都是可兼容的，则由 (13.3) 式可知，购买者的总人数为：

$$q = \begin{cases} n_N & \text{如果 } p \leqslant \omega + \alpha n_N \\ 0 & \text{如果 } p > \omega + \alpha n_N \end{cases} \tag{13.6}$$

(13.6) 式仅在假设 13.2 和 13.3 下构成一个特殊的消费者均衡。为说明这一情况，假设 13.2 不成立，那么，在缺少协调时消费者可能会预期无人购买计算机，即 $q=0$。在这种情况下，(13.6) 式就等同于 (13.5) 式，因为兼容性并不发挥作用。

阶段 II：垄断厂商定价。

在这个阶段，垄断厂商基于消费者需求函数选择一个利润最大化价格。若机器不兼容，其消费者需求函数为 (13.5) 式；如果机器兼容，则为 (13.6) 式。

如果机器不兼容，由 (13.5) 式可知，垄断厂商利润最大化价格为 $p=\omega$，总利润为：

$$\pi_{IC} = (\omega - \mu_{IC}) n_N \tag{13.7}$$

如果机器兼容，由 (13.6) 式可知，以价格表示的垄断厂商的总利润为：

$$\pi_C = (\omega + \alpha n_N - \mu_C) n_N \tag{13.8}$$

阶段 I：垄断厂商兼容性决策

在此阶段，垄断厂商决定如何设计其机器。厂商知道，安装兼容连接器将使生产成本增加 $\Delta\mu = \mu_C - \mu_{IC}$，同时也可把价格再提高 αn_N。

为制定兼容性决策，垄断厂家仅需对比 (13.7) 式和 (13.8) 式，若下式成立，则垄断厂商将生产兼容机。

$$(\omega + \alpha n_N - \mu_C) n_N \geqslant (\omega - \mu_{IC}) n_N \tag{13.9}$$

(13.9) 式表明，网络外部性强度 α 越大，或消费者人数越大，垄断厂商选择设计兼容机的可能性越大。(13.9) 式可简化为：

$$\Delta\mu = \mu_C - \mu_{IC} \leqslant \alpha n_N \tag{13.10}$$

对 (13.10) 式较直观的解释是，如果成本差异不超过从兼容性中获得的收益，生产兼容机就是有利可图的。

6. 社会福利分析

现在的问题是，垄断厂商不提供兼容性连接器，或在不是社会最优时提供连接器，是否会降低社会福利呢？实际上，当网络外部性存在时，垄断并不必然导致市场失灵，并损害社会福利。

首先，社会福利为总消费者效用与垄断厂商的利润之和。假定社会计划者决定生

产不兼容的机器,则社会福利为:
$$W = n_N U + \pi = n_N(\omega - p) + n_N(p - \mu_{IC}) = n_N(\omega - \mu_{IC}) \tag{13.11}$$

(13.11) 式中的第一个条件测定了消费者的总效用,第二个条件则测定了经济的总生产成本。价格在福利函数中被消除了,原因在于,厂商的收益必然等于总的消费者支出,而价格仅反映了从消费者到厂商的转移过程。

现在,假定社会计划者设计可兼容的机器,则社会福利为:
$$W = n_N U + \pi = n_N(\omega + \alpha n_N - p) + n_N(p - \mu_C) = n_N(\omega + \alpha n_N - \mu_C) \tag{13.12}$$

对比 (13.11) 和 (13.12) 式可知,如果
$$\Delta \mu = \mu_C - \mu_{IC} \leqslant \alpha n_N \tag{13.13}$$

则兼容性能够导致更高的社会福利。

由此可得,当且仅当社会最优时,垄断厂商向同质消费者出售计算机时将安装连接器。与不存在网络外部性时不同,尽管垄断厂商仍然运用价格机制榨取消费者的超额剩余,但是在技术选择方面,它解决问题的方法与社会计划者一致。当然,前提是所有消费者对兼容性的偏好都是相同的。

情形2:垄断厂商向异质消费者销售单一品牌

与情形1类似,市场上只有一家计算机厂商,向异质消费者出售产品,消费者之间的差别仅表现在他们对兼容性评价的不同上。假设市场上有 $2n_N$ 个潜在的计算机用户。他们可以分成两组:一组重视兼容性,另一组则独立工作,不需要兼容性,即使预装了连接器,也不使用这些兼容性特征。因此,潜在消费者包括重视兼容性的 n_N 个消费者(类型 C)和不重视兼容性的 n_N 个消费者(类型 IC)。

每个消费者至多购买一台计算机。用 $q \geqslant 0$ 表示垄断厂商的售出数量,q 也表示计算机购买者的实际人数。每类消费者的效用函数表示如下:

$$U_C = \begin{cases} \omega - p + \alpha q & \text{安装连接器} \\ \omega - p & \text{不安装连接器} \\ 0 & \text{不购买计算机} \end{cases} \quad U_{IC} = \begin{cases} \omega - p & \text{购买任一机器} \\ 0 & \text{不购买计算机} \end{cases} \tag{13.14}$$

其中,$\omega > 0$ 为不考虑兼容性情况下每个消费者从使用计算机中获得的内在效用。参数 α(乘以计算机用户总人数 q)刻画类型 C 的消费者对兼容性的重视程度。因此,乘积 αq 为从使用安装有连接器的机器中获得的总效用,连接器使得该机器与市场中所出售的 q 台机器互联。最后,单位成本与 (13.4) 式中的相同,决策时间也与情形1相同。依然使用逆向归纳法求解。

阶段Ⅲ:消费者的购买决策。

首先,假定厂商生产的计算机不兼容,则由 (13.14) 式得到购买者的总人数为:
$$q = \begin{cases} 2n_N & \text{如果 } p \leqslant \omega \\ 0 & \text{如果 } p > \omega \end{cases} \tag{13.15}$$

现在,假设垄断厂商在每台机器上都安装连接器,即令所有的机器皆可兼容,则由 (13.14) 式得到购买者的总人数为:

$$q = \begin{cases} 2n_N & \text{如果 } p \leq \omega \\ n_N & \text{如果 } \omega < p \leq \omega + \alpha n_N \\ 0 & \text{如果 } p > \omega + \alpha n_N \end{cases} \tag{13.16}$$

阶段Ⅱ：垄断厂商定价。

在该阶段，垄断厂商基于消费者需求函数制定一个利润最大化的价格。如果计算机不兼容，该消费者需求函数为（13.15）式；如果计算机兼容，则消费者需求函数为（13.16）式。

如果计算机不兼容，由（13.15）式得到垄断厂商的利润最大化价格为 $p = \omega$，进而厂商的利润为：

$$\pi_{IC} = (\omega - \mu_{IC}) 2 n_N \tag{13.17}$$

如果机器兼容，则由（13.16）式可知，垄断厂商的利润可以表示为价格的函数：

$$\pi_C = \begin{cases} (\omega + \alpha n_N - \mu_C) n_N & \text{如果 } p = \omega + \alpha n_N \\ (\omega - \mu_C) 2 n_N & \text{如果 } p = \omega \end{cases} \tag{13.18}$$

阶段Ⅰ：垄断厂商兼容性决策。

在该阶段中，垄断厂商决定如何设计其计算机，并知道安装兼容性连接器将增加 $\Delta\mu = \mu_C - \mu_{IC}$ 的生产成本。

对比（13.17）式和（13.18）式的第二部分可知，如果不要求消费者为连接器支付费用，那么投资于兼容性没有任何意义。垄断厂商也绝不会把机器设计成可兼容的，且仅定价为 $p = \omega$。因此，在作兼容性决策时，垄断厂商仅需将（13.17）式和（13.18）式的第二部分进行比较即可，即若

$$(\omega + \alpha n_N - \mu_C) n_N \geq (\omega - \mu_{IC}) 2 n_N \tag{13.19}$$

则垄断厂商将生产可兼容的计算机。这表明，垄断厂商选择设计可兼容计算机的参数范围随着网络外部性参数 α 的增大而增大。（13.19）式可简化为：

$$\mu_C \leq \alpha n_N - \omega + 2\mu_{IC} \tag{13.20}$$

这意味着，如果生产兼容机的成本不超过从因消费者追求兼容性致使价格提高中得到的收入 αn_N 减去因放弃其他的消费者而遭受的损失 ω，再加上两倍的因不生产不兼容机的"成本节约"，则选择生产兼容机是有利可图的。

同样地，此时垄断厂商通过供应过量连接器或者连接器供应不足是否降低了社会福利呢？假定社会计划者决定生产不兼容机，则社会福利为：

$$\begin{aligned} W_{IC} &= n_N U_C + n_N U_{IC} + \pi \\ &= n_N(\omega - p) + n_N(\omega - p) + 2n_N(p - \mu_{IC}) \\ &= 2n_N(\omega - \mu_{IC}) \end{aligned} \tag{13.21}$$

若假定社会计划者决定生产兼容机，并向所有消费者出售，则社会福利为：

$$\begin{aligned} W_C &= n_N U_C + n_N U_{IC} + \pi \\ &= n_N[\omega + \alpha(n_N + n_N) - p] + n_N(\omega - p) + 2n_N(p - \mu_C) \\ &= 2n_N(\omega + \alpha n_N - \mu_C) \end{aligned} \tag{13.22}$$

对比（13.21）和（13.22）式可以得出，厂商生产兼容性计算机为社会所偏好的条

件为：

$$\mu_C \leqslant \alpha n_N + \mu_{IC} \tag{13.23}$$

现将（13.20）和（13.23）式中给出的条件绘于图 13.2 中。图 13.2 将 $\mu_{IC}-\mu_C$ 空间分为三个区域：在区域Ⅰ，与不兼容情形相比，生产可兼容计算机的单位成本是非常高的，因此社会计划者和垄断厂商都选择不兼容；区域Ⅲ则正好相反，生产可兼容计算机的单位成本并不是很高，社会计划者和垄断厂商都选择兼容性产品。相比之下，区域Ⅱ描绘出市场失灵发生时的参数范围，这是因为，尽管兼容性为社会最优选择，但是垄断厂商却选择生产不兼容计算机。

由此，我们可以得到如下重要结论：当消费者为异质时，尽管社会偏好兼容性，但是垄断厂商不生产兼容机器，这导致了市场失灵。出现市场失灵的原因在于，垄断厂商不能识别每个消费者的准确类型，因此无法对两组消费者实行差别定价，即无法向那些不重视兼容性的消费者收取价格，也无法向重视兼容性的消费者收取价格 $\omega+\alpha 2 n_N$。

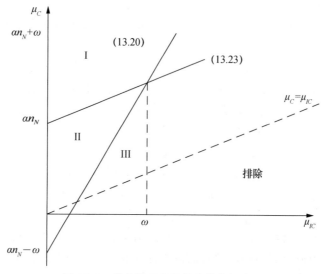

图 13.2　兼容性不足而导致的市场失灵

情形 3：双寡头厂商向异质消费者出售差别化品牌

考虑一个存在两个厂商的双寡头计算机市场，它们分别生产品牌 A 和品牌 B。假设每个品牌的生产成本为零，且用 p_A 表示品牌 A 的价格，用 p_B 表示品牌 B 的价格。假定所有的消费者都同样重视兼容性，然而，消费者对使用不同品牌的计算机存在不同偏好。假定将 $2n_N$ 个潜在消费者分成两种类型：n_N 个消费者为偏好品牌 A 的消费者，剩下的 n_N 消费者为偏好品牌 B 的消费者。这样，偏好 A 和 B 的消费者效用可以表示如下：

$$U_A = \begin{cases} \alpha q_A - p_A & \text{购买 } A; A \text{ 为不兼容} \\ \alpha q_B - p_B - \kappa & \text{购买 } B; B \text{ 为不兼容} \\ \alpha(q_A + q_B) - p_A & \text{购买 } A; A \text{ 与 } B \text{ 兼容} \\ \alpha(q_A + q_B) - p_B - \kappa & \text{购买 } B; B \text{ 与 } A \text{ 兼容} \end{cases} \qquad (13.24)$$

$$U_B = \begin{cases} \alpha q_A - p_A - \kappa & \text{购买 } A; A \text{ 为不兼容} \\ \alpha q_B - p_B & \text{购买 } B; B \text{ 为不兼容} \\ \alpha(q_A + q_B) - p_A - \kappa & \text{购买 } A; A \text{ 与 } B \text{ 兼容} \\ \alpha(q_A + q_B) - p_B & \text{购买 } B; B \text{ 与 } A \text{ 兼容} \end{cases} \qquad (13.25)$$

(13.24) 和 (13.25) 式意味着，如果偏好品牌 i 的消费者购买了他不喜欢的品牌 j，那么会有 κ 的效用损失，$i, j = A, B, i \neq j$。外生变量 κ 可看作是负品味参数或运输成本参数（因为此类模型也用于说明消费者如何在不同地段之间选择商店）。

既然品牌都是可兼容的，为什么计算机用户还对不同品牌持有不同偏好呢？其中的一个理由是，一些用户可能偏好使用笔记本电脑而不喜欢大尺寸的台式机器。这里与相关网络规模相乘的参数 $\alpha > 0$ 为消费者对兼容性的重视程度。如果计算机 i 与 j 不兼容，则计算机 i 的用户享受到 αq_i 的网络外部性效用；如果计算机 i 与 j 兼容，则计算机 i 的用户享受到 $\alpha(q_A + q_B)$ 的网络外部性效用。

最后，为求解部分用户购买计算机品牌 A、部分用户购买品牌 B 时的均衡，我们需要让计算机在消费者看来差异性很大。因此有以下假设：

假设 13.4：影响消费者偏好的品牌差异对效用的影响比网络规模对其影响更大，即 $\kappa > \alpha n_N$。

假设 13.4 意味着，尽管当其他用户使用相同品牌时可使得所有用户的境况更好，但用户对一个特殊品牌的偏好依然起支配作用。注意，如果倒过来看假设 13.4，那么在均衡时，所有的消费者都将不再购买同一品牌，因为此时网络外部性效用支配着消费者对差异性的要求。

为了防止某个消费者具有市场操纵力的情形，我们假设某个单独的消费者从消费一个品牌转向另一个品牌不会影响其他相关消费者的效用，即：

假设 13.5：令品牌 A 的购买者数量为 q_A，品牌 B 的购买者数量为 q_B，就其对购买某一品牌的选择而言，每个消费者都把 q_A 和 q_B 视为固定不变的。

1. 两品牌不兼容时的均衡

首先，寻找构成防止降价均衡的均衡价格。这需要对降价进行重新界定，以便其反映出网络规模的变化对消费者品牌选择的影响。降价竞争的正式定义是，假设在初始条件下，有 n_N 个用户使用计算机品牌 i，有 n_N 个用户使用计算机品牌 j，$i, j = A, B, i \neq j$，用 p_A 和 p_B 表示品牌 A 和 B 的价格。如果 $p_i \leq p_j - \kappa + \alpha n_N$，那么生产品牌 i 的厂商会降价与生产品牌 j 的厂商竞争。

这一条件意味着，为了吸引品牌 j 的用户，品牌 i 厂商必须将其价格降低到竞争对手之下以弥补运输成本 κ。然而，由于品牌 j 的用户现在加入的是有 $2n_N$ 个用户的网络而不再是只有 n_N 个用户的网络，所以价格会提高 αn_N。

如果同时满足下列条件,则可以得到防止降价均衡 (p_A^U, p_B^U):

(1) 对给定的 p_B^U,在下式约束下,厂商 A 选择最高价格 p_A^U:

$$\pi_B^U = p_B^U n_N \geqslant (p_A - \kappa + \alpha n_N) 2 n_N \tag{13.26}$$

(2) 对给定的 p_A^U,在下式约束下,厂商 B 选择最高价格 p_B^U:

$$\pi_A^U = p_A^U n_N \geqslant (p_B - \kappa + \alpha n_N) 2 n_N \tag{13.27}$$

因此,可以得到对应的均衡价格和利润:

$$p_A^U = p_B^U = 2(\kappa - \alpha n_N), \quad \pi_A^U = \pi_B^U = 2 n_N (\kappa - \alpha n_N) \tag{13.28}$$

基于以上均衡价格和利润,我们归纳得到以下重要结论:当消费者偏好呈现网络外部性时,如果计算机品牌具有差异性且不兼容,则:(1) 均衡价格和利润随 α 的增加而降低;(2) 均衡价格和利润随着品牌间差异化程度的提高而提高。

上述结论表明,当计算机不兼容时,用户对兼容性要求的增加会使竞争加剧,并因此导致价格和利润的降低,这反映了消费者对兼容性的要求对价格竞争所起到的作用。当 α 增加时,消费者购买品牌的决策相对于其预期的每个品牌的网络规模的敏感性也增加,这将增大降价以抗衡竞争对手的动机。因此,厂商必须为避免被削价抗衡而降低价格,结果以厂商利润的降低为代价。这说明消费者对兼容性要求的增加提高了消费者福利,因为不兼容下用户的效用随着 α 的增加而增加,即:

$$U_A = U_B = \alpha n_N - 2(\kappa - \alpha n_N) = 3 \alpha n_N - 2 \kappa \tag{13.29}$$

2. 两品牌兼容时的均衡

当两品牌的机器兼容时,所有的计算机用户不管他们购买了哪种品牌的计算机都包含在 $2 n_N$ 的网络中。也就是说,在兼容情况下,不管消费者数量如何在品牌中分配,每个消费者都获得 $\alpha 2 n_N$ 的网络效用。因而,他们的购买决策不受网络作用的影响。这里,如果同时满足下列条件,可以得到防止降价均衡价格 (p_A^U, p_B^U):

$$\pi_B^U = p_B^U n_N \geqslant (p_A^U - \kappa) 2 n_N$$
$$\pi_A^U = p_A^U n_N \geqslant (p_B^U - \kappa) 2 n_N$$

因此,均衡价格和利润分别为:

$$p_A^U = p_B^U = 2\kappa, \quad \pi_A^U = \pi_B^U = 2 n_N \kappa \tag{13.30}$$

注意,(13.30) 式是 $\alpha \to 0$ 时 (13.28) 式的极限,即如果消费者不关心网络规模,在兼容和不兼容情况下均出现同样的均衡。

最后,我们计算兼容性情况下的用户效用,即:

$$U_A = U_B = \alpha 2 n_N - 2\kappa \tag{13.31}$$

对比 (13.28) 和 (13.30) 式以及 (13.29) 和 (13.31) 式,我们可得出以下重要结论:在用户偏好呈现网络外部性情况下,(1) 当厂商生产兼容性品牌时,能够制定较高的价格且获得较多的利润;(2) 当厂商生产兼容性品牌时,消费者剩余下降。

上述结论的第一部分表明,当用户的偏好呈现网络外部性时,兼容性导致价格竞争程度降低。原因在于,当品牌不兼容时,用户从每台计算机中获得的相关效用除依赖于两品牌间的价格差异之外,还取决于每台计算机相关的网络规模。这样,计算机厂商会通过降价力争吸引更多的用户。而当计算机可兼容时,由于厂商网络规模与消费者的购买决策无关,价格竞争反倒趋于缓和。第二部分内容表明,尽管消费者的效用随着兼容性而增加(较高的总效用),消费者在兼容情况下的境况却变差。其原因在于,在兼容条件下,厂商设法榨取消费者从使用兼容品牌中获得的所有剩余,所以兼容条件下的均衡价格比不兼容时要高很多。

3. 单向兼容时的均衡

我们考虑下面的不对称情况,即品牌 A 厂商使其计算机与品牌 B 兼容,但机器 B 却不与 A 兼容。这种情况的典型例子是在 20 世纪 80 年代后期,苹果电脑上安装了所谓的"超级驱动"磁盘驱动器,该驱动器能读取基于英特尔芯片的电脑,但却不能被 DOS 机器读取。类似地,在办公软件中,金山软件公司的 WPS Office 软件也单向地与微软公司的 Office 软件兼容。

单向兼容的情形需要我们思考下列问题:(1)制造兼容品牌的厂商可否比制造不兼容品牌的厂商获得更高(更低)的利润?(2)既然品牌 B 不与品牌 A 兼容,品牌 A 的用户可否通过把他们的计算机与品牌 B 的计算机相兼容而获益?

为了回答这些问题,我们需要求解防止降价均衡下的价格。假定总消费人口在两品牌间平均分配,所以,购买品牌 A 和 B 的消费者都是 n_N 个,则每个 A 品牌用户获得 $\alpha 2n_N$ 的网络效用。这意味着,如果厂商 A 降价以抗衡厂商 B,将增加 B 用户网络规模 n_N。因此,A 能通过设定 $p_A = p_B - \kappa + \alpha n_N$ 而低于 B 的价格。相反,如果 B 削价抗衡 A,则并不增加 A 用户的网络规模,因为 A 品牌是与 B 品牌兼容的,所以一直保持 $2n_N$ 的最大网络规模不变。因此,为了抗衡 A,B 必须使 $p_B = p_A - \kappa$。

如果同时满足下面四个条件,则可得到一组防止降价均衡价格 (p_A^U, p_B^U):

$$\pi_B^U = p_B^U n_N \geqslant (p_A - k)2n_N$$
$$\pi_A^U = p_A^U n_N \geqslant (p_B^U - k + \alpha n_N)2n_N$$

对应的均衡价格和利润分别为:

$$p_A^U = 2\kappa - \frac{2\alpha n_N}{3}, \quad p_B^U = 2\kappa - \frac{4\alpha n_N}{3} \tag{13.32}$$

$$\pi_A^U = 2n_N\left(k - \frac{\alpha n_N}{3}\right), \quad \pi_B^U = 2n_N\left(k - \frac{2\alpha n_N}{3}\right) \tag{13.33}$$

由式(13.32)和(13.33)可得出下面关于单向兼容的主要结论:当某品牌与竞争品牌兼容,而竞争品牌却不与之兼容时,(1)生产兼容品牌的厂商比不兼容的厂商定价要高;(2)兼容品牌厂商获得较高的利润。需要注意的是,这一结论并不总是成立的。例如,当每个计算机品牌都由特定软件支持时,使自己的品牌与其他不兼容品牌兼容的厂商,在均衡时却会导致自身利润的下降。

将(13.32)式代入(13.24)和(13.25)式中的消费者效用函数得到:

$$U_A = \frac{8\alpha n_N}{3} - 2\kappa, \quad U_B = \frac{7\alpha n_N}{3} - 2\kappa \tag{13.34}$$

4. 两阶段博弈:兼容性选择

在上述讨论中,我们通过计算机厂商关于兼容性的利润最大化选择及其福利结果分析了异质用户的兼容性。从模型角度来看，我们可以设计一个两阶段博弈来刻画厂商的兼容性策略选择问题：在阶段Ⅰ，每个厂商决定是否生产与竞争品牌兼容或不兼容的计算机；在阶段Ⅱ，厂商则决定其价格。然而，这一博弈将不会有子博弈精炼均衡，原因非常简单——子博弈（价格阶段）不会有纳什均衡，我们需使用防止降价均衡的概念来获得均衡价格。因此，下面的分析应看作是预定利润水平下的静态博弈，图 13.3 给出了在所有可能的兼容性决策下两厂商的利润水平，这些利润水平可以由（13.28）（13.30）和（13.33）式计算得到。

图 13.3　所有兼容性选择下的利润水平

现在考虑下面的情况：当仍处于设计阶段时，计算机品牌厂商决定是否使其品牌与竞争品牌相兼容。为此，每个厂商都根据对手的兼容性决策情况来计算自己的获利可能性。假设每个厂商的行动集为 $S_i = C, IC$，C 代表兼容，IC 代表不兼容，$i = A, B$。于是，可以根据图 13.3 来求解这个博弈的纳什均衡，并得出下面的结论：两个厂商使其品牌相互兼容，即 (C, C) 构成唯一的纳什均衡，且也为占优均衡。同时，该均衡使行业利润最大化。

上述结论表明，在某种意义上非合作纳什结果与串谋（合作）结果是一致的。故此不存在"行业失灵"。换言之，卡特尔和竞争性厂商都选择兼容性，所以在该情况下并不需要协调。

最后，我们考察所有可能的兼容性决策结果下的消费者福利情况。消费者在各种兼容性情况下的效用可以通过（13.29）（13.31）和（13.34）式来加以比较，并将比较结果归纳于图 13.4 中。

		厂商B			
		不兼容		兼容	
厂商A	不兼容	$3an_N - 2k$	$3an_N - 2k$	$\dfrac{7an_N}{3} - 2k$	$\dfrac{8an_N}{3} - 2k$
	兼容	$\dfrac{8an_N}{3} - 2k$	$\dfrac{7an_N}{3} - 2k$	$2an_N - 2k$	$2an_N - 2k$

图 13.4　所有兼容性决策下购买品牌 A 和 B 的效用水平

基于图 13.4 中归纳的效用，我们可以得到以下主要结论：品牌不兼容时消费者的境况变好，而品牌兼容时社会福利最大。这表明，尽管每个消费者可以在兼容性条件下提高网络规模，然而，相应价格的提高超过了从兼容性上得到的效用。这样，厂商可以通过兼容性榨取更多的剩余价值，从而使得兼容性不利于消费者。相对而言，兼容性却能增进社会总福利。定义社会福利效用函数如下：

$$W \equiv n_N U_A + n_N U_B + \pi_A + \pi_B = \begin{cases} 4\alpha n_N^2 & \text{当}(C,C) \\ 2\alpha n_N^2 & \text{当}(IC,IC) \\ 3\alpha n_N^2 & \text{当}(C,IC),(IC,C) \end{cases}$$

则在（C,C）下社会福利最大。该结论的经济学直觉在于，价格仅是剩余从消费者到厂商的转移，因而可在福利函数中消去，对社会福利的净影响仅有从网络规模中获得的效用。

13.4.2 基于微观方法的厂商兼容性策略与均衡分析

考虑系统兼容与不兼容两种情况下的厂商定价策略。

情形 1：系统不兼容时的厂商定价策略

假设由不同厂商生产的部件是不兼容的，因此，市场上仅有两种系统出售：$X_A Y_A$ 和 $X_B Y_B$。由于每家厂商销售一个完整的系统，所以没有对单个部件的需求。因此，我们用 $p_{AA} \equiv p_A^X + p_A^Y$ 表示由厂商 A 生产的系统 $X_A Y_A$ 的价格。类似地，我们用 $p_{BB} \equiv p_B^X + p_B^Y$ 表示由厂商 B 生产的系统 $X_B Y_B$ 的价格。消费者仅有系统 $X_A Y_A$ 和 $X_B Y_B$ 可供购买，即其"理想"系统 $X_A Y_B$ 因部件的不可兼容性而无法获得，则消费者 AB（回忆微观方法中的三类消费者）不得不妥协，购买其中的一种系统。因此，出现了"不对称"均衡：消费者 AA 和 AB 购买系统 $X_A Y_A$，而仅有消费者 BB 购买系统 $X_B Y_B$（显然，如果有此均衡存在，则另一种均衡必定存在：消费者 AA 购买系统 $X_A Y_A$，消费者 AB 和 BB 购买系统 $X_B Y_B$）。图 13.5 给出了系统不兼容下厂商与消费者间的交易情况：

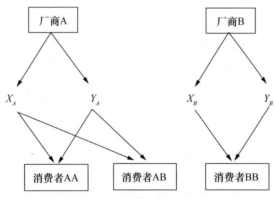

图 13.5 不兼容系统的交易

由于上述博弈中不存在纳什均衡价格，我们仅考虑防止降价均衡。价格组合 (p_A^U, p_B^U) 构成防止降价均衡，即厂商 A 向消费者 AA 和 AB 销售产品，厂商 B 向消费者 BB 销售产品，如果下面两个条件同时得到满足：

$$\pi_B^U = p_{BB}^U \times 1 \geqslant \max\{(p_{AA}^U - \kappa) \times 2; (p_{AA}^U - 2\kappa) \times 3\}$$
$$\pi_A^U = p_{AA}^U \times 2 \geqslant (p_{BB}^U - 2\kappa) \times 3$$

第一个条件说明，厂商 B 有两种方法能够使价格低于厂商 A："温和"的降价方式使得消费者 AB 从购买系统 AA 转向购买系统 BB，为此，厂商 B 不得不令 $p_{BB} \leqslant p_{AA} - \kappa$；"猛烈"的降价方式使消费者 AA 和 AB 购买系统 BB，为此，厂商 B 不得不令 $p_{BB} \leqslant p_{AA} - 2\kappa$。然而，对厂商 B 来讲，"温和"的削价比"猛烈"的削价产生更多利润，也即当且仅当 $p_{AA}^U \leqslant 4\kappa$ 时，$2(p_{AA}^U - \kappa) \geqslant 3(p_{BB}^U - 2\kappa)$。因此，在计算防止降价均衡时，我们仅考虑"温和"削价时的情况。均衡价格和利润为（IC 代表"不兼容性"）：

$$p_{AA}^{IC} = 3\kappa, \quad p_{BB}^{IC} = 4\kappa; \quad \pi_A^{IC} = 6\kappa, \quad \pi_B^{IC} = 4\kappa \tag{13.34}$$

(13.34) 式给出了防止降价均衡的一个重要特征，即拥有较多消费者的厂商（厂商 A）定价虽低但获利较多。其原因在于，占有较大份额的厂商总是小厂商削价的牺牲品，因为削价可以显著地增加小厂商的市场份额。因此，为了避免成为牺牲品，大厂商必须根据小厂商的价格而降低价格。

我们定义消费者剩余为消费者效用的总和。因此有：

$$\begin{aligned} CS^{IC} &= U_{AA} + U_{BB} + U_{AB} \\ &= (\omega - 3\kappa) + (\omega - 4\kappa) + (\omega - 3\kappa - \kappa) \\ &= 3\omega - 11\kappa \end{aligned} \tag{13.35}$$

同时，定义社会福利为消费者剩余和厂商利润的总和，则：

$$W^{IC} = \pi_A + \pi_B + CS^{IC} = 6\kappa + 4\kappa + 3\omega - 11\kappa = 3\omega - \kappa \tag{13.36}$$

它正好等于全部消费者总效用之和。

情形 2：系统兼容时的厂商定价策略

当厂商的部件与竞争厂商的部件相兼容时，那么对消费者来说以下两个系统也可供采用：$X_A Y_B$ 和 $X_B Y_A$。我们考虑消费者均购买理想系统的均衡：在该均衡下，厂商 A 售出两个 X_A 部件和一个 Y_A 部件，而厂商 B 则售出一个 X_B 部件和两个 Y_B 部件。图 13.6 给出兼容系统情况下消费者与厂商间的交易情况。

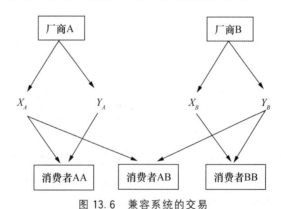

图 13.6 兼容系统的交易

由于每个部件都可以单独出售，我们把 X 视为与 Y 市场独立的市场。因此，如果以下条件成立：

$$p_B^X \times 1 \geqslant (p_A^X - \kappa) \times 3$$

$$p_A^X \times 2 \geqslant (p_B^X - \kappa) \times 3$$

则价格组合 (p_A^X, p_B^X) 构成 X 部件市场的防止降价均衡。此时，厂商 A 向消费者 AA 和 AB 出售部件 X，厂商 B 仅向消费者 BB 出售部件 X。对于 Y 部件市场，防止降价均衡的价格满足：

$$p_B^Y \times 2 \geqslant (p_A^Y - \kappa) \times 3$$
$$p_A^Y \times 1 \geqslant (p_B^Y - \kappa) \times 3$$

那么，均衡价格和利润水平分别为：

$$p_A^X = p_B^Y = \frac{12\kappa}{7}, \quad p_B^X = p_A^Y = \frac{15\kappa}{7},$$

$$\pi_A^C = \pi_B^C = 2\frac{12\kappa}{7} + \frac{15\kappa}{7} = \frac{39\kappa}{7} \tag{13.37}$$

由于每个消费者都得到了他的"理想"品牌，因此，消费者剩余为：

$$CS^C = U_{AA} + U_{BB} + U_{AB}$$
$$= \omega - \frac{12\kappa}{7} - \frac{15\kappa}{7} + \omega - \frac{15\kappa}{7} - \frac{12\kappa}{7} + \omega - \frac{12\kappa}{7} - \frac{12\kappa}{7}$$
$$= 3\omega - \frac{78\kappa}{7} \tag{13.38}$$

进而，可以得到社会福利为：

$$W^C = \pi_A + \pi_B + CS^C = \frac{39\kappa}{7} + \frac{39\kappa}{7} + 3\omega - \frac{78\kappa}{7} = 3\omega \tag{13.39}$$

它正好等于当每个消费者都购买理想系统时的总效用之和。

现在，我们考察部件的兼容性对厂商利润、消费者总剩余和社会福利的影响。根据（13.35）和（13.38）式，我们可以得到如下结论：相对于生产兼容部件的情形，消费者在厂商生产不兼容部件时获得更高的剩余。因此，尽管在兼容时每个消费者都得到了他的理想系统，但由于厂商定价较高，可以拿走消费者从兼容中得到的收益，消费者的境况反而更差。也就是说，两厂商在生产兼容性部件时获得了更高的行业总利润。通过对比（13.34）和（13.37）式，可以证实这一解释是成立的。即厂商生产兼容性部件时的行业总利润高于生产不兼容部件时的总利润，即 $\pi_A^C + \pi_B^C > \pi_A^{IC} + \pi_B^{IC}$。进一步，占较大市场份额的厂商在不兼容时获得的利润高于在兼容时的利润，而占较小市场份额的厂商在不兼容时获得的利润低于在兼容时的利润，即 $\pi_A^{IC} > \pi_A^C$ 和 $\pi_B^{IC} < \pi_B^C$。

最后，就社会总福利而言，通过对比（13.36）和（13.39）式，我们可以得到如下结论：当厂商生产兼容性部件时，社会福利更高。该结论暗示，在兼容性条件下，从厂商的利润增加中获得的社会福利超过了因较高部件价格而造成的消费者福利的损失。这一结果与我们对产品兼容性的直观认识相吻合。

案例 13.1 ▶ WPS Office 办公软件的兼容性策略

自 1997 年开始，在国内的 PC 客户端办公软件市场上，主要有两款软件可供选择：Microsoft Office 软件和 WPS Office 软件，前者是美国微软公司的办公软件产品，而后者则是中国著名的金山软件股份有限公司旗下的产品。由于两种软件的市场占有率差距巨大，因此，两个公司在各自的 Office 软件产品发展过程中采取了截然不同的兼容性策略。

微软公司的 Office 软件在全球市场上一直占据主导地位，尽管在 2014 年微软公司才将 Office 产品拓展到移动端市场（平板电脑与智能手机市场）。2016 年 3 月 30 日，Build 2016 开发者大会在美国旧金山举行，第二天，微软公司就宣布，超过 85% 的全球财富 500 强企业使用微软 Office 软件，涵盖传统 PC、移动设备（Android、iOS 和 Windows）在内的用户数量突破 12 亿，Office Mobile 下载次数超过 3.4 亿次。在这样的市场地位下，微软公司一直坚持不将自己的 Office 软件与其他办公软件兼容。但值得注意的是，微软公司 Office 软件在中国的移动端市场份额却远不及 WPS Office。

反观金山公司，由于 WPS Office 一开始时处于极端劣势地位，国内市场额份不足 5%。因此，该公司一直采用的竞争策略是：兼容且差异化：一方面，公司主动将 WPS Office 与微软的 Office 进行兼容；另一方面，金山公司又在产品功能上突出差异化特征。具体而言，在兼容性策略上，WPS 可以选择的存储格式默认为 .doc（.docx）、.xls（.xlsx）、.ppt（.pptx）文件，因而能支持打开微软的 Office 格式文件。这样一来，无论是自己的用户还是微软 Office 的用户，都可以共享办公文件，直接提高了 WPS Office 用户的使用效用。这种兼容性策略使得 WPS Office 软件有效地分享了微软 Office 的用户网络，弥补了由于市场份额较小带来的竞争劣势。

在差异化策略方面，金山公司采用了多种措施：第一，公司简化了产品设计。Microsoft Office 常用组件有 Word、Excel、PowerPoint、Access，此外还有 Frontage（网页制作）、outlook（邮件收发）、Binder、Info Path（信息收集）、One Note（记事本）、Publisher（排版制作）、Visio（流程图）、Share Point 等组件。而目前 WPS 只有：（1）WPS 文字对应于 Microsoft Office Word；（2）WPS 表格对应于 Microsoft Office Excel；（3）WPS 演示对应于 Microsoft Office PowerPoint。这样做的原因在于，根据启动公司 SoftWatch 对全球超过 51 家跨国企业中 148500 个使用微软 Office 的员工调查发现，70% 以上的员工在办公过程中每天平均只有 8 分钟使用 Excel；5 分钟使用 Word，而 PowerPoint 仅仅只有 2 分钟，更不要说其他组件了。金山公司早就洞悉这样的使用规律，故而收缩了产品组件，极大地降低了软件大小与所占内存。第二，WPS Office 提供了很多适合中国人使用习惯的在线模板。无论是节假日还是热点事件，模板库都会"与时俱进"随时更新。以 WPS 2016 为例，软件引进了很多新模型，比如入党申请书、租房合同范本等。第三，对 WPS Office 个人版一直采取免费策略。金山公司通过 WPS Office 个人版培育市场，而仅对 WPS Office 专业版收费。微软 Office 的个人版与家庭版的免费策略仅从 2014 年才开始。第四，开发移动端 WPS 产品。金山公司几乎是最早开发移动端办公软件的公司。

事实证明，金山公司的兼容性策略是成功的。由于 WPS Office 与微软 Office 完全兼容,因而公司在很大程度上扭转了竞争劣势,并在国内的移动端市场上居于主导地位。根据艾瑞咨询公司的行业统计数据,截止到 2015 年上半年,WPS Office 共拥有 3.9 亿 PC 端用户,3.6 亿移动端用户,占据国内 PC 端 30% 以上的市场份额,同时占据国内移动端约 90% 的市场份额。此外,2014 年,WPS 软件销售收入高达 4.233 亿元。

(案例来源:部分数据根据 199it.com 网站提供的信息整理得到,部分数据来自艾瑞咨询公司的年度行业统计数据)

13.5 双边市场

13.5.1 基本概念

1. 市场分类

自 1833 年美国掀起"便士报纸"运动以来,双边市场概念已有 180 多年的历史。为了便于与传统产业中的市场、具有网络外部性的网络产业市场以及具有"平台经济"特征的双边市场型产业相区别,我们参考陈宏民和胥莉(2007)的做法,根据市场需求特征的差异,将市场划分为传统市场、单网络市场和双边市场。若消费者的需求与其他消费者的需求或消费不存在显著的相关性以至于影响其效用,我们就称之为传统市场,比如,洗发水、水泥、钢铁等市场。若消费者消费某产品或服务的价值随着网络规模、互补性产品或服务的增加而提升,则称之为单网络市场,例如,传真机、计算机硬件、软件等市场。如果存在一个提供服务的平台(企业),在两个或多个不同的市场上运营,每个市场对应于不同的用户,同时,平台与接入平台的任一方用户构成一边的市场需求与供给,那么我们将此类市场称为双边市场。典型的例子如阿里巴巴旗下的天猫(tmall.com),该网站属于 B2C 类型的电子商务网站,其 2016 年第一季度的国内市场规模占据 B2C 市场的 51.3%。天猫网在买方一边共享了淘宝网近 5 亿的注册用户,因而在卖方一边吸引了超过 27 万个商家在其上进行网络销售。

随着平台经济模式的兴起,学术界与产业界对双边市场的研究日益重视。然而,对于双边市场的概念界定,国内外学术界并没有形成公认的清晰定义。现有的研究主要从交叉外部性与价格结构非中性的角度对双边市场进行了界定。

2. 交叉外部性

以 Armstrong(2006)等人为代表,根据对双边市场特征的分析,从交叉外部性(cross network externalities)的角度定义了双边市场。交叉外部性是间接网络外部性在双边市场中的体现,其本质仍然是由一种互补关系导致的网络外部性。交叉外部性是指,双边用户需要通过平台进行交易,并且一边用户的(净)效用在其他条件保持不变的前提下随着另一边用户数量的增加而增加。因此,当一个平台提供的服务在接入平台的双边(多边)用户之间展现出交叉网络外部性的特征时,就认为该平台所服务的两个(多个)市场构成双边(多边)市场。

运用交叉外部性来界定双边市场比较符合人们对双边市场的直观理解,且易于进行理论分析。这里的"交叉"互补性与间接网络外部性存在区别,后者往往体现在由产品或服务之间的互补性而给消费者带来的效用；前者则体现在接入平台的双边用户之间的互补性关系，即一边用户使用平台的效用依赖于另一边用户的数量。试想，一个网络购物平台的注册购物用户数量越多，则在该平台销售商品对于商家而言才是更为有利可图的。相反也类似，当网络购物平台上销售的商品种类越多时，消费者来该平台购物才是更优的选择。

3. 价格结构非中性

尽管从交叉外部性的角度对双边市场进行界定有很多优点，但也存在一个重要的缺陷，即无法反映出平台调整双边的价格结构对双边的需求与交易量所产生的影响。显然，如果网络购物平台将对商家收取的开店费提高很多的话，那么在其上销售商品的商家将大幅下降，进而必然会导致前来购物的消费者数量大幅下滑。因此，Rochet 和 Tirole（2004，2005）建议，从平台对双边用户的价格结构的非中性（non-neutrality）原则来判断双边市场。价格结构非中性是指，当平台向接入的双方收取的价格总水平 $P=P_B+P_S$ 不变时，平台对任何用户方价格的变化都会对其总需求和交易量产生直接影响，其中，P_B 为平台对用户 B（一般为买方）收取的价格，P_S 为平台对用户 S（一般为卖方）收取的价格。

4. 双边市场

在此基础上，具备价格结构非中性特征的平台市场就被称为双边市场。Rochet 和 Tirole（2004，2005）认为，平台（企业）对双边用户定价的非中性特征产生的根源很可能是因为一边用户对另一边用户的价格转嫁不完美所致。也就是说，接入平台一边的用户（如商家）无法像转嫁政府税收一样来将平台对自身的收费部分转嫁给另一边的用户（如消费者）。从理论上来看，在竞争比较充分的市场上，厂商可以将政府的从量税部分转嫁给消费者，转嫁的幅度由供给价格弹性与需求价格弹性共同决定。假设政府向厂商征税时，厂商可以将 80% 的税收转嫁给消费者；而向消费者征税时，消费者需求的降低导致厂商因降价而被迫承担 20% 的税收。因此，政府无论向任何一方收税，得到的市场均衡都是相同的。这就是所谓的税收转嫁的完美性。

相对而言，在双边市场上，一边的用户往往难以像传统市场一样完美地将平台对其的收费转嫁给另一边的用户。这里，基于平台双边用户的关系分三种情形进行讨论：存在直接交易、存在间接交易和无交易。首先，在双边用户存在直接交易的情形下，这类平台往往会设置好与交易相关的规则，从而限制一边用户对费用的转嫁。例如，银行卡组织就设定服务规则禁止商户向消费者转嫁交换费或系统管理费。此外，滴滴出行为出租车、快车和专车等业务都制定了详细的收费标准，加入滴滴出行平台的司机无法擅自调整收费标准，自然也就无法转嫁滴滴出行可能收取的管理费。其次，在双边用户存在间接交易的情形下，一边用户无法确定性地转嫁平台的收费给另一边的用户。以媒体为例，一份报纸或杂志的广告商无法有效地将广告费直接转嫁给对应的读者，虽然部分读者可能会去购买该广告商的产品。第三，在双边用户无交易的情形下，一边用户根本无法进行对应的平台收费转嫁。试想，在移动通信领域的单向收费规则下，主叫方是无法转嫁其通信费给被叫方的。以上三种情形的例子不胜枚举。因此，平台厂商就可以通过调整价格结构来影响平台的交易量，从而赚取最大的利润。

正如交叉外部性无法反映平台的价格结构非中性的特征一样，价格结构非中性本身又有可能是由于交叉外部性所致，两者相互关联，但都只能部分地刻画双边市场的特征。因此，我们采用绝大部分双边市场研究领域的学者都共同接受的主要特征对双边市场进行界定，即包含以下三个特征的市场称为双边市场：（1）存在一个双边或多边的平台结构，即有一个平台运营商提供平台服务，同时存在两类或多类用户基于该平台的服务发生交易或相互影响；（2）各类用户之间存在显著的交叉外部性，并通过平台的服务得以实现；（3）平台对各类用户在定价上体现出价格非中性。表 13.3 给出了常见的双边市场类型。

表 13.3 常见的双边市场与对应的商业模式

平台	双边用户	定价工具（交叉补贴）
网络购物（电子商务）	买方/卖方	价格设计、信息流
互联网主干服务	消费者/网站	接入、服务费等
操作系统（Windows、Mac OS X）	应用软件开发商/PC 制造商/PC 用户	版权使用费、开发工具等
银行卡组织	持卡人/受理商户	交换费等
购物中心	消费者/商户	租金、免费停车等
门户网站	读者/广告商	广告费等

资料来源：陈宏民，胥莉．双边市场：企业竞争环境的新视角［M］．上海：上海人民出版社，2007．

13.5.2 双边市场的主要特征

我们分别从双边用户需求特征和平台厂商供给特征两个角度，通过与传统市场和单网络市场的比较分析，揭示双边市场的结构特征。

1. 需求特征

下面主要对双边用户需求的互补性、交叉网络外部性以及在双边市场中极其普遍的双边用户多平台接入行为（multi-homing）等特征进行介绍。

需求特征 1：双边用户需求的互补性特征

在双边市场中，双边终端用户对平台服务的需求存在着显著的互补性特征。例如，消费者对打车软件的需求量会随着出租车司机对该软件的需求量的增加而增加，反之亦然。但是，这种互补性与传统市场的互补性有着明显的不同。

在传统市场中，一对互补性产品通常是由同一个消费者或用户消费的，所以消费者在消费时会充分考虑互补性所产生的外部效应，并能够将其完全内部化。例如，一个消费者必须同时购买打印机和墨盒，才能完成打印的行为。这对互补产品所产生的外部效应是被同一消费者所获得的。在具有网络外部性特征的单网络市场上，新的终端用户的进入会给其他原有的用户带来价值增值。比如传真机市场上，一个新的传真机用户的进入使得其他用户有可能通过传真通讯与新用户联系，因而增加了传真通讯对所有原有用户的价值。可见，与传统互补性产品的功能性互补不同，在传真机市场上，消费者对传真机的需求基于传真机同一市场的用户安装基础而产生了互补性，这种互补是一种非功能性的互补，而且来自同一市场。

与传统多产品市场和单网络市场的需求不同，在双边市场中，尽管平台运营厂商同时向两个市场的消费者提供产品，产品之间存在互补性，但是这种互补性并非源于功能性互补，而是基于不同市场的用户安装基础（install base，即用户基础）而产生的。市场需求来自于双边市场的联合需求，缺少任一市场的需求，平台厂商的需求就难以形成。例如，团购市场中的买方希望通过团购平台（网站）寻找到价廉物美的商品与服务，比如团购电影。而要满足买方对团购平台服务的需求，前提是平台拥有大量的愿意参与团购活动的商家。如果没有这些商家，买方对团购网站的需求就为零。而对团购服务的需求量越大，即团购网站一端的买方越多，商家对团购网站的需求也就越大。但是，这种行为的完成不需要一边用户同时购买团购网站向卖方和买方提供的服务。买者仅需要或消费团购网站的导购服务，而商家也是如此，两者通过团购网站实现互补需求带给各自的效用。

总之，双边市场的互补性需求特征主要表现为：基于不同市场的用户安装基础产生的非功能性互补需求决定了市场需求的特殊性。即双边市场中的平台厂商的需求是来自于双边市场的联合需求，缺少任一市场的需求，厂商的需求就难以形成。

需求特征2：交叉网络外部性特征

交叉网络外部性是双边市场的主要特征。这个重要概念前面已经进行了界定与简要说明。它包含着以下几层含义：首先是外部性，说明每个市场中都有利益溢出；其次是网络外部性，这意味着溢出的利益是与市场规模成正比的；最后是"交叉"，即强调这种利益的溢出是在不同市场的用户之间相互进行的。显然，前面所介绍的双边用户之间的需求互补特征，是产生交叉网络外部性的主要原因。例如，在操作系统的双边市场上，PC终端用户规模的增加会提高应用软件开发商（继续）开发某个操作系统上的应用软件的动机，因为同样软件的销售量可以增加，从而吸引更多的开发商开发更多的应用软件。而软件开发商数量以及适用软件数量的增加也会使得PC价值上升，吸引更多用户使用。

这里需要区别交叉网络外部性与间接网络外部性。在传统网络外部性研究中，Economides（1996）以硬件/软件范式刻画了间接网络外部性。硬件和软件组成的系统中，购买硬件的用户数量的增多引起对在硬件上运行的软件需求的增加，从而导致市场中可使用的应用软件种类的多样化，提高了所有购买相应软件的用户的利益。从内容上来说，这两个概念是非常相似的，两者都是网络外部性，并且都涉及利益向市场外部的溢出，只是各自的侧重点不同而已。间接网络外部性关心的是，利益从一个市场溢出后，又能够返回到这个市场。如硬件市场用户的规模增加后，外部效应向软件市场溢出，这种正的溢出效应吸引了更多的软件开发商（和应用软件），而更多的软件开发同样也产生外部效益向硬件市场溢出。这样看来，硬件市场上的用户就获得了所谓的"间接网络外部性"效益。交叉网络外部性更关心的则是双边市场用户之间的相互影响，而这种相互影响显然也是会给用户自身带来间接效应的。如果一定要区分两者的差异的话，可以说，双边市场中的"交叉网络外部性"是基于平台实现的，而"间接网络外部性"则并不一定需要平台。

在双边市场中，还存在自网络外部性。尽管存在交叉网络外部性，但双边市场也不排斥某一边用户或者两边用户对平台的需求具有单网络市场的网络外部性特征。比如，使用微信等即时通讯软件的消费者，大都愿意使用与自己交际圈中的朋友一样的聊天工具，以方便交流，这与聊天软件平台另一边的用户（广告商或者其他增值功能使用者）的需求和数量无关。为与交叉网络外部性特征相区分，我们把这种在市场内产生的网络外部性称为"自网络外部性"。由此可见，双边市场的类型是多种多样的，至少有一类市场可能同时呈现交叉网络外部性与自网络外部性特征。

交叉网络外部性有正负之分。一种是交叉网络外部性为负的情况，比如以广告为主要收入来源的媒体。广告对受众而言，特别是电视台在黄金时段播放的连续剧中插播广告，通常对观众来说是一种干扰。然而，从广告商的角度出发，电视台这样的播出安排可以扩大广告的观看度。因而广告商对广告时间的需求对观众的效用产生负的外部性。另一种是自网络外部性中会出现负的情况。比如对于一些高档酒吧的会员来说，更愿意维持一个高素质、高消费的交流圈子，所以人流很杂很多，对这些会员的效用产生负影响。然而，不管是实践还是研究中，双边用户一般都是参与越多，对双方越有利，比如追求点击率的门户网站、银行卡组织大力发展商户和持卡消费者等。因此在本章中，我们主要讨论交叉网络外部性为正的情形。

交叉网络外部性强度的差异是决定双边市场中平台对双边定价结构的主要因素之一，这种差异造成了 A 边用户增加对 B 边用户所产生的贡献（交叉网络外部性效应）可能会大于（或小于）B 边用户增加对 A 边用户所产生的贡献。从平台的角度看，作为协调者，就必须通过对不同市场用户制定不同的价格来达到吸引双方参与平台并交易的目的。比如在操作系统软件的双边市场，应用软件厂商作出基于哪种操作系统平台进行开发的决策时，一般都充分考虑不同操作系统的安装基础，这也是拥有众多用户的 Windows 之所以能吸引很多应用开发的原因，即 PC 用户对应用软件开发商在操作系统上的需求产生了较强的外部效用。我们知道，一般消费者在购买机器时多数预装了操作系统，即使购买机器后自行购买操作系统，一般用户对操作系统的选择也多偏好 Windows。从这个角度看，就 PC 用户和应用软件开发商对操作系统的需求而言，后者对前者的需求产生的外部性效用不如前者对后者的需求产生的外部性效用大。

需求特征 3：双边用户多平台接入特征

相较于需求互补和网络外部性特征，双边用户多平台接入行为（multi-homing）特征表达的是双边市场中用户需求经常出现的状况。但不同的是，多平台接入不是双边市场固有的本质特征。我们之所以把其单独列出来，是因为这种多平台接入行为在双边市场中十分普遍，而传统理论对此却关注不足。加入这一特征，对双边市场中平台厂商的定价行为、竞争策略以及产品兼容性选择等都会产生深远的影响，这将在 13.6 节讨论。

在传统竞争模型中，消费者通常要在竞争性厂商提供的产品中作出非此即彼的选择，也称之为排他性需求。但在很多双边市场实例中，尽管竞争性平台为双边用户提供具有替代性的产品和服务，双边用户却可能出现非排他性需求。比如，广告商会选择多家报纸做广告，应用软件开发商会选择开发能够运行于 Windows 和 Macintosh OS X 操作系统上的程序等。传统理论中也有极少数的研究注意到这种现象，并将这种非排他性需求称为多重购买（double purchase），强调作为整体被购买的系统产品，由于其不完全替代性和消费者偏好的差异，部分消费者会出现多重购买的行为。

相对而言，双边市场中的多平台接入行为，除了由于平台提供服务质量的不完全替代性之外，更重要的是用户通过多平台接入可以尽可能多地享受另一边用户的规模带来的好处。

2. 供给特征

作为连接和协调不同市场需求的主体，平台厂商通过同时运作两个需求相互依赖且高度相关的市场获得利润或者至少保持盈亏平衡。由于面临的需求来自两个准独立的市场，因而平台厂商在供给上有很多与传统厂商不同之处。接下来，我们将从供给的角度来论述平台厂商的特征。

要说明双边市场中平台的供给特征，必须回顾平台产生的原因。根据 Rochet 和 Tirole（2003）的研究，科斯定理是平台出现的必要条件。换言之，若平台的双边用户在没有平台的情况下，仍然可以低成本进行交易，那么平台存在的必要性就值得商榷。正是因为双边市场的用户之间由于种种原因难以达成交易，因此出现了平台，并通过平台来撮合双边用户之间的交易。这里所讲的交易是一个广义的范畴：不仅包括通常意义下存在货币转移的交易，如房屋买卖交易，而且还包括不存在货币转移的交易，如受众和广告商之间的相互作用。基于平台产生的原因，我们认为双边市场不仅在需求方面具有与传统市场不同的特征，而且在供给特征上也有所不同。

供给特征 1：平台着眼于促进双边互动

首先，产品和服务的寄生特征决定了平台厂商始终需要围绕促进双边用户发生相互作用而行事。与传统产品不同，平台向双边市场提供的产品或者服务对终端用户之间的相互作用或者交易（以下将相互作用和交易统称为相互作用）具有寄生特征。平台的功能便是促成双边用户之间发生相互作用，帮助他们解决外部性问题。在此过程中，平台通过促使双边用户基于平台发生相互作用而获得利润，或者保持盈亏平衡。从这个角度来看，平台提供的产品或者服务不具有独立性。例如，在购物中心、银行卡以及房屋中介等市场中，购物中心的经营者、银行卡组织及其会员机构以及房屋中介主要从买卖双方的交易中获利。若消费者和商户不发生以商品为标的的交易，那么购物中心的经营者和银行将难以获得利润。在以广告收入为主的传媒产业中，若电视台不能让广告充分地被尽可能多的受众接触，那么电视台的收入将难以保证。在以计算机为基础的产业中，尽管平台提供的一些产品可以独立使用，如 Windows 系统也提供应用软件 Office，但是，大部分的应用软件仍然是由第三方软件开发商提供。若第三方软件开发商开发的软件不能被终端用户使用，那么，Windows 系统将难以销售给终端用户，也难以从制造商等中间环节中获得高额的专利使用费。可见，平台提供的服务或者产品具有很大的寄生性。失去了双边市场用户之间的相互作用，平台的服务和产品将难以销售。这是平台与传统产品最大的区别。

不同于传统市场，平台厂商需要同时运作两个高度相关的市场，满足两个市场的消费者的需求。需要强调的是，这两个市场的需求既不能独立存在，也不是简单的线性相加，而是一种联合需求。因此，平台厂商除了需要考虑能为一边用户提供什么价值外，还需要明确这边用户能为另一边市场创造什么价值，从而通过促进两类用户发生相互作用而获利。若只考虑一边用户的利益，则可能会失去另一边用户，进一步又可能失去原来一边的用户。于是，从平台厂商的角度看，提高一边市场的市场份额可以看成平台厂商服务于另一边用户的投入。因而，平台厂商向一边市场的供给应该是满足该边需求和获取投入的两种力量综合的结果。比如，优酷、百度影音、腾讯视频、爱奇艺等网络播放平台正在展开电视剧与电影资源的版权争夺战，巨资购进各种优秀电视剧、电影甚至由用户自己制作的作品；而消费者为观看电视剧、电影等网络视频资源，除非想成为会员，以观看更多的视频资源外，不会愿意为每次观看付费，那么，这些网络播放平台之所以这样做，就是因为高点播率可以成为其在广告市场上获取要价权利的筹码。

供给特征2：平台需要协调双边用户的需求

值得一提的是，具有截然不同诉求的用户之间的互补性需求使得平台不能简单地按照互补性多产品厂商那样行事。在互补性多产品市场，如刮胡刀和刀片市场中，为了促进刮胡刀的销售，厂商可以降低刀片的价格；刀片价格的下降将诱发消费者对刮胡刀的需求，因为刮胡刀和刀片通常是被同一消费者消费。而同一消费者可以自我协调对两个互补性产品的消费。因此，在这个过程中，厂商不一定必须对刮胡刀市场实施任何力量。而对于平台而言，它面对的是两个具有截然不同诉求的用户，在交易成本和信息不对称情况下，两类用户很难进行协调。换句话说，在传统多产品市场中，消费者可以将互补品之间产生的溢出内部化，而双边市场中的用户则不能。因此，平台必须协调双边用户产生的过度需求和不足需求，而传统厂商无需面对这样的问题。在协调双边用户的过度需求和不足需求时，平台厂商可以通过价格、质量结构影响市场需求，并从中获益。最典型的例子就是媒体。依靠广告收入支持的媒体为了使得尽可能多的受众阅读、观看到广告，他们通常会将广告安排到文章和节目最精彩的地方。这样，可以使得受众与广告相互接触最多，从而实现两者对传媒的联合需求。

供给特征3：平台产品或服务具有信息产品的特征

一般而言，平台厂商所提供的产品或者服务（简称"平台产品"）具有信息产品的特征。与传统的物质产品不同，平台产品的生产成本具有特殊的结构，呈现高固定成本、低边际成本的特点。例如，操作系统的开发成本很高，但是每多生产一件的成本很低；又如，建立电信网络和银行卡转接网络的成本都很高，但是每一次通话和银行卡交易的成本却很低。可见，一旦第一件平台产品生产出来，因多生产一件平台产品而增加的变动成本几乎可以忽略不计，这种与产量水平无关的成本结构产生了巨大的规模经济效益。平台产品提供厂商生产得越多,平均成本就越低。对于诸如京东等B2C网站,其上的交易量越高,单笔交易的成本将越低。此外,平台产品的固定成本和可变成本还有各自的特殊性。平台产品生产的固定成本绝大部分是沉没成本,如停止生产就无法收回,这与传统物质产品是完全不同的。平台产品的可变成本也不同于传统物质产品。平台产品一旦生产出来,便可以无限复制,几乎不受生产能力的限制。

13.6 垄断平台的定价策略

本节重点关注垄断平台厂商的定价机制与策略,具体分为一般模型、数量模型与价格模型。①

13.6.1 垄断平台定价策略一:一般模型

Rochet 和 Tirole(2003)构建了双边市场下垄断平台定价行为的一般模型,并力图通过该模型来讨论双边市场的主要特征。他们假设,终端用户不承担固定费用,平台厂商采取线性定价原则。该模型的价值来源于对银行卡市场中一对终端用户之间的相互影响和相互交易的分析,参见图 13.6:

图 13.7 双边市场结构图

为了便于描述,我们将双边市场的一边市场称为 B 市场,如软件使用者、持卡用户等所在的市场;另一边市场称为 A 市场,如应用软件开发商、特约商户等所在的市场。B 市场的用户 B 从每一笔平台交易中获得的收益 b^B 存在差异。同样,A 市场的用户 A 从每一笔平台交易中获得的收益 b^A 也有差异。双边市场的终端用户通过平台厂商提供的平台发生交易或者相互关系。平台厂商为促成终端用户发生相互关系,或者促成终端用户完成每一笔交易而提供服务的边际成本为 $c>0$。该模型所探讨的交易是指一种可以形成交易的有效匹配,以银行卡为例,指消费者仅仅通过持卡消费发生的交易,而不是现金支付发生的交易。即用户 A 和用户 B 以价格 p 完成商品买卖交易。b^A、b^B 表示用户 A 和用户 B 从交易中获得的收益,它们独立于平台厂商制定的价格和用户 A、B 交易时的价格 p。以银行卡产业为例,在银行卡组织反额外收费规则下,特约商户在持卡消费者和现金消费者之间不能进行价格歧视。因此,b^A、b^B 独立于银行卡组织制定的价格和特约商户选择的价格。假设 A 市场和 B 市场的用户不承

---

① 陈宏民,胥莉. 双边市场:企业竞争环境的新视角[M]. 上海人民出版社,2007.

担固定交易成本和固定交易费用，A 市场（B 市场）的需求与垄断平台厂商在双边市场设定的价格 p^B（p^A）有关。由于网络外部性的存在，A 市场用户 A 从每笔交易中获得的收益与 B 市场用户 B 的数量 N^B 有关，即 A 市场的需求依赖于 B 市场用户 B 的数量 N^B，这样，A 市场的需求函数为：

$$N^A = pr(b^A \geqslant p^A) = D^A(p^A) \tag{13.40}$$

同样，B 市场的需求函数为：

$$N^B = pr(b^B \geqslant p^B) = D^B(p^B) \tag{13.41}$$

需要注意的是，Rochet 和 Tirole（2003）假定交易双方一定可以达成匹配，因此主要关注达成匹配产生的有效交易量。不失一般性，假设一组交易双方对应于一笔潜在的交易。简单起见，假设 b^A、b^B 相互独立，双边市场的终端用户在平台上实现的交易量等于 $D^A(p^A)D^B(p^B)$。

我们首先考虑垄断平台的选择，而后考虑在预算约束下的福利最大化问题。

1. 垄断平台的最优定价

垄断平台通过设定价格实现利润最大化，其利润可以表示如下：

$$\pi = (p^A + p^B - c)D^A(p^A)D^B(p^B) \tag{13.42}$$

假设 D^A、D^B 是对数凹函数，那么 π 也是对数凹的，由一阶条件有：

$$\frac{\partial(\ln\pi)}{\partial(p^A)} = \frac{1}{p^B + p^A - c} + \frac{(D^A)'}{D^A} = 0$$

$$\frac{\partial(\ln\pi)}{\partial(p^B)} = \frac{1}{p^B + p^A - c} + \frac{(D^B)'}{D^B} = 0$$

从而有 $(D^B)'D^A = D^B(D^A)'$。一阶条件表明给出了在一定价格总水平条件下实现交易量最大化的双边市场价格 p^B 和 p^A。引入需求价格弹性：

$$\eta^A = -\frac{p^A(D^A)'}{D^A}, \quad \eta^B = -\frac{p^B(D^B)'}{D^B}$$

于是得到垄断平台最优定价的勒纳公式：

$$p^B + p^A - c = \frac{p^B}{\eta^B} = \frac{p^A}{\eta^A} \tag{13.43}$$

事实上，垄断平台厂商选择的价格总水平仍然由经典的勒纳公式给出：

$$\frac{p-c}{p} = \frac{1}{\eta}, \quad \text{或} \quad p = \frac{\eta}{\eta-1}c \tag{13.44}$$

其中，$\eta = \eta^A + \eta^B$ 表示总的需求价格弹性，且 $\eta > 1$。因此，总价格在双边市场的分配为：

$$p^A = \frac{\eta^A}{\eta}p = \frac{\eta^A}{\eta-1}c, \quad p^B = \frac{\eta^B}{\eta}p = \frac{\eta^B}{\eta-1}c \tag{13.45}$$

于是，我们得到第一个关于垄断平台厂商定价的结论：(1) 垄断平台厂商的价格总水平 $p = p^B + p^A$ 与总的需求价格弹性 $\eta = \eta^B + \eta^A$ 之间的关系仍可以由标准勒纳公式给出：$\frac{p-c}{p} = \frac{1}{\eta}$；(2) 垄断平台厂商双边市场的价格结构由双边市场的需求价格弹性确定,而不是弹性的倒数:$\dfrac{p^B}{\eta^B}=\dfrac{p^A}{\eta^A}$。

2. 最大化社会福利的垄断定价:Ramsey 定价

考虑存在预算约束下的垄断平台厂商最大化福利的 Ramsey 定价问题,并推导 Ramsey 定价方式。双边市场的每一边用户从一笔交易中获得的净剩余为:

$$V^i(p^i)=\int_{p^i}^{+\infty}D^i(t)\mathrm{d}t,\quad i\in\{A,B\} \tag{13.46}$$

在预算 $p^B+p^A=c$ 的约束下,求解

$$W=V^A(p^A)D^B(p^B)+V^B(p^B)D^A(p^A)$$

的最大值,就能得到社会福利最大化的垄断平台厂商定价。在成本分配条件为 $\dfrac{\partial W}{\partial p^B}=\dfrac{\partial W}{\partial p^A}$ 的基础上,通过一阶条件得到

$$V^A(D^B)'-D^BD^A=-D^AD^B+V^B(D^A)'$$

从而可以得到 Ramsey 价格。即 Ramsey 价格中包含另一边市场的平均剩余,并且具有以下特征:

$$p^A+p^B=c \quad (\text{预算约束})$$

$$\dfrac{p^A}{\eta^A}\left[\dfrac{V^A}{D^A}\right]=\dfrac{p^B}{\eta^B}\left[\dfrac{V^B}{D^B}\right] \quad (\text{成本分配})$$

与垄断最优条件得到的价格结构相比,成本分配条件表明给定价格总水平条件下的社会福利最大化的价格结构,包含市场 A 和市场 B 的用户从每一笔交易中获得的平均剩余。由此可见,在具有双边市场特征的产业中,平台厂商的定价策略综合了多产品垄断厂商的定价原则与网络产品的定价原则。与传统市场的勒纳指数不同,最优定价结构并非与边际成本成比例。在一定条件下,一边市场的价格可能低于边际成本,这取决于网络外部性的强度。

上述一般模型的重要贡献在于以下两个方面:第一,给出了更加符合实际环境的完整定价模型,并得出价格结构的确定将以非常复杂的方式进行,取决于双边市场各自的需求、平台厂商的成本以及竞争态势等因素。第二,Rochet 和 Tirole(2003)以及其他学者在该模型基础上展开的理论探讨,为银行卡产业规制提供了大量的理论依据。以交换费为例,尽管由于研究前提的不同导致最优交换费存在差异,但学者们基本一致地认为,交换费是调节消费者和商户银行卡需求的重要制度安排。

另一方面,Rochet 和 Tirole(2003)的研究结论与具有双边市场特征的产业的定价实践似乎相悖,特别是"弹性越大,垄断平台在该边设定的价格越高"的结论。导致这一结论的主要原因有二:首先,在该模型构造的逆需求函数中,没有考虑双边市场的交叉网络外部性对双边用户效用的影响,而这一点恰恰是双边市场十分重要的特征。其次,尽管 Rochet 和 Tirole(2003)试图建立一般性模型,但是其研究处处显示出银行卡产业的印记,特别是他们选取交易费为价格结构的研究对象,这一产业特性导致模型的一般性不足。

13.6.2 垄断平台定价策略二：数量模型

Schiff（2003）运用数量模型对垄断平台厂商的定价行为进行了研究，其中，垄断平台厂商同时向双边市场（A 市场和 B 市场）的用户 A、B 提供"接入"服务，每一需求方的需求都是连续的，并且与另一需求方的需求相关。由于通过平台进行交易给用户 A、B 带来的收益不同，因此，用户 A、B 对不同的平台具有不同的偏好。用户 A 选择平台进行交易所获得的效用为 u，且 u 在区间 $[0, 1]$ 上服从均匀分布；同样，用户 B 选择平台进行交易获得的效用为 γv，其中，$\gamma > 0$，v 在区间 $[0, 1]$ 也服从均匀分布。参数 γ 表示用户 A、B 对平台运营商提供的产品的偏好差异（以下简称"偏好差异"）。不失一般性，假设 $\gamma \leq 1$。假设整个市场只存在一个平台运营厂商 P，其拥有的用户 A 为 β_A，$\beta_A \in [0, 1]$，拥有的用户 B 为 β_B，$\beta_B \in [0, 1]$，β_A、β_B 分别反映了平台厂商 P 在市场 A 和市场 B 的市场占有率。通常情况下，当用户 A、B 选择同一平台进行交易时，交易均可顺利完成。若交易顺利完成，那么每一个用户 A 从该交易中获得效用 u，否则为零。同样，每一个用户 B 从交易中获得效用 γv。由于存在 β_B 个用户 B 愿意使用用户 A 选择的平台 P 进行交易，因此，每一个用户 A 在平台 P 的期望交易量为 β_B，用户 A 通过平台 P 进行交易获得的总期望效用为 $\beta_B u$。同样，每一个用户 B 的平台期望交易量为 β_A，用户 B 通过平台 P 进行交易获得的总期望效用为 $\beta_A \gamma v$。假设用户 A、B 均具有可实现预期。由于相对于变动成本而言，平台运营厂商将面临较高的固定投资，因此假设平台运营厂商的边际成本为零。

由于平台厂商的运作模式不同，平台厂商 P 提供的"接入"服务便有所差异，主要包括促成匹配和提供平台服务。因此，以不同的运作模式构建模型时，略有差异，下面分别对模型进行解释。

1. 提供匹配服务

假设每一位用户 A 和每一位用户 B 可以达成有效的完美匹配。如果匹配是完美的，那么每一位用户 A 从中获得效用 u，否则为零。用户 B 的分析类似。用户的保留价值以及对完美匹配的价值评价是相互独立的。这样，每一位用户 A 可能达成的完美匹配次数为 β_B，这样，每一位用户 A 从平台厂商 P 提供的匹配服务中获得的期望效用为 $\beta_B u$。同理，每一位用户 B 从平台厂商 P 提供的匹配服务中获得的期望效用为 $\beta_A \gamma v$。

2. 提供平台服务

每一个不同类型的用户与另一类型的用户在同一平台上发生一次交易。在提供平台服务的情况下，β_B 表示每一位用户 A 期望从平台进行交易的数量。每一位用户 A 通过平台进行交易获得的期望效用为 $\beta_B u$；同理，每一位用户 B 通过平台进行交易获得的期望效用为 $\beta_A \gamma v$。

平台厂商存在两种不同的定价模式。第一，不管用户是否达成完美匹配或者进行了交易，平台厂商均向用户收取接入费。以 p、r 分别表示平台厂商向用户 A、B 收取的接入费；第二，当用户之间达成了完美匹配，或者实现了一笔交易时，平台厂商才向用户按照交易量收取交易费。以 s、t 分别表示平台厂商向用户 A、B 收取的交易费。从以下模型中可知，这两种定价模式对于平台厂商来说是等价的（利润函数是相同的）。因此，不管是哪一种定价模式，当市场达到均衡状态时，均衡产量和利润是一样的。

在收取接入费的情况下，平台运营厂商 P 面临的用户 A、B 的逆需求函数分别为：

$$p(\beta_A,\beta_B) = \beta_B(1-\beta_A), \quad r(\beta_A,\beta_B) = \gamma\beta_A(1-\beta_B)$$

那么，平台厂商 P 的利润函数为：

$$\pi(\beta_A,\beta_B) = \beta_A p(\beta_A,\beta_B) + \beta_B r(\beta_A,\beta_B) \tag{13.47}$$

在收取交易费的情况下，平台运营厂商 P 面临的用户 A、B 的逆需求函数分别为：

$$s(\beta_A) = (1-\beta_A), \quad t(\beta_B) = \gamma(1-\beta_B)$$

那么，平台厂商 P 的总交易量是 $\beta_A\beta_B$，因此，其利润函数为：

$$\pi(\beta_A,\beta_B) = \beta_A\beta_B[p(\beta_A,\beta_B) + r(\beta_A,\beta_B)] \tag{13.48}$$

通过对比（13.47）和（13.48）式可知，两种定价模式的利润函数是一致的，即：

$$\pi(\beta_A,\beta_B) = \beta_A\beta_B[p(\beta_A,\beta_B) + r(\beta_A,\beta_B)]$$

由一阶条件 $\partial\pi/\partial\beta_A=0$ 和 $\partial\pi/\partial\beta_B=0$ 可得：

$$\beta_A = (1+\gamma)/3, \quad \beta_B = (1+\gamma)/3\gamma$$

由于 $\beta_A, \beta_B \in [0,1]$，因此对于所有的 $\gamma\in(1/2,1]$，垄断平台运营厂商 P 定价实现的最优市场 A 的规模 $\beta_A = (1+\gamma)/3$，最优市场 B 的规模为 $\beta_B = (1+\gamma)/3\gamma$。将 β_A、β_B 代入接入费和交易费表达式可得：

$$p = (1+\gamma)(2-\gamma)/9\gamma, \quad r = (1+\gamma)(2-\gamma)/9,$$
$$s = (2-\gamma)/3, \quad t = (2\gamma-1)/3$$

由于 $\gamma\in[0,1]$，因此，$s\geq t$。从而我们得到如下结论：对于所有的 $\gamma\in[0,1]$，为了获得最大利润，当双边市场的用户从平台的交易中所获得的收益不对称时，平台厂商将向获得收益多的一边用户收取较高的费用；同时以较低的价格吸引更多的获得收益少的一边的用户加入平台。

当偏好差异较小时，垄断平台运营厂商不会完全占领双边市场。但是，当该偏好差异增大，即 $\gamma\in(0,1/2)$ 时，垄断平台运营厂商将设定 $\beta_A=1/2$，$\beta_B=1$。此时，为了获得最大利润，垄断平台运营厂商将完全占有市场 B，而仅占有一半的市场 A。在定价结构上，垄断平台运营厂商将免费向用户 B（通过平台实现交易获得收益小的一边的用户）提供服务，而在市场 A 收取较高的费用。其原因在于，一方面，尽管平台交易的安全性、快捷性等特点可以吸引用户 B 进行交易，但是，用户 B 对平台交易的偏好总体偏低，为了促进平台交易量的上升，平台运营厂商需要以较低的价格吸引用户 B 在该平台上进行交易；另一方面，由于商品市场的竞争不断加剧，价格竞争的有限性迫使用户 A 转向非价格竞争，使用非传统的平台交易方式，例如，B2B、银行卡支付方式便是用户 A 争夺用户 B 的手段之一。日益激烈的商品市场竞争导致用户 A 对平台服务的需求弹性降低，平台对用户 A 定价的高低对其需求的影响降低。因此，作为以促进双边市场发生交易为目标的垄断平台运营厂商 P 将以较低的价格获得较多的市场 B，从而获得最大利润。

上述数量模型再次说明了交换费存在的必要性。由于双边用户通过平台发生交易获得的收益不同，平台将向通过平台进行交易获得收益较多的用户收取较高的价格，而向获益较少的用户收取低价来促使双边用户基于平台发生交易。特别是，当双边用户通过平台进行交易获得的收益差异很大的情况下，一边用户将直接得到补贴。需要指出的是，数量模型直接使用一边市场的规模来衡量用户获得的网络外部性收益，其前提是假设每一边用户之间的差异对另一边用户来说是一致的。若这种差异不一致，那么，应该将用户之间的差异化程度对另一边用户的规模进行修正，从而才能反映一边用户获得的网络外部性收益。

13.6.3 垄断平台定价策略三：价格模型

Armstrong（2002）以不同于 Rochet 和 Tirole（2003）一般模型的角度，建立了较为完整的双边市场分析框架，不妨将其称为垄断平台定价的价格模型。尽管其研究并不适用于所有具有双边市场特征的产业，但是在黄页、杂志等产业中具有一定的适用性。在现实中，黄页、杂志市场通常是由一家厂商提供产品，因而这些具有双边市场特征的产业常常具有垄断结构。因此，对这类产业的研究仍然假设平台厂商是垄断的。

平台厂商每一边市场的用户分别用 A、B 表示。为简化分析，价格模型忽略了用户 A、B 对自己所在市场的用户数量的关注，而假设用户 A 仅仅关注平台厂商拥有的另一边市场的用户数量，即用户 B 的数量。用户 B 也具有类似的特征。假设平台厂商在双边市场的用户数量分别为 n_A 和 n_B，那么，用户 A 和用户 B 的效用为：

$$u_A = a_A n_B - p_A, \quad u_B = a_B n_A - p_B \tag{13.49}$$

其中，p_A 和 p_B 分别表示平台厂商向两边市场收取的价格。参数 a_A 表示用户 A 通过平台厂商与用户 B 发生每一笔交易获得的收益，即通过平台交易，每个用户 B 带给用户 A 的收益；参数 a_B 表示用户 B 通过平台厂商与用户 A 发生每一笔交易获得的收益。注意，(13.49) 式描述了一边市场的用户获得的效用与接入平台的另一边用户数量之间的关系，这与 Rochet 和 Tirole（2003）假设的区别在于，用户参与平台后，同一边市场的用户通过与另一边的每个用户发生交易或者相互关系获得的收益是相同的。为了更加准确地刻画平台厂商面临的需求函数，由双边市场的用户通过平台交易获得的效用函数 u_A 和 u_B，可得到平台厂商面临的需求为：

$$n_A = \phi_A(u_A), \quad n_B = \phi_B(u_B)$$

在成本方面，假设平台厂商为用户 A、用户 B 提供服务的单位成本分别为 f_A、f_B，那么，平台厂商的利润函数为：

$$\pi = n_A(p_A - f_A) + n_B(p_B - f_B)$$

相比而言，Armstrong（2002）的利润函数比较适合刻画黄页及以广告收入为主的传媒业中平台厂商的利润状况。假设平台厂商设定效用 $\{u_A, u_B\}$ 而不是价格 $\{p_A, p_B\}$ 来影响需求（或者说通过代换，表示为平台的利润是双边用户效用的函数)。这样，A 市场的用户 A 面临的价格为：$p_A = a_A n_B - u_A$；B 市场的用户 B 面临的价格为：$p_B = a_B n_A - u_B$。平台厂商的利润为：

$$\pi(u_A, u_B) = [a_A \phi_B(u_B) - u_A - f_A] \phi_A(u_A) + [a_B \phi_A(u_A) - u_B - f_B] \phi_B(u_B) \tag{13.50}$$

用户 i $(i=A, B)$ 的总剩余是 $v_i(u_i)$，其中，v_i 满足包络定理 $v_i'(u_i) \equiv \phi_i(u_i)$。总的社会福利为：

$$w = \pi(u_A, u_B) + v_A(u_A) + v_B(u_B)$$

由一阶条件可得：

$$u_A = (a_A + a_B)n_B - f_A, \quad u_B = (a_A + a_B)n_A - f_B$$

由式（13.49）可得满足社会最优的价格为：

$$p_A = f_A - a_B n_B, \quad p_B = f_B - a_A n_A$$

从垄断平台厂商对双边市场用户的定价可知，对用户 A 的最优定价与平台厂商向用户 A 提供服务的单位成本以及用户 A 带给用户 B（通过同一平台进行交易的用户）的外部收益有关。这种定价结果意味着，每增加一位用户 A 将对用户 B 产生外部收益 $a_B n_B$，平台厂商将通过转移支付的方式吸引用户 A 参与平台，其大小恰好等于用户 A 对用户 B 产生的外部收益。而转移支付的实现则通过定价完成，即平台厂商通过对用户 A 的定价中减去这一部分转移支付来内部化外部性。这样，一边市场的用户对另一边市场的用户产生的外部收益越大，那么，该边市场的用户为获取在平台进行交易的权利而支付的价格将越低。特别是当 a_A，a_B 足够大时，平台厂商在一边市场的定价将可能低于成本。以购物中心为例，经营者为了促进商家和消费者到购物中心完成交易，将根据商家和消费者之间产生的外部收益的大小来制定价格分配机制。一般而言，消费者进入购物中心进行购物给商家带来的外部收益大于购物中心中的商家对消费者产生的外部收益。因此，消费者进入购物中心无需支付费用，但商家则必须支付一定的费用才可以获得在购物中心的经营权。

最后，我们探讨平台厂商的最优定价结构。由式（13.50）可得平台厂商利润最大化时的价格结构如下：

$$p_A = f_A - a_B n_B + \frac{\phi_A(u_A)}{\phi_A'(u_A)}, \quad p_B = f_B - a_A n_A + \frac{\phi_B(u_B)}{\phi_B'(u_B)} \tag{13.51}$$

可见，在利润最大化时，垄断平台厂商对一边市场用户收取的价格在成本的基础上受到两个因素的影响：第一是该边用户对另一边用户产生的外部收益；第二是与该边用户的需求价格弹性有关的一个因素。前者对平台厂商在一边市场的定价 p_i 具有负的影响 $(a_j n_j)$，后者对平台厂商在一边市场的定价 p_i 有正的影响。一边市场用户对另一边市场用户产生的外部收益越大，该边市场用户承担的价格将越低。这依然类似于标准的勒纳指数。因此，正式的结论如下：以

$$\eta_A(p_A \mid p_B) = \frac{p_A \phi_A'(a_A n_B - p_A)}{\phi_A(a_A n_B - p_A)}, \quad \eta_B(p_B \mid p_A) = \frac{p_B \phi_B'(a_B n_A - p_B)}{\phi_B(a_B n_A - p_B)}$$

表示平台厂商在另一边市场用户数量一定的情况下的一边市场的需求价格弹性，则平

台厂商利润最大化时的价格结构满足：

$$\frac{p_A - (f_A - a_B n_B)}{p_A} = \frac{1}{\eta_A(p_A \mid n_B)}, \quad \frac{p_B - (f_B - a_A n_A)}{p_B} = \frac{1}{\eta_B(p_B \mid n_A)}$$

上述结论告诉我们，当用户的需求价格弹性很高，用户 i 带给用户 j 的外部收益足够大时，平台厂商从利润最大化的目的出发，会对用户 i 进行补贴，即用户 i 承担的价格将小于平台厂商为其提供服务发生的成本，即 $p_i < f_i$。事实上，有时这样的补贴可能会很大，甚至导致价格为负。以垄断的黄页市场为例，黄页目录通常免费向电话使用者提供，而利润主要来源于广告客户。Armstrong（2002）的研究详细解释了提供黄页的公司对购买黄页的用户免费甚至亏本的原因，这是以上结论在黄页市场的一个具体应用。

案例 13.2 *滴滴出行的收费策略*

滴滴出行是涵盖出租车、专车、快车、顺风车、代驾及大巴等多项业务在内的一站式出行平台，2015 年 9 月 9 日由"滴滴打车"更名而来。滴滴出行的运营商为北京小桔科技有限公司，创立于 2012 年 6 月 6 日，并于 2016 年 8 月 1 日并购了美国 Uber 公司的中国业务。根据艾瑞咨询公司的《2016 年中国移动端出行服务市场研究报告》，2015 年滴滴专车（快车）用户占比高达 88.4%，同时，在中国专车（快车）移动端出行服务行业中，滴滴专车（快车）日均订单量占比达到 84.1%，占据了国内绝对的行业领导者地位。滴滴出行平台日订单量突破 1000 万，相当于平均每秒完成 115 个订单；而滴滴专车（快车）的日订单量也超过 700 万，在北京和成都，滴滴快车的日订单量已经超过 100 万，为美国纽约同类日订单量的 8 倍。

作为居于支配地位的出行平台，滴滴出行在定价上采取的是先补贴后收费的交叉补贴策略。先补贴策略体现为自 2014 年 1 月开始，滴滴打车与微信达成战略合作，开启微信支付打车费"补贴"营销活动。通过约 5 个月的补贴营销活动，滴滴打车共支出 14 亿元营销费用，培养了 7800 万打车用户（具体参见表 13.4）。

表 13.4　2014 年上半年滴滴打车的补贴政策

补贴时期	（老）乘客补贴	新乘客补贴	（乘客）补贴城市	（老）司机补贴	新司机补贴	（司机）补贴城市
1月10日—2月9日	10元/单 3单/天	—	不限	10元/单 5单/天	—	不限
2月10日—2月16日	5元/单 3单/天	—	不限	5元/单 5单/天	—	不限
2月17日—3月3日	10元/单 3单/天	15元/首单	不限	10元/单 10单/天 5元/单（前5单），10单/天（后5单）	50元/首单	北京、上海、深圳、杭州 其他城市

(续表)

补贴时期	（老）乘客补贴	新乘客补贴	（乘客）补贴城市	（老）司机补贴	新司机补贴	（司机）补贴城市
3月4日—3月6日	起步价—20元/单，2单/天	起步价—20元/单，2单/天	北京、上海、深圳、杭州	10元/单，10单/天	50元/首单	北京、上海、深圳、杭州
	12—20元/单，2单/天	12—20元/单，2单/天	其他城市	5元/单（前5单），10单/天（后5单）		其他城市
3月7日—3月10日	随机6—15元/单，2单/天	随机6—15元/单，2单/天	不限	随机6—15元/单，2单/天	随机6—15元/单，2单/天	不限
3月11日—3月17日	随机5—10元/单，2单/天	随机5—10元/单，2单/天	不限	随机5—10元/单，2单/天	随机5—10元/单，2单/天	不限
3月18日—3月23日	5元/单，2单/天	5元/单，2单/天	不限	随机5—10元/单，2单/天	随机5—10元/单，2单/天	不限
3月24日—5月16日	3元/单，2单/天	3元/单，2单/天	不限	随机5—10元/单，2单/天	随机5—10元/单，2单/天	不限

后收费策略体现在滴滴打车于2014年8月19日推出的、为高端商务出行人群提供优质服务的滴滴专车，并于2015年1月开始，对专车司机收取管理费。主要方式有两种：(1) 带车加盟的司机，需上缴车费的20％；(2) 无车加盟的司机，需缴纳160—180元/天的"租车费"（滴滴打车声称该费用用于支付租车等成本）。然而，在当时，滴滴公司并无汽车租赁运营资质。因此，这可视为一种变相的平台管理费。尽管截止到2016年9月，滴滴出行仍然给乘客红包补贴，给出租车、快车和顺风车等司机奖励，但是却对专车司机收取平台管理费。显然，滴滴出行采用了典型的交叉补贴收费策略。

（案例来源：2016年的数据来源于艾瑞咨询公司《2016年中国移动端出行服务市场研究报告》，滴滴打车补贴政策的数据来源于亿邦动力网的报道《滴滴打车取消补贴：历经这般"酸甜苦辣"》）

■ 本章小结

网络外部性分为直接网络外部性和间接网络外部性。直接网络外部性是指，消费者消费某种产品的价值会随着消费该产品或与之相兼容的产品的其他消费者数量的增加而增加。间接网络外部性是指，消费者消费某种产品的价值随着与该产品相兼容的互补性产品种类的增加而增加。

网络外部性常常与兼容性相关联，因而也就对企业的兼容性策略产生影响。如果两个系统或网络之间能够以可以忽略的成本（近似为无成本）来生产产品（提供服务),或者实现消费,就称这两个系统或网络能够兼容。

网络产业具有以下四个特征:互补性、兼容性与标准化;需求的规模经济性;转换成本与锁定;生产的规模经济性。

刻画网络外部性的方法包括宏观分析方法与微观分析方法。宏观方法假定网络外部性表现为消费者效用与网络规模之间存在的一种外生的递增关系,并基于可实现预期假设来达成市场的兼容性与价格均衡。微观方法未外生假定网络外部性的存在,而是通过分析具有互补性关系的产品市场的微观结构和网络的构成,间接地证明网络外部性的存在。无论基于哪种方法进行兼容性选择分析,都发现占有较小市场份额的厂商,相对于市场份额较大的厂商而言,有更高的兼容性激励。同时,生产兼容的网络产品可以提高产业总利润,虽然消费者剩余会降低,但是社会总福利却会增加。因而厂商选择产品兼容是一种帕累托改进。

在双边市场中,接入平台的双方(通常是买卖双方)体现出了互补性,接入平台一方的效用往往因另一方数量的增加而上升,即表现为正的交叉外部性。因而平台能够基于自身所连接的双方(通常为厂商与消费者)的交叉外部性发生作用并盈利。

包含以下三个特征的市场被称为双边市场:(1) 存在一个双边或多边的平台结构,即有一个平台运营商提供平台服务,同时存在两类或多类用户基于该平台的服务发生交易或相互影响;(2) 各类用户之间存在显著的交叉外部性,并通过平台的服务得以实现;(3) 平台对各类用户在定价上体现出价格非中性。

双边市场的主要特征可从需求与供给两方面进行描述。需求特征包括双边用户需求的互补性特征;交叉网络外部性特征;双边用户多平台接入特征。供给特征包括平台着眼于促进双边互动;平台需要协调双边用户的需求;平台产品或服务具有信息产品的特征。

基于垄断平台定价模型的均衡分析表明,平台对接入双方的定价表现出价格结构非中性,即在向双边收取的总价格保持不变的前提下,平台可以通过调整价格结构而获利。因此,交叉补贴现象广泛存在于具有双边市场特征的产业当中。也即,平台厂商会向因接入平台而获得收益多的一方收取较高的费用,而对获得收益少的一方制定较低的价格(甚至进行补贴),以吸引其加入平台。

 思考练习题

1. 在存在正的网络外部性的条件下,为什么占有较小市场份额的厂商会比市场份额较大的厂商有更高的兼容性激励?(提示:考虑兼容后对较小市场份额的厂商,购买其产品或服务的消费者的效用发生的变化,并导致其市场份额的变化)

2. 创立于 2009 年 4 月的"饿了么"网已经成为中国知名的在线外卖订餐平台。2015 年底,该网站推出"星火计划",即向加盟平台的商户收取营业额的 5% 作为技术服务费。试通过双边市场理论分析以下问题:

(1) 为什么"饿了么"在 2009—2015 年底之前没有向商户收费?

(2) 为什么"饿了么"在2015年底开始向商户收取服务费,但却没有向注册用户(消费者)收费?

3. 考虑消费者异质时的PC机双寡头市场。两个品牌 A 和 B 的生产成本均为零,对应的价格分别为 p_A 和 p_B。假定两个品牌是不兼容的,且分别有 N_A 和 N_B 个偏好品牌 A 和 B 的消费者。PC机的使用存在正的网络外部性,品牌 A 和 B 的网络外部性强度分别为 α_A 和 α_B。消费者能够准确预期到每个品牌的均衡市场需求量(销售量)为 q_A 和 q_B。两类消费者的效用函数为:

$$U_A = \begin{cases} \alpha_A q_A - p_A & \text{如果购买} A \\ \alpha_A q_B - p_B - \kappa & \text{如果购买} B \end{cases}$$

$$U_B = \begin{cases} \alpha_B q_A - p_A - \kappa & \text{如果购买} A \\ \alpha_B q_B - p_B & \text{如果购买} B \end{cases}$$

假设在均衡状态下,两个品牌都在市场上销售。试求均衡时两个品牌厂商的价格和利润。

4. 假设问题3的 $\alpha_A = 1$,$\alpha_B = 1$,$N_A = 100$ 和 $N_B = 200$,$\kappa > 300$,其他假设均与问题3相同。回答以下问题:

(1) 若两个品牌不兼容且都在市场上销售,试求两个品牌厂商的均衡价格和利润。

(2) 试判断哪个厂商的定价更高,哪个厂商的利润更大,并解释其原因。

(3) 若两个品牌相互兼容且都在市场上销售,试求两个品牌厂商的均衡价格和利润。

(4) 试判断两个厂商在兼容时还是在不兼容时利润更高。

5. 一个垄断平台厂商同时向市场 A 和 B 的用户提供接入服务。每个市场的消费者总数一般化为1。假设平台厂商在市场 A 和 B 均定位于位置0(不同的位置对应于用户不同的偏好),而每个市场的消费者均匀分布在位置 $[0, 1]$ 之间。若不考虑交叉外部性,接入平台对市场 A 的位置为 x_A 的用户的内在价值为 $u_A(x_A) = 1 - tx_A$,其中,t 为单位偏好差异导致的效用损失。类似地,$u_B(y_B) = \gamma(1 - ty_B)$,且 $0 < \gamma < 1$。若市场 A 和 B 分别有 β_A 和 β_B 比例的用户接入平台,则通过平台完成交易使市场 A 和 B 的用户分别获得效用 $\beta_B u_A(x_A)$ 和 $\beta_A u_B(y_B)$。

(1) 分别写出市场 A 和 B 的用户对平台厂商的逆需求函数 $p_A(\beta_A, \beta_B)$ 和 $p_B(\beta_A, \beta_B)$。

(2) 求解平台厂商对市场 A 和 B 用户的均衡接入费。

(3) 试分析 t 的变动对平台接入费的影响。

(4) 若平台厂商可以选择定位的位置,且要求在两个市场都定位于同一个位置时,求其最优定位以及此时的双边接入费。

参考文献与进一步阅读

[1] 奥兹·谢伊. 网络产业经济学 [M]. 张磊, 等译. 上海: 上海财经大学出版社, 2002.

[2] 陈宏民, 胥莉. 双边市场: 企业竞争环境的新视角 [M]. 上海: 上海人民出版社, 2007.

[3] Armstrong, M. 2002. The Theory of Access Pricing and Interconnection [M]. *Handbook of Telecommunications Economics*: Volume 1.

[4] Armstrong, M., 2006. Competition in Two-Sided Markets [J]. *RAND Journal of Economics*, 37 (3): 668—691.

[5] Chou, C., Shy, O. 1990. Network Effects without Network Externalities [J]. *International Journal of Industrial Organization*, 8 (2): 259—270.

[6] Church, J., Gandal, N. 1992a. Integration, Complementary Products, and Variety [J]. *Journal of Economics and Management Strategy*, 1 (4): 653—675.

[7] Church, J., Gandal, N. 1992b. Network Effects, Software Provision, and Standardization [J]. *Journal of Industrial Economics*, 40 (1): 85—103.

[8] Economides, N. 1989. Desirability of Compatibility in the Absence of Network Externalities [J]. *American Economic Review*, 79 (5): 1165—1181.

[9] Economides, N. 1996. Economics of Networks [J]. *International Journal of Industrial Organization*, 14 (6): 673—699.

[10] Economides, N., Himmelberg, C. 1995. Critical Mass and Network Size with Application to the US Fax Market [J]. Discussion Paper No. EC-95-11, New York University.

[11] Farrell, J., Saloner, G. 1986. Installed Base and Compatibility: Innovation, Product Pre-announcements, and Predation [J]. *American Economic Review*, 76 (5): 940—955.

[12] Farrell, J., Saloner, G. 1985. Standardization, Compatibility, and Innovation [J]. *RAND Journal of Economics*, 16 (1): 70—83.

[13] Hagiu, A. 2006. Pricing and Commitment by Two-Sided Platforms [J]. *RAND Journal of Economics*, 37 (3): 720—737.

[14] Katz, M. L., Shapiro, C. 1985. Network Externalities, Competition, and Compatibility [J]. *American Economic Review*, 75 (3): 424—440.

[15] Katz, M., Shapiro, C. 1986. Technology Adoption in the Presence of Network Externalities [J]. *Journal of Political Economy*, 94 (4): 822—841.

[16] Katz, M., Shapiro, C. 1992. Product Introduction with Network Externalities [J]. *Journal of Industrial Economics*, 40 (1): 55—84.

[17] Matutes, C., Regibeau, P. 1988. Mix and Match: Product Compatibility without Network Externalities [J]. *RAND Journal of Economics*, 19 (2): 219—234.

[18] Palma, A., Leruth, L., Regibeauc, P. 1999. Partial Compatibility with Network Externalities and Double Purchase [J]. *Information Economics and Policy*, 11 (2): 209—227.

[19] Rochet, J. C., Tirole, J. 2003. Platform Competition in Two-Sided Markets [J]. *Journal of the European Economic Association*, 1 (4): 990—1029.

[20] Rochet, J. C., Tirole, J. 2004. Defining Two-Sided Markets. Working Paper, IDEI, University of Toulouse.

[21] Rochet, J. C., Tirole, J. 2005. Two-Sided Markets: A Progress Report. Working Paper, IDEI, University of Toulouse.

[22] Schiff, A. 2003. Open and Closed Systems of Two-Sided Networks [J]. *Information Economics and Policy*, 15 (4): 425—442.

[23] Shapiro, C., Varian, H. 1999. Information Rule: A Strategy Guide to The Network Economy [M]. Boston: Harvard Business School Press.

[24] Shy, O. 2001. The Economics of Network Industries [M]. Cambridge University Press.

[25] Wright, J. 2003. Optimal Card Payment Systems [J]. *European Economic Review*, 47 (4): 587—612.

第 14 章

纵 向 关 系

国民经济各部门之间存在复杂的供给与需求关系,这种关系体现在产业的上下游环节。上游企业是指处于行业生产和业务的初始阶段的厂家,主要生产下游企业所必需的原材料和初级产品;下游企业主要对原材料进行处理和深加工,从而将其转化为消费品。在产业链中,上游企业和下游企业是相互依存的。例如,铁矿石开采企业将铁矿石销售给钢铁冶炼厂家;钢铁冶炼厂家又将加工好的钢材销售给汽车制造厂家,汽车制造厂家再将装配好的整车销售给消费者。通常,一家上游企业会向若干家下游企业销售产品,而一家下游企业也会向若干家上游企业采购原材料或中间产品。

一般而言,企业的生产过程需要原材料、中间品的投入,企业的销售需要通过批发、零售等渠道来完成。现代市场分工日趋细化,以至于分销、零售等中间环节从生产过程中分离出来,提高了商业活动的专业化程度,降低了交易成本。以家电行业为例,如果彩电厂商的数量为 m,每个厂家将彩电销售到 n 个市场。假定每次交易的成本为 r,在直销模式下,交易总成本为 $m \times n \times r$。如果这 m 个厂商共享一个渠道公司,则交易总成本为 $(m+n) \times r$。中间环节的出现使得交易互动次数由 $m \times n$ 变为 $m+n$,交易成本得以降低。例如,分销渠道能够收集制订生产计划所必需的信息,为生产商寻找、物色潜在买主,并与买主进行沟通,鼓励买方购买,代表买方或者卖方参加有关价格和其他交易条件的谈判,以促成最终协议的签订,实现产品所有权的转移。此外,分销渠道还要承担与渠道工作有关的全部风险以及为企业生产承担部分风险,进行产品的运输和储存,以减轻生产企业的压力,等等。

然而,分销渠道在降低交易成本的同时也引发了一系列新的问题,例如,提高了消费者的价格,降低了市场需求。此外,上下游企业间的纵向关系因参与企业的规模、性质、市场地位等的差异而表现出不同的特征,产生了生产商之间和零售商之间的竞争问题,以及生产商对零售商或零售商对生产商的纵向约束问题,这些都成为产业组织研究的重点和热点内容。

本章从传统的双重加价问题开始,讨论纵向一体化对双重加价问题的解决,然后在纵向关系背景下讨论零售商之间与生产商之间的竞争及其外部性的产生,最后简要介绍纵向约束的几个主要内容,如转售价格维持、特许费、独家销售与区域限制等。

14.1 双重加成定价及其福利效应

当生产商将产品通过分销、零售渠道销售给消费者时,产业链与纵向关系如图

14.1 所示。此时，生产商和零售商之间的纵向关系与生产商和消费者之间的纵向关系有所不同。第一，存在零售商即零售渠道的情况下，生产商可直接将产品销售给零售商。对于消费者的市场销售价格、售后服务水平等，生产商不能直接控制。如果由生产商直接将产品销售给消费者，则其对产品的质量、价格、广告、售后服务等可以直接控制。第二，由于生产商直接将产品销售给零售商，零售商的采购需求就是生产商的市场需求，所以，零售商的经营决策对生产商的生产决策有着重要影响。正如案例14.1 所示，苏宁提供的海量市场销售数据，促进了海尔定制机的开发，推动了从工厂定制模式到厂商与零售商共同定制并包销模式的升级。然而，零售商在进行经营决策时，并不是基于生产商的利润最大化，有时甚至与生产商的意图相违背，从而对生产商产生不利影响，即存在负的外部性。第三，零售商之间可能产生相互竞争，此时，向生产商支付的批发价格、向消费者收取的零售价格、广告力度、售后服务支持等，都是零售商之间竞争的内容。零售商之间的竞争不仅会影响到市场价格、销量等，而且会影响到生产商之间的竞争状况。所以，生产商与零售商之间的纵向关系远比与消费者之间的关系复杂，产生了诸如双重加成定价、纵向一体化、纵向约束等一系列问题。

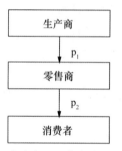

图 14.1　生产商—零售商产业链示意图

案例 14.1　海尔与苏宁的纵向合作关系

苏宁与海尔互为最重要的战略合作伙伴之一。2011 年，海尔全线产品在苏宁完成销售超过百亿元，同比增长超过 20%。双方未来将进一步加强产品规划、供应链、渠道、组织对接、市场推广等多方面协同，全面升级战略合作关系。海尔将根据苏宁海量市场销售数据等反馈信息，在推进产品聚焦、降低运营成本的基础上，进一步加强定制机的开发，推进从工厂定制到厂商与零售商共同定制包销模式的升级，规划实现海尔在苏宁渠道全产品高、中、低全系列上百款绝对定制机型，为消费者提供更多价格优惠、质量满意、售后无忧的电器产品。

海尔将在苏宁易购建立涵盖全品类的授权旗舰店，双方将以苏宁易购为平台，通过差异化商品运营与合作，全力提升线上苏宁的海尔产品销售。同时，双方将进一步完善定制服务渠道信息共享与合作，积极拓展彩电、空调、冰箱等专业工程类业务，实现海尔产品在苏宁销售的多渠道、全方位提升。

（案例来源：根据网上公开报道编写）

14.1.1 双重加价问题

在完全垄断市场上,由于只有一家厂商,对垄断者产品的需求就是整个市场的需求。所以,垄断者所面临的需求曲线就是整个市场的需求曲线。完全垄断的厂商是市场价格的决定者,它可以通过改变销量来决定价格。因此,完全垄断厂商面临的需求曲线是向右下方倾斜的,这表明,完全垄断厂商要想增加销量,就必须降低售价。厂商只能在高价少销或低价多销间进行选择。垄断厂商将根据边际收益等于边际成本的原则来确定最优产量,然后再根据这一产量来确定垄断价格。

假设垄断厂商的边际成本为 c,则其定价公式为:

$$p = \frac{c}{1 - \frac{1}{|\varepsilon|}} = c\left(1 + \frac{1}{|\varepsilon| - 1}\right) \tag{14.1}$$

其中,ε 为需求的价格弹性。可以看出,垄断厂商的价格是边际成本上的一个加成。垄断企业根据需求的价格弹性的大小,确定垄断价格与边际成本之间的差额。当需求的价格弹性较小时,垄断厂商会制定较高的价格,以实现利润最大化。

进一步,如果生产商和零售商都是垄断企业,生产商在定价时会在 c 上有一个价格加成。生产商的批发价格对零售商来说是成本,零售商会在生产商制定的批发价格的基础上再来一次加成。由于垄断利润最大化的条件是边际成本与边际收益相等,所以双重加成定价也被称为双重边际化。

如图 14.2 所示,假设唯一的生产商为企业 1,唯一的零售商为企业 2,市场需求曲线为 D_1D_2,MR_2 是企业 2 的边际收益曲线,这是由市场需求曲线 D_1D_2 决定的。$MC_1=c$ 曲线表示企业 1 的边际生产成本,企业 2 除了承担由企业 1 制定的批发价格外,不存在其他成本。

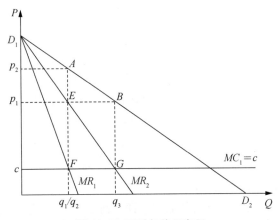

图 14.2 双重加价示意图

首先考虑直接面对消费者的企业 2。在消费品市场上,企业 2 是一个垄断者,其定价依据是边际收益等于边际成本。企业 2 的边际收益曲线由 MR_2 给出,唯一的成本则来自于从企业 1 处购买中间产品的批发价格,这取决于企业 1 对其产品的定价。如果企业 1 的定价为 p_1,则企业 2 必定会在 p_1 等于 MR_2 处确定自己的利润最大化销售量和价格。简而言之，对于企业 1 确定的任何一个价格，企业 2 都只能在 MR_2 上确定自己的购买量。于是，MR_2 实际上构成了企业 1 所面对的企业 2 作为唯一直接购买者的市场需求曲线。

对于企业 1 来说，既然其市场需求曲线为 MR_2，那么其边际收益曲线自然就是 MR_1 了。根据 $MR_1=MC_1=c$ 这一原则，企业 1 的垄断价格和垄断产量分别为 p_1 和 q_1，垄断利润为矩形面积 p_1EFc。

在企业 1 确定了价格 p_1 后，企业 2 会根据这个价格和自己的边际收益 MR_2，确定利润最大化价格为 p_2，产量为 q_2，并且 $q_1=q_2$。企业 2 的利润为矩形面积 p_2AEp_1，两家企业的总利润为矩形面积 p_2AFc。此时的市场价格为 p_2，消费者剩余为 D_1Ap_2。

下面对上述分析过程进行简单的推导。假设零售商企业 2 的市场需求函数为：

$$p_2 = a - bq_2 \tag{14.2}$$

则企业 2 的利润函数为：

$$\pi_2 = (p_2 - p_1)q_2 = \frac{(p_2 - p_1)(a - p_2)}{b} \tag{14.3}$$

其中，(p_2-p_1) 表示企业 2 销售每单位产品的利润，$(a-p_2)/b$ 表示企业 2 的需求量，根据利润最大化的一阶条件 $\partial \pi_2/\partial p_2=0$，可得：

$$p_2 = \frac{a + p_1}{2}, \quad q_2 = \frac{a - p_1}{2b} \tag{14.4}$$

由于企业 1 和企业 2 的产出相同，即 $q_1=q_2$，故企业 1 的利润函数为：

$$\pi_1 = (p_1 - c)q_1 = (p_1 - c)\frac{a - p_1}{2b} \tag{14.5}$$

根据利润最大化的一阶条件 $\partial \pi_1/\partial p_1=0$，可得均衡价格和需求量为：

$$p_1 = \frac{a + c}{2}, \quad p_2 = \frac{3a + c}{4}, \quad q_1 = q_2 = \frac{a - c}{4b} \tag{14.6}$$

两家企业的利润分别为：

$$\pi_1 = \frac{(a-c)^2}{8b}, \quad \pi_2 = \frac{(a-c)^2}{16b} \tag{14.7}$$

根据图 14.2 所示，当生产商直接向顾客销售产品时，边际成本即为原来生产企业 1 的边际成本 c。根据边际成本等于边际收益的原则，由边际收益曲线 MR_2 和边际成本 $MC_1=c$ 的交点 G 决定了最优产量 q_3 和垄断价格 p_1。与双重加成定价相比，消费者支付的价格降低了，生产企业的产出提高了。可见，对于生产商和消费者而言，双重加成定价会导致社会福利损失。

造成这种结果的原因在于纵向外部性，即下游企业对中间产品的需求每增加一单位，都为上游企业带来一个单位的利润增量，但是，由于下游企业以自身利润最大化为目标，所以它不会考虑上游企业的利润增量。同样对于上游企业而言，必然要以高于边际成本的价格来销售中间产品，这就使得下游企业的边际成本提高。由于双重加成定价问题，最终产品的价格提高，市场需求降低，产业链总利润降低。因此，中间环节的存在导致产出减少、价格提高。

14.1.2 纵向一体化与双重加价问题的解决

1. 纵向一体化及其经济效应

纵向一体化是指，产业链上处于一种产品（或服务）不同生产阶段的两个或两个以上企业的合并，既可以采取纵向兼并的方式也可以是投资建立新企业的方式，并在两个可能的方向上发生控制权的转移：前向一体化和后向一体化。前向一体化是企业获得其下游企业的所有权或控制权，从而对产品做进一步深加工，对资源进行综合利用，或建立自己的销售组织来销售本公司的产品或服务。例如，钢铁企业生产各种型材，并将型材制成各种不同的最终产品。后向一体化是企业获得其上游企业的所有权或控制权，自己供应全部或部分原材料或半成品。例如，钢铁企业拥有自己的铁矿石采矿企业和炼焦厂。

对企业纵向一体化的经济效应的研究存在两种观点：一是纵向一体化可能导致市场圈定，增加一体化企业的市场势力，提高最终产品价格，降低社会福利。这是纵向一体化的负效应；二是纵向一体化可节约交易成本、消除双重加价所造成的价格扭曲，使最终产品价格下降，社会福利提高。这是纵向一体化的正效应。如果正效应大于负效应，那么，纵向一体化就有利于社会福利的提高；反之，则需要通过反垄断措施加以抑制。本节重点分析纵向一体化的正效应。

纵向一体化能够减少上、下游企业随意中止交易导致的不确定性，确保企业在原材料供应紧缺时得到充足的供应，或在总需求低迷时有一个畅通的产品销售渠道。正如案例14.2所显示的，格力渠道体系自上而下分工明确，组织严密。格力空调省级合资经销商由省内最大的几个批发商与格力电器公司合资组成，负责对当地市场进行监控，规范价格体系和进货渠道，以统一的价格将产品批发给下一级经销商。各地市级批发商也组成相应的合资分公司，负责所在区域内的格力空调销售。格力公司负责实施全国范围内的广告和促销活动，而当地广告和促销活动以及店面装修之类工作则由合资销售公司负责完成。格力先后在32个省市成立了区域性销售公司，这些分支机构开拓了近万家专卖店。因此，格力电器的渠道优势成为其竞争对手难以追赶的关键所在。

纵向一体化还可以通过在管理层控制的范围内提供一系列额外价值，来改进本企业区别于其他企业的竞争优势。例如，葡萄酒厂拥有自己的葡萄产地，奶粉企业拥有奶牛场，这便比没有上游原材料供应的企业更好地控制产品质量。高科技企业在销售自己技术复杂的产品时，需要拥有自己的销售网点，以便提供标准的售后服务。在这种情况下实行纵向一体化战略，可以使关键的投入资源和销售渠道控制在自己的手中，从而使行业的新进入者望而却步，不仅保护了自己原有的经营范围，扩大了经营业务，而且还限制了所在行业的竞争程度，使企业有了更大的定价自主权，进而获得较高的利润。例如，苹果公司实现了iTunes音乐商店与iPod播放器、iPhone和iPad与Apple Store的紧密联合，在网络平台和硬件制造领域实现了纵向一体化，创造了远高于其他竞争对手的竞争优势和超额利润。

纵向一体化还是企业进入高回报产业的一种方式。如果供应商或经销商有较高的利润，这意味着他们经营的领域属于高回报业务。在这种情况下，企业通过纵向一体化，可以制定更有竞争力的价格，从而提高其总资产回报率。如果竞争对手也是纵向一体化企业，那么，一体化就具有防御的价值，因为竞争者的广泛一体化可能导致许多供应资源，或者许多顾客或零售机会被锁定。为了避免被排斥，企业也应该实施纵向一体化战略。

然而，纵向一体化也存在一些弊端。纵向一体化可能提高企业的投资，增大退出壁垒，从而增加商业风险；甚至可能会使企业无法将其资源调往更有价值的地方，造成资源使用的低效率；也可能迫使企业依赖自己的内部供应而非外部供应，从而产生高昂的机会成本，因为纵向一体化可能切断来自供应商及客户的技术流动，使企业失去学习的机会；最后，纵向一体化意味着通过固定关系来进行购买和销售，可能会因此削弱面对外部竞争的快速反应能力。

案例 14.2　格力对渠道终端的掌控

2010 年，格力空调以销售收入 600 亿元的成绩，继续领航国内空调业。这应该归功于其 20 多年来建立起来的分销网络。在空调市场上，格力自建渠道提升了对供应链终端的掌控能力，在竞争激烈、家电渠道商挤压厂家利润的形势下，销售量得以连年增长。

格力掌控渠道终端，是被逼无奈的结果。1997 年，在整个行业大战中，格力在湖北的四个经销大户为了抢占地盘、追求利润，搞竞相降价游戏，结果导致格力在湖北的市场价格体系被冲得七零八落，格力与经销商两败俱伤。

情急之下，格力管理层提出了一个大胆的想法：成立以利益为纽带，以格力品牌为旗帜，互利双赢的联合经营实体，由此，湖北格力空调销售公司诞生。区域销售公司由企业与渠道商共同出资组建，各占股份并实施年底分红。格力只输出品牌和管理，在销售分公司中占有少许股份。湖北格力空调销售公司在成立后的第二年就使销售量上了一个新台阶，增长幅度达 45%，销售额突破 5 亿元。

凭借这些区域公司的支撑，格力对零售终端的掌控力度越来越大。2004 年 3 月，格力电器与国美在格力空调的销售上发生争执，格力电器认为成都国美擅自降价破坏了格力空调在市场中长期稳定、统一的价格体系，决定停止向国美供货。国美则称，由于格力电器在价格上不肯让步，与国美"薄利多销"的原则相违背，要求各地分公司将格力空调的库存清理完毕。争执最终导致格力电器脱离国美的销售渠道。不过，格力销售额并没有因此受到太大影响，那时他们的专卖店已近万家，遍布全国。

（案例来源：根据网上公开报道编写）

2. 纵向一体化消除双重加价

纵向一体化既是企业间纵向关系的内部化，又是一种重要的企业竞争策略。在某种程度上，纵向一体化可以克服双重加成定价的缺点，增进社会福利。沿用上面的例子，假设唯一的生产商为企业 1，唯一的零售商为企业 2，市场需求曲线为 D_1D_2。同时假设，零售商所售出的每单位产品都来自对生产商产品的相应购买，不存在替代品。作为双重加成定价的结果，生产商向零售商收取垄断价格 p_1，零售商向顾客收取垄断价格 p_2，生产商和零售商的产量均为 q_1。

假设企业 1 和企业 2 合并后组建了企业 3，企业 3 独家垄断生产与销售。企业 3 的市场需求线为 D_1D_2，边际收益 $MR_3=MR_2$，边际成本仍为 c。根据利润最大化原则，企业 3 的定价为 p_1，产量为 q_3，利润为矩形 p_1BGc 的面积，消费者剩余为三角形 D_1Bp_1 的面积，社会总福利为 D_1BGc 的面积。与上下游均为垄断企业时的双重加成定价相比，企业 3 的利润超过了企业 1 和企业 2 的利润总和，社会福利增加了梯形 $ABGF$ 的面积。

企业 3 的利润为：

$$\pi_3 = (p_3 - c)\frac{a - p_3}{b} \tag{14.8}$$

根据利润最大化条件，企业 3 的均衡价格、产量和利润分别为：

$$p_3 = \frac{a+c}{2}, \quad q_3 = \frac{a-c}{2b}, \quad \pi_3 = \frac{(a-c)^2}{4b} \tag{14.9}$$

此时的消费者剩余和社会总福利分别为：

$$S_3 = \frac{(a-c)^2}{8b}, W = \pi_3 + S_3 = \frac{3(a-c)^2}{8b} \tag{14.10}$$

与（14.7）式相比，纵向一体化合并后，企业总利润增加了 $(a-c)^2/16b$，同时，消费者剩余增加了 $3(a-c)^2/32b$，社会总福利增加了 $5(a-c)^2/32b$。显然，一体化的福利水平高于上下游均为独立经营的垄断企业。

14.2 生产商之间和零售商之间的竞争

在上述双重加价模型中，上下游企业都是各自市场中的垄断者。然而，在现实生活中，大多数市场都是竞争的，存在众多生产商与零售商。此时，生产商之间的竞争，以及零售商之间的竞争将使纵向关系复杂化。

14.2.1 生产商之间的竞争

在绝大多数行业中，生产商不止一家，彼此之间存在着激烈的竞争。这种竞争状况会影响到生产商与零售商之间的纵向关系。正如案例 14.3 和 14.4 所示，目前，中国很多家庭用品制造业缺乏知名品牌，生产企业众多，在与零售商的交易中缺乏控制权，经常被收取类似通道费、促销费等额外费用。而沃尔玛则凭借其零售业霸主的地位，以极低的采购价格让这类一些上游中小企业承受成本压力，但因其订单量大，很多供应商只要有微利就仍然向沃尔玛供货。那么，在这种类型的纵向关系中，上、下游企业的策略又会表现出哪些特征呢？

1. 生产商之间进行古诺竞争

假设上游存在两家生产商 K_1 和 K_2，下游只有一家零售企业 R。零售商面对的市场反需求函数为 $p=a-bq_R$。两家生产商拥有相同且不变的边际成本 c。零售商除了

支付采购价格 p_K 外,没有其他成本。

由于零售商是独家垄断者,其均衡价格和均衡产量分别为:

$$p_R = \frac{a + p_K}{2}, \quad q_R = \frac{a - p_K}{2b} \tag{14.11}$$

上游两家生产商面临的反需求函数为零售商的边际收益,即:

$$p_K = a - 2bq_R \tag{14.12}$$

根据古诺模型,可得两家生产商的古诺均衡解为:

$$q_{K_1} = q_{K_2} = \frac{a - c}{6b}, \quad p_K = \frac{a + 2c}{3}, \quad \pi_{K_1} = \pi_{K_2} = \frac{(a - c)^2}{18b} \tag{14.13}$$

将 (14.13) 式代入 (14.11) 式,可得企业 R 的均衡价格、均衡产量和均衡利润分别为:

$$p_R = \frac{2a + c}{3}, \quad q_R = \frac{a - c}{3b}, \quad \pi_R = q_R(p_R - p_K) = \frac{(a - c)^2}{9b} \tag{14.14}$$

将 (14.13) 和 (14.14) 与 (14.7) 式的结果进行比较,可以得到以下结论:(1) 消费者支付的价格降低了 $(a-c)/2$;(2) 市场销售量增长了 $(a-c)/12b$;(3) 零售商的利润增加了 $7(a-c)^2/144b$。这意味着,生产商之间的竞争导致生产商利润减少,但零售商利润增加,产业链利润总体是增加的,再加上消费者剩余的增加,社会福利得到改善。

2. 生产商之间进行伯川德竞争

在伯川德竞争情况下,生产商的均衡价格为 $p_K = c$,于是,零售商的均衡价格、均衡产量和均衡利润分别为:

$$p_R = \frac{a + c}{2}, \quad q_R = \frac{a - c}{2b}, \quad \pi_R = \frac{(a - c)^2}{4b} \tag{14.15}$$

两家生产商的均衡产量为:

$$q_{K_1} = q_{K_2} = \frac{a - c}{4b} \tag{14.16}$$

比较 (14.9) 与 (14.15) 式可知,在生产商发生伯川德竞争的情况下,市场零售价格降为生产商纵向一体化条件下的垄断价格,零售商获得了相当于生产商纵向一体化下的垄断利润,整个市场的销售量达到了相当于生产商纵向一体化条件下的垄断产量。

案例 14.3 ▶ **沃尔玛的渠道垄断**

自1996年进入中国后,沃尔玛凭借强大的渠道优势吸引着众多供货商和生产厂家,已与超过2万家供应商建立了长期合作关系。"只要一摆上沃尔玛货架,就等于进入全国的销售市场。"张强是一小型家庭用品企业的负责人,自三年前该企业成为沃尔玛的合作伙伴后,企业销售额每年以近30%的速度递增,可同时他也感叹,"虽然销售额增长很快,可是利润率没有之前那么高"。他向记者举例,原本产品在专卖店利润率可达10%或者更高,一旦进入沃尔玛,这个数据大幅下降。"因为沃尔玛推行同等质量比价格，中小企业为了获得订单不得不压低价格，同业之间的竞争异常残酷。"

沃尔玛不断压价，供应商的利润越来越稀薄。"价格已经压到了边缘，我们只好加强销售力度，只有增加销量才能维系整个链条"，张强如是说。零售行业已从暴利时代进入微利时代，只能赚取刀片一样薄的利润。

在生产商—零售商纵向关系中，以沃尔玛为代表的大型连锁卖场实现了通路垄断，而国内中小生产企业众多，却缺乏深入人心的品牌。"只有垄断对垄断才能谈价格。任何卖场都不可能将宝洁和可口可乐的产品价格压低。"在此形势下，上游生产企业的市场竞争将日益激烈，不断淘汰中小企业和供应商，最终形成品牌寡头。

然而，随着淘宝、1号店等电商的崛起，沃尔玛、家乐福等大型连锁超市的垄断势力逐渐被稀释，面临着减少实体店、进军线上的转型。不幸的是，一旦沃尔玛在线上销售形成规模，上游中小型生产商依然面临着垄断势力的威胁。

（**案例来源**：根据网上公开报道编写）

14.2.2 零售商之间的竞争

当下游市场存在众多零售商时，零售商之间就可能存在价格或产量竞争，那么，零售商的第二次加价则会受到很大的限制，因为每个零售企业都有动机降低价格以争夺市场份额，从而使得零售价格低于图14.2中的p_2。同时，零售商之间的竞争也会产生负的外部性，例如，销售服务中的搭便车行为。这些都导致生产商—零售商纵向关系进一步复杂化。

1. 零售商之间进行古诺竞争

假设上游只有一家生产企业K，下游存在两家零售商R_1和R_2。假定上游企业的边际成本为c。下游零售商除了支付批发价格p_K外，没有其他成本，且没有生产能力的限制。假设两家零售商的边际成本相同。市场反需求函数为$p=a-bq$。用q_{R1}和q_{R2}表示零售商R_1和R_2的销售量，生产企业K的产量q_K等于两家零售商的总销售量，即$q_K=q_{R1}+q_{R2}$。

根据古诺模型，可以得出零售商的销售量和利润分别为：

$$q_{R1}=q_{R2}=\frac{a-p_K}{3b}, \quad \pi_{R1}=\pi_{R2}=\frac{(a-p_K)^2}{9b} \tag{14.17}$$

生产商的利润为：

$$\pi_K=(p_K-c)q_K=(p_K-c)\frac{2(a-p_K)}{3b} \tag{14.18}$$

其中，$q_K=q_R=q_{R1}+q_{R2}=\frac{2(a-p_K)}{3b}$由一阶条件可得：

$$p_K=\frac{a+c}{2}, \quad q_K=\frac{2(a-p_K)}{3b}=\frac{a-c}{3b}, \quad \pi_K=\frac{(a-c)^2}{6b} \tag{14.19}$$

结果表明，零售商之间进行古诺竞争的价格等同于纵向一体化下的独家垄断的价格。此时，生产商的均衡产量和均衡利润大于零售商也是垄断者的情况。但是，由于两家下游企业进行了加价,所以销售数量为 $(a-c)/3b$,比纵向一体化下的销售数量 $(a-c)/2b$ 要小,利润也有所下降。

2. 零售商之间进行伯川德竞争

保持上述古诺竞争市场的全部假设,只是这两家零售商之间进行的是伯川德竞争。在这种竞争模式下,市场均衡价格就是零售商的边际成本,零售商的边际成本就是生产商的批发价格,所以最终的市场价格就是生产商为中间产品制定的价格 p_K。两个零售商 R_1 和 R_2 的伯川德均衡价格和市场总销售量分别为:

$$p_{R1} = p_{R2} = p_K, \quad q_{R1} + q_{R2} = \frac{a - p_K}{b} = q_K \qquad (14.20)$$

那么,生产商的利润函数为:

$$\pi_K = (p_K - c)q_K = \frac{(p_K - c)(a - p_K)}{b} \qquad (14.21)$$

由一阶条件可得生产商的均衡价格、产量和利润分别为:

$$p_K = \frac{a+c}{2}, \quad q_K = \frac{a-c}{2b}, \quad \pi_K = \frac{(a-c)^2}{4b} \qquad (14.22)$$

比较(14.9)与(14.22)式可知,在零售商进行伯川德竞争的情况下,上游处于垄断地位的生产商会制定垄断价格,并获得与纵向一体化条件下相一致的垄断产量和垄断利润。零售市场的均衡价格则降至生产商的批发价格水平。显然,零售商的获利为零。

以上两种情况表明,只要零售商之间存在竞争,相对于上下游均为垄断企业的双重定价,市场均衡价格都会下降,产量也随之增长,生产商的利润水平也相应上升,但生产商的最优定价都是垄断价格。

14.2.3 竞争外部性

一般地,外部性可能是正的,也可能是负的。这里主要分析纵向关系中的正外部性,即上游或下游企业的策略性行为导致同行企业免费获利,却没有获得相应的补偿,这被称为竞争外部性。竞争外部性产生的前提是经济主体具有独立的自主利益并追求利益最大化,其存在会导致行为主体不能将经济活动的积极结果完全内部化,进而导致经济活动缺乏效率或使资源配置扭曲。

在一般的销售安排中,几家独立的零售商销售一家生产商的产品。此时,产品的售前服务对顾客选择有着重要影响。零售企业为了更多地销售产品,需要付出大量的成本,例如,产品信息的售前说明,产品使用的售前指导和培训,销售现场的产品展示与环境布置,对销售人员的岗位培训,等等。由于这些服务一般无法产生排他性,容易导致外部效应和搭便车行为,因为付出成本的一部分收益被其他销售商窃取了,使得不提供这些服务的销售商由于成本优势反而会在竞争中获胜。这样一来,任何销售商都缺乏足够的动力从事必要的售前服务,最终使整个产品的销售受到不利影响。例如,一家折扣商行在某销售音响设备的零售商隔壁开了一家店。零售商的展示厅铺有地毯,灯光迷人,货物齐全,销售人员解说得力、服务周到。而在折扣商行内,简单的店面地上堆着一个个货物箱子，店内写着这样一条告示："到隔壁去挑选你想要的设备，然后到这里以低价购买。"

类似地，在生产商相互竞争而销售商处于垄断地位的条件下，这种外部性同样表现在售前服务等领域。在消费品零售市场上，一家生产商通过售前服务吸引了消费者，而其他生产商则没有进行售前服务。但由于商场在销售中可能会同时陈列其他竞争性企业的产品，此时，进行售前服务的生产商的成本较高，在销售中便没有了成本和价格优势。此外，对于物理特性差别较小的竞争性产品，如果一家生产商通过售前服务传播或解释其产品的物理性能，就很容易使其他同类型厂商因为搭便车而使顾客增进对其产品的了解，从而"不劳而获"。

除了售前服务外，广告也存在明显的外部性。无论是生产商还是销售商，只要彼此间存在竞争，广告就是一项重要的竞争手段。与售前服务类似，广告成本的分摊会使企业成本上升，而广告效用的外部溢出又不能使企业获得做广告的全部好处。于是，企业会缩减广告开支，并影响到产品的销售。

因此，当生产商或零售商之间存在竞争时，如何消除外部性的影响是每家企业必须重视的问题。转售价格维持被认为具有抑制搭便车行为的效果，第14.4.1节将详细讨论。

案例 14.4 ▶ 超市的通道费

向供货商收取通道费，是法国家乐福超市首先推出的，并在非常短的时间内迅速普及，成为中国各种性质的连锁超市的交易规则。2006年11月15日，商务部出台的《零售商供应商公平交易管理办法》正式实施，在这部旨在规范零售商与供应商的交易行为的办法中，对"零售商向供应商收取促销服务费"开了绿灯。不少外资的连锁超市，比如家乐福，在仔细研究了该办法以后，修改了第二年的供货合同。于是，通道费被换上了"促销服务费"的外衣，继续在零售市场上流行。而种种不在供货合同中写明的"灰色收费"也已经成为这一行业公开的秘密。一家超市供应商表示，他一年向超市缴纳的通道费占货款的35%左右，其中包括23%的销售返点、1%的年终返点、10%的各种节日促销费及部分退货损耗等。

同样是收取通道费，零售商对大供应商和大品牌则礼遇有加。在大品牌面前，零售商处于绝对的弱势地位，大品牌可以拿到诸如提前结款、优先展示等优惠。有些零售商为了让某些大品牌进驻，可以免掉进场费，甚至还送柜台装修。但到了中小品牌面前，零售商又成了强势的一方，种种苛刻的条件让中小品牌和供应商喘不过气来。在有些品类里，国际大品牌的通道费率是5%、国内大品牌是10%、国内中品牌是15%、小品牌则20%以上，大小品牌的通道费率可以相差3～4倍。

在这一压力下，一些中小供应商将这部分支出转移到了消费者头上，但这种做法不可能持续，因为这会使他们失去竞争力，最终被市场淘汰出局。但大品牌却可以在确保自身利润率不降低的前提下，通过商品变性、改变成本、提高商品价格消化掉这部分支出。以日化产品为例，虽然市面上有数十个主要品牌，但绝大部分市场份额都被宝洁和联合利华两家占据。

（案例来源：根据网上公开报道编写）

14.3 纵向约束

纵向约束是指生产商和零售商之间在产品销售方面达成的约束性协议，包括生产商对零售商的约束以及零售商对生产商的约束，其目的是为了克服生产商与零售商的纵向关系中阻碍双方利益增进的因素。这些约束包括转售价格维持、独家销售、数量限制、特许经营等形式。较之横向关系而言，企业间的纵向关系往往更为复杂。一般认为，处于不同市场上的企业之间是不存在竞争关系的，但纵向合约中可能包含某些限制横向竞争的条款，因此具有某种反竞争效应。然而，经济理论还没有明确证明纵向约束是会提高社会福利，还是会降低社会福利，需要具体情况具体分析。

14.3.1 转售价格维持

转售价格维持（Resale Price Maintenance，RPM）是指上游企业在销售合约中对下游企业出售最终产品的价格作出某些限制。在上述双重加价模型中，由于下游企业的垄断加价导致了总销售量的下降，从而影响到上游企业的利润。如果上游企业能够控制下游企业的零售价格，也就可以控制其销售量，下游企业就不能进行再一次加价。在图14.2中，上游企业可以根据边际收益等于边际成本的原则确定自己的产量为 q_3，然后把中间产品以 p_1 的价格销售给下游企业，并规定下游企业的市场销售价格为 p_1。这样，下游企业在市场上销售 q_3 的产品，价格恰好为 p_1，利润为零，而上游企业获得垄断利润。因此，通过转售价格维持，上游企业达到了充分约束下游企业的效果，得到了纵向一体化的利润。

当然，在现实中，这种情况并不常见，因为如果下游企业无利可图的话，这种上、下游企业间的纵向约束便很难持续下去。更多见的情况是，上游企业利用自身的垄断地位，以及对整个产业链条的控制力，获取较多利润，同时允许下游企业的市场价格略高于中间价格，从而获取少量利润。

沿用第14.1节的分析，图14.3与图14.2的唯一区别就是，生产商设置了规定的转售价格 p_r。实施转售价格维持后，市场销售价格由双重加价模型中零售商的垄断价格 p_2 降至 p_r，销量增至 q_r。生产商的批发价格保持不变，仍为 p_1。与双重加价模型相比，生产商的利润增加了，而零售商的利润减少了。

根据第14.1节的分析结果，在双重加价条件下，生产商的批发价格为 $p_1=(a+c)/2$，零售商的销售价格为 $p_2=(3a+c)/4$，这两个价格同时也是生产商和零售商各自的垄断价格。由于市场销售量 $q_1=q_2=(a-c)/4b$，生产商的利润为 $(a-c)^2/8b$。

假设生产商在与零售商的合同中规定了最高转售价格 p_r，且满足以下条件：

$$p_r = p_1 + \varepsilon, \quad 0 \leqslant \varepsilon < \frac{a-c}{4} \tag{14.23}$$

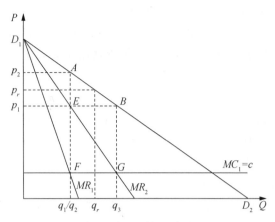

图 14.3 转售价格维持示意图

那么，产品销售量则增加到：

$$q_r = \frac{a-p_r}{b} = \frac{a-p_1-\varepsilon}{b} = \frac{a-c}{2b} - \frac{\varepsilon}{b} \tag{14.24}$$

此时，生产商的利润为：

$$\pi_{1r} = (p_1-c)q_r = \frac{(a-c)^2}{4b} - \frac{(a-c)\varepsilon}{2b} \tag{14.25}$$

零售商的利润为：

$$\pi_{2r} = (p_r-p_1)q_r = \frac{\varepsilon(a-c-2\varepsilon)}{2b} \tag{14.26}$$

容易看到，与双重定价模型相比，转售价格维持情况下的生产商利润增加了 $(a-c)(a-c-4\varepsilon)/8b>0$，只要 (14.23) 式成立。很明显，$\varepsilon$ 值越小，零售价格越接近于批发价格 p_1，零售商的利润越接近于零，生产商的利润就越接近于垄断利润，产量越接近于垄断产量。当 ε 为 0 时，零售商的利润为 0。

可见，只要生产商通过与零售商谈判，运用转售价格维持将市场价格设定在零售商的最优价格之下，就可以增加销售量和生产商的利润。当然，这一价格协议的达成，需要生产商具有一定的市场势力，否则生产商同样需要作出一定的让步，给予零售商一些优惠条件，以弥补零售商的损失。

类似地，上游企业也可对下游企业实施销售配额，规定下游企业必须销售的最低数量。这种约束等同于最高限价，被称为数量限制。与 RPM 类似，生产商规定，零售商必须购买 q_3 的产量，价格为垄断价格 p_1。由于零售商必须全部售出这些产品，那么市场价格必然为 p_1，此时利润为零。所以，这种数量限制具有充分约束的效果，生产商获得了相当于纵向一体化的利润。

转售价格维持不仅可以增加市场销售量，还能够限制下游零售商之间的竞争。例如，A 为上游生产商，其下有甲、乙两个经销商，甲经销商为大卖场，乙经销商为专卖店。在没有实施转售价格限制时，由于甲没有提供售前讲解服务，因而价格较为便宜，乙提供了良好的商品服务，因而售价较贵，则消费者可能会到乙经销商处询问，但最后到甲经销商处购买。结果是甲经销商搭了乙经销商的便车。而当 A 实施了 RPM 时，下游经销商不再进行价格竞争，因而都有激励从事售前讲解、促销及售后服务、商品维修等，以争取顾客。因此，转售价格限制起到了弱化零售商价格竞争，而强化非价格竞争的作用。

14.3.2 特许经营与特许费

特许经营（franchising）是指，通过签订合同，特许人授予他人使用其商标、商号、经营模式等经营资源，被特许人按照合同约定在统一经营体系下从事经营活动，并向特许人支付特许经营费。

特许经营通常分为三种：(1) 特许制造。被特许人投资建厂，使用特许人的商标或标志、专利、技术、设计和生产标准来加工或制造取得特许权的产品，然后经过经销商或零售商出售，被特许人不与最终用户直接交易，如可口可乐公司的灌装厂。(2) 特许销售。被特许人使用特许人的商标和零售模式来批发和零售特许人的产品，如奥运纪念品的销售。(3) 特许经营模式。被特许人有权使用特许人的商标、商号、企业标志以及广告宣传，完全按照特许人设计的单店经营模式来经营；被特许人在公众中完全以特许人企业的形象出现；特许人对被特许人的内部运营管理、市场营销等方面实行统一管理。在这种情况下，特许人对被特许人具有很强的控制力，可以确保特许人的利益不受侵害，如肯德基、麦当劳等知名连锁品牌大都采用这种模式。

在生产商与零售商之间，特许经营表现为生产商通过特许合同的方式，授予零售商或其他厂商从事与该生产商直接相关的特定经营活动的权利。在特许关系中，零售商通常需要向生产商支付一定的特许费（franchise fee）。那么，如何确定合适的特许费就成了特许经营项目开发中一个非常关键的问题。

被特许人在费用支出方面通常会相当敏感，费用定得太高，被特许人无法获得预期的利润，自然不会对该项业务感兴趣，即使加盟进去，不久也会退出。若费用定得太低，生产商的收益将会受损，得不偿失。一般而言，特许费是以下方面的加总：(1) 加盟金，也被称为首期特许费，是被特许人在加盟时向特许人一次性缴纳的费用，包括使用商标、特殊技术等的费用，体现了被特许人加入特许经营系统所得到的各种好处的价值；(2) 保证金，作为今后缴纳各项费用及债务的担保；(3) 权利金，这是特许人对被特许人进行经营指导而收取的费用，由被特许人按期缴纳；(4) 违约金，如一方违背合同中规定的义务或从事禁止事项，按合同规定向受损的另一方缴纳违约金作为赔偿；(5) 其他费用，包括店铺设计及施工费、广告宣传费、设备租赁费等。

仍以上述两家企业为例，假定上游生产商企业 1 除了可以指定批发价格外，还可以向下游零售商企业 2 收取固定费用 f 作为交易的条件。这种固定费用 f 就是特许费。此时，存在两部定价：

$$T = f + p_1 y \tag{14.27}$$

其中，T 为企业 1 获得的总收益，f 为固定的特许费，p_1 为单位产品的价格，y 为产品销售量。

下面进行简单的数学推导。假定生产商和零售商的利润分别为 π_1 和 π_2。生产商以两部定价为 (f, p_1) 的方式，首先要确保自己的利润最大化，然后为了让零售商参与产品销售，也必须保证其利润不小于零，于是有：

$$\pi_1 = (p_1 - c)\frac{a - p_2}{b} + f \tag{14.28}$$

同时需要满足：

$$\pi_2 = (p_2 - p_1)\frac{a - p_2}{b} - f \geqslant 0 \tag{14.29}$$

联立求解（14.28）和（14.29）式，可得：

$$\pi_1 = (p_2 - c)\frac{a - p_2}{b} \tag{14.30}$$

根据一阶条件 $\frac{\partial \pi_1}{\partial p_2} = 0$，可得：$p_2 = \frac{a + c}{2}$；同理，根据 $\frac{\partial \pi_2}{\partial p_2} = 0$，可得：$p_2 = \frac{a + p_1}{2}$，于是得到：$p_1 = c$。

再将 p_1 和 p_2 代入 π_2 的表达式，可得到特许费为：$f = (a-c)^2/4b$。可见，对于生产商而言，最优的定价为边际成本，即 $p_1 = c$，最优的特许费为一体化企业的垄断利润。此时，生产商获得全部的垄断利润，零售商的利润为零。

在这里，生产商收取 $p_1 = c$ 的价格是为了避免前面的双重价格加成，促使零售商将价格定在一体化下的垄断价格上。在这样的价格契约下，生产商虽然在产品的销售上没有利润，但通过收取特许费，获得了零售商的全部利润，相当于得到了一体化的利润，消除了纵向分离下的外部性问题。这一价格契约使得上下游企业的联合利润最大化。由于零售商考虑的边际成本是真实成本，所以零售商的最优定价是纵向一体化的垄断价格。根据这种定价，零售商其实获得了全部的销售利润，因此，零售商最多愿意支付 $f = (a-c)^2/4b$ 作为给生产商的特许费。在这种情况下，生产商虽然通过批发价格没有得到垄断利润，但通过特许费的形式获得了所有的垄断收益。因此，如果存在特许费，则纵向分离下的最优决策与纵向一体化的最优决策一致。此时，生产商的利润最大化问题在于如何确保零售商愿意支付这一最高特许费。这主要取决于双方的市场地位。

14.3.3 独家销售与区域限制

独家销售（exclusive distribution）或排他性销售协议是指，虽然在零售市场上存在多个竞争者，但生产商保证只向某零售商一家销售自己的产品，双方当事人必须遵守上述约定的情况。独家销售协议的主体通常具有上、下游关系，如生产商和批发商、生产商和零售商、批发商和零售商等。协议的内容一般为，作为协议一方当事人的上游企业承诺在某个市场或市场的某个领域内，只向作为对方当事人的下游企业提供某种商品。通过这种销售协议，上、下游企业各自达到其经营目标。上游企业通过多销售某种商品来扩大其产品的市场份额，或推动产品进入市场；下游企业可能为了降低成本，提高企业竞争力，独占销售市场，以提高利润。

独家销售模式能同时克服生产商之间的竞争和销售商之间的竞争所导致的外部性问题，可以避免在售前服务、广告等方面的搭便车等问题。根据独家销售协议，协议产品在一个地区内只有一家企业进行销售，该零售商的盈利就完全取决于其对这个产品的销售的投入。在这种情况下，零售商就会努力进行市场调研，采取各种积极措施，如发布广告、承担售前、售后服务，或者采取其他促销手段，这不仅增加了零售商的收益，而且也可以扩大生产量，为生产商增加收益。

在中国家电市场上，零售商与生产商签订独家交易合同的情况并不罕见。国美和苏宁是中国家电连锁行业的两大巨头，在区域市场上是寡头垄断。在案例14.5中，苏宁选择进行独家交易的大多是索尼、三星等国际品牌生产商，而国美则选择TCL等国内品牌生产商。国际品牌生产商大多将注意力集中于中高端市场，而国内生产商更青睐于中低端市场，可见他们的产品之间替代性较小。当上游的产品之间替代性较小时，两家零售商都会实施独家销售策略，以提高其利润水平。此外，在华跨国公司利用其市场主导地位纵向限制竞争的行为尤为突出。例如，一些跨国公司出资买断超市一定期限的独家销售权和部分超市销售旺季的促销权，不允许超市陈列其他品牌产品，不允许其他品牌厂家做促销。软件行业也存在不允许代理商代理其他企业的同类软件产品，否则取消代理资格的情况。

一般来说，一个生产商不会只与一个零售商订立排他性的销售协议。如果它同时分别与很多零售商在不同地域订立排他性的销售协议，这样的协议也被称为独占地域协议（exclusive territories），或者销售协议的区域限制。排他性销售协议一般都规定，零售商可以在合同地域内排他性地销售产品，生产商以及生产商的其他零售商不得在该地域销售产品，因此，排他性的销售协议绝大多数是独占地域的协议。这种区域限制的通常做法是，某一生产商将整个市场空间划分成若干区域，再确定每个区域的独家销售商。

区域限制同样能够有效克服一家销售商同时销售多家生产商的产品，或多家销售商销售一家生产商产品所带来的外部性和搭便车等问题。区域限制还能削弱特定区域内销售商之间的竞争，至少使特定区域内独家销售商能在该区域市场上与生产商保持高度一致。

总之，独家销售有利于改善商品的分配效率，提高生产商和销售商的经济收益，刺激更多的生产商和销售商订立这种销售协议，推动不同品牌产品之间的竞争，特别是有利于引入新产品，从而扩大消费者的选择面，给消费者带来更大的社会福利。

案例 14.5　苏宁和国美的独家销售

2004年，苏宁取得了索尼旗下"贵翔DA系列"高清晰度预置电视的独家销售权。2005年以来，苏宁电器又独家销售了三星十几款数码相机，包销机累计销售突破10万台。2007年，在空调市场上，苏宁电器定制了30多款独家销售的特惠机，例如，科龙大1P单冷挂机、海信直流变频空调中的77系列、美的Q3系列柜机，以及带健康负离子、聪明风等最新功能的海尔新款HG（F）系列。

作为中国目前家电零售业的领头羊，国美电器独家销售家电生产商的产品在规模上则是更胜一筹。2006年11月，国美与TCL集团达成协议，对TCL旗下20%的家电产品，包括彩电、冰箱、洗衣机、空调、手机、电脑等进行独家包销定制。为了应对2007年的空调市场，国美电器更是投入150亿资金采购畅销货源，买断大部分品牌生产厂家30%的产量。

（案例来源：根据网上公开报道编写）

本章小结

对于制造商和消费者而言，双重加成定价会导致不利的结果：最终产品的价格提高，市场需求降低，产业链总利润较低。在某种程度上，纵向一体化可以克服双重加成定价的缺点，增进社会福利。

在生产商之间进行古诺竞争的条件下，生产商利润减少，但零售商利润增加，产业链利润总体是增加的，再加上消费者剩余的增加，社会福利得到改善。在生产商之间进行伯川德竞争的条件下，市场零售价格降到生产商独家直接销售情况下的垄断价格，零售商获得了相当于生产商独家直接销售情况下的垄断利润，整个市场的销售量达到相当于生产商独家直接销售情况下的垄断产量。

当零售商之间存在竞争时，相对于上下游均为垄断企业的双重加成定价，市场均衡价格都会下降，产量也随之增加，生产商的利润水平也相应上升。

纵向约束包括转售价格维持、特许经营、独家销售与区域限制等，其合约中可能包含某些限制竞争的行为，从而有利于解决生产商之间、零售商之间竞争导致的外部性、搭便车等问题。

转售价格维持是指上游企业在销售合约中对下游企业出售最终产品的价格作出某些限制。

在生产商与零售商之间，特许经营表现为生产商通过特许合同的方式，授予零售商或其他厂商从事与该生产商直接相关的特定经营活动的权利。

独家销售或排他性销售协议是指，虽然在零售市场上存在多个竞争者，但生产商保证只向零售商一家销售自己的产品，双方当事人必须遵守上述约定的情况。

排他性销售协议一般都规定，零售商可以在合同地域内排他性地销售产品，生产商以及生产商的其他零售商不得在该地域销售产品，因此，排他性的销售协议绝大多数是独占地域的协议。

思考练习题

1. 举例分析为什么纵向一体化能够解决双重加价问题。

2. 假定某洗衣机生产商，如海尔，拥有数量为 N 的零售商，如国美、苏宁等，海尔采用两部定价，固定费用和批发价格，请解释，零售商竞争越激烈，最优批发价格越高的原因。

3. 饮用水净化器厂商通常会与其代理商签订排他性交易条款，这种做法是否具有效率？如何影响市场势力？

4. 大部分麦当劳加盟店都要支付给麦当劳公司一定的加盟费，在取得店名与配方后开始经营。这些食谱和配方的价值远低于加盟费，但为什么这些加盟店愿意支付呢？此外，麦当劳公司要求加盟店只能从自己手中购买原材料，这样做的目的是什么？

5. A 公司是垄断生产商，将其产品卖给竞争市场中的零售商。生产商的边际成本为 10，零售商的需求函数为 $P=50-Q$。试求：A 公司利润最大化价格是多少？利润是多少？零售价格是多少？消费者剩余是多少？

6. 接上题。假设 A 公司将产品卖给 10 个零售商，零售商之间进行完全竞争。A 公司要求每个零售商在服务上投入 100 美元，这将使市场需求函数变为 $P=90-Q$。试问：

（1）A 公司决定与零售商签订 RPM 协议，那么，A 公司制定的零售价格是多少？零售商的销量是多少？

（2）A 公司可以制定的最高批发价格是多少？在这一价格下，A 公司的利润是多少？RPM 是否提高了社会福利？

参考文献与进一步阅读

[1] 吴汉洪．产业组织理论［M］．北京：中国人民大学出版社，2007．

[2] 廖进球，吴昌南．产业组织理论［M］．上海：上海财经大学出版社，2012．

[3] 郁义鸿，管锡展．产业链纵向控制与经济规制［M］．上海：复旦大学出版社，2006．

[4] Carlton, D. W. 1979. Vertical Integration in Competitive Markets Under Uncertainty [J]. *Journal of Industrial Economics*, 27 (3): 189—209.

[5] Mathewson, G. F., Winter, R. A. 1987. The Competitive Effects of Vertical Agreement: Comment [J]. *American Economic Review*, 77 (5): 1052—1062.

[6] Quirmbach, H. C. 1986. The Path of Price Change in Vertical Integration [J]. *Journal of Political Economy*, 94 (5): 1110—1119.

[7] Rey, P., Stigliz, J. 1988. Vertical Restraints and Producers Competition [J]. *European Economic Review*, 32 (2—3): 561—568.

[8] Rey, P., Tirole. J. 2005. A Primer on Foreclosure. In *Handbook of Industrial Organization* Ⅲ, ed. M. Armstrong and R. S. Porter (Armterdam: North-Holland).

[9] Salop, S. C., Scheffman, D. T. 1987. Cost-Raising Strategies [J]. *Journal of Industrial Economics*, 36 (1): 19—34.

[10] Hart, O., Tirole, J. 1990. Vertical Integration and Market Foreclosure. *Brookings Papers on Economic Activity*, Special Issue: 205—276.

[11] Joskow, P. L. 2008. Vertical Integration. In *Handbook of New Institutional Economics* [M]. Springer Berlin Heidelberg: 319—348.

第 3 篇

产 业 政 策

广义上，产业政策的核心就是"在价格机制下，针对资源分配方面出现的市场失灵而进行的政策性干预"。这种干预包括与产业有关的一切国家法令、法规与政策，因此，产业政策是一国经济政策的重要组成部分，包含政府规制、反垄断等三大类内容。

本篇分三章介绍产业政策、政府规制与反垄断。产业政策是政府部门为应对特定产业出现的各种问题所构建的政策体系；政府规制是产业政策中的特殊类型，也是产业组织政策中的重要内容，即主要针对自然垄断产业的规制政策；反垄断则是广义产业政策中的另外一种类型，即运用法律手段针对所有产业中的垄断行为进行限制。

第 15 章

产业政策及其效果评估

第二次世界大战后,欧美与日本等国均使用各种经济政策(包括财政政策、货币政策、国际贸易政策、收入分配政策、劳动力安置政策、反垄断法等)进行产业管理,取得了令人瞩目的成绩,尤其是日本的产业管理促进了产业结构升级,扩大了产业规模,提高了生产效率,进而缩短了工业化进程,取得的经济奇迹令"产业政策"一词得以形成,被东南亚国家所接受并视为榜样。

1970年,日本通产省的代表在经济合作与发展组织(OECD)大会上正式提出了现代意义上的"产业政策"一词。1985年5月,第15届太平洋贸易开发会议在日本东京举行,会议议题为"环太平洋区域经济成长及产业政策问题",首次提出"产业政策"的概念。此后,产业政策在学界逐渐成为重要的研究课题,其概念与内涵、分类与作用、效果评价方法等均得到深入探讨。

2010年8月5日,《经济学家》发表专文称,国际金融危机后,产业政策在全球得到复兴。2013年的《人类发展报告》把政府扶持部分产业的发展作为国家发展成功的重要因素,将其纳入对于发展中国家实现发展所提的建议框架中去。

本章将重点讨论产业政策的界定、分类、理论基础、效果评估等内容。

15.1 产业政策及其分类

15.1.1 产业政策的界定

狭义上,日本学者植草益认为,[1] 产业政策"指主要管理制造业的政府部门应付有关特定产业或跨越产业间各种问题的政策",前者主要指保护、扶持幼小产业和朝阳产业,调整夕阳产业,以及应付个别产业组织内部发生的各种问题(如行业不景气、过度竞争)的有关调整价格、设备、生产、投资的政策;后者涉及有关工业用地、用水、公路、港口等基础设施建设、完善,限制污染、统一规格等有关一般性产业政策,以及针对中小企业的政策。

广义上,日本学者小宫隆太郎认为,[2] 产业政策的核心就是"在价格机制下,针对资源分配方面出现的市场失灵而进行的政策性干预",包括与产业有关的一切国家

---

[1] 参见植草益. 产业组织论 [M]. 卢东斌,译. 北京:中国人民大学出版社,1988.
[2] 参见小宫隆太郎. 日本的产业政策 [M]. 香港:国际文化出版社,1988.

法令和政策（阿格拉①，1985）。这一宽泛的定义意味着，产业政策是一国经济政策的组成部分，包含政府规制、反垄断等政策。

然而，需要指出的是，政府规制与反垄断是以产业法和反垄断法为依据的，而产业政策没有统一的法律依据，是通过行政管理机构发布的规划、条例、办法等规章制度来指导、规范、管理产业发展方向和企业行为的。

在中国，产业政策术语正式出现于1986年颁布的《国民经济和社会发展的第七个五年计划》中。而第一部正式的产业政策是1989年3月颁布的《国务院关于当前产业政策要点的决定》；第二部重要的产业政策是1994年3月25日国务院通过的《90年代国家产业政策纲要》，该纲要给出了产业政策的权威定义，即产业政策由产业结构政策、产业组织政策、产业技术政策、产业布局政策以及其他对产业发展有重大影响的政策和法规组成。

本书采用广义的产业政策定义，将产业政策界定为产业结构政策、产业组织政策、产业技术政策、产业布局政策等狭义产业政策，以及政府规制和反垄断政策的总和。因此，本篇第15~17章将根据这一定义展开，依次讨论狭义产业政策、政府规制与反垄断。

15.1.2 产业政策的理论基础与功能

要回答产业政策的功能，首先要回答：政府为什么干预经济运行？换句话说，政府干预的理论基础是什么？我们从以下四个方面进行讨论：②

1. 市场失灵理论

在新古典经济学中，市场失灵的可能性为政府干预提供了一个主要依据。市场失灵可以界定为两层含义：一是市场机制达不到分配的效率标准，导致资源配置不当的情况；二是市场机制有着天然的缺陷，无法解决某些特定问题。因此，市场失灵可能在没有实现帕累托效率的市场中出现，即市场中存在不完全竞争（沉没成本、规模报酬递增）、公共品、外部性、信息不完全等情况。政府对市场失灵的干预可以通过特定产业政策、税收或补贴、提供基础设施或公共品、规制自然垄断、反垄断，以及提供信息等方式进行，目的是消除或减少市场失灵，改善资源配置扭曲状况，增进社会福利。

2. 交易成本理论

交易成本理论来源于1937年科斯关于企业性质的研究，并由威廉姆森（1975，1985）加以系统化。交易成本由信息搜寻成本、谈判成本、缔约成本、监督履约情况的成本、可能发生的处理违约行为的成本等构成。在经济体系中，企业与市场的存在是专业化分工的结果，然而，使用市场机制的成本相对偏高，而人类追求经济效率所形成的组织体——企业机制便构成了对市场的替代；如果随着企业规模的扩大，内部

---

① 阿格拉. 欧洲共同体经济学 [M]. 上海：上海译文出版社，1985.
② 伯纳德特·安德鲁索，戴维·雅各布森. 产业经济学与组织（第二版）[M]. 王立平，等译. 北京：经济科学出版社，2009.

交易成本超过了使用市场机制，那么企业的边界就得以确定。与企业的产生源于降低交易成本的动机类似，交易成本理论认为，政策或制度的产生同样源于这一动机，也即政策或制度能够协调和规范组织行为，使社会走向公正、秩序和安全。这从另一角度解释了公共政策的特性和必要性。

市场只是资源配置的一种机制，而政府是另一种（Chang, 1994）。如果市场存在不完全竞争，则会导致某种程度的无效率配置，此时，政府干预能减少这种无效率。"真正的问题在于政府是否能以低于市场的成本取得同样的配置效率……而不是政府干预本身是否昂贵"[1]。如果通过政府干预减少交易成本所获得的净福利大于市场运营的结果，那么就应该进行这种干预。在这里，政府干预被解释为降低总体交易成本的行为，这种方法强调了政府在经济运行中的重要作用。与经济体中其他参与者相比，政府主要使用三种方法减少交易成本：建立和强化产权、减少宏观经济的不稳定性、干预组织间协调失败的情况。

为了减少交易成本，政府不需要完全代替市场交易，第一，它可以改变制度结构，例如，鼓励成立企业协会与工会，以减少讨价还价的数量；第二，它可以通过教育和媒体塑造共识，以减少讨价还价、监控、实施和其他交易成本；第三，政府能够提供一个可用来协调决策的规划，从而节约交易成本。

3. 家长式干预（社会政治和道德）

政府干预的第三个原因是基于社会政治与道德的考虑。由于竞争可能导致资源配置不当，再加上高失业、特殊技术的短缺和地区差异，防止企业被外资占有等原因，政府应当确保经济过程中的福利分配与公平。

家长式政府干预一般有两种情形：一是与"有益和有害需求"的存在相关，例如，对酒精和烟草等有害商品征税，对基础科学研究等有益品进行补贴以确保其处于最优水平；二是与某些商品或服务的买卖在道德上是不被接受的相关，"政府作为社会的保卫者，应该把这样的活动从市场领域排除掉，由其直接管理"（Chang, 1994）。

4. 新增长理论

研发、创新与知识独占性的强弱是决定长期经济增长的主要因素。"随着一个国家的经济发展，技术和产业会越来越接近国际的前沿，新的技术创新和产业的升级需要与这些新技术和新产业相关的基础科学的突破，基础科学的研发属于公共产品范畴，其发现不能申请专利，企业家不会有积极性持续地从事这方面研究。凡此种种困难，均需要一个'有为的政府'来协调不同的企业，加以克服，或是由政府自己直接提供相应的服务。只有这样，技术创新和产业升级才能顺利进行。"[2] 因此，从公共品提供角度看，政府有责任鼓励研发，甚至对大型企业的研发项目进行投资，同时要确

---

[1] Chang, H-J. 1994. *The Political Economy of Industrial Policy* [M]. Macmillan, London.

[2] 林毅夫. 一味反对产业政策就是不负责. http://finance.sina.com.cn/zl/china/2016-09-13/zl-ifxvukhv8254883.shtml.

保知识产权市场运转良好。

从20世纪90年代开始，欧美经济增长的经验表明，政府实行的"创新战略"起到决定性作用。例如，欧美主要国家包括美国、英国、法国、德国、意大利等均建立了国家创新体系。2012年9月，国务院出台《关于深化科技体制改革加快国家创新体系建设的意见》，以加快落实《国家中长期科学和技术发展规划纲要（2006—2020年）》，标志着中国国家创新体系建设的提出。

根据以上理论，产业政策作为国家宏观经济政策的重要工具之一，有以下四个主要功能：第一，消除市场失灵，实现资源的有效配置；第二，减少市场交易成本，培育市场环境，优化资源配置；第三，为本国幼小产业的成长提供支持，实现后发优势，提高相关产业竞争力；第四，通过鼓励和投资研发创新，调整产业结构，实现产业结构升级、产业内部与产业之间的协调发展，促进经济持续健康发展。

值得指出的是，在以市场为主要资源配置机制的条件下，政府制定与实施产业政策不是要取代或者排斥市场机制对经济活动的基础性调节作用，而是在充分尊重并利用市场机制的前提下，弥补市场缺陷。政府与市场是互补关系，而非替代关系。这种互补关系主要体现在：政府必须提供市场机制有效运转所依赖的基础制度框架，并不断增进与扩展市场。基于政府与市场之间这种互动中互补关系，产业政策作为政府促进产业和经济发展的重要举措，不应当是政府替代市场的工具，而应当是政府增进与扩展市场的手段。

15.1.3 产业政策的制定过程

产业政策的制定过程一般包括设定目标、选择政策工具、形成法律法规、政策实施的过程监控，以及政策执行效果评估五个环节。

产业政策目标的选择具有时效性，与国民经济发展阶段、经济发展目标以及经济发展中存在的问题有关。例如，现阶段，中国经济发展方式转型、产业结构调整与产业升级是政府的主要任务，因而相关产业政策都是围绕这些目标制定的。

进一步，产业政策目标要通过选择有效的政策工具加以实现，否则再好的政策目标也会落空。历史经验表明，产业政策的最大难点就在于政策工具的选择、协调与配合。从一定意义上讲，产业政策工具的设计、选择和运用是整个实施过程的关键环节。政府可能选择的政策工具可以分为四大类：

第一，间接政策工具，包括政府投资、财政补贴、税收减免、特别财务制度、对特定商品和劳务的政府采购等财政工具；贷款差别利率、贷款不同期限、贷款政府担保、特别基金等金融工具；保护性关税、关税减免、出口关税补贴、进出口配额等贸易政策工具，等等。

第二，直接政策工具，包括政府的行政规制和行政协调两大类。政府的行政规制可分为：市场进入规制，产量、外汇配额、信贷配额、进口配额等方面的数量规制，价格规制，技术规制，环境规制和安全规制等。行政协调主要是指政府以其特定的权威地位和影响力，通过各种形式协调企业的生产和经营，使之符合政府有关产业发展规划与目标。

第三，信息指导与人力资源培训。信息指导主要涉及，向企业传播国民经济发展趋势信息，引导产业调整；提供信息服务；提供信息交换场所，传递市场信息等，这是政府利用所掌握的信息进行政策引导的手段。政府还可以通过扩大教育和培训投入，全面提升国民受教育年限，或加大对特定群体的相关技能培训的投入等。

第四，法律法规。即以立法的方式来严格规范企业行为、政策执行机构的工作程序、政策目标与措施等，从而保障预定产业目标的实现，包括产业政策法（也可称为产业调节法、产业法）、反垄断法等，主要适用于比较成熟和比较稳定的产业政策。例如，1995年颁布的《电力法》、2011年颁布的《煤炭法》，2008年颁布的《反垄断法》，等等。

此外，产业政策实施的过程监控，特别是政策执行效果评估环节也十分重要，但很容易被忽视，导致产业政策的执行虎头蛇尾：效果好，得不到发扬光大；效果差，没有总结教训。为此，我们将在15.2节详细讨论产业政策效果评估。

15.1.4 产业政策的分类

根据国务院《90年代国家产业政策纲要》的定义，产业政策可区分为产业结构政策、产业组织政策、产业技术政策、产业布局政策等。一项具体的产业政策就是以上四种或更多种政策的组合。

1. 产业结构政策

产业结构政策是指政府根据本国不同时期产业结构的变化趋势而制定的，旨在通过产业之间资源的合理配置，影响与推动产业结构的调整、优化与升级，促进经济增长的目标与相关措施的总和。产业结构政策的关键在于，确保结构目标的实现，主导产业的选择，支柱产业的发展，传统产业的振兴，对特定产业的保护、支援和扶持，从而为规划产业的发展和实现产业结构的优化升级奠定坚实的结构基础。例如，在中国经济增长方式转型的背景下，第一、二、三次产业之间比例的调整，以及各个产业内部结构的调整是跨越中等收入陷阱，成功实现更高层次发展目标的重要手段。

由第3章可知，产业结构政策往往居一国产业政策之首，一般有两个目标：一是产业结构合理化；二是产业结构高度化。前者是基础，后者是高级化表现形式。一个国家要想具备较强的产业结构转换能力，一个重要的途径便是由政府制定正确的、强有力的产业结构政策。没有政府的干预，没有产业结构政策，试图单靠市场机制较快实现产业结构的高级化通常是难以做到的。积极制定和实施产业结构政策，不仅是发展中国家实现赶超目标的必由之路，也是发达国家维护竞争优势的重要手段。例如，20世纪70年代以来，日本和韩国同样经历了要素结构变化及其带来的产业结构调整。针对这一现实问题，两国都通过培育自主技术创新能力和促进消费升级带动了产业结构的调整，实现了产业结构的顺利转换与升级，避免了要素优势丧失带来的产业发展断崖式下跌和经济发展的停滞。

2. 产业布局政策

产业布局政策一般指政府根据一国经济发展的区域差异、产业的技术经济特性以及国情国力状况，对重要产业的空间分布进行规划、引导与合理调整的目标与相关措施的总和。因此，产业布局合理化的过程也就是建立合理的区域间分工关系的过程。实际上，产业结构合理化与产业布局合理化分别从纵向和横向角度考察产业的空间分布是否优化的问题。

产业布局政策是产业结构政策体系中不可或缺的重要内容，是产业结构政策的衍生形式之一。同时，产业布局政策又是区域政策体系中非常重要的组成部分，只是后者更加侧重于建立和完善地区间的产业分工关系。

产业布局政策的目标与内容往往与一国的经济发展阶段有关。在经济发展初期阶段，产业布局一般强调非均衡性，即强调优先发展某些地区或产业，以期起到率先垂范的作用，为其他地区或产业的发展探索道路或模式。而当经济发展水平较高时，政策导向则偏重于地区或产业的均衡发展，以实现经济公平和社会稳定等目标。

产业布局政策的内容主要包括重点发展区域的选择和产业优先发展战略等，前者形成若干优先发展的地区；后者确立优先发展的产业及其集中布局的区域。例如，1979年7月，党中央和国务院作出决定，对广东、福建两省的对外经济活动实行特殊政策和优惠措施，并决定在深圳、珠海、汕头、厦门设立经济特区，作为吸收外资、学习国外先进技术和经营管理方法的窗口。1984年4月，又进一步开放大连、秦皇岛、天津、烟台、青岛、连云港、南通、上海、宁波、温州、福州、广州、湛江、北海等14个港口城市，确立了沿海、沿江作为中国经济开放开发的重点区域。2015年10月，在十八届五中全会上通过的"十三五规划"又再次明确了"拓展发展新空间，形成沿海、沿江、沿线经济带为主的纵向、横向经济轴带，培育壮大若干重点经济区"的新思路。2010年10月，国务院发布的《关于加快培育和发展战略性新兴产业的决定》提出，到2015年，战略性新兴产业形成健康发展、协调推进的基本格局，对产业结构升级的推动作用显著增强，增加值占国内生产总值的比重力争达到8%左右；到2020年，战略性新兴产业增加值占国内生产总值的比重力争达到15%左右，吸纳、带动就业能力显著提高。节能环保、新一代信息技术、生物、高端装备制造产业成为国民经济的支柱产业，新能源、新材料、新能源汽车产业成为国民经济的先导产业；创新能力大幅提升，掌握一批关键核心技术，在局部领域达到世界领先水平；形成一批具有国际影响力的大企业和一批创新活力旺盛的中小企业；建成一批产业链完善、创新能力强、特色鲜明的战略性新兴产业集聚区。

3. 产业组织政策

产业组织是指同一产业内部各企业间在进行经济活动时所形成的相互联系及其组合形式。不同的产业及企业间相互联系的机制和形式，对资源利用效率和产出效益都有直接影响，因而利用经济政策改善产业组织，实现产业组织的合理化，并借此达到资源有效利用、收入公平分配等经济政策的一般目标，便成为产业组织政策的首要任务。

与产业结构和布局政策相比，产业组织政策的内容较多。从政策导向角度看，产业组织政策通常分为两类：一是竞争促进政策，包括反垄断政策、反不正当竞争行为政策及中小企业政策等，着眼于建立与维持正常的市场环境与秩序；二是政府规制，适用于自然垄断产业的鼓励专业化和规模经济、限制进入、定价、投资约束等。从政策对象看，产业组织政策可分为市场结构控制政策和市场行为控制政策两类。市场结构控制政策是从市场结构方面禁止或限制垄断的政策，如控制市场集中度、降低市场进入壁垒等。市场行为控制政策是从市场行为角度防范或制止限制竞争和不公正交易行为的发生。这两类政策内容多、范围广，专门在第16、17章讨论。

从产业组织政策目标来看，具体要实现以下三类目标：

第一，结构目标，即对各个产业的市场结构变动实行监测、控制和协调，防止不合理市场结构的产生，具体措施包括：实现规模经济性，企业规模均等化，降低市场集中度，依法分拆具有市场支配地位或垄断的企业，降低进入壁垒，建立企业兼并预审制度，对中小企业实行必要的扶植政策，防止过度竞争，等等。

第二，行为目标，即禁止和限制竞争者的合谋、消除和排挤竞争对手、卡特尔及不正当的价格歧视；对卖方价格、质量实行广泛监督，增强市场信息透明度；对非法商业行为进行控制和处置，等等。

第三，绩效目标，即对在资源分配方面存在市场缺陷的产业，通过政府干预（如直接投资、税收或补贴等）弥补市场机制的不足；对盈利不多和风险较大的重大技术开发项目提供资金援助；增加教育、科研和技术推广的公共投资；禁止滥用稀缺资源等。

2013年10月，国务院发布了《关于化解产能严重过剩矛盾的指导意见》，专门针对高耗能产业的产能过剩问题出台政策，要求"着力发挥市场机制作用，完善配套政策，'消化一批、转移一批、整合一批、淘汰一批'过剩产能"；从结构目标上，坚决淘汰落后产能，实现"产能规模基本合理"；从行为目标上，控制盲目扩大产能的投资，鼓励兼并重组；从绩效目标上，实现资源配置合理化。

4. 产业技术政策

产业技术政策是指国家制定的用以引导、促进和干预产业技术进步的政策的总和，它以产业技术进步为直接的政策目标，是保障产业技术适度和有效发展的重要手段。

产业技术政策包括研发援助或鼓励政策，高新技术产业化政策，技术引进、消化与吸收政策等。具体地，产业技术政策涉及产业技术的发展目标、具体规划和指导各技术进步主体的行为的相关政策；政府主持或参与旨在加速推进产业技术进步的各种组织制度与组织形式；甚至为了建立起切实有效的技术进步激励机制，使企业成为技术创新主体，政府通过制定直接或间接的经济刺激和惩罚政策，对民间科研机构、企业的研究开发和技术引进、扩散工作进行劝诱和鼓励，对技术进步迟缓者或缺乏技术进步的具体规划和措施者实施惩罚。

特定产业技术政策通常属于国家技术政策中的一部分。例如，为贯彻落实科学发展观，推进实施《国家中长期科学和技术发展规划纲要（2006—2020年）》，工业和信息化部、科技部、财政部、国家税务总局共同研究制定了《国家产业技术政策》，目的是加快提升中国产业技术水平，促进产业结构调整，转变经济发展方式，培育产业核心竞争力，促进相关产业的自主创新能力的提高，实现产业技术升级。

上述四类产业政策相互联系、相互交叉、相互作用、相互影响，形成一个统一的、有机的政策体系。同时，产业政策还将政府干预与市场机制有机地融合在措施体系中，综合发挥各自的优势及其组合功能。最后，产业政策还必须与其他经济政策相配合，而不是相抵触，只有实现财政政策、货币政策、价格政策、劳动力转移政策、人口政策等政府各类政策的协调和配合，才能发挥政策协同和放大的效果，更有利于实现既定目标。

案例 15.1　日本的产业政策[①]

产业政策是促成二战后日本经济奇迹的众多因素中重要的一个，至今仍在发挥其应有的作用。日本的产业政策包括三个主要部分：一般措施、部门措施和组织措施。一般措施，如质量标准，是从总体上提升产业竞争力；部门措施旨在改进特定部门的生产力和就业机会，如钢铁业和纺织业的现代化和合理化，计算机的进口限制等；组织措施能确保不扰乱竞争而使其平稳发挥作用，如反垄断法。这些措施还包括税收政策和财政政策来促进中小企业的发展。

二战后，日本的经济发展可分为四个阶段，同期的产业政策也呈现出不同的目标、内容与特征。

1. 经济复兴期的产业政策（1945～1960年）

为恢复经济并实现经济民主化，日本政府实施了"倾斜生产政策"，即集中使用政府资金用于支持重要的骨干产业，如煤炭、电气以及钢铁业，而且优先分配进口原料和外汇。为了有效实施这一政策，政府制定了"外汇兑换管理法"，设立了复兴金融公库（一种国营金融机构）、日本进出口银行、日本开发银行等政府性金融机构。

20世纪50年代，为改善国际收支恶化状况，日本政府确立了产业合理化政策，致力于增强主要产业的国际竞争力，尤其是钢铁、化学、造船、电气产业；为了促进设备现代化、合理化，实施了优先引进外国技术、出口机械免税、特殊税收措施和低利息政策。同时，为了保护、扶植朝阳产业，政府选择合成纤维、塑料橡胶、精炼石油、石油化学、汽车等产业实施低息融资、减免税收等措施。此外，在这一时期，中小企业政策、支持基础设施建设政策也在同步推进。

2. 高速增长期的产业政策（1960～1973年）

在这一时期的前半期，经济增长是日本政府的第一目标，为此，推进了产业结构的重化工化，追求主要产业的规模经济性，扩大企业规模，增强国际竞争力，改善国际收支。日本在通产省设立了产业结构审议会，并于1963年颁布了《振兴特定产业临时措施法案》《中小企业现代化促进法》等。通产省还实施了促进企业合并、实业

[①] 资料来源：植草益. 产业组织论[M]. 卢东斌，译. 北京：中国人民大学出版社，1988. 伯纳德特·安德鲁索，戴维·雅各布森. 产业经济学与组织（第二版）[M]. 王立平，等译. 北京：经济科学出版社，2009.

合作、企业间协调投资、协调制定价格等政策，并继续执行50年代制定的有关重点产业振兴临时措施法，对个别新兴的高新技术产业（如电子计算机产业和核能发电业）专门采取措施予以扶持。

后半期，产业政策以日本转向开放体制为核心，原来依靠关税壁垒的保护性政策遭到批评，因而出台了包括贸易、外汇兑换自由化大纲、参加经济合作开发组织（OECD）等政策。期间，重化工业向太平洋沿岸主要工业地带集中，加之"生产第一"主义导致污染日趋严重，以经济高速增长为目标的产业政策不得不改变。

3. 石油危机后的产业政策（1973～1990年）

1973年，第一次石油危机、世界银行的固定汇率制崩溃、国际经济不景气等都导致日本经济增长率大幅下滑，加上通货膨胀和国际收支恶化，因此，日本产业政策以保持经济稳定增长、节约能源、摆脱石油依赖、制定结构性不景气产业政策和以出口为中心的中小企业政策为主要课题。

1975年后，产业政策转为以扶植高技术领域开发为重要课题，其中，主要电子生产商都参与的"超大规模集成电路计划"非常成功，使得日本能够进行64K-RAM芯片的标准化生产。1981年10月开始启动的第五代计算机项目获得政府注资2～3亿美元。

1985年，日元开始持续升值，日本政府于1986年5月发表了"面向21世纪产业社会长期设想"，提出以对外实现"国际水平分工"和对内实现"知识融合化"作为新的发展目标，为此采取了刺激国内需求、推进"内需扩大主导型"战略、鼓励对外投资、充实社会公共投资等政策措施。

4. 经济陷入停滞时期（1990年至今）

随着日元的不断升值、人口老龄化加重，1990年后，日本经济陷入低潮，年平均增长率仅为1％，被称为"失去的十年"。进入21世纪，日本虽有短暂的复苏，但平均GDP增长率也仅在2％左右。

20世纪90年代，日本提出了"创造性知识密集型"产业的政策，"以科学领先、技术救国"的方针，调整产业结构、建设知识密集产业、经济发展的指导思想，由单一增长为目标，转向以"生活大国"为目标，经济增长方式由出口主导型向内需主导型转变。这一时期，日本政府提出了"新技术立国"和"科学技术立国"的方针，但由于泡沫破裂后，日本经济陷入长期萧条的局面，使整个产业结构高度化的进程被大大推迟。

1995年10月，日本产业结构审议会基本问题分委会提出了《面向21世纪的日本经济结构改革思路》的报告，指出以制造业为中心开展国际分工不可避免，日本应开发新的产业领域，现有产业应向高附加值环节转移；放松规制，促进竞争，改革有关的企业制度。1998年，通产省推出了《经济结构改革行动计划》，提出面对全球经济环境变化的挑战，创造新产业的目标。[①]

---

① 参见苏贵光，路迹. 日本产业政策的演变及对我国的启示 [J]. 国际经济合作，2004，7：14—16。

1997年亚洲金融危机、2007年美国金融危机、长期的经济停滞改变了日本产业结构与政策制定，但产业规划仍然包含长期目标，产业政策仍然起到相应的作用。

案例 15.2　中国钢铁产业调整政策[①]

2015年3月20日，工业与信息化部发布《钢铁产业调整政策（2015年修订）（征求意见稿）》，对2005年国家发布的《钢铁产业发展政策》进行修订，并进一步解决钢铁产业产能严重过剩、无序竞争、自主创新能力不足和综合竞争力不强等问题，推动钢铁产业适应经济发展新形势、新常态，实现结构调整和转型升级。

第一章　政策目标

到2025年，钢铁产品与服务全面满足国民经济发展需要，实现钢铁企业资源节约、环境友好、创新活力强、经济效益好、具有国际竞争力的转型升级。产品服务、工艺装备、节能环保、自主创新等达到世界先进水平，公平开放的市场环境基本形成。

第一条　结构调整

产品结构实现升级。大中型钢铁企业品种质量达到国际先进水平，拥有一批国际化钢铁制造标准；服务体系和服务能力与国际接轨，实现由钢铁制造商向以用户为中心的材料服务商转变。

钢铁产能基本合理。到2017年，钢铁产能严重过剩矛盾得到有效化解，产能规模基本合理，产能利用率达到80%以上，行业利润率及资产回报率回升到合理水平。生产设备大型化、自动化水平进一步提高。

鼓励推广以废钢铁为原料的短流程炼钢工艺及装备应用。到2025年，我国钢铁企业炼钢废钢比不低于30%，废钢铁加工配送体系基本建立。大中型钢铁企业主业劳动生产率超过1000吨/人·年，先进企业超过1500吨/人·年。

组织结构优化调整。兼并重组步伐加快，混合所有制发展取得积极成效，到2025年，前10家钢铁企业（集团）粗钢产量占全国比重不低于60%，形成3~5家在全球范围内具有较强竞争力的超大型钢铁企业集团，以及一批区域市场、细分市场的领先企业。

空间布局得到优化。积极推进中心城市城区钢厂转型和搬迁改造，实现国内有效钢铁产能向优势企业和更具比较优势的地区集中。

技术创新体系不断完善。到2025年，形成可支撑行业发展的自主创新和研发体系，建成一批具有先期介入、后续服务及推广应用功能的研发中心、实验室和产业联盟等创新平台，构建起世界领先的科研领军人才和职业技能人才培育体系。大中型钢铁企业新产品销售收入占企业销售收入比重超过20%，R&D经费占主营业务收入比重不低于1.7%。

第五条　生产布局

新（改、扩）建钢铁项目满足全国主体功能区规划、行业发展规划、区域发展规

---

① 节选自《钢铁产业调整政策（2015年修订）（征求意见稿）》。

划、城市总体规划、节能减排规划、水资源开发利用规划、环境保护和污染防治规划等要求，并根据项目环境影响评价报告合理布局。

第十二条　依法淘汰

钢铁企业必须严格执行环境保护法、污染物排放标准和能耗限额标准等法律法规。对超过污染物排放标准或者超过重点污染物排放总量控制指标排放污染物的企业，责令限产或停产，整改后仍不达标的依法予以停业、关闭。对超过能耗限额标准基准值的企业，实施差别电价和惩罚性水价、电价，促使其退出。

第十三条　依规淘汰

钢铁企业必须严格遵守《产业结构调整指导目录》《部分工业行业淘汰落后生产工艺装备和产品指导目录》，淘汰落后生产工艺、装备和产品。

第十四条　引导退出

现有钢铁企业达不到本产业政策准入要求的，应积极改造升级。经改造仍达不到准入要求的，应逐步退出，有序压减过剩产能。鼓励现有城市钢厂积极实施环保搬迁。

第二十八条　技术方向

工艺技术发展方向：绿色、可循环钢铁制造流程技术；高效率、低成本洁净钢生产平台集成技术；低碳钢铁制造技术；高效资源开发及综合利用技术；高效率、低能耗、长寿命综合冶炼技术；高效率、低成本洁净钢生产平台集成技术；高性能、低成本钢铁材料设计与制造技术；高精度、高效轧制及热处理技术；复合材料制造技术；面向全流程质量稳定控制的综合生产技术；信息化、智能化的钢铁制造技术。

15.2　产业政策效果评估

一个产业政策的完整生命周期应该包括政策制定、政策执行、政策评估与反馈三个主要阶段，其中，政策评估与反馈起到承上启下的作用，通过收集政策执行过程中的信息、存在问题、执行效果，不断反馈、纠正与调整，确保政策效果与预期目标和方向相一致，同时也是提高政府决策质量的重要手段。

15.2.1　产业政策效果评估的内容与标准

评价一项产业政策是否达到预期目标，是否产生预期收益，其主要内容和标准与政策预设的目标和重点发展方向有关，主要涉及以下两个方面：

第一，产业政策是否达成预期目标。通过将政策目标与实际完成情况进行定量比对，即可直观评估政策效果。这对于我们制定产业政策的启示是，政策目标应该尽量量化，避免使用抽象的、无法具体衡量完成情况的词语。例如，在案例15.2中，对钢铁产能利用率、炼钢废钢比等目标的界定就十分清晰，而在第5条评价"合理布局"时则可能存在标准因人而异的问题，容易造成混乱。

第二，产业政策是否产生了正的经济效益和社会效益。经济效益通常可以用很多量化指标来衡量，例如，产业规模、产业平均利润率、产业集中度、企业平均规模、资源配置效率等；社会效益的评价较复杂，但仍然可以用一些指标间接衡量，例如，研发投入、专利数量、国际竞争力、治理污染投入、企业承担的社会责任、消费者满意度等。产业政策总效益就是经济效益和社会效益的总和。然而，产业政策的制定和执行都是需要成本支出的，包括行政机构的监督成本、财政支出、企业的技术改造成本、研发成本、治理污染的成本等。因此，产业政策净效应是总效益与总成本之间的比较，如果净效应为正，则政策效果良好，政策可继续执行；否则，需要评估政策目标和措施是否得当，执行过程等是否存在负面影响因素等，一旦发现问题，应该立即进行反馈、纠正与调整。

15.2.2 产业政策效果评估的程序与步骤

一般地，产业政策效果评估主要涉及以下四个步骤：

第一，了解各项产业政策的制定背景、目标设定、政策手段与工具，为效果评估提供标准与依据。

第二，系统收集、整理与政策有关的数据信息，可采取的方法包括统计分析法、个案调查法、查阅资料法、试验法等，进而对原始数据进行统计、分析与判断，对未来发展趋势进行预测。

第三，对现行政策有效性进行评估，找出预期目标与现状的差距，既要评估政策的直接影响，也不要漏掉政策可能造成的间接影响。

第四，根据以上三步得出的结论，针对产业政策存在的问题、经济社会环境的变化，对未来政策目标与政策措施进行选择与预测，提出政策调整的方向。

15.2.3 产业政策效果评估的方法

从方法上看，产业政策效果评估可采取一般均衡分析、投入产出法、成本—收益分析法、向量自回归（VAR）与协整分析、格兰杰因果关系检验、方差分解法，以及数据包络分析（DEA）等；从评价指标上看，可采用全要素生产率评价技术进步，采用显示性比较优势指数来评价产业国际竞争力，采用专利数量来评价研发成果，可用产业集中度来评价规模效应，也可用结构相似系数评价产业结构高级化程度，当然还可将一系列指标通过因子分析法和层次分析法得到综合的效果信息。

本节主要讨论成本—收益分析（CBA，Cost-Benefit Analysis）在产业政策效果评估中的应用。

1. 成本—收益分析的原理

成本—收益分析是项目评价中广泛应用的方法。当某一项目的实际成本或收益不能通过市场价格来表现或根本不能进入市场交易，市场无法正常评价所有相关的价值流，因此，需要采取非市场评价技术来评价该项目的净值时，一般使用成本—收益分析方法。[1]

成本—收益分析法首次出现在19世纪法国经济学家朱乐斯·帕帕特的著作中，

---

[1] 参见罗杰·珀曼等．自然资源与环境经济学［M］．候元兆，等译．北京：中国经济出版社，2002．

被定义为"社会的改良"。其后,这一概念被意大利经济学家帕累托重新界定。1940年,美国经济学家尼古拉斯·卡尔德和约翰·希克斯对前人的理论加以提炼,形成了"成本—收益"分析的理论基础即卡尔德—希克斯准则。同期,成本—收益分析开始应用于政府政策制定中,例如,1939年,美国的洪水控制法案和田纳西州泰里克大坝的预算。以此为契机,成本—收益分析在政策制定与企业决策中都得到了迅速发展,被世界各国广泛采用。

从事经济活动的主体,从追求利润或效用最大化出发,总要力图用最小的成本获取最大的收益。成本—收益分析就是以货币单位为基础对投入与产出进行估算和衡量的方法。这要求对未来政策设定预期目标,并对预期目标的实现概率有所把握。在该方法中,某一项目或决策的所有成本和收益都将被一一列出,并进行量化。其背后的经济学理论是,当产业政策是有效率的时,每项政策都应该处于使边际成本与边际收益相等的水平,此时,社会福利最大,企业表现为更高的效率,消费者受益,即对应图 15.1 中 A 点的位置。而在 A_1 点时,边际收益大于边际成本,实施进一步的政策是值得的;相反,在 A_2 点,边际收益小于边际成本,实施更严厉的政策得不偿失。因此,最优政策应该位于 A 点,其范围与力度是最适当的。

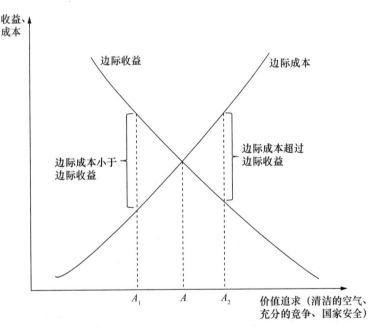

图 15.1　成本—收益分析①

然而,在现实中,收益与成本往往不能精确测量,支付成本的一方往往不是获取利益的一方,可能造成严重的不公平问题。此时,并没有清晰的成本和收益曲线,只

---

① 威廉·G. 谢泼德,乔安娜·M. 谢泼德. 产业组织经济学(第五版)[M]. 张志奇,等译. 北京:中国人民大学出版社,2007.

能通过各种方法尽可能准确地估计政策的成本与收益的范围，并进行分析比较。从成本角度看，政策成本一般分为直接成本与间接成本。直接成本是政策花费的现金预算；间接成本包括行政管理、解决问题、协调矛盾、公众参与等相关支出。而政策收益则需运用政策目标、经济效益、社会效益等方面加以衡量。

2. 成本—收益分析的净现值法

成本—收益分析有三种主要方法：净现值法（NPV）、现值指数法、内含报酬率法。这三种方法具有不同的适用性。一般而言，如果投资项目是不可分割的，则应采用净现值法；如果投资项目是可分割的，则应采用现值指数法；如果投资项目的收益可以用于再投资时，则可采用内含报酬率法。

下面以净现值法为例进行说明。如果某一政策对每个人在每一时点上的影响是确定的，每个人的得失也是可以评价的，这些评价应以被影响的个人的偏好为基础，反映其对获得改善的支付意愿或补偿的接受意愿。计算出政策对每一被影响人的价值后，使用相关技术就可以得到政策影响的社会总价值，再减去与决策相关的成本后就可得到净收益 NB。那么，某一政策的净收益的现值即为：

$$\text{NPV} = \sum_{t=0}^{T} \frac{NB_t}{(1+r)^t}$$

其中，r 为利率。

成本—收益分析的决策原则是，如果 NPV>0，则政策或项目是可实施的，否则不可实施。假如在某一时点，r 表示某个经济体中最优替代决策的边际报酬率，如果稀缺资源没有投入拟议决策中，那么这些资源就可以每期为 r 的回报率投资到其他用途。只有当某一决策的边际报酬率大于 r 时，其 NPV 才能大于 0。因此，只有当拟议政策的报酬率至少等于最优替代政策的报酬率，稀缺的投资才能拨付给该政策，即有效的投资评估要求将稀缺的资源用于最有价值的用途。同时可证明，如果能满足"个人消费的边际效用相等"这一条件，正的净现值会增加社会福利。因此，以 NPV>0 作为评估依据是可兼顾经济效益和社会效益的。

案例 15.3　造林计划的成本—收益分析[①]

Pearce（1994）认为，造林计划的收益如下：木材价值 T、娱乐价值 R、生物多样性 D、景观价值 L、与水有关的效应 W（包括流域保护、保持水土、固定大气污染物等）、改善小气候 M、固碳效应 G、保障经济发展 S、保持社区的融合 I，这些都是有益的。但在某些情况下，造林也可能产生负收益，例如，在荒野上造单一树种林就可能导致生物多样性的减少。相反，在工业废弃土地上种植城市森林就能够增加生物多样性。

造林的成本包括征地、植树、管护、疏伐和抚育支出。将总收益记为 B，总成本

---

① 罗杰·珀曼等. 自然资源与环境经济学 [M]. 候元兆，等译，北京：中国经济出版社，2002.

记为 C，下标 f 和 a 分别表示造林和最优替代利用，忽略时间。Pearce 提出了造林项目经济性的判断：以下公式成立，则造林是经济的。

$$B_f - C_f > B_a - C_a$$

然而，在造林项目的多项收益中，只有木材产品能进入市场交换，其他各种产品都具有正外部性，不能通过市场实现其价值。另一方面，造林成本已经被包含在市场交换中，这导致造林项目几乎不能获得商业利润。Pearce 引入时间因子，用 6% 的贴现率对以消费价格计算的成本和收益进行了折现，然后用多种假定的土地成本计算了不同土地类型上的人工林的净现值。

Pearce 调查了 8 种类型的造林计划，对每个计划都按照假定的高、低两种土地成本计算了净现值。在 17 例计算结果中，16 个净现值都是负值，唯一的例外情况是在低成本土地上营造冷杉、云杉和阔叶树的人工混交林，此时假设土地的真实价值为零（即该土地没有其他替代用途）。

然后，Pearce 又调查了各种非市场收益，并估算了各项产出 R、D、L、W、G、S、I 的净收益，但仅对 R 和 G 两项给出了货币价值量，其他的只给出了定性描述。

Pearce 的结论是，根据成本收益和能够量化的两类收益，按照 6% 的贴现率，在被调查的 8 类森林中，只有 4 种应该扩大造林。当然，上述结论没有考虑非货币化收益（或成本）。当某项造林计划的 NPV 为负值时，决策者如果认为该计划的非货币化收益足以抵消负的 NPV，那么就可以把该计划予以实施。

本章小结

产业政策的核心就是"在价格机制下，针对资源分配方面出现的市场失灵而进行的政策性干预"，包括与产业有关的一切国家法令和政策，主要涉及产业结构政策、产业组织政策、产业技术政策、产业布局政策、政府规制以及反垄断政策等。

产业政策的理论基础包括市场失灵理论、交易成本理论、家长式干预、新增长理论等。

产业结构政策是指政府根据本国不同时期产业结构的变化趋势制定的，旨在通过产业之间资源的合理配置，影响与推动产业结构的调整、优化与升级，促进经济增长的目标与相关措施的总和。

产业布局政策一般指政府根据一国经济发展的区域差异、产业的技术经济特性以及国情国力状况，对重要产业的空间分布进行规划、引导与合理调整的目标与相关措施的总和。

产业组织政策是指利用经济政策改善产业组织，实现产业组织的合理化，并借此达到资源有效利用、收益公平分配等经济政策目标。

产业技术政策是指国家制定的用以引导、促进和干预产业技术进步的政策的总和。

成本收益分析就是以货币单位为基础对投入与产出进行估算和衡量的方法。

思考练习题

1. 如何理解产业政策的含义及作用？
2. 产业政策的理论基础有哪些？
3. 产业组织政策包括哪些内容，其目标和手段有哪些？
4. 产业结构政策的目标与实施手段有哪些？
5. 产业布局政策的目标与实施手段有哪些？
6. 产业技术政策的目标与实施手段有哪些？
7. 简述成本—收益法的基本原则。

参考文献与进一步阅读

[1] 小宫隆太郎. 日本的产业政策[M]. 北京：国际文化出版公司，1988.

[2] 杨沐. 产业政策研究[M]. 上海：上海三联书店，1989.

[3] 杨治. 产业政策与结构优化[M]. 北京：新华出版社，1999.

[4] 查默斯·约翰逊. 通产省与日本奇迹[M]. 戴汉笠，等译. 北京：中共中央党校出版社，1992.

[5] 江小涓. 经济转轨时期的产业政策[M]. 上海：格致出版社，2014.

[6] 刘南昌. 强国产业论——产业政策若干理论问题研究[M]. 北京：经济科学出版社，2006.

[7] 王廷惠. 微观规制理论研究[M]. 北京：中国社会科学出版社，2005.

[8] 张鹏飞，徐朝阳. 干预抑或不干预？——围绕政府产业政策有效性的争论[J]. 经济社会体制比较，2007，4：28—35.

[9] 李贤沛，胡立君. 21世纪初中国的产业政策[M]. 北京：经济管理出版社，2005.

[10] 姜达洋. 国外产业政策研究的新进展[J]. 天津商业大学学报，2009，29(5)：32—37.

[11] 刘社建. 中国产业政策的演进、问题及对策[J]. 学术月刊，2014，2：79—85.

[12] 李晓萍，江飞涛. 干预市场抑或增进与扩展市场——产业政策研究述评及理论重构的初步尝试[C]. 产业组织前沿问题国际研讨会会议，2011.

第 16 章

政 府 规 制

本章讨论广义产业政策中的特殊类型，也是产业组织政策中的重要内容，即主要针对自然垄断产业的规制政策，涉及投资规制、价格规制、激励性规制以及进入/退出规制，等等。

16.1 政府规制内涵与过程

1. 规制的定义与分类

规制（regulation），又可称为监管、管制，其主体既可以是个人，也可以是社会公共机构。本书仅讨论公共规制，即政府规制。

日本学者植草益认为，[①] 政府规制是指社会公共机构依据一定的规则对构成特定社会的个人和经济主体的活动进行限制的行为，其中，规制主体包括行政、立法、司法等机构。

根据目的与手段，政府规制可分为间接规制与直接规制。以形成、维持竞争秩序，不直接介入经济主体的决策而仅制约阻碍市场机制发挥职能的行为，并且以有效地发挥市场机制职能而建立完善的制度为目的的规制，被称为间接规制，例如，依照反垄断法、商法、民法等制约不公平竞争行为的规制。以防止发生与自然垄断、外部性及非价值物品有关的，在社会经济中不期望出现的市场结果为目的，并且具有依据政府认可和许可的法律直接介入经济主体决策的特点的规制，被称为直接规制。

直接规制又可分为经济性规制与社会性规制。经济性规制是指，在存在自然垄断与信息不对称的部门，以防止无效率的资源配置和确保消费者公平利用为主要目的，通过被认可和许可的手段，对企业的进入、退出、价格、服务以及投资、财务和会计等方面进行的规制。社会性规制是指，以保障劳动者和消费者安全、健康、卫生、环境保护、防止灾害为目的，对物品和服务的质量和伴随着提供它们而产生的各种活动制定一定标准，并禁止、限制特定行为的规制。

本章讨论直接规制中的经济性规制，第 17 章讨论间接规制，即反垄断，社会性规制已超出本教材的范围，不加赘述。

[①] 参见植草益. 微观规制经济学. 朱绍文，等译校. 北京：中国发展出版社，1992.

2. 政府规制过程①

政府对一个产业的规制过程涉及四个阶段：立法、实施、调整和规制解除。

第一，立法。立法的总体目标是为开展政府规制活动提供法律依据，主要包括以下内容：确定规制机构的法律地位、明确规制机构的职责和权力、规定规制机构的目标和政策内容。根据规制范围的大小，立法机构可能是全国性的，也可能是地区性的。由于任何一项立法都会影响到被规制产业、消费者以及相关利益集团的利益，因此，在这一阶段，相关利益各方都会通过游说活动影响法律走向，以维护本集团的既得利益，争取新的利益。

第二，实施。通过一项法律后，下一步就是实施该法律。规制机构一般可对个案采取一事一议的解决方法，但当个案日益增多时，就会通过听证会制定各种适用于不同情形个案的规范性文件，使得规制实践得以统一的标准和程序加以规范。但由于法律所规定的内容是原则性的，规制机构在执法过程中往往存在很大的决策空间。这既可能给予规制机构灵活性和适应性，以应对被规制产业可能出现的变化，也可能赋予规制者过大的个人权力，为"规制俘获"创造机会。

第三，调整。随着被规制产业的宏观环境、政府体制、产业政策、技术经济特征发生变化，以及为了克服在规制实施过程中出现的问题，需要定期或不定期对原有规制法律进行必要的修改与调整。一项法律的日臻完善离不开不断发现问题、适应新情况加以修正的循环往复，因而，实施、调整两个阶段在规制生命周期内可能要重复多次。

第四，规制解除。当某些被规制产业的技术经济特征发生重大变化，如自然垄断性减弱，转变为竞争性的，或者政府改革向更多依靠市场机制转化时，根据规制机构、司法部门的建议，规制可能被解除。

3. 规制机构的性质

在世界各国的政府规制实践中，规制机构通常有两种类型：一是隶属于政府行政管理部门，这被大部分国家采用；二是独立于政府行政管理部门，英国和美国的一些产业规制采用这种方式。

目前，中国的规制机构属于第一种，大致有如下几种设置模式：（1）国务院组成部门，如发展改革委员会对能源产业的规制，工业和信息化部对电信业的规制；（2）国务院直属机构，如国家安全生产监督管理总局对矿山安全的规制；（3）国务院直属事业单位，如中国证监会、中国保监会、中国银监会、国家电监会（现已并入发展改革委员会）等；（4）国务院部委管理的国家局，如国家民用航空局、国家食品药品监督管理局等。

独立的规制机构通常包括六个要素：一是法律对规制机构的授权；二是独立于行政部门，实行自治管理；三是成员可能由多方任命，如行政机构、立法机构；四是规

---

① 参见王俊豪. 政府管制经济学导论——基本理论及其在政府管制实践中的应用. 北京：商务印书馆，2001.

制机构成员实行固定任期制；五是具有规范的职业标准和有吸引力的薪酬标准；六是具有稳定的经费来源，如行业收费，而非政府拨款。案例16.1给出了美国独立规制机构的情况。

案例 16.1 美国的独立规制机构

在美国行政法和规制研究的文献中，所谓的独立规制机构并非完全独立于行政部门，而是指它因其机构成员的身份保障、合议制的决策程序和累积的专业经验，而相对于传统行政部门有更大的独立性，可以相对更加独立地形成特定专业领域的规制政策，依法作出具体裁决。

美国独立规制机构肇始于1887年成立的州际贸易委员会（ICC）。此后，联邦政府于1913年建立了美国联邦储备委员会，以管理和规范银行业，控制国家的货币供应；于1915年建立了联邦贸易委员会（FTC），以防范虚假和欺诈的商业活动，与司法部共同实施反垄断法；于1934年建立了联邦通讯委员会（FCC），对国家电话、广播和电视产业加以规制；于1935年成立了国家劳资关系委员会（NLRB），对劳资关系加以管理。美国国会还于1977年建立了联邦能源规制委员会（FERC），在1983年认可了公民权利委员会的独立地位。几乎在每届国会上，都会提出创设新的独立规制机构，或强化已有规制机构独立性的动议。独立规制机构的演进，并非来自制度的逻辑，而更多来自现实的需求以及历史的连续性，且受到相关产业利益、已有规制实践、特定规制目标的影响，常常反映了规制机构、产业界、政府就行为方式达成的共识或妥协。

最初的《州际贸易法》第11条规定，根据该法应设立联邦州际贸易委员会，该委员会由五名委员组成，由总统任命。根据该法第18条、第21条的规定，最初设立的州际贸易委员会要接受内政部的控制。1889年修正后的《州际贸易法》第7条取消了内政部对州际贸易委员会人员薪水及支出的控制，第8条授权州际贸易委员会向国会直接报告工作，使其从功能上独立于行政部门，更少受到总统的影响。

独立规制机构一般由5至7名成员组成，总人数多为奇数。每一党派的成员在独立规制机构中至多能占微弱多数。规制机构成员的任期年限通常在4年以上，多为5至7年，这对于确保规制机构独立性具有重要的意义。

美国宪法第2条第2款规定，美国总统对联邦高级官员的任命有提名权，并且在获得参议院同意后有任命权，还有部分规制机构的部分成员是由内阁部长任命的。更为重要的是，非依特定理由总统不得免去规制机构成员的职务。这限制了总统对独立规制机构的控制，使得规制机构较少受到政治干预，从而强化了规制机构的独立性。

独立规制机构的职能如下：

1. 个案裁决

广义的裁决包括独立规制机构作出的能够影响私人权利义务的一切决定。裁决构成了独立规制机构最主要的日常活动。例如，在20世纪60年代，所有联邦法院每年作出的判决不到20万件,而州际贸易委员会在1976年就作出了超过30万件的裁决。

2. 规则制定

规则制定在速度、特殊性、质量和合法性方面具有其他规制工具所无法企及的优势,它为法律规定提供具体的技术细节,将正处于发展过程中的规范性判断转化成文字形式。随着时间推移,规则制定在规制机构中占有日渐重要的地位,很多规制机构由裁决者转变为规则制定者。规则制定有助于更好地规范社会经济事务,有效约束独立规制机构的裁量权。

3. 起诉

独立规制机构对违反规制机构法律或规则的行为提起诉讼,这项职能本质上是执行性的。一般而言,独立规制机构会请求司法部下设的政府律师总长来代表它向最高法院提起诉讼。不同独立规制机构在诉讼主体、诉讼程序中的差异,更多应归因于不同机构的历史渊源、组织架构等方面的差异。

4. 监督行政机构

国会有时会要求独立规制机构进行相应调查,提出相应建议,对传统行政机构的运作加以监督。例如,核设施安全防护委员会(DNFSB)对由能源部运营的核设施的安全性加以调查,并向能源部提出建议。尽管国会要求行政部门以某种形式回应独立规制机构的建议,但这些规制机构对相应事务只有建议权,而没有实施权。

16.2 自然垄断产业及其规制

随着中国改革开放与市场经济的不断深入,自然垄断产业规制与放松规制日益成为政府关注与学界研究的热点问题。本节主要从自然垄断产业特性及其主要规制内容入手加以简要讨论,更具体的内容由第16.3—16.5节给出。

16.2.1 自然垄断产业特性及其规制目标

Clarkson 和 Miller(1982)认为,[①] 自然垄断的基本特征是生产函数呈现规模报酬递增状态,即平均成本随着产量的增加而递减。因此,单个企业能比两家或两家以上企业更有效率地向市场提供相同数量的产品(Waterson,1988)。这被 Sharkey(1982)和 Baumol(1977)称为成本次可加性(Subadditivity)。

具体地,如果某一产业中的企业只提供单一产品,则该产业具有自然垄断性的条件是,一家企业提供产量 Q 所需的成本少于 N 家企业提供产量 Q 的成本:

$$C(Q) < \sum_{i=1}^{N} C(q_i) \tag{16.1}$$

其中, $Q = \sum_{i=1}^{N} q_i, \quad N \geqslant 2$

然而,在现实经济中,一个企业通常不只生产一种产品(服务),而是同时生产

[①] See Clarkson, K. W., Miller, R. L. 1982. Industrial Organization: Theory, Evidence and Public Policy [M]. McGraw-Hill Book Company.

多种产品（服务），此时，多产品联合生产的总成本不仅取决于单个产品的规模经济性，还取决于范围经济性，即一家企业联合生产多种产品的成本少于多家企业单独生产一种产品的成本。在这种情况下，成本次可加性体现为范围经济性与规模经济性的共同作用。

现实中的自然垄断产业以公用事业为主，如供水、供电、供气、有线电视、固定电话等，辅之以其他一些特殊产业或环节，如铁路、邮政、民用航空机场、油气管道运输等。这些产业或环节通常具有以下共同特征：

第一，庞大的物理网络。自然垄断产业通常具有一个物理网络以传输产品或服务，例如，电网、水管网、供气管道、有线电视网、固定电话网、铁路网等。这些网络系统初始投资大，覆盖面广，由此带来显著的规模经济性与范围经济性。基于成本与效率标准来衡量，垄断或寡头垄断是最合理的市场结构，否则会因重复投资导致巨大的资源浪费。

第二，沉没成本巨大。自然垄断产业一般固定成本高，资产专用性强，生命周期长。这些特征既构成了较高的进入壁垒，也形成了较高的退出壁垒，如果任由市场竞争机制发挥作用，政府不加以适当规制，可能会产生不利于社会福利改进及资源最优配置的结果。

第三，准公共品特征。绝大多数自然垄断产业的产品或服务是人民生活的必需品，具有准公共品的特征，客观上要求政府确保其产品或服务提供的稳定性、质量的可靠性和生产运行的安全性。政府通常要求自然垄断产业以绝大多数人能够承担得起的价格提供产品或服务，且要求质量可靠、价格统一、区域全覆盖，这被称为普遍服务。

第四，交易的不可逆性。大多数自然垄断产业的网络属于单向传输，一旦提供出去便无法收回和退换，如电、水、气、有线电视、固定电话等产品都有这个特征。为了确保消费者利益，要求政府规范和限制垄断企业的行为，对其产品或服务实行有效规制。

与以上自然垄断产业特征相联系的，就是政府对其进行规制的目标，即"通过使事业能够适当合理的运营，在维护消费者利益的同时，力求事业能够健全发展"（植草益，1990）。具体来说，涉及以下四个规制目标：

第一，实现资源的有效配置。即防止垄断企业滥用市场支配地位，将价格设定在平均成本水平之上，进行价格歧视，从而损害消费者利益。因此，需要对垄断者实行价格规制以提高社会分配效率。

第二，提高企业效率。在缺乏竞争压力的情况下，垄断企业提高内部效率的积极性将降低，因此，经济规制有必要促进以下方面企业效率的提升：在现有技术条件下，实现投入品的最优组合所带来的技术效率；以最优规模进行生产所带来的生产效率；以最优配送系统进行发送所带来的配送效率；实现尽可能高的设备利用率，等等。

第三，避免收入再分配效应。垄断企业如果根据边际收益等于边际成本原则设定垄断价格，不仅导致资源配置效率受到损害，而且导致消费者剩余的一部分成为企业利润，从而进行收入再分配的情况。此外，价格歧视、交叉补贴等都具有收入再分配效应。为此，从分配公平角度看，限制垄断定价也是必要的。

第四，企业财务稳定。如果企业不能从长期着眼，进行恰当的投资，不仅会导致供给不足，也可能阻碍企业的成长，因此，经济规制必须让企业能够获得一定的利润以支付折旧、资本成本（股息、利息等）、扩大再生产投资等，因而，保证企业的财务盈余也是重要的规制目标。

16.2.2 自然垄断规制的主要内容

政府对自然垄断产业的规制涉及从进入、投资、生产到销售的各个环节，主要包括投资规制、价格规制、进入与退出规制等。投资规制是指，政府既要鼓励企业投资，以满足不断增长的需求，又要防止企业过度投资，还要对投资品的最优组合进行审查，以保证投资效率与效益。价格规制是指，政府制定价格水平和价格结构，规定价格调整的周期并实施价格调整。进入与退出规制是指，为了获得产业的规模经济性和成本次可加性，政府既要限制新企业进入自然垄断产业，同时还要限制在位企业退出或退出某些亏损业务，以保证其履行普遍服务义务。

表16.1给出了中国自然垄断产业或自然垄断环节的规制内容、主要法规以及相应的规制机构，其中，固定电话属于电信产业的自然垄断环节，而石油、天然气输送管道属于石油天然气开采业的自然垄断环节。随着中国各项改革的不断深入，各行业的放松规制也逐步推进，电信业中的非自然垄断环节都逐步引入了竞争。尽管石油天然气开采业的改革步伐仍然较慢，但放松规制也是大势所趋，非自然垄断环节只有引入竞争，才能提高效率。

表 16.1 中国自然垄断产业的规制

产业	规制内容	主要规制法规	规制机构
电力	进入/退出、上网电价、销售电价、投资审批	电力法	国家发展改革委员会
城市供水	进入/退出、用水价格、投资审批	城市供水条例	水利部、建设部、地方发展改革委员会
城市燃气	进入/退出、定价、投资审批	地方性法规	建设部、地方发展改革委员会
固定电话	进入/退出、月租费与通话费、投资审批	电信条例	工业与信息产业部、物价局
有线电视	进入/退出、定价、投资审批	有线电视管理规定	广播电视总局
铁路	进入/退出、票价、投资审批	铁路法	交通部、物价局

(续表)

产业	规制内容	主要规制法规	规制机构
邮政	业务进入/退出、定价、投资审批	邮政法及实施细则	国家邮政局、物价局
民用航空机场	进入/退出、民航发展基金、燃油附加费、投资审批	民用机场管理暂行规定	民用航空总局
石油、天然气输送管道	进入/退出、接入价格、投资审批		国家发展改革委员会

资料来源：根据王俊豪（2001）整理。

16.3 投资规制

投资规制包括被规制企业的产能投资、设备更新、多元化经营投资等的政府审批或核准，目的是为了防止重复投资、过度投资，并施以适当的规制时滞以激励企业提高生产效率。

投资规制与价格规制密切相关。在价格规制中，政府碰到的一个基本的难题是，如何在缺乏信息的情况下以经济效率为准则来制定价格？传统的价格规制是基于投资回报率来制定价格的，即价格由下式产生：

$$PQ = C + s(RB) \tag{16.2}$$

其中，P、Q、C 分别为价格、产量和成本，s 为政府规定的投资回报率，一般应高于利率；RB 为资本基数，即企业投资总额。

投资回报率规制会产生三个问题：第一，什么是合理的投资回报率？第二，制定合理的投资回报率的资本基数应该是多少？第三，企业是否会通过投资决策影响与企业定价和利润直接相关的资本基数？Averch 和 Johnson（1962）的研究表明，在投资回报率规制下，企业会尽可能扩大资本基数，以获得更高的利润，因而，为生产特定产品，企业会投入更多资本以替代其他投入品，如劳动，导致生产的低效率，这被称为 A—J 效应。例如，在电力产业中，企业宁愿通过扩大自身的产能以满足用电高峰期的需求，也不愿从其他企业购买电力，因为扩张产能的投资增加了资本基数，从而提高了利润。

规制机构一般运用初始成本法来确定 RB。初始成本估价是企业最初为采购机器设备所支付的款项，这可能导致 RB 过低，需要考虑通货膨胀因素。另外，还可以使用重置成本法确定 RB，这涉及机器设备更新换代、技术改造等方面的支出。然而，并不是所有的投资都可以进入 RB，成为价格产生的基础，规制机构应该对此进行严格审查与控制，阻止不合理、不负责的投资，以防止产生或减轻 A—J 效应。

当然，投资回报率规制也具有促进技术进步的正面影响。对于大部分产业来说，技术进步体现为用资本替代劳动等其他投入，例如，使用自动化生产线减少了劳动力的投入，自动交换机替代了人工接线员，等等。同时，由于规制滞后效应，投资回报率规制还能激励企业提高效率，因为价格一旦被确定，将保持不变，直到下次调整时为止。在此期间，如果企业的成本下降，便可以获得高于政府规定的收益率，这给予企业提高效率、压缩成本的动力。

16.4 价格规制

价格规制是指，政府对受规制企业在一定时期内的价格和调整价格的周期进行规定，涉及价格水平规制和价格结构规制两个内容。价格规制的目的不仅是通过制定合理的规制价格以保护消费者利益，实现资源配置效率，而且要刺激企业优化生产要素组合，充分利用规模经济性，不断进行技术革新和管理创新，提高企业效率。

16.4.1 价格水平规制

对于自然垄断企业来说，最有效率的价格是根据边际成本原则确定的，如图 16.1 中的 P^*。然而，由于这类企业的成本特征是平均成本位于边际成本的上方，那么，边际成本价格将导致 P_1NMP^* 面积的亏损，企业没有继续经营的激励，但如果这一亏损额将由政府的税收收入来补贴，则企业又没有了降低成本、提高生产效率的激励。进一步，如果政府按照平均成本原则确定规制价格 P_2 和相应的产量 Q_2，这对于消费者而言，意味着价格上升和需求量的下降；对于垄断者而言，意味着产量减少，存在产能浪费，因而导致 OMF 大小的社会福利净损失。此外，平均成本定价存在的问题是，企业丧失了降低成本的动力，提升企业效率的目标无法达成。

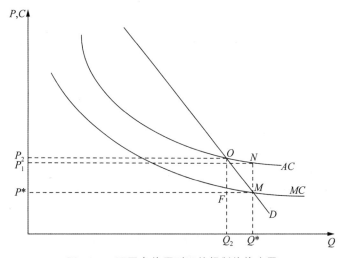

图 16.1 不同定价原则下的规制价格水平

在各国的规制实践中，美国的收益率规制与英国的价格上限规制效果良好。其中，收益率规制（也即投资回报率规制）的内容与存在问题可参见第 16.3 节，本节主要讨论价格上限规制模型。

英国的价格上限规制始于 20 世纪 80 年代初，由 Stephen Littlechild 设计。Littlechild（1983）认为，引入竞争是反垄断、保护消费者利益的最好手段，而控制价格本身不是一种理想的办法，因为不断降低价格会抑制竞争者进入市场。因此，价格规制的主要目标是把价格与利润保持在一个既不失公平，又可刺激企业提高效率的水平上。Littlechild首次将规制价格与消费品零售价格指数、生产率等因素联系起来，对英国的价格上限模型的形成起到了决定性作用。

英国价格上限模型的公式为：

$$P_{t+1} = P_t(1+CPI-X) \tag{16.3}$$

其中，P_t为t年的价格，P_{t+1}为$t+1$年的价格，CPI表示通货膨胀率；X由规制机构确定，表示在一定时期内生产率增长的百分比。(16.3)式意味着，规制机构制定的企业的名义价格取决于通货膨胀率与生产率之差。例如，如果某年通货膨胀率为5%，X为固定的3%，那么企业提价的最高幅度为2%。如果$CPI-X$为负值，意味着生产率上升幅度高于通货膨胀率，则企业必须降价。

英国价格上限模型不仅适用于单一产品（服务），也适用于多产品或服务，是企业所生产的各种被规制产品的综合价格上限。被规制产品主要指那些企业容易运用垄断势力制定高价的产品，例如，在英国电信业，价格规制主要针对最基本的通信网络服务与长途电话收费。多种产品的综合加权平均上限价格的权数通常由上一年某产品所创造的收益决定。在实践中，各种产品的具体价格往往因$CPI-X$而有所偏差，但平均价格既要符合最高综合限价的要求，也要与其成本相适应。

英国价格上限模型中的X取决于规制者与企业的讨价还价。X通常由产业的技术经济特性决定，因而差别很大；同时，X在地区之间也存在差异。具体参见表16.2：

表16.2　价格上限模型与X值

产业名称	价格规制模型	X值
电力	$CPI-X$	0和1.3%
煤气	$CPI-X+Y$	由原来的2%调整到5%
电信	$CPI-X$	由原来的2%调整到7.5%
自来水	$CPI+K$	平均为5%

注：在煤气产业中，Y指由批发到零售的转移成本，允许的转移成本以1992年煤气价格指数为基准，每年降低1%，以刺激效率提升；K表示$X+Q$，Q是为达到英国和欧盟法定质量水平而发生的各项成本。在电力产业中，$X=0$适用于电力供应公司，$X=1.3\%$适用于地区电力分销公司的平均水平。

由表16.2可知，在电信业，X的初始值最高，因为该产业的技术进步潜力最大，且需求增长较快。而自来水产业需要大量的基础建设投资以满足国家或欧盟的质量标准，因此被允许一定的涨价幅度。X值的不断上升意味着规制机构对垄断企业提高效率的压力不断增加，消费者将在企业效率的提高中获益。

通过对比分析可知，在收益率价格规制下，消费者只能通过企业降低成本才能获得利益，但企业却没有降低成本的激励，因为企业只有通过提高收益率或扩大投资基数才能获得更多利润。而在价格上限规制下，由于企业受到最高限价的制约，只有通过降低成本才能获得较多利润，因此，激励企业提高生产率的效果更好，这被称为激励性规制。

16.4.2 价格结构规制

大多数自然垄断企业向不同类型的消费者提供具有不同成本的产品或服务，其中，既有生产导致的成本差异，也有需求导致的成本差异；同时，这些产品或服务还存在"共有成本"，例如，电信产业的基础网络、程控交换机；电力产业的基础输电网；水和燃气供应的生产设备与管网等，企业通过这些基础管网向各类消费者提供产品或服务。因此，价格结构规制的目标就是使企业的价格体系能够反映消费者的需求与企业的成本差异，从而将所有成本合理分摊到各种产品或服务中去。

1. 需求结构与成本结构

从需求结构来看，在自来水与燃气供应产业中，可以根据消费者类型划分为居民、工业企业、服务性企业三类需求；在电信产业，可分为办公、居民家庭两类需求；在电力产业，可分为居民、工业、农业三类需求，还可按时间（季节）分为高峰、非高峰需求；在燃气供应业，按使用设备分为家庭、供应热水、供暖三类需求。此外，所有自然垄断产业都可以按照使用量划分为大量需求、中等需求和少量需求。

政府的价格规制应考虑到需求结构的影响，从而形成与其相适应的价格结构。例如，大多数自然垄断产业具有公益性特征，因而，价格结构中的居民用户价格往往低于工业企业，特别是服务性企业。以上海市为例，居民用电价格为 0.617 元/度，工商业用电价格为 0.976 元/度。此外，为了平滑高峰需求与低谷需求之间的巨大差异，以充分利用投资与产能设备，政府一般制定较高的高峰价格，而低谷价格则较低，以诱使用户改变其消费行为。例如，上海居民用电低谷价格为白天的一半，即 0.307 元/度。

从成本结构来看，企业可以将总成本区分为固定成本与可变成本；也可将总成本按照需求种类完全分摊到不同产品或服务上；也可在定价时考虑短期边际成本、长期边际成本等。

此外，由于使用量的大小与生产供应成本具有反向关系，因此，对于大用户应该以较低的价格提供产品或服务，而对小用户收取较高的价格。例如，工业用电量远远大于居民用电量，因而，工业用电价格应该低于居民用电价格，但在现实中，考虑到公益性和福利性的特点，居民用户价格往往低于其他用户。

2. 与需求和成本结构相适应的定价

价格结构规制一般可采取两种定价方式：线性定价与非线性定价。

线性定价可分为定额价格与同一从量价格，前者是指无论消费量大小，都按固定的标准收费；后者是指无论消费量是多少，都按照同样的单位价格收费。

定额价格的优点是简单易行，但可能造成资源浪费，在实践中已经很少使用。然而，在中国个别省市的自来水供应业尚有应用，例如，东北一些老旧小区，尚未安装水表，采取的就是定额价格的收费方式。

同一从量价格的优点亦是简便易行，但没有区分大量需求与少量需求，容易使大用户感觉不公平，因为在自然垄断产业中，无论是生产阶段还是输送阶段，其单位成本都呈现较强的规模经济性，这意味着需求量越大，企业的成本越低。因而，为激励用户消费，价格结构可采取二级价格歧视（阶梯价格）的方式。

非线性定价包括差别定价、两部定价、高峰负荷定价等。差别定价可区分为三级：一级差别定价是指垄断企业按照消费者对产品或服务的支付意愿来收费，从而完全攫取消费者剩余。二级差别定价是指垄断企业按照消费数量确定不同的价格，消费量越高，价格越低。阶梯价格就是一种二级差别定价。三级差别定价是指垄断企业将产品或服务区分为不同的细分市场，再根据细分市场的需求价格弹性收取不同的价格，需求的价格弹性越高的市场，价格将越低。

两部定价是指，价格由两部分构成：一是与消费量无关的固定费，二是根据消费量收取的从量费，其中，固定费 T 由边际成本定价下 P_1NMP^* 面积的亏损额除以用户总数获得（参见图 16.1）。因此，用户每个使用周期的价格为 $M=T+P^*Q^*$。由此可知，两部定价既可以按照边际成本定价收取从量费，又可通过固定费补偿企业投资，从而使企业达到收支平衡。因而，从社会福利角度看，这一定价方式虽劣于边际成本定价，但优于平均成本定价。

高峰负荷定价多用于电力产业中，因为电力无法储存，且需求的波动性相当大，呈现出季节性波动、每周甚至每天的波动。例如，晚上低谷期的需求只有白天高峰需求的62%，周末需求只有工作日的50%。随着电力需求的波动，电力供应系统的边际成本也在发生变化；在高峰需求时，短期边际成本上升较快，因此，高峰负荷定价就是根据边际成本在一天中不同时段的变化比例来制定价格。白天的电价根据高峰需求时的边际成本制定，晚上的价格依据低谷需求时的边际成本而定。

案例 16.2 ▶ 中国居民阶梯电价

居民阶梯电价是按照用户消费的电量分段定价，随着用电量的增加呈现出阶梯状逐级递增的电价定价机制。根据上文中的分析，理论上，用电量越高，企业成本趋于降低，价格应该越低，以鼓励消费。然而，从节约能源的角度，价格与电力消费量呈现正比关系，这是一种逆向的二级差别定价。

国家发改委把城乡居民每个月用电量按照满足基本用电需求、正常合理用电需求和较高生活质量用电需求分为三档，电价实行分档递增：第一档电价原则上维持比较低的价格水平，而且发改委承诺，在三年之内保持基本稳定；第二档电价是起步阶段电价，在现行基础上提高10%左右；第三档电价是在起步阶段标准上提高不低于每度电0.2元，今后会按照略高于第二档调价标准的原则来调整。总体来说，70%—80%的居民，包括低收入和生活困难家庭的电费支出将保持基本稳定。

截至2012年8月7日，全国29个试行居民阶梯电价的省区市均已对外公布执行方案，九成提高了首档电量标准。一些原本未考虑季节因素对用电需求影响的地区，也制定了以年为单位或区分用电高峰、低谷的方案。除北京、上海、重庆的最终执行方案与听证标准保持一致外，其余26个省区市均参考听证会代表的意见并结合本地用电需求，适当提高了首档电量标准，覆盖率超过了80%，吉林等地甚至超过了

90%。具体地,上海市居民电价方案参见表16.3:

表16.3 上海市居民电价表(分时用户)

用户分类	分档	电量水平 (度/户·年)	时段	电价水平 (元/度)
一户一表 居民用户	第一档	0—3120(含)	峰时段	0.617
			谷时段	0.307
	第二档	3120—4800(含)	峰时段	0.677
			谷时段	0.337
	第三档	4800以上	峰时段	0.977
			谷时段	0.487

注:峰谷时段划分:6时—22时为峰时段,22时—次日6时为谷时段。

一些原方案并未考虑季节性因素的地区,在听取听证会意见后,也调整制定出符合大多数代表期待的、更贴近实际的方案。广西壮族自治区原方案并未考虑季节性因素,只规定月用电量,但试行方案根据用电高峰月份(1月—2月,6月—9月)及非高峰月份(其他月份),分别设定190度及150度首档电量标准。山东省两个听证方案也均已月度为计价单位,但执行方案则改为以年为计价单位。海南、陕西、江西的情况也类似。

截至2012年7月1日下午,除安徽、贵州、湖南、陕西尚在筹备外,25个省份开始全面试行这一制度。

发改委发布的关于"居民阶梯电价"的述评表示,建立"多用者多付费"的阶梯价格机制,将有助于形成节能减排的社会共识,促进资源节约型、环境友好型社会的建设。由于历史的原因,我国长期实行工业电价补贴居民电价的交叉补贴制度。从我国居民电力消费结构看,5%的高收入家庭消费了约24%的电量,这就意味着低电价政策的福利更多地由高收入群体享受。这既不利于社会公平,无形中也助长了电力资源的浪费。通过划分一、二、三档电量,较大幅度地提高第三档电量的电价水平,在促进社会公平的同时,也可以培养全民节约资源、保护环境的意识,逐步养成节能减排的习惯。在韩国,为避免进入高电价区间,大多数韩国人在不用电时会将家用电器的插头拔掉。由此,价格杠杆对人们消费行为的影响可见一斑。

16.4.3 激励性规制

以收益率规制为代表的传统规制理论存在诸多缺陷,自A—J效应被发现以来,经济学家一直在寻找替代方法。20世纪80年代以来,委托—代理理论、机制设计理论和信息经济学相继应用于政府规制领域,促进了激励性规制的形成与发展,这被称为新规制经济学。新规制经济学认为,由于规制者与被规制者之间存在信息不对称,因此,需要在委托—代理框架下分析规制者与被规制者的行为和激励。受规制企业了解成本、技术、市场需求等信息,而规制者不了解或了解不足,那么,规制者应设计某种合约以使被规制者获得激励,使其在最大化自身利润的情况下所采取的行动能够实现社会福利最大化目标。① 目前，激励性规制理论已经成为规制改革实践中的重要理论指导，促进了欧美等国自然垄断产业的规制改革与规制放松浪潮。

激励性规制承认政府规制的不完美性，不是一种最优规制，而是有着许多令人满意特点的、较为符合现实的规制。在激励性规制下，规制者授予被规制企业某些定价权，企业能够通过降低成本来增加利润。激励性规制利用了企业的信息优势和利润追求，使得规制者对企业行为的控制减少了，而对企业行为的绩效关注增加了。在信息不对称条件下，规制者在设计激励性规制合约时需要在提高合约的激励强度与企业的信息租金（超额利润）之间进行权衡：如果规制者提高合约的激励强度，企业获得的信息租金将增加；反之则减少。因此，在合约激励强度与企业信息租金的两难情况下，规制者需要考虑两个约束：参与约束和激励相容约束。当激励强度与信息租金之间达成某种均衡时，激励性合约的实施将实现帕累托次优状态。

激励性规制的主要方式包括价格上限规制、特许权投标制、区域间标杆竞争、利润共享规制、选择权以及受限收益率规制等，其中，价格上限规制的应用最为普遍，可参见第16.4.1节。下面简要介绍其他几种激励性规制方式：

1. 特许权投标（franchise bidding）

特许权投标理论来自Chadwick（1859）的研究，并在法国自来水业中最早得到应用，其后，Demsetz（1968）进一步深入分析，形成了完整的理论体系。在这种制度下，企业对在一段时期内生产某种产品或服务的权利进行投标，标的既可以是产品或服务价格，也可以是企业向政府一次性支付的特许费。特许权合同主要包括所有权合同和经营权合同，所有权合同需要经营者自己拥有生产产品或服务所需的资产；而在经营权合同中，生产产品或服务的资产由政府提供。通常，政府要求企业在获准经营后提供的社会福利要高于垄断企业。

特许权投标制度是一种对传统公共事业规制非常有吸引力的替代方案，通过激励潜在的竞争而不是实际的竞争，减弱了规制者的信息劣势；如果在竞标阶段有充分的竞争，价格将等于平均成本的水平，中标者可以获得正常利润。由于价格是固定的，且企业保留所有的利润，因而能够导致一个有效的市场结构、成本最小化和社会最优定价。

然而，在实践中，特许权投标制度还存在较多缺陷：

第一，企业可以在投标时开出非常有竞争力的价格，但当获准经营后就会降低质量、安全性和其他非价格特性，以获取最大利润。因此，规制者需要非常精确、详细地规定产品或服务的特性，并对特许企业进行严格检查和监督。这又无法与传统的规制方式形成本质的区别。

第二，自然垄断产业通常存在较大的沉没成本和资产专用性，这在特许权投标制度下会带来退出企业的资产转让问题，以及不完全合同所带来的敲竹杠、重新谈判与修订等问题。这些问题导致特许权投标制更适合于技术简单且相对稳定，产品或服务

---

① 参见臧旭恒，王立平．规制经济理论的最新发展综述．产业经济评论，2004，1：1—27.

易于确定,资产易于估值的行业。例如,英国、瑞典等国在铁路改革方案中都融入特许权投标制的内容。1969—1992年,美国的有线电视行业曾引入特许权投标制替代传统规制方案,此后解除。

第三,存在当前拥有特许权的企业具有在位优势;投标企业之间的合谋可能带来竞争不足等问题。解决这些问题需要复杂的方案,使得特许权投标制的吸引力大为下降。

2. 区域间标杆竞争(yardstick competition or benchmark competition)

区域间标杆竞争是通过促进受规制企业之间的竞争以减弱规制机构信息弱势的一种替代方案。电力、自来水、燃气等公共事业通常是由若干家地区性企业垄断经营的。例如,中国国家电网将辖区电网划分为华东、华中、华北、西北、东北五大区域,每个区域电网都是垄断企业。规制机构可能通过比较不同区域性企业的经营绩效,促进企业间为降低成本、增加利润而展开间接的竞争。

Shleifer(1985)提出了区域间标杆竞争理论,即将受规制的全国性垄断企业划分为几个区域性企业,规制者利用其他区域企业的成本等信息来确定特定区域企业的价格水平,也就是说,企业 i 的价格不取决于自己的成本,而是取决于所有其他企业的平均成本;企业要想获得更多利润,就必须使其成本水平低于其他企业的平均成本。因此,规制者可通过不同区域间垄断企业的间接竞争来刺激企业降低成本、提高效率。

标杆竞争已经在自来水、电力等产业获得了成功。以英国自来水行业为例,在英格兰和威尔士有10个地区性自来水公司,在苏格兰则有12个地区性自来水公司。1989年,英国在对自来水行业实行规制改革时,就采取了标杆竞争方案。英国政府认为,对自来水供应制定规制价格,首先要有一个统一的标尺(以经营成本较低的企业为基础),同时,要适当考虑各地区的经营环境差异。因此,规制机构在为每个自来水公司制定价格的过程中,对不同企业作了比较效率评估,考虑了每个企业的经营环境中可能会引起经营成本差异的多种因素,形成了"解释因素指数",由于企业成本与解释因素指数间存在线性关系,那么,通过计量方法估计成本水平,进而就可制定规制价格。因此,那些经营效率高、成本低的企业就可获得更多的利润。

然而,在实践中,区域间标杆竞争存在的缺点是,受规制企业可能进行合谋以保持一个较高的成本水平,以及由于资源禀赋、气候、当地工资水平、税收等经营环境的差异使得受规制企业的可比性不强。当规制者难以对企业间的成本差异进行观测时,可能就不会出现满足受规制企业参与约束与激励相容约束的最优结果。

3. 受限收益率规制(banded rate-of-return regulation)

与传统收益率规制不同的是,允许企业在一个事先规定的上下限范围之内保留超额利润或亏损。只有当企业收益率重新回到上下限范围之内时,才会触发收益率的调整。这给予企业较大的激励在给定收益率范围内降低成本、提高效率。但由于受限收益率规制需要连续监督受规制企业的利润,因而,实施成本较高。

案例 16.3　中国风电项目的特许权招标与标杆上网电价

2009 年以前，中国风电上网电价实行政府核准价与政府指导价并存的机制。政府核准价是根据装机容量划分中央与地方政府的权限，5 万千瓦以上的项目由国家发改委核准，其他项目由地方政府核准。在核准电价下，政府价格部门通常采取"一项目一议"的方案，"根据不同类型可再生能源发电的特点和不同地区的情况，按照有利于促进可再生能源开发利用和经济合理的原则确定，并根据可再生能源开发利用技术的发展适时调整"[①]。这种定价机制导致各地风电上网价格差异很大。

从 2003 年开始，政府对少数风能资源优质的、装机规模超过 10 万千瓦的项目通过特许权招标方式选择开发商，并实行政府指导价，即通过招标确定的中标价格，但规定该价格不得高于同类风电项目的核准价格水平。同时，政府承诺落实电网接入系统和全额接受风电发电量，而竞标者承诺风电设备国产化率。截止到 2008 年 1 月，发改委组织了 5 期风电特许权项目招标，共涉及 15 个项目，总装机容量达 330 万千瓦，占总风电装机容量的 56%，表 16.4 给出了各期招标的基本情况。

表 16.4　风电特许权招标项目情况汇总

年份/期	中标标准	项目名称	装机容量（万千瓦）	中标价格（元/千瓦时）
2003/1	上网电价（权重 50%）+设备本地化率（不低于 50%）	广东石碑山 江苏如东一期	20	0.5010 0.4360
2004/2	上网电价（权重 50%）+设备本地化率（70%）	内蒙古辉腾锡勒 江苏如东二期 吉林通榆	65	0.3820 0.5190 0.5090
2005/3	上网电价（权重 40%）+设备本地化率（70%）	江苏东台 江苏大丰* 甘肃安西 山东即墨**	65	0.4877 0.4877 0.4616 0.6000
2006/4	上网电价（权重 40%）+设备本地化率（70%）	内蒙古锡盟辉腾梁 内蒙古包头巴音 河北省张北单晶河	100	0.4200 0.4656 0.5006
2007/5	上网电价（权重 25%）+设备本地化率（70%）	内蒙古乌兰伊力更 内蒙古通辽北清河 河北承德御道口 甘肃玉门昌马	95	0.4680 0.5216 0.5510 0.5206
合计		16	345	0.48958

注：* 第三期的江苏大丰（20 万千瓦）项目并不在特许项目之列，但发给了投标商中标通知书。
** 山东即墨项目因投标价格过高而并未发标。因此，实际数据为 15 个项目与 330 万千瓦的装机规模。

（案例来源：国家发改委网站、中国风能协会网站等）

[①] 《中华人民共和国可再生能源法》。

刚开始，特许权项目招标采取最低上网电价与特定的风电设备国产化率捆绑的原则，目的是推动风机设备国产化进程，尽快降低高企的风电成本。因而，上网电价最低和国产化率最高的投标人通常为中标人。中标者在特许经营期内执行两段电价政策：第一段为风电机组累计发电利用小时数达到 30000 小时之前的时期，执行中标电价；第二段为 30000 小时到特许期结束的时期，电价执行当时电力市场的平均上网电价。特许期为特许权协议正式签署并生效后 25 年。

可以想见，在这种原则指导下，竞标的结果必然是企业为获取风电资源而争先压价，中标价格远远低于一般项目的核准价格，与法律的规定背道而驰。于是，从第 2 期开始，发改委不断调整招标原则，风电机组国产化率从 50% 提高到 70%，电价权重依次下调至 25%，并且全面考察投标人的综合实力、技术方案、上网电价和经济效益等。然而，"低价者胜"的原则使招标效果仍然不理想。因此，第 5 期采用了"中间价"模式，即投标价接近平均水平者得分高。尽管如此，中标者仍为投标价格较低的开发商。

总体来看，获得风电项目特许经营权的关键因素仍是价格，因而 5 期平均中标价格不到 0.5 元/千瓦时，与发改委核准项目的上网电价存在不小的差距。核准电价的原则本就是让风电企业维持薄利（利润率水平未超过火电），如果核准电价比招标电价更趋合理的话，那么，很明显，招标电价偏低，中标企业很难赢利。

因此，2009 年 8 月 1 日，发改委发布了《关于完善风力发电上网电价政策的通知》，全面改革风电电价的形成机制，从原来的核准电价与招标电价并存的"双轨制"转变为现行的标杆电价制度。具体来说，就是将全国分为 4 类风能资源区，分别以脱硫燃煤机组标杆电价 0.51 元、0.54 元、0.58 元和 0.61 元为基准进行定价，风电上网电价在标杆电价以内的部分，由当地省级电网负担；高出部分通过全国征收的可再生能源电价附加分摊解决。标杆电价制度的目的是鼓励投资者避免开发劣质风电资源，提高发电质量。

16.5 进入/退出规制

如果一个行业具有自然垄断特征，那么，从成本效率原则的角度，仅由一家企业进行经营是社会最优的，但价格将被设定在垄断水平上，于是，潜在竞争者会注意到该企业的超额利润以及由此带来的进入空间。因此，不进行规制的自然垄断市场将导致过高的价格或过度的进入，这为政府规制提供了合理性。为了确保这一行业中的企业数量是有效率的，进入规制通常阻止超过一家以上的企业进行经营。然而，在没有进入威胁（或规制威胁）的情况下，垄断者会把价格定在垄断水平，因此，必须同时进行价格规制，以避免福利损失。从这一意义上，价格规制必须同时伴有进入规制，相反亦然。

进入/退出规制是政府确保特定自然垄断产业存在数量适当的经营主体的重要手段，以使其产品或服务的供应是连续和稳定的，避免出现重复建设、浪费资源等状况。

进入规制是指,政府或规制机构根据自然垄断行业的特点,为防止潜在竞争者的威胁使在位自然垄断企业无法用边际成本价格或平均成本价格维持生存,对潜在竞争者的进入进行规范和制约,通过限制新企业的进入,保证在位企业的垄断地位,以实现规模经济性,避免恶性竞争而造成资源配置不当。政府往往通过申请审批制度或者特许经营制度,只批准一家公司或者极少数几家公司进入相关行业。企业需要履行特殊的报批手续,再经政府有关部门授予特许经营权利。

退出规制是政府将价格定在平均成本之下,并禁止退出,即要求自然垄断企业承担普遍服务义务,但允许企业进行交叉补贴,以获取正常利润。例如,中国的电力、固定电话等公共事业企业都被政府要求承担"村村通电、村村通电话"等义务;中国邮政的普遍服务义务和特殊服务任务包括信件、印刷品、包裹、汇票,机要通信、党报党刊发行,义务兵平常信函、盲人读物和革命烈士遗物的免费寄递等。

本章小结

政府规制是指社会公共机构依据一定的规则对构成特定社会的个人和经济主体的活动进行限制的行为,其中,规制主体包括行政、立法、司法等机构。

间接规制是指以形成、维持竞争秩序,不直接介入经济主体的决策而仅制约阻碍市场机制发挥职能的行为,并且以有效地发挥市场机制职能而建立完善的制度为目的的规制。

直接规制又分为经济性规制与社会性规制。

经济规制是指在存在自然垄断与信息不对称的部门,以防止无效率的资源配置和确保需要者公平利用为主要目的,通过被认可和许可的手段,对企业的进入、退出、价格、服务以及投资、财务和会计等方面进行的规制。

社会性规制是指以保障劳动者和消费者安全、健康、卫生、环境保护、防止灾害为目的,对物品和服务的质量以及伴随着提供它们而产生的各种活动制定一定标准,并禁止、限制特定行为的规制。

自然垄断的基本特征是生产函数成规模报酬递增状态,即平均成本随着产量的增加而递减,即成本次可加性。

政府对自然垄断产业的规制涉及从进入、投资、生产、销售直至退出的各个环节,主要包括投资规制、价格规制、进入与退出规制等。

投资规制包括被规制企业的产能投资、设备更新、多元化经营投资等的政府审批或核准,目的是为了防止重复投资、过度投资,以及设置适当的规制时滞以激励企业提高生产效率。

价格规制是指政府对受规制企业在一定时期内的价格和调整价格的周期进行规定,涉及价格水平规制和价格结构规制两个内容。

激励性规制给予被规制企业某些定价权,使企业能够通过降低成本来增加利润,利用了企业的信息优势和利润追求,且减少了规制者对企业行为的控制,增加了对企业绩效的关注。

进入/退出规制是确保特定自然垄断产业存在数量适当的经营主体的重要手段,以使其产品或服务的供应是连续和稳定的,避免出现重复建设、浪费资源等情况。

思考练习题

1. 在市场失灵的情况下为什么需要政府干预?如果市场是完全竞争意义上有效率的,还需要政府干预吗?如果市场存在失灵,有什么其他方法加以治理?
2. 政府规制的分类有哪些?
3. 政府规制的理论基础有哪些?
4. 阐述自然垄断的定义与特性。自然垄断规制的目标是什么?
5. 什么是A—J效应?收益率规制的优缺点有哪些?
6. 解释价格水平规制与价格结构规制?
7. 为什么要引入激励性规制?
8. 价格上限规制的优缺点是什么?
9. 特许权投标制的优缺点是什么?
10. 区域间标杆竞争的优缺点是什么?
11. 解释进入与退出规制的合理性及其作用。
12. 假设市场需求为 $Q=100-P$,企业具有不变的边际成本 20 元。假设垄断者保持其垄断地位的代价是每单位产品要付出 10 美元去游说立法者,从而免于竞争。

(1) 计算垄断与竞争情况下的价格与产量。

(2) 分别计算垄断与竞争情况下的总经济剩余,二者的差额就是垄断的社会成本。

(3) 垄断的社会成本可以分为两种类型:寻租成本和无谓损失,它们各为多少?

13. 一个具有规模经济性的冰箱垄断厂商打算以每台 120 美元的价格在美国销售 45 台冰箱,其平均成本为 60 美元。但是美国规制机构认为,5 家冰箱厂商进行竞争会使价格等于平均成本。5 家厂商达到均衡时,价格是每台 100 美元,总产量是 50 台。假设需求曲线为直线。

(1) 在 5 家厂商的情况下,生产者剩余与消费者剩余分别是多少?

(2) 在垄断情况下,生产者剩余与消费者剩余分别是多少?

(3) 如果规制机构以总经济剩余为标准,那么他们应该为冰箱产业选择哪种产业组织形式?

参考文献与进一步阅读

[1] 植草益. 微观规制经济学 [M]. 朱绍文,等译校. 北京:中国发展出版

社,1992.

[2] 王俊豪. 政府管制经济学导论——基本理论及其在政府管制实践中的应用[M]. 北京:商务印书馆,2001.

[3] 于良春等. 自然垄断与政府规制——基本理论与政策分析[M]. 北京:经济科学出版社,2003.

[4] 王俊豪. 论自然垄断产业的有效竞争[J]. 经济研究,1998,8:42—46.

[5] 维斯库斯,等. 反垄断与管制经济学[M]. 陈甬军译. 北京:中国人民大学出版社,2010.

[6] 臧旭恒,王立平. 规制经济理论的最新发展综述[J]. 产业经济评论,2004,1:1—27.

[7] Waterson, M. 1988. Regulation of the Firm and Natural Monopoly [M], Oxford: Basil Blackwell.

[8] Sharkey, W. W. 1982. The Theory of Nature Monopoly [M], Cambridge University Press.

[9] Baumol, W. J. 1977. On the Proper Cost Tests for Natural Monopoly in a Multiproduct Industry [J]. *American Economic Review*, 67 (5): 809—822.

[10] Baumol, W. J., Klevorick, A. K. 1970. Input Choices and Rate-of-Return Regulation: An Overview of the Discussion [J]. *Bell Journal of Economics & Management Science*, 1 (2): 162—190.

[11] Courville, L. 1974. Regulation and Efficiency in the Electric Utility Industry [J]. *Bell Journal of Economics and Management Science*, 5 (1): 53—74.

[12] Averch, H., Johnson, L. 1962. Behavior of the Firm under Regulatory Constraint [J]. *American Economic Review*, 52 (5): 1053—1069.

[13] Stigler, G. 1971. The Theory of Economic Regulation [J]. *Bell Journal of Economics*, Spring, 2 (1): 3—21.

[14] Stigler, G. J., Friedland, C. 1962. What Can Regulators Regulate? The Case of Electricity [J]. *Journal of Law and Economics*, 5: 1—16.

[15] Posner, R. 1974. Theories of Economic Regulation [J]. *Bell Journal of Economics and Management Science*, 5 (1): 335—358.

[16] Petlzman, S. 1976. Towards a More General Theory of Regulation [J]. *Journal of Law and Economics*, 19 (2): 211—240.

[17] Becker, G. 1983. A Theory of Competition among Pressure Groups for Political Influence [J]. *Quarterly Journal of Economics*, 98 (3): 371—400.

[18] Armstrong, M., Sappington, D. 2007. Recent Developments in the Theory of Regulation. In Mark Armstrong and Robert S. Porter (eds.). *Handbook of Industrial Organization*, Vol. 3, Amsterdam: North-Holland.

[19] Ramsey, F. P. 1927. A Contribution to the Theory of Taxation [J]. *Economic Journal*, 37 (1): 47—61.

[20] Williamson, O. E. 1976. Franchise Bidding for Natural Monopolies: In General and with respect to CATV [J]. *Bell Journal of Economics*, 7 (1): 73—104.

[21] Panzar, J., Willig, R. 1977. Free Entry and the Sustainability of Natural Monopoly [J]. *Bell Journal of Economics*, 8 (1): 1—22.

[22] Brennan, T. J. 1989. Regulating by Capping Prices [J]. *Journal of Regulatory Economics*, 1 (2): 133—47.

[23] Liston, C. 1993. Price-Cap versus Rate-of-Return Regulation [J]. *Journal of Regulatory Economics*, 5 (1): 25—48.

[24] Shleifer, A. 1985. A Theory of Yardstick Competition [J]. *RAND Journal of Economics*, 16 (3): 319—327.

[25] Baron, D. P. 1989. Design of Regulatory Mechanisms and Institutions. In Mark Armstrong and Robert S. Porter (eds.), *Handbook of Industrial Organization*, Vol. 3, Amsterdam: North-Holland.

第 17 章

反 垄 断

本章讨论广义产业政策中的另外一种类型——反垄断，即社会公共机构运用法律手段针对所有产业中的垄断行为进行限制，以构建和维护公平竞争的良好环境，涉及垄断协议、滥用市场支配地位、经营者集中，以及滥用行政权力排除限制竞争，等等。

17.1 中国反垄断法的基本框架

在市场经济国家，反垄断法是维护自由竞争秩序的重要法律保障，有"市场经济自由宪章"的美誉，属于第 16 章中政府规制的间接规制范畴。目前，世界上大约有八十多个国家颁布了反垄断法，其中，起步最早、最为完善的是美国，案例 17.1 对此有详细介绍。本章重点介绍中国的反垄断法。

2008 年 8 月 1 日，中国《反垄断法》开始实施。《反垄断法》是一部为了预防和制止垄断行为、保护市场公平竞争、提高经济运行效率、维护消费者利益和社会公共利益、促进社会主义市场经济健康发展而制定的法律。

《反垄断法》共分为 8 章 57 条，包括总则、垄断协议、滥用市场支配地位、经营者集中、滥用行政权力排除、限制竞争、对涉嫌垄断行为的调查、法律责任和附则。

2008 年 8 月 4 日，国务院公布了《反垄断法》的第一个配套法规——《关于经营者集中申报标准的规定》，并于 2012 年 2 月和 2015 年 12 月分别实施《未依法申报经营者集中调查处理暂行办法》《经营者集中附加限制性条件的规定》两个部门规章。2009 年 6 月 5 日，工商局公布了反垄断法的另外两个配套规章——《工商行政管理机关查处垄断协议、滥用市场支配地位案件程序规定》和《工商行政管理机关制止滥用行政权力排除、限制竞争行为程序规定》。2011 年 2 月 1 日，国家发展和改革委员会实施《反价格垄断规定》和《反价格垄断行政执法程序规定》两个部门规章。

截至目前，包括《反垄断法》及其配套法规、《价格法》《反不正当竞争法》，以及其他国务院相关规定，中国共有 18 项涉及反垄断的法律法规。

中国反垄断法的执行机构有三个：一是国家发改委价格监督与反垄断局，主要负责与价格有关的反垄断执法；二是商务部反垄断局，主要负责经营者集中的审查、调查与判决；三是工商总局的反垄断与反不正当竞争执法局，负责查处垄断协议、滥用市场支配地位、滥用行政权力排斥限制竞争等行为。此外，在三家反垄断机构之上，国务院设有反垄断委员会，办公室设在商务部，主任由主管副总理担任。

下面各节将就中国《反垄断法》所针对的四个主要垄断行为展开讨论。

案例 17.1　美国反垄断法的基本框架

世界上第一部反垄断法是美国 1890 年颁布的《谢尔曼反托拉斯法》（简称《谢尔曼法》）。《谢尔曼法》产生于企业大规模合并形成若干托拉斯的背景下，是农民、工会和小企业为保护自身利益而促成的一部法律。该法共计 8 条，其中最重要的第 1、2 条规定："任何对各州之间或与外国之间贸易或商务加以限制的合同、以托拉斯等形式实施的联合、或共谋，均为违法，并构成严重犯罪……""任何个人或企业单独或与他人联合或共谋垄断或企图垄断州际或与外国之间贸易或商务的行为，即被视为严重犯罪。"

1914 年，为弥补《谢尔曼法》的不足，美国国会通过了《联邦贸易委员会法》，增加了消费者权益保护和禁止不正当竞争行为等内容，并指定具体的政府行政部门负责反垄断法的执法工作。该法创造了一个实施调查和判决功能的特别机构——联邦贸易委员会（FTC），与联邦司法部的反垄断局同时成为反垄断机构。同年，美国国会又通过了《克莱顿法》，限制集中、合并等行为，明确了垄断违法行为的范围，并对四种不构成犯罪的不法行为作出界定，包括价格歧视、捆绑销售和排他性买卖等。1936 年通过的《罗宾逊—帕特曼法》和 1950 年通过的《塞勒—凯弗尔法案》进一步对《克莱顿法》做了补充和修正。至此，美国反垄断法律形成了完整的体系。

美国联邦政府对反垄断法的实施是由司法部的反垄断局和联邦贸易委员会分别进行的。各州也有自己的反垄断法律，由州总检察长负责实施。联邦政府起诉的案件一般涉及大宗进口事件、固定价格、垄断或兼并；私人案件一般为捆绑销售、排他性交易、价格歧视等。私人案件通常以调解或原告撤诉、被告赔偿的方式解决；政府案件通常以同意判决、禁令等方式结束。

根据美国反垄断法，一旦企业被裁定有垄断嫌疑，将可能面临罚款、监禁、赔偿、民事制裁、强制解散、折分等多种惩罚。司法部可直接对涉嫌垄断的企业提起民事诉讼和刑事诉讼。FTC 也可以直接进行裁决或提起民事诉讼。此外，受损企业或普通消费者也可直接对涉嫌垄断的企业提起民事诉讼，并要求三倍的损失赔偿。

一百多年来，美国司法界在反垄断领域的一系列判例和裁决对美国和世界经济影响深远。1911 年，美国联邦最高法院判决将"石油大亨"洛克菲勒的标准石油公司解体成 34 家独立石油公司。1984 年，美国电报电话公司（AT&T）被肢解，因为政府判定该公司垄断了地方、长途电话业务以及设备的市场。2000 年 6 月 7 日，微软被判决分解为两个独立的公司，一个专营电脑操作系统，另一个则经营除去操作系统以外微软目前所经营的其他内容。经过漫长的法律诉讼，微软公司虽然逃脱了被拆分的命运，但同时不得不向竞争对手支付 7.5 亿美元的巨额赔偿。

（**案例来源**：根据公开资料改编）

17.2 垄断协议

垄断协议是指排除、限制竞争的协议、决定或者其他协同行为。《反垄断法》第13条规定，禁止具有竞争关系的经营者达成下列垄断协议：

(1) 固定或者变更商品价格；
(2) 限制商品的生产数量或者销售数量；
(3) 分割销售市场或者原材料采购市场；
(4) 限制购买新技术、新设备或者限制开发新技术、新产品；
(5) 联合抵制交易；
(6) 国务院反垄断执法机构认定的其他垄断协议。

《反垄断法》第14条规定，禁止经营者与交易相对人达成下列垄断协议：

(1) 固定向第三人转售商品的价格；
(2) 限定向第三人转售商品的最低价格；
(3) 国务院反垄断执法机构认定的其他垄断协议。

在以上垄断协议中，最为常见的是竞争对手之间的横向垄断协议，以及具有买卖关系的企业之间的纵向垄断协议。2013年以来，国家发改委查处了大量垄断协议案件，例如，三星等液晶面板企业案、茅台及五粮液案、奶粉案、上海黄铂金饰品案等垄断案件，其中，涉及横向垄断协议的有三星等液晶面板企业合谋控制价格案、黄金价格操纵案、日本8家汽车零部件企业价格垄断案，等等；因违反纵向垄断规定、限制竞争行为被处罚的有合生元等高端奶粉品牌案、一汽-大众销售公司组织湖北省内10家奥迪经销商达成并实施整车销售和服务维修价格的垄断协议案、克莱斯勒汽车公司与经销商签订含有转售价格维持条款的经销协议案，等等。

案例 17.2 上海黄金饰品行业的横向价格垄断协议

2013年8月12日，国家发改委对上海黄金饰品行业协会以及老凤祥、老庙、亚一、城隍珠宝、天宝龙凤等五家金店的价格垄断行为进行了处罚，金额为上一年度相关销售额1%，共计1009.37万元。

上海黄金饰品行业协会成立于1996年12月，主管单位系上海市商务委员会。协会现有各种所有制会员单位226家，行业覆盖面达到85%左右，市场销售占有率达90%以上。在上海从事黄金销售的企业，每年缴纳6万元会费，即可成为该协会的"会长单位"；而要成为"副会长单位"，则每年需缴纳会员费2万元。在人事任命上，协会与上海数家大型金店有着极其密切的关系，上海豫园旅游商城股份有限公司原总裁程秉海任会长。豫园商城大股东为复星集团，其下属老庙黄金、亚一金店均是上海老字号金店。老庙黄金、城隍珠宝、亚一金店、老凤祥四大金店在协会人事上高度渗透。

由上海黄金协会牵头制定的《上海黄金饰品行业黄金、铂金饰品价格自律实施细则》(以下简称《细则》)第 5 条、第 7 条、第 8 条规定,上海多家金店在对所售黄金、铂金产品进行定价时,约定黄、铂金饰品零售价格的测算方式和浮动范围,均不允许超过协会所约定"中间价"的正负 2%或 3%。被处罚的五家金店的黄、铂金饰品零售牌价全部落在测算公式规定的浮动范围内,并且调价时间、调价幅度以及牌价高度一致。上海黄金饰品行业协会对外宣称,上述《细则》于 2011 年就被政府部门制止。但据知情人士透露,上海多家金店长期执行上述《细则》,共同"协商"黄金、铂金饰品零售价。

老凤祥、亚一金店的官方网站上所公示的"今日金价"均标注为"上海地区指导价"。店员对消费者解释其公示的"今日金价"时,均表示该价格是上海黄金(饰品行业)协会制定的"指导价"。上海黄金零售行业在定价上长期以来的表现为:几家大型金店价格高度趋同;在工费另算的前提下,所公示的黄金价格和真实的黄金价格相差甚远;金条和黄金饰品按照统一价格售卖。

据报道,《细则》虽然由行业协会牵头制定,但实际上是上海少数大型金店事先草拟,再交由协会"副会长单位"和"理事单位"表决。《细则》是在会长会议上通过的,但是其他金店只有知晓权,没有对这个规定的否决权,也无法阻止协会通过这个文件。

那么,《细则》是否构成排除、限制竞争的价格垄断行为呢?《反价格垄断规定》第 7 条明确规定,固定或者变更价格的变动幅度、使用约定价格作为与第三方交易的基础以及约定采用据以计算价格的标准公式等均属于价格垄断行为。很明显,黄金饰品协会所约定"中间价"的正负 2%或 3%的规定属于固定价格的变动幅度的价格垄断行为。

上海黄金饰品行业协会不仅组织会员达成了价格垄断协议,并且还实施了该协议。按照中国《反垄断法》的规定,对参与的经营者除责令停止违法行为,没收违法所得外,还可以处以上一年度销售额 1%—10%的罚款。此案中按照最低限 1%处罚,理由是在发改委调查前金店已经停止了违法行为,调查过程中积极配合整改。

(案例来源:根据公开新闻报道改编)

17.3 滥用市场支配地位

市场支配地位是指经营者在相关市场内具有能够控制商品价格、数量或者其他交易条件,或者能够阻碍、影响其他经营者进入相关市场能力的市场地位。《反垄断法》第 17 条规定,禁止具有市场支配地位的经营者从事下列滥用市场支配地位的行为:

(1) 以不公平的高价销售商品或者以不公平的低价购买商品;

(2) 没有正当理由,以低于成本的价格销售商品;

(3) 没有正当理由,拒绝与交易相对人进行交易;

(4) 没有正当理由,限定交易相对人只能与其进行交易或者只能与其指定的经营者进行交易;

(5) 没有正当理由搭售商品,或者在交易时附加其他不合理的交易条件;

(6) 没有正当理由，对条件相同的交易相对人在交易价格等交易条件上实行差别待遇；

(7) 国务院反垄断执法机构认定的其他滥用市场支配地位的行为。

从上述法条可知，具有市场支配地位的公司利用价格歧视、强制交易、搭售和附加不合理交易条件、掠夺性定价、排他性交易等方式排除竞争，损害消费者利益的行为都属于滥用市场支配地位。在这类案件中，以微软公司在其视窗系统上搭售 IE 浏览器被美国司法部起诉最为典型。近年来，中国反垄断机构处罚或调查的类似公司包括高通案、利乐包捆绑销售案等。其中，高通案的罚款总额 60.88 亿元是史上最高的。

案例 17.3 高通公司滥用市场支配地位案

2015 年 2 月 10 日，国家发改委宣布对高通公司处以 60.88 亿元人民币的罚款，金额为后者 2013 年度在华销售额的 8%。这场调查持续 14 个月之久，最终，发改委认定高通滥用市场支配地位实施排除、限制竞争，主要涉及垄断高价/不公平高价、捆绑销售、免费反许可等。高通此前持续申诉，但在最后一刻放弃了听证申辩，与政府部门达成和解。

这一罚单不仅改写了中国反垄断历史，更是在全球范围内率先改变了高通实行 20 余年、通行全球的专利收费模式。在西方国家对高通反垄断调查进展缓慢的情况下，为什么这家全球互联网"芯片"巨头在中国认罚 60 亿元？

1985 年 7 月，高通公司成立于美国，作为一家无线电通讯技术研发公司，是全球最大的专利许可收费公司和最大的无线通讯芯片制造商，其专利之多，让几乎所有手机厂商都离不开这家公司的授权，包括 WCDMA、CDMA、TD-SCDMA、LTE 等技术规范在内，通通绕不开高通的基本专利。

无线通讯领域的知识产权反垄断调查执法，一直是全球范围内的一大难点。此前，高通由于涉嫌垄断行为，同样被欧盟、日本、韩国等反垄断执法机构发起过反调查，但对其罚款者寥寥。

对此，国家发展改革委在长期调查后发现，在拥有大量专利的背后，高通公司通过收取不公平的高价专利许可费、没有正当理由搭售非无线通信标准必要专利许可、在基带芯片销售中附加不合理条件、要求国内终端厂家免费交叉许可、拒绝向竞争对手许可等垄断行为，在中国赚取了高额利润。

数据显示，高通公司通过芯片销售和许可费于 2013 年在全球获得 248 亿美元的收入，而其中近一半来自中国，可以说中国已成为高通公司全球最大、最重要的市场之一。为此，中国反垄断部门不仅对高通实施了巨额罚款，还对其专利收费模式进行了重大改变。

多年来，高通滥用其市场支配地位，对中国多达上百家无线通讯制造企业生产的手机按整机售价的 5% 收取不合理的许可费，被业内称为"高通税"。由于中国芯片和集成电路产业中的企业普遍弱小，高通对同行和下游企业有着绝对话语权。此前，这些企业往往本着"多一事不如少一事"的心态吃了不少哑巴亏。根据发改委的要求，高通将面向中国手机厂商独立提供3G和4G专利授权，不再与高通其他专利捆绑。另外，高通面向中国手机厂商收取的专利费标准，将与全球其他国家的手机厂商保持大体一致的水平，中国市场的手机价格（计算专利费的基础）将按照设备实际总价格的65%计算。此次处罚和对其收费模式的改变，将降低手机厂商成本，进而降低消费者购买手机的价格。

（案例来源：根据网上公开资料改编）

17.4 经营者集中

经营者集中是指以下情形：经营者合并；经营者通过取得股权或者资产的方式取得对其他经营者的控制权；经营者通过合同等方式取得对其他经营者的控制权或者能够对其他经营者施加决定性影响。

在《关于经营者集中申报标准的规定》中，要求经营者集中达到下列标准之一的，经营者应当事先向国务院商务主管部门申报，未申报的不得实施集中：

（1）参与集中的所有经营者上一会计年度在全球范围内的营业额合计超过100亿元人民币，并且其中至少两个经营者上一会计年度在中国境内的营业额均超过4亿元人民币；

（2）参与集中的所有经营者上一会计年度在中国境内的营业额合计超过20亿元人民币，并且其中至少两个经营者上一会计年度在中国境内的营业额均超过4亿元人民币。

商务部在审查经营者集中案件的过程中，主要标准是案件对竞争的影响之大小。如果经营者集中案件对竞争的影响比较小，予以批准；如果案件存在对竞争的影响，申报方需提交解决竞争关注的方案，如果该方案能解决商务部对竞争的关注，作为附加限制性条件，批准案件通过。如果提交的方案没能解决反竞争的问题，就可能导致集中被禁止。商务部一般采用两种救济方式：一是结构性救济，剥离资产；二是行为性救济，要求申报方满足市场竞争的一定条件；两种方式要么选择其中一种，要么同时使用，这样可使得大部分集中案件获得通过。

从案件数量上看，中国经营者集中案件逐渐增加，从2008年的20多件，上升到2009年的80多件，2010年的130多件，2011年接近两百件。截至2013年底，商务部共收到经营者集中申报866件，立案797件，审结740件。在审结的全部案件中，无条件批准的717件，约占97%；附加条件批准的22件，禁止1件（即可口可乐公司收购汇源案），二者合计约占3%。2015年前9个月，商务部收到的经营者集中案件申报数、立案数和审结数实际上都是大幅度地增长，这与近两年的企业并购数量大幅度增加有关。其中，收到的案件申报是244件，同比增长43.5%；立案247件，同比增长49.7%；审结236件，同比增长42.2%。从审结案件情况看，制造业仍占据最大比例，约60%。

案例 17.4　马士基等三巨头联盟涉嫌垄断在华被否决

2014年6月17日，中国商务部根据《反垄断法》第30条禁止了丹麦穆勒马士基集团、地中海航运公司、法国达飞海运集团公司设立网络中心的申请（以下简称"P3案"），成为截至目前第2例被禁止的经营者集中案件。

商务部认为，该网络中心的设立导致马士基、地中海航运、达飞形成紧密型联营，在亚洲—欧洲航线集装箱班轮运输服务市场上可能具有排除、限制竞争的效果。该案是中国第一次禁止外国企业之间的并购活动，对全球海运市场，甚至全球经济都将产生重大影响。

实际上，设立网络中心正是欧盟反垄断监管部门的建议。此前，三巨头之间签署协议，协定今后企业之间互换仓位、分摊成本等。欧盟反垄断机构认为，此举有合谋之嫌，而企业合谋正是《反垄断法》要禁止的。欧盟建议，三巨头之间建立一个防火墙，三者之间不互通信息。于是，三巨头协议成立一个网络中心，以形成有效阻隔。网络中心的功用是协调运力运转，三巨头之间不能沟通上述涉嫌合谋的信息。

美国负责此案审查的主要有联邦海事委员会和联邦通信委员会。美国联邦海事委员会认为三巨头设立网络中心对美洲航线影响不大，遂给予放行。

事实上，P3案在欧美被放行，但在中国"触礁"的主要原因是无法证明其只是一个松散的联盟。按照国际惯例，并购案的发生如果与某一国家有一定的关联度，引发的效果产生在某国境内，可以由效果产生地国家监管。P3案正是一起这样的案件，直接影响中国的航运企业、外贸企业和港口。

欧美选择放行的原因，是将P3看成一纸垄断协议。对于垄断协议，欧盟和美国实行的是事后监管，所以经营者集中申报是自愿性的。而能不能管得住，则是后话。中国实行的是事前监管，申报经营者集中反垄断审查是强制性的。自2013年初接受P3案申报以来，商务部反垄断局为审查这个案子"谈到最后一刻"，耗时整整180天。与欧美认为P3只是一个垄断协议不同，中国的监管部门将其看作《反垄断法》规制的第三种情况——通过协议、合同控制另外一方。中国关心的是三巨头设立网络中心后，对与中国相关的航线将有何影响。就中欧航线而言，三巨头加起来集装箱班轮运输市场合计份额几乎占到47%，而世界排名第四的航运企业，市场份额只有4.8%，根本无法对三巨头形成制约。

中国监管机构并不是自始至终都要否决该案的。商务部反垄断局允许申请者提出解决方案，如果救济方案可以排除反竞争嫌疑，那么商务部可以附加条件批准。但是，马士基等三巨头直到最后一刻也未能有效证明P3是个松散联盟。三巨头也曾提出一个方案：剥离网络中心。既然中国监管方认为主要问题在网络中心，那么网络中心不存在了，就与其他联盟一样了。但他们只是提出一个构想，没有向商务部提供具备法律约束力的文件来证明这个构想可以实现和操作。三巨头在抗辩过程中也提出，整合后可以提高效率、降低运费等。但《反垄断法》监管包括短期功能和长期功能。中方的考虑是，新形成的垄断企业将击垮所有竞争者，将来如果提价，任何企业对其都没有制约力。

在中国商务部公布否决结果后,反垄断局的电话被打爆,航运界也炸了锅。一个小时之后,马士基宣布"尊重中国政府的决定":P3解散了。

禁止P3案是中国反垄断机构在国际经济事务中,独立处理问题并获得尊重的案例。如果P3案在中国获得通过,将威胁到中国最重要的贸易航线的集装箱海运业务,造成中国外贸企业被动接受运价和各种码头作业费,甚至涉及国家经济安全。于世界海运格局而言,由于被中国监管方否决,可以预计的是,未来十年全球出现4—5个像P3这样紧密结合型的航运联盟是不可能了。

(案例来源:每日经济新闻,2014年6月27日)

17.5 滥用行政权力排除限制竞争

《反垄断法》第33条规定,行政机关和法律、法规授权的具有管理公共事务职能的组织不得滥用行政权力,实施下列行为,妨碍商品在地区之间的自由流通:

(1) 对外地商品设定歧视性收费项目、实行歧视性收费标准,或者规定歧视性价格;

(2) 对外地商品规定与本地同类商品不同的技术要求、检验标准,或者对外地商品采取重复检验、重复认证等歧视性技术措施,限制外地商品进入本地市场;

(3) 采取专门针对外地商品的行政许可,限制外地商品进入本地市场;

(4) 设置关卡或者采取其他手段,阻碍外地商品进入或者本地商品运出;

(5) 妨碍商品在地区之间自由流通的其他行为。

"行政垄断"被认为是中国特有的一个概念。在经济学中,有两个术语与此相关,一个是"政府垄断",一个是"政府授予垄断",前者是政府直接行使垄断权力(例如,烟草专卖),后者是政府将垄断经营权授予某一个或若干企业。"行政垄断"实际上涵盖了"政府垄断"和"政府授予垄断"两个内容。

2012年7月4日,天则经济研究所发布的《中国行政性垄断的原因、行为与破除》报告披露,2010年,中国因行政性垄断所造成的社会福利损失为11244亿元。[①] 目前,很多行业垄断往往以政府垄断的名义进行。实际上,中国立法确立的政府垄断只有《烟草专卖法》,其他如食盐、铁路、电力、石油、电信、金融等行业的垄断权力,并无专门的立法,大多只是依据行政机关的规范性文件而设,属于行政部门的自我授权。

行政垄断主要表现为设置进入壁垒和价格管制。价格管制又可分为两种:一种是对卖方的价格管制;另一种是对买方的价格管制,表现为对行政性垄断权的拥有者,在资源和其他投入的价格上的优惠乃至免费。根据估算,由于设置进入壁垒和价格管制,中国电信行业2003—2010年造成的社会福利损失在846亿元至4417亿元之间;

---

① 行政性垄断致社会福利年损失上万亿[N]. 21世纪经济报道,2012年7月5日.

石油企业少缴纳的租金约 2881 亿元。

要打破行政垄断，当务之急是由全国人大常委会依照宪法，对于涉嫌违宪设立行政垄断的立法进行清理、审查，并由国务院清理、撤销现有由行政部门设立的涉嫌行政垄断的各种行政文件。

案例 17.5　斯维尔状告广东省教育厅滥用行政职权案

2014 年 4 月 22 日，斯维尔公司状告广东省教育厅滥用行政职权，在全国职业院校技能大赛广东省选拔赛"工程造价基本技能赛项"比赛中，指定使用广联达公司的软件程序。广联达被列为此次诉讼的第三人。

工程造价学是近年来建筑管理业内的热门专业，几乎所有工程从开工到竣工都要求全程预算，有自己的核心预算人员是每家建筑单位必备的"秘密武器"。为此，工程造价也成为业内职业培训及相关技能比赛的热门项目。工程造价技能的学习或比赛操作，都必须使用专业的软件程序及其操作平台。而生产这类软件程序的企业中，斯维尔、广联达、上海鲁班公司三家占据了市场的主要份额。

2014 年初，教育部首次将"工程造价基本技能"列为"2013—2015 年全国职业院校技能大赛"赛项之一。业内习惯将由教育部组织的比赛称为"国赛"，由各省组织的选拔比赛称为"省赛"。

4 月 1 日，以广东省教育厅、高职院校、行业企业等组成的工程造价广东"省赛"组委会发通知称，大赛由广东省教育厅主办，广州城建职业学院承办，广联达公司"协办"。在随后组委会公布的《赛项技术规范》和《竞赛规程》中都明确，赛事软件指定使用广联达独家的认证系统、广联达土建算量软件 GCL2013 和广联达钢筋算量软件 GGJ2013。

一直在积极介入"工程造价基本技能""国赛"和"省赛"的斯维尔公司，认为广东省教育厅指定独家赛事软件的做法，有滥用行政权力之嫌，违反了反垄断法，对斯维尔造成的损失很大，因为培训学校为了参加"省赛"和"国赛"，就要购买广联达软件。这样斯维尔不仅损失了高职院校市场，更重要的是，这些学生毕业后进入施工单位、造价咨询公司，会倾向选择广联达软件。从长远市场战略看，如果不对这种行政指定产品的做法加以制止，工程造价技能软件的市场将会造成"一家独大"的局面，斯维尔将无立足之地。

面对斯维尔的诉讼，被告方广东省教育厅和第三人广联达并不认同，各方在庭审中进行了激烈辩论。2015 年 3 月，一审结果表明，广州市中级人民法院认定被告违反了反垄断法规定。广东省教育厅不服一审判决，正准备酝酿上诉。而此案当中的第三人——广联达已经提出上诉请求。胜诉的斯维尔公司一方则表示将会积极应对，坚持走完整个法律程序。

针对此案，北京大学经济法研究所所长盛杰民教授表示，无论该案最终审理的结果如何，本案的重要意义都不言自明。本案中涉及的如何认定"行政垄断行为"，对

"规范性文件、政策"等抽象行政行为是否可以提起反垄断诉讼，这些问题都是行政垄断问题中最具争议的焦点。希望最终的法院判决能对这些焦点给予判例性回答。

（案例来源：法治日报，2014年12月4日；法治周末，2015年3月4日）

本章小结

中国《反垄断法》共分为8章57条，包括总则、垄断协议、滥用市场支配地位、经营者集中、滥用行政权力排除、限制竞争、对涉嫌垄断行为的调查、法律责任和附则。

包括《反垄断法》及其配套法规、《价格法》《反不正当竞争法》，以及国务院的其他相关规定在内，目前中国共有18项涉及反垄断的法律法规。

垄断协议是指排除、限制竞争的协议、决定或者其他协同行为。

市场支配地位是指经营者在相关市场内具有能够控制商品价格、数量或者其他交易条件，或者能够阻碍、影响其他经营者进入相关市场能力的市场地位。

经营者集中是指以下情形：经营者合并；经营者通过取得股权或者资产的方式取得对其他经营者的控制权；经营者通过合同等方式取得对其他经营者的控制权或者能够对其他经营者施加决定性影响。

行政垄断涉及政府垄断与政府授予垄断两个内容。前者是政府直接行使垄断权力，后者是政府将垄断经营权授予某一个或若干企业。

思考练习题

1. 简述中国反垄断法的基本框架。
2. 什么是垄断协议？垄断协议包括哪些反竞争行为？
3. 什么是市场支配地位？滥用市场支配地位包括哪些反竞争行为？
4. 什么是经营者集中？中国商务部在审查经营者集中案件时的标准有哪些？救济措施有哪些？
5. 与欧美相比，中国反垄断法在审查经营者集中案件时有何不同？
6. 何为行政垄断？在实践中，行政垄断的表现形式有哪些？如何破除行政垄断？
7. 假设政府禁止在公共媒体上做香烟广告。请解释，为什么这一做法可能提高制造商的利润？（提示：利用囚徒困境博弈）

参考文献与进一步阅读

[1] 维斯库斯等. 反垄断与管制经济学[M]. 陈甬军, 译. 北京：中国人民大学出版社, 2010.

［2］时建中．我国《反垄断法》的特色制度、亮点制度及重大不足［J］．法学家，2008，1：14—19.

［3］王晓晔．举足轻重的前提——反垄断法中相关市场的界定［J］．国际贸易，2004，2：46—49.

［4］于立，吴绪亮．纵向限制的经济逻辑与反垄断政策［J］．中国工业经济，2005，8：20—26.

［5］过勇，胡鞍钢．行政垄断、寻租与腐败——转型经济的腐败机理分析［J］．经济社会体制比较，2003，2：61—69.

［6］Scherer, F. M. 1985. The Economics of Vertical Restraints［J］. *Antitrust Law Journal*, 52（3）：687—718.

［7］Hart, O., Tirole, J., Carlton, W. D., Williamson, O. E. 1990. Vertical Integration and Market Foreclosure［J］. *Brookings Papers on Economic Activity*, Microeconomics, 22（2）：205—286.

［8］Bernheim, B. D., Whinston, M. D. 1998. Exclusive Dealing. *Journal of Political Economy*, 106（1）：64—103.

［9］Ordover, J. A., Saloner, G., Salop, S. C. 1990. Equilibrium Vertical Foreclosure, *American Economic Review*, 80（1）：127—142.

［10］Crandall, R. W., Winston, C. 2003. Does Antitrust Policy Improve Consumer Welfare? Assessing the Evidence. *Journal of Economic Perspectives*, 17（4）：3—26.

［11］Salop, S. C., Scheffman, D. T. 1983. Raising Rivals' Costs. *American Economic Review*, Papers and Proceedings of the Ninety-Fifth Annual Meeting of the American Economic Association, 73（2）：267—271.

［12］Rey, P., Tirole, J. 2003. A Primer on Foreclosure. *Handbook of Industrial Organization* III, edited by Mark Armstrong and Rob Porter.